DAMAS DO SÉCULO XII

GEORGES DUBY

DAMAS DO SÉCULO XII

Heloísa, Isolda e outras damas no século XII
A lembrança das ancestrais
Eva e os padres

Tradução
Paulo Neves e Maria Lúcia Machado

Copyright © Éditions Gallimard, 1995, 1996

*Grafia atualizada segundo o Acordo Ortográfico da Língua Portuguesa de 1990,
que entrou em vigor no Brasil em 2009.*

Este volume é composto dos seguintes livros:
Enquête sur les dames du XIIe siècle (*Heloísa, Isolda e outras damas no século XII*)
Dames du XIIe siècle (*Damas do século XII*)
Dames du XIIe siècle — III. Ève et les prêtres (*Eva e os padres*)

Capa
Jeff Fisher

Preparação
Márcia Copola
Carlos Alberto Inada
Beti Kaphan

Revisão e Atualização ortográfica
Verba Editorial

Dados Internacionais de Catalogação na Publicação (CIP)
(Câmara Brasileira do Livro, SP, Brasil)

Duby, Georges
    Damas do século XII / Georges Duby ; Tradução Paulo Neves
e Maria Lúcia Machado. — 1ª ed. — São Paulo : Companhia das
Letras, 2013.

    Título original: Dames du XIIe siècle.
    ISBN 978-85-359-2227-1

    1. Mulheres — França — Biografia 2. Mulheres — França —
História — Idade Média, 500-1500 I. Título.

13-00646   CDD-305.409440902

Índices para catálogo sistemático:
1. França : Idade Média : Mulheres : História 305.409440902
2. Mulheres : França : Idade Média : História 305.409440902

2013

Todos os direitos desta edição reservados à
EDITORA SCHWARCZ S.A.
Rua Bandeira Paulista, 702, cj. 32
04532-002 — São Paulo — SP
Telefone: (11) 3707-3500
Fax: (11) 3707-3501
www.companhiadasletras.com.br
www.blogdacompanhia.com.br

SUMÁRIO

HELOÍSA, ISOLDA E OUTRAS DAMAS NO SÉCULO XII

Introdução *9*
Alienor *13*
Maria Madalena *29*
Heloísa *51*
Isolda *75*
Juette *89*
Dorée d'Amour e a Fênix *100*

A LEMBRANÇA DAS ANCESTRAIS

Servir os mortos *116*
   1. Os mortos na casa *116*
   2. As mulheres e os mortos *120*
   3. Escrever os mortos *126*
   4. Memória das damas *139*

Esposas e concubinas *150*
   1. Genealogia de um elogio *150*
   2. A perturbação que vem das mulheres *157*
   3. As damas *166*
   4. As amigas *174*
   5. Arlette *184*

O poder das damas *193*
   1. Ambiente *194*
   2. O testemunho *211*
   3. As deusas-mães *218*
   4. O casal *227*
   5. As viúvas *239*

Genealogias *249*

EVA E OS PADRES

Introdução *255*
Os pecados das mulheres *256*
A queda *283*
Falar às mulheres *303*
Do amor *337*
Conclusão *379*

Sobre o autor *381*

HELOÍSA, ISOLDA E OUTRAS DAMAS NO SÉCULO XII

Tradução
Paulo Neves

INTRODUÇÃO

APRESENTO AQUI ALGUMAS NOTAS. São os frutos de uma investigação arriscada, longa e mesmo assim incompleta. Conduzi-a da melhor maneira que pude, querendo ver mais claramente quem eram no século XII, na França, essas mulheres chamadas damas por terem desposado um senhor, conhecer a sorte que lhes estava reservada em seu mundo, o mundo da nobreza, nas camadas superiores da sociedade brutal e refinada que chamamos feudal. Permaneci deliberadamente nessas alturas por serem as únicas iluminadas o suficiente. Mesmo aqui, no entanto, a obscuridade é espessa. O historiador avança penosamente num terreno difícil cujos limites não cessam de recuar diante de seus passos.

Para ele, as damas desses tempos longínquos não têm rosto nem corpo. Ele tem o direito de imaginá-las, nos grandes desfiles da corte, vestidas de túnicas e de mantos semelhantes aos que cobrem as virgens e os santos nos pórticos e nos vitrais das igrejas. Mas a verdade corporal que túnicas e mantos deixavam a descoberto e envolviam escapará sempre a seu olhar. Com efeito, os artistas, da mesma forma que os poetas, não se preocupavam então com realismo. Representavam símbolos e se atinham a fórmulas convencionais. Não esperemos portanto descobrir a fisionomia particular dessas mulheres nas efígies muito raras, e são as das mais poderosas dentre elas que chegaram até nós. Não menos raros são os objetos que elas tiveram em suas mãos e que podemos ainda tocar. Onde estão os ornamentos que usaram, exceto algumas joias e pedaços de tecidos suntuosos vindos do Oriente com os quais teriam se enfeitado, antes de os oferecerem, como esmola, para enrolar as sagradas relíquias nos relicários? Nenhuma imagem concreta, portanto. Ou quase nenhuma. Toda informação provém do escrito.

9

Parti portanto dos textos, dos poucos textos que nos restam dessa época, tentando separar no início da investigação os traços de algumas figuras de mulheres. Sem ilusão. Com efeito, já é difícil fazer-se uma ideia dos homens, e dos mais célebres, daqueles que transformaram o mundo. Francisco de Assis, Filipe Augusto, e mesmo são Luís, apesar do que escreveu Joinville, o que sabemos de suas personalidades? E as mulheres então, de quem se falou muito menos? Para nós elas serão sempre sombras indecisas, sem contorno, sem profundidade, sem relevo.

Faço de imediato essa advertência. O que procuro mostrar não é o realmente vivido. Inacessível. Procuro mostrar reflexos, o que testemunhos escritos refletem. Confio no que eles dizem. Se dizem a verdade ou não, não é isso que importa. O importante para mim é a imagem que oferecem de uma mulher e, por meio dela, das mulheres em geral, a imagem que o autor do texto fazia delas e quis passar aos que o escutaram. Ora, a imagem viva é inevitavelmente deformada nesse reflexo, e por duas razões. Primeiro, porque os escritos datados da época que estudo — e esse caráter, no espaço francês, não se alterou antes do final do século XIII — são todos oficiais, dirigidos a um público, jamais voltados para o íntimo; segundo, porque foram redigidos por homens.

A escrita, a bela escrita, a que resistiu ao desgaste do tempo e que leio, só fixava falas importantes e em formas artificiais, o latim ou a linguagem sofisticada que se falava nas reuniões mundanas. Às vezes, por certo, foi lida privadamente — mas sempre em voz alta, mastigando-se as palavras — ao longo das galerias de um claustro, ou nos aposentos das damas, ou ainda naqueles recantos guarnecidos de livros onde alguns homens se dedicavam a recopiar frases ou a forjar novas. No entanto, todos esses textos foram feitos para ser declamados, e com frequência cantados, diante de um auditório. Todos, mesmo os destinados a divertir, os romances, as canções, os contos satíricos, tinham a função de ensinar. Não se preocupavam em descrever o que existia, tiravam da experiência cotidiana, e sem se proibirem de retificá-la, elementos que proporcionassem uma lição moral. Afirmando o que se devia saber ou acreditar, buscavam impor um conjunto de imagens exemplares. Afinal, da mesma forma que a escultura ou a pintura, também a literatura do século XII não é realista. Ela representa o que a sociedade quer e deve ser. Reconstituir um sistema de valores, eis tudo o que lhe é possível fazer a partir dessas palavras proferidas, repito, em voz alta e inteligível. E reconhecer nesse sistema o lugar designado às damas pelo poder masculino.

Ao masculino, com efeito, pertence nessa sociedade tudo o que é oficial, tudo o que diz respeito ao público, a começar pela escrita. *Mâle Moyen Âge* [Idade Média masculina], *L'homme médiéval*, pelos títulos que deu a seus livros, o historiador confessa: somente os homens desse tempo são um pouco visíveis e eles lhe ocultam o resto, sobretudo as mulheres. Algumas aparecem de fato ali, mas representadas. Simbolicamente. Por homens, e por homens da Igreja em sua maior parte, portanto adstritos a não se aproximar muito delas. As damas do século XII sabiam escrever, e com certeza melhor que os cavaleiros, seus maridos ou seus irmãos. Algumas escreveram, e talvez algumas tenham escrito o que pensavam dos homens. Mas praticamente nada subsiste da escrita feminina. Resignemo-nos: nada aparece do feminino a não ser por intermédio do olhar dos homens. Mas será que no fundo as coisas mudaram tão radicalmente? Tanto ontem como hoje, a sociedade apenas mostra de si mesma o que julga conveniente exibir. No entanto, o que ela diz, e sobretudo talvez o que não diz, permite entrever suas estruturas.

Reli textos portanto, esforçando-me por identificar-me com aqueles que os escreveram a fim de dissipar as ideias falsas que depois perturbaram seu sentido. Reli-os procurando esquecer, pois também sou um homem, a ideia que faço das mulheres, e talvez nem sempre o tenha conseguido. Para iluminar o campo de minha pesquisa, apresento aqui seis figuras de mulheres escolhidas entre as menos indistintas. Trata-se de um começo, útil. Um outro livro tratará da lembrança das ancestrais, tal como se conservava nas casas da alta nobreza: aparecerão assim outras imagens, mais vaporosas, precisando porém a imagem das damas que os cavaleiros se faziam naquele tempo. Proponho-me enfim examinar de perto, num terceiro volume, o que pensavam das mulheres os homens da Igreja que eram seus diretores de consciência e que procuravam arrancá-las de sua perversidade nativa.

ALIENOR

Sob a cúpula central da igreja de Fontevraud — era uma das mais vastas, das mais prestigiosas abadias de mulheres, na França do século XII —, veem-se hoje quatro estátuas jacentes, vestígios de antigos monumentos funerários. Três dessas estátuas são talhadas em calcário brando, a de Henrique Plantageneta, conde de Anjou e do Maine por seus antepassados paternos, duque da Normandia e rei da Inglaterra por seus antepassados maternos; a de seu filho e sucessor Ricardo Coração de Leão; a de Isabel de Angoulême, segunda mulher de João sem Terra, o irmão de Ricardo, que se tornou rei, por sua vez, em 1199. A quarta efígie, em madeira pintada, representa Alienor, herdeira do ducado de Aquitânia, esposa de Henrique, mãe de Ricardo e de João, que em 31 de março de 1204 morreu em Fontevraud, onde no fim da vida se fizera freira.

O corpo dessa mulher está estendido sobre a laje, tal como estivera exposto no leito mortuário durante a cerimônia dos funerais. Está envolvido por inteiro nas dobras da túnica. Um véu comprime o rosto. Os traços deste são de uma pureza perfeita. Os olhos estão fechados. As mãos seguram um livro aberto. Diante desse corpo, desse rosto, a imaginação pode conceber o que quiser. Mas desse corpo, desse rosto quando eram vivos, a estátua jacente, admirável, nada diz de verdadeiro. Alienor estava morta havia muitos anos quando a estátua foi feita. Teria o escultor visto alguma vez com os próprios olhos a rainha? Na verdade, isso pouco importava: naquele tempo a arte funerária não se preocupava com a semelhança. Em sua plena serenidade, essa figura não pretendia reproduzir o que o olhar pudesse ter descoberto no catafalco, o corpo, o rosto de uma mulher de oitenta anos que havia se batido duramente contra a vida. O

13

artista recebera a encomenda de mostrar o que seriam em sua plenitude esse corpo e esse rosto no dia da ressurreição dos mortos. Por conseguinte, ninguém jamais poderá avaliar o poder de sedução que a herdeira do ducado de Aquitânia possuía quando, em 1137, foi entregue a seu primeiro marido, o rei Luís VII da França.

Ela contava então aproximadamente treze anos, ele, dezesseis. "Ele ardia de um amor apaixonado pela adolescente." É o que relata, meio século mais tarde, Guilherme de Newburgh, um daqueles monges da Inglaterra que recompunham então, com grande habilidade, a sequência dos acontecimentos do tempo passado. Guilherme acrescenta: "O desejo do jovem Capeto foi aprisionado numa estreita rede"; "Nada de surpreendente, tamanhos eram os encantos corporais que Alienor possuía". Lambert de Watreloos, cronista, também julgava esses encantos de elevadíssima qualidade. O que valem, na verdade, tais elogios? As conveniências obrigavam os escritores da época a celebrar a beleza de todas as princesas, mesmo das menos graciosas. Além disso, Alienor já era, em todas as cortes, por volta de 1190, a heroína de uma lenda escandalosa. Quem se dispusesse a falar dela se via naturalmente inclinado a dotar de uma excepcional capacidade de enfeitiçamento os atrativos que ela havia manifestado.

Essa lenda é persistente. Ainda hoje fascina alguns autores de romances históricos, e conheço inclusive historiadores muito sérios cuja imaginação continua inflamada e desencaminhada por ela. Desde o romantismo, Alienor foi ora apresentada como delicada vítima da crueldade fria de um primeiro esposo, incompetente e limitado, de um segundo esposo, brutal e volúvel, ora como mulher livre, dona de seu corpo, desafiando os padres, afrontando a moral dos beatos, porta-estandarte de uma cultura brilhante, alegre e injustamente sufocada, a da Occitânia, contra a selvageria hipócrita, contra a opressão do Norte, mas sempre transtornando os homens, leviana, carnuda, e se divertindo com eles. Não é ela considerada, nos livros mais austeros, como a "rainha dos trovadores", sua complacen-

14

te inspiradora? Não tomam muitos como coisa certa o que, por zombaria, André le Chapelain diz dela em seu *Tratado do amor*, as sentenças ridículas que ele forja e lhe atribui? Esta, por exemplo, cuja feroz ironia todo leitor então saboreava: "Ninguém pode legitimamente alegar o estado conjugal para se furtar ao amor". Aos jogos do amor cortês. Por pouco Alienor os teria inventado. Em todo caso, por seu intermédio é que esses jogos de galanteria teriam se difundido através da Europa desde sua Aquitânia natal. A bem dizer, os julgamentos errôneos dos eruditos modernos são desculpáveis. A lembrança dessa mulher se deformou muito cedo. Nem cinquenta anos se haviam passado desde sua morte e a biografia imaginária de Bernard de Ventadour já fazia dela a amante desse grande poeta. E o pregador Étienne de Bourbon, vituperando os prazeres culpáveis produzidos pelo tato, dava como exemplo a perversa Alienor: um dia, achando agradáveis as mãos do velho professor Gilbert de la Porrée, ela o teria convidado a acariciar seus quadris com os dedos. Quanto ao Menestrel de Reims, sabe-se da forte inclinação desse agradável contador de histórias a fabular para agradar os ouvintes; mas aqui ele retomava as frases dos que diziam, em número cada vez maior, que a rainha da França, durante a cruzada, chegara ao ponto de entregar seu corpo aos sarracenos, e lhe atribuía um idílio com o mais ilustre desses descrentes, Saladino. Diz que Alienor se preparava para partir com ele, um pé já dentro do navio, quando seu marido, Luís VII, conseguiu alcançá-la. Não apenas volúvel, entregando seu corpo de batizada ao infiel. Também traindo, além do marido, seu Deus. O cúmulo do impudor.

Tais fantasias se construíam no século XIII a partir dos mexericos que, em vida, haviam se espalhado a propósito da rainha em sua velhice. Alguns foram recolhidos em nove obras históricas compostas entre 1180 e 1200 que chegaram até nós e que apresentam mais ou menos tudo o que se sabe sobre ela. Cinco são de autores ingleses, pois na Inglaterra é que se escrevia então a boa história. Todas são de homens da Igreja, monges ou cônegos, e apresentam Alienor de um ponto de vista desfavorá-

15

vel. Isso por quatro razões. A primeira, fundamental, é que se trata de uma mulher. Para esses homens, a mulher é uma criatura essencialmente má por meio da qual o pecado se introduz no mundo, com toda a desordem que nele se vê. Segunda razão: a duquesa de Aquitânia tinha por avô o famoso Guilherme IX. Ora, esse príncipe, de quem a tradição fez o mais antigo dos trovadores, também havia em sua época excitado a imaginação dos cronistas. Estes denunciaram o pouco-caso que fazia da moral eclesiástica, a liberdade de seus costumes, sua excessiva propensão ao namorico, evocando a espécie de harém no qual, como paródia de um mosteiro de freiras, ele havia mantido para seu prazer uma companhia de moças. Dois outros fatos, enfim e sobretudo, condenavam Alienor. Por duas vezes, desembaraçando-se da submissão que as hierarquias instituídas pela vontade divina impõem aos esposos, ela havia pecado gravemente. Uma primeira vez, pedindo e obtendo o divórcio. Uma segunda vez, rejeitando a tutela de seu marido e insurgindo seus filhos contra ele.

O divórcio, imediatamente seguido de um novo casamento, foi em 1152 o grande caso europeu. Ao chegar em sua crônica a essa data, o monge cisterciense Aubry des Trois Fontaines relata naquele ano esse único acontecimento. De maneira lacônica e com tanto mais força: Henrique da Inglaterra, escreve, tomou por mulher aquela que o rei da França acabava de abandonar: "Luís a havia deixado por causa da incontinência dessa mulher, que se conduzia não como rainha, mas como prostituta". Semelhantes transferências de esposa, do leito de um marido para o de outro, não deixavam de ocorrer frequentemente na alta aristocracia. Que esta tenha tido tal repercussão, explica-se. A unidade da Europa se identificava então com a da cristandade latina, e portanto o papa pretendia dirigir, mobilizar para a cruzada e, por isso, manter em paz os Estados para preservar seu equilíbrio, esses Estados que, no vigoroso impulso de crescimento que arrastava o Ocidente, começavam a se fortalecer. Era o que acontecia com os dois grandes principados rivais, aqueles cujos chefes eram o rei da França e o rei da In-

16

glaterra. Todavia, no seio de estruturas políticas ainda muito grosseiras, o destino dessas formações políticas dependia em grande parte das devoluções sucessoriais e das alianças, portanto do casamento do herdeiro. Ora, Alienor era a herdeira de um terceiro Estado, de menor envergadura, por certo, no entanto considerável, a Aquitânia, uma província estendida entre Poitiers e Bordeaux, chegando ao Sul até Toulouse. Mudando de esposo, ela levava consigo seus direitos sobre o ducado. Por outro lado, a Igreja, na metade do século XII, acabava de fazer do casamento um dos sete sacramentos a fim de assegurar seu controle. Ela impunha ao mesmo tempo jamais romper a união conjugal e, contraditoriamente, rompê-la de imediato em caso de incesto, ou seja, se se verificasse que os cônjuges eram parentes aquém do sétimo grau. O que permitia à autoridade eclesiástica, na verdade ao papa quando se tratava do casamento de reis, intervir à vontade para atar ou desatar, e assim tornar-se senhor do grande jogo político.

Bem mais tarde, o Menestrel de Reims relata deste modo o que decidiu o divórcio. Luís VII, diz ele, "reuniu todos os seus barões para saber o que faria da rainha e lhes expôs como ela havia se comportado. 'Por nossa fé', disseram os barões, 'o melhor conselho que vos damos é que a deixeis partir, pois é um diabo, e, se a conservais por mais tempo, acreditamos que ela vos fará morrer. E, acima de tudo, não tendes filho com ela'". Satanismo, esterilidade: duas faltas verdadeiramente graves, e o marido toma a iniciativa.

João de Salisbury, no entanto, eminente representante do renascimento humanista do século XII, lúcido, perfeitamente informado, é uma testemunha melhor. Ele escrevia bem mais cedo, apenas oito anos após o acontecimento, em 1160. Anteriormente, em 1149, achava-se presente junto ao papa Eugênio III quando este acolheu Luís VII e sua mulher em Frascati, Roma estando então nas mãos de Arnaud de Brescia, outro intelectual de primeira grandeza, este contestatário. O casal voltava do Oriente. O rei da França, chefiando a segunda cruzada, levara consigo Alienor. Após o fracasso da expedição e as dificuldades subsequentes para os estabelecimentos latinos na Terra Santa, os homens da Igreja se interrogavam sobre as causas desses dissabores e as localizavam precisamente nesse fato. "Cativo de uma paixão veemente por sua esposa", diz Guilherme de Newburgh (e é para explicá-la que ele insiste nos atrativos físicos da rainha), Luís VII, ciumento, "julgou que não devia deixá-la sozinha, e que convinha à rainha acompanhá-lo ao combate." Ele dava o mau exemplo. "Muitos nobres o imitaram, e, como as damas não podiam passar sem camareiras", o exército de Cristo, que deveria ter apresentado a imagem da castidade viril, foi atulhado de mulheres, portanto invadido de vilezas. Deus se irritou com isso.

De fato, tudo transcorrera mal durante a viagem. Em Antioquia, em março de 1148, Alienor havia encontrado Raymond, o irmão de seu pai, senhor da cidade. O tio e a sobrinha se entenderam bem, inclusive bem demais aos olhos do marido, que se inquietou e precipitou a partida para Jerusalém. Alienor recusou-se a segui-lo. Ele a arrastou à força. A acreditar em Guilherme, arcebispo de Tiro, que certamente redigiu sua obra histórica trinta anos mais tarde, num momento em que a lenda estava em plena eflorescência — mas, não esqueçamos, enquanto a rainha ainda vivia —, e que aliás era o mais bem situado para recolher os ecos do caso, as relações entre Raymond e Alienor teriam sido levadas bastante longe. A fim de reter o rei e de utilizar seu exército para sua própria política, o príncipe de Antioquia teria projetado raptar, "por violência ou por intriga", sua mulher. Esta, segundo o historiador, estava de acordo. Com efeito, diz ele, "ela figurava entre as mulheres loucas, de conduta imprudente, como se vira antes e como se haveria de ver mais tarde em seu comportamento, quando desprezou, contra a dignidade real, a lei do casamento e não respeitou o leito conjugal". Menos cruamente se exprime aqui, já, a acusação feita por Aubry des Trois Fontaines: Alienor era desprovida daquela contenção que convém às esposas, em especial às esposas dos reis, e que contrabalança sua tendência natural à luxúria.

João de Salisbury, por sua vez, cita apenas uma falta, mas ampla o suficiente: a rebelião. Resistindo a seu marido, isto é, a seu senhor, Alienor exigiu, em Antioquia, separar-se dele. Reivindicação evidentemente intolerável: se era comum admitir que um homem repudiasse sua mulher, tal como se desembaraçava de um mau servidor, o inverso parecia escandaloso. Para divorciar-se, a rainha invocava o melhor dos pretextos, a consanguinidade. Declarava que ela e ele eram parentes em quarto grau, o que era verdade, e, estando os dois mergulhados no pecado, não podiam evidentemente permanecer juntos por mais tempo. Estranha revelação, na verdade: pois, desde que se tinham casado havia onze anos, ninguém se importara com tal parentesco, claro como o dia. Luís era piedoso, ficou perturbado e, "embora amasse a rainha com um amor imoderado", já pensava em deixá-la partir. Um de seus conselheiros, que não gostava de Alienor e de quem ela não gostava, o teria impedido de ceder, com este argumento: "Que opróbrio para o reino da França se soubessem que o rei deixara sua mulher ser tomada ou que ela o havia abandonado!". Desde Paris, o abade Suger, mentor de Luís VII, dava o mesmo conselho: refrear o rancor, manter-se firme aguardando o fim da viagem.

Os dois cônjuges viviam nos trâmites de seu desentendimento quando, de volta da peregrinação a Jerusalém, foram recebidos pelo papa. Este se esforçou por reconciliá-los. Havia interesse nisso. De um lado, ele manifestava claramente seu poder de controle sobre a instituição matrimonial. Temia, de outro lado, os problemas políticos que esse divórcio podia causar. Os esposos compareceram diante dele — e aqui podemos seguir João de Salisbury, que estava presente. O papa escutou suas recriminações. Apaziguou-os. O rei ficou feliz, sempre dominado por uma paixão que João diz "pueril", por aquele desejo que deve ser controlado quando se é um homem de verdade, e mais particularmente um rei. O papa Eugênio III chegou a casá-los de novo, respeitando de maneira escrupulosa as formalidades e renovando todos os ritos exigidos, em primeiro lugar o comprometimento mútuo, expresso de viva voz e por

19

escrito, depois a condução solene até o leito nupcial enfeitado com grande pompa, o papa desempenhando nesse ponto o papel de pai e cuidando para que tudo transcorresse como devia. Para terminar, proibiu solenemente que essa união fosse dissolvida e que se voltasse a falar de consanguinidade.

Menos de três anos depois voltou-se a falar dela e, também desta vez, para justificar o divórcio. Foi em Beaugency, perto de Orléans, diante de uma grande assembleia de prelados. Testemunhas compareceram, juraram, não havendo a menor dúvida, que Luís e Alienor eram do mesmo sangue. O casamento era portanto incestuoso. Consequentemente, não era um casamento. O vínculo não havia sequer sido rompido: ele não existia. Ninguém levou em conta a interdição pontifícia. O rei havia aceitado o conselho de seus vassalos, aquele que o Menestrel de Reims, a quem se pode nesse ponto dar crédito, relata. Teria Alienor nesse meio-tempo ultrapassado os limites? Teria se comportado como marafona por ocasião da visita a Paris, no ano anterior, dos Plantageneta, pai e filho? A razão principal, estou convencido disso, é que ela era estéril. Estéril, a bem dizer, não era exatamente, e se houve esterilidade não foi por sua causa, como sugere a fecundidade exuberante que demonstrou nos braços de um novo marido. Mas, em quinze anos de conjugalidade, só tivera duas filhas, e de forma quase milagrosa. A primeira havia nascido, após um aborto e sete anos de vã expectativa, depois de um diálogo na basílica de Saint-Denis. Alienor queixara-se a Bernard de Clairvaux dos rigores de Deus, que a impedia de dar à luz. O santo lhe havia prometido que ela seria finalmente fecunda se levasse o rei Luís a fazer as pazes com o conde de Champagne, terminando uma guerra que, aliás, ela própria talvez tivesse instigado. A segunda filha veio ao mundo apenas dezoito meses antes do concílio de Beaugency, como efeito da reconciliação de Frascati, da nova noite de núpcias e das abundantes bênçãos pontifícias. Ora, era urgente que o rei da França tivesse um herdeiro masculino. Essa mulher parecia pouco capaz de providenciar isso para ele. Assim foi rejeitada, a despeito de seus encantos, e apesar da Aquitânia, a bela província que trouxera ao se casar e que levaria consigo ao deixar a corte logo após a anulação do casamento.

Alienor voltava a ser em 1152 o que fora aos treze anos, um partido magnífico, uma fortuna para aquele dos pretendentes que viesse a se apoderar dela. Muitos a cobiçavam. Dois quase a pegaram durante a curta viagem que a conduziu de Orléans a Poitiers. Ela conseguiu escapar de Blois, à noite, antes que o senhor da cidade, o conde Thibaut, pudesse fazer dela sua mulher à força, depois, seguindo o conselho de seus anjos da guarda, evitou a passagem onde a esperava em emboscada o irmão de Henrique Plantageneta. Foi nos braços deste último que ela caiu. Gervásio de Canterbury sugere que Alienor preparou o encontro; afirma que ela comunicou ao duque da Normandia, por mensagem secreta, que estava disponível. Henrique, "atraído pela qualidade do sangue dessa mulher, porém mais ainda pelos domínios que dependiam dela", se precipitou. Em 18 de maio, ele a desposava em Poitiers. A despeito dos obstáculos. Não falo nem da diferença de idade (Henrique tinha dezenove anos, Alienor, 29, tendo havia muito penetrado no que se considerava, na época, como a idade madura), nem da consanguinidade, tão evidente e tão próxima quanto na união precedente; falo da suspeita de esterilidade que pesava sobre a ex-rainha da França e, sobretudo, da interdição que lançara sobre ela, dirigindo-se a seu filho, o pai de Henrique, Godofredo Plantageneta, senescal do reino. Não toque nela, lhe teria dito Godofredo, por duas razões: "É a mulher de teu senhor, e além disso teu pai já a conheceu". Julgava-se então indecente, com efeito, e mais culpável que a transgressão do incesto tal como a Igreja a concebia, deitar com a companheira de seu senhor. Quanto a partilhar com o pai uma parceira sexual, trata-se aí do incesto "de segundo tipo", que Françoise Héritier demonstrou ser "primordial" e, sob esse aspecto, estritamente condenado em todas as sociedades. De nove historiadores, dois, Gauthier Map e Giraud le Cambrien, tardios e bisbilhoteiros, é verdade, lembram que Godofredo tinha, como diz um deles, "tomado sua parte no que havia no leito de Luís". Esse duplo depoimento torna crível o fato e confirma que Alienor não era das mais arredias.

Essa aventura evidentemente regalou as assembleias corteses, e todos os que tinham ciúmes, que temiam o rei da França ou que simplesmente gostavam de rir, fizeram troça dele. Aqui se encontra o fundamento da lenda, e os escritores que nos mosteiros e nas bibliotecas se dedicavam a rememorar os acontecimentos de seu tempo se comprouveram em recolher tais mexericos quando, dez anos após o concílio de Beaugency, Alienor se afirmou rebelde mais uma vez, insurgindo-se contra o segundo marido.

Estava com cinquenta anos. Doravante infecunda e com encantos provavelmente menos vistosos, não tinha mais utilidade para seu homem. Ela entrava naquela etapa da existência em que as mulheres, no século XII, quando sobreviveram aos partos ininterruptos, são comumente abandonadas por seus esposos, etapa em que, dispondo do dote de viúva que receberam por ocasião do casamento, respeitadas em geral por seus filhos, sobretudo pelo mais velho, elas têm pela primeira vez na vida um verdadeiro poder e usufruem dele. Alienor não dispunha de tal liberdade. Henrique ainda vivia. Jamais sentado, sempre galopando de uma ponta à outra dos imensos domínios que o acaso das sucessões havia reunido em suas mãos, da Irlanda a Quercy, de Cherbourg às fronteiras da Escócia, o rei da Inglaterra, duque da Normandia, conde de Anjou e duque da Aquitânia em nome de Alienor, jamais havia se preocupado muito com ela. Às vezes a levava consigo de um lado e de outro da Mancha quando tinha interesse em mostrá-la a seu lado. Engravidara-a aqui e ali, às pressas. Agora, abandonava-a por completo, divertindo-se com outras mulheres. Mas estava sempre lá.

Para tirar partido das chances que lhe restavam, Alienor se apoiou em seus filhos e especialmente num deles, Ricardo. O mais velho, Guilherme, morrera na infância. Em 1170, importunado pelos dois seguintes que cresciam e reclamavam uma parte de poder, Henrique fora obrigado a ceder. Tinha associado ao trono Henrique, com quinze anos. A Ricardo, com treze, havia concedido a herança de sua mãe, a Aquitânia. Alienor estava naturalmente por trás do adolescente e, agindo em seu nome, acreditava poder tornar-se enfim senhora de seu patrimônio ancestral. Na primavera de 1173, ela foi mais longe. Apoiou a revolta desses dois rapazes insaciáveis e de seu filho mais moço. Rebeliões desse tipo, que opunham os filhos ao pai que tardava a morrer, eram moeda corrente na época, mas era raro ver-se a mãe dos amotinados tomar o partido deles e trair seu marido. A atitude de Alienor causou escândalo, portanto. Pela segunda vez ela parecia infringir as regras fundamentais da conjugalidade. Foi o que lhe fez saber o arcebispo de Rouen: "A esposa", disse ele, "é culpada quando se afasta de seu marido, quando não respeita fielmente o pacto de aliança [...] Todos deploramos que te separes assim de teu marido. Eis que o corpo se afasta do corpo, que o membro não serve mais a cabeça, e, o que ultrapassa os limites, permites que as entranhas do senhor rei e as tuas se insurjam contra seu pai [...] Reconcilia-te com teu homem, caso contrário, em conformidade com o direito canônico, te obrigaremos a reconciliar-te com ele". Essa admoestação, todos os senhores da Europa teriam podido pronunciá-la. Com efeito, todos estavam convencidos de que, como afirmava o prelado, "o homem é o chefe da mulher, que a mulher foi tirada do homem, que ela está unida ao homem e submetida ao poder do homem".

Henrique dominou a sublevação. Em novembro, Alienor estava em suas mãos, capturada quando, vestida com uma roupa masculina, outra falta grave à lei, buscava refúgio junto a seu ex-marido, o rei da França. Ele a encerrou no castelo de Chinon. Alguns dizem que pensou em repudiá-la, sob pretexto, ainda desta vez, de consanguinidade. Preferiu mantê-la prisioneira nesta ou naquela fortaleza até as vésperas de sua morte, em 1189. Em todos esses anos falou-se muito dela, não para honrá-la, como fazem os sonhadores de hoje, para celebrar suas virtudes, para fazer dela a primeira heroína do combate feminista ou da independência occitana, mas para denunciar sua maldade. Falou-se dela em toda parte, recordando-se sua aventura na França, pois seus gestos punham em evidência as forças terríveis de que é dotada por natureza a mulher, luxuriosa e pérfida. Demonstravam que o demônio se serve dela para semear a turbulência e o pecado, o que torna evidentemente indispensável manter as filhas sob o estrito controle dos pais, as esposas sob o dos maridos, e enclausurar as viúvas num mosteiro. Em Fontevraud, por exemplo. No final do século XII, todos os homens que conheciam o comportamento da duquesa de Aquitânia viam nela a representação exemplar daquilo que ao mesmo tempo os tentava e os inquietava na feminidade.

Na verdade, o destino de Alienor não difere muito do das mulheres de alta linhagem que o acaso, ao privá-las de um irmão, transformava em herdeiras de um domínio senhorial. As esperanças de poder de que eram portadoras atiçavam as cobiças. Os candidatos ao casamento as disputavam entre si, rivalizando para se estabelecer em sua casa e explorar seu patrimônio até a maioridade dos filhos que elas lhes dariam. Assim, sem descanso, elas casavam, tornavam a casar, enquanto fossem capazes de ter filhos. O destino de Alienor só tem de excepcional os dois acidentes, o divórcio e a rebelião, acontecimentos cujo interesse maior é terem suscitado, por ser essa mulher rainha e por ter se envolvido na grande política, o feixe de comentários escritos por meio dos quais o historiador descobre um pouco do que era naquele tempo a condição feminina e que em geral escapa à sua investigação. Sabemos muito pouco sobre Alienor: nenhum retrato, nove testemunhos relativamente abundantes, como eu disse, e mesmo assim bastante breves; no entanto, sabemos muito mais a respeito dela que da maior parte das mulheres de seu tempo.

Como todas as jovens, Alienor, aos treze anos, chegava à idade de casar, e seu pai escolheu um homem que ela jamais tinha visto e a quem foi dada. Este foi tomá-la na casa paterna. Levou-a para sua própria casa logo após as núpcias e, como era costume entre as famílias devotas, o casamento só foi consuma-

24

do, durante o trajeto, após um prazo de três dias. Como todas as esposas, Alienor viveu na ansiedade de ver sua esterilidade prolongar-se. Como muitas, foi rejeitada porque havia esperado em vão que do seu ventre saísse um filho homem. Porque vinha de uma província longínqua, porque seu linguajar e algumas de suas maneiras surpreendiam, foi vista como uma intrusa pela parentela do marido, a todo momento espiada, caluniada. Em Antioquia, é certo que seu tio Raymond fez dela um joguete, se não sexual, pelo menos político. Ele detinha sobre ela o poder de um pai. Pode-se supor que a instigou a pedir a separação por motivo de parentesco com a intenção de ele próprio torná-la a casar, em função de seus próprios interesses. Na promiscuidade buliçosa das grandes casas nobres, não faltavam damas que sucumbiam aos assaltos do senescal de seus maridos. A todas, em todo caso, os escritores domésticos, para agradar esses maridos, dedicavam suas obras, bajulavam-nas com elogios interesseiros sem serem por isso seus amantes. Elas iam de gravidez em gravidez. Foi o que aconteceu com Alienor assim que entrou no leito do Plantageneta. Ela havia dado apenas duas filhas a Luís VII; deu outras três a Henrique e mais cinco rapazes. Entre os 29 e os 34 anos de idade, fecundada a cada doze meses, pôs no mundo cinco filhos. O ritmo diminui a seguir. Em 1165, Alienor deu à luz o último de seus filhos que o historiador conhece, pois eles viveram bastante e apenas um morreu na puberdade. Era o décimo. Em duas décadas. Ela contava 41 anos. Suas capacidades reprodutivas, como as de todas as damas de seu mundo, haviam sido exploradas ao máximo. Como estas, ela se estabelece após a menopausa na posição de matrona, usando sua ascendência sobre os filhos, tiranizando suas noras, deixando os intendentes administrar seus bens, maquinando o casamento de suas netas — entre as quais Branca de Castela, que foi, no século seguinte, uma outra sogra insuportável. Como todas as viúvas de sua classe, retirou-se enfim, para se consagrar a um terceiro esposo, agora celeste, no mosteiro que sua família e ela própria, para purgar seus pecados, como após o divórcio, haviam cumulado de favores. Era Fontevraud. Guilherme, o Trovador, seu avô, havia zombado copiosamente dessa atitude, mas também ele, no fim da vida, fizera doações ao mosteiro. Henrique já se encontrava lá, debaixo da terra. Para lá ela havia conduzido os restos mortais de Ricardo. Lá repousa Alienor, à espera do Juízo Final.

O que muitos pensavam realmente dela transparece na maneira como os cronistas interpretaram a morte trágica do rei Henrique II, em julho de 1189. Como Deus pudera deixar um soberano tão poderoso ser traído por todos os seus filhos legítimos e perecer, deixar que fosse ao túmulo nu, despojado de tudo por seus servidores, aceitar que fosse enterrado na abadia de Fontevraud que ele não havia escolhido como sepultura, que decerto também ele havia enriquecido com doações, mas apenas porque desejava de todo o coração que Alienor ali se recolhesse para enfim cessar de prejudicá-lo? É que Deus, diz Giraud le Cambrien no livro que escreveu "para a instrução dos príncipes", punia talvez o assassino de Thomas Becket e o descendente da fada Melusina, filha de Satã. E que Deus seguramente punia nele a falta de sua esposa. E em primeiro lugar sua bigamia. Bígama, Alienor o era incontestavelmente, ninguém duvidava disso, e duas vezes incestuosa. Prima do Plantageneta no mesmo grau que do Capeto, seus dois casamentos eram igualmente culpáveis. Henrique havia consentido. Deus se vingava nele. Mas o castigava sobretudo pelo incesto "do segundo tipo", esse pecado muito grave que havia cometido sob o encanto funesto de Alienor, instrumento do diabo.

Quanto à imagem que alguns, e com certeza muitos, faziam da duquesa de Aquitânia nas cortes do Norte da França, descobrem-se seus traços na longa e deliciosa canção que conheceu um estrondoso sucesso nos últimos anos do século XII: o *Roman de Renard* [Romance da Raposa]. Ao escutar as desventuras de Ysengrin, quem não pensava nos dissabores conjugais que o rei Luís VII tivera em Antioquia e dos quais ainda se gracejava em toda parte trinta anos depois, rindo do marido "tão ciumento que acreditava diariamente ser enganado" e cujo erro fora tornar pública sua desgraça, ter "desonrado sua esposa" sem se envergonhar, quando, "nesse tipo de assunto, mais vale ficar calado"? Quem, ao longo dessa história faiscante e maliciosa, não pensaria na própria Alienor? A propósito de três mulheres, de três damas, Ermeline, Fière, Hersent, de quem Renard, "grande fornicador", com alegria "colheu as uvas"? Ermeline que, tão logo se crê desembaraçada de seu homem, parte, "ardentemente beijando", "abraçando por amor" aquele que quer como seu novo esposo, seu novo senhor, o adolescente que ela escolheu por já saber que ele "faz com muita suavidade a coisa"? A propósito da rainha, da mulher do leão, da orgulhosa madame Fière, que Renard possuiu durante a noite, quando, furiosa com seu marido, ela dormia sozinha, quem não se lembrava da boa fortuna de Godofredo Plantageneta, em visita à corte da França? Também Alienor não costumava, desprezando os conselhos dos prudentes ("Deus te guarde da desonra"), dar seu anel aos rapazes na esperança de que viessem logo, "pelo amor" prometido por essa prenda, lhe "falar privadamente e sem questiúnculas"? E o poeta, explorando a longa repercussão do escândalo, não tentou fazer seus ouvintes reconhecerem a rainha Alienor sob os traços de Hersent, a adúltera, Hersent, a provocante, a enganadora, que em seu leito de parturiente censura os galanteadores de temerem a cólera do marido, de não a visitarem tanto quanto ela gostaria em seu quarto, e que se entrega, complacente, a todos os prazeres do jogo que é sua razão de viver? Hersent que abandona Ysengrin, seu homem, quando este se mostra incapaz de sê-lo: "Se ele não pode fazer a coisa, que posso esperar dele?". Hersent, a "puta", que "tendo um marido pega um outro"? Bígama.

Quem ouvia falar de Alienor, naquele tempo, pensava em sexo. O sexo, tema principal do *Renard* no mais crepitante de sua crítica social. Alienor-Ermeline, Alienor-Fière, Alienor-Hersent, essa mulher é a encarnação da luxúria, da "sofreguidão". Ela só pensa naquilo, e no fundo é o que os homens esperam, já que para eles a mulher é um joguete, tanto mais atraente quanto mais devorada de desejo. O importante: que ela respeite as regras do jogo sob as quais o sexo se oculta. Que tudo se passe discretamente, sem espalhafato, sem violência. E sem queixas. Condenável é Luís VII: incapaz de saciar o fogo de sua parceira, teve o mau gosto de se mostrar ciumento. Quanto a Renard, perdoam-no, porque ele ama, e por sua habilidade no amor. O amor cortês, é evidente. A dama responde a suas iniciativas, aceita seu "amor", os homens têm o direito de persegui-la e de tomá-la. Alienor era a bela desculpa. Sua conduta suposta justificava todos os excessos e que se divertissem livremente a despeito do casamento. Eis aí, sem dúvida, por que André le Chapelain a colocou no seu *Tratado*, também este burlesco, ocupando o centro de uma corte de amor, como legisladora imaginária e risível dos preceitos da cortesia. A infelicidade é que tais facécias, assim como os elogios empolados dos trovadores, tenham sido e continuem sendo ainda hoje levados a sério. Celebrar as virtudes de Alienor? Rir ou indignar-se de seus defeitos? Quanto a mim, me inclinaria antes a lamentá-la.

MARIA MADALENA

Na metade do século XII, um pequeno livro foi escrito para o uso dos peregrinos de Santiago de Compostela. Parece uma dessas brochuras turísticas que se distribuem em nossos dias nas agências de viagens: ao longo de quatro itinerários que atravessam o reino da França e se juntam na passagem dos Pireneus, ele indica os santuários que merecem uma parada, ou até mesmo um desvio, pois outros santos ali repousam, quase ou tão poderosos quanto o apóstolo Tiago, como provam os milagres que se produzem junto de sua sepultura. Entre esses milagreiros, esses protetores, há duas mulheres, santa Fé e santa Maria Madalena. A primeira em Conques, a outra em Vézelay.

Na rede das deambulações devotas, Vézelay é então um ponto muito forte. Um dos quatro "caminhos de Santiago" parte dali e são Bernardo escolhe esse lugar muito frequentado para pregar a segunda cruzada nas décadas mesmas em que foi redigido o *Guia do peregrino*. Este enaltece brevemente os atrativos do lugar. Existe ali, diz ele, "uma basílica grandiosa e muito bela" — trata-se daquela cuja construção estava sendo terminada e até hoje nos maravilha. Festividades suntuosas ali se realizam em 22 de julho, pois nesse local se encontra "o santíssimo corpo da bem-aventurada Maria Madalena", dessa "gloriosa Maria que [...] banhou com lágrimas os pés do Senhor [...] e por isso seus numerosos pecados lhe foram perdoados, porque ela amou muito aquele que ama todos os homens, Jesus, seu redentor". Entre outras graças, a santa devolve a visão aos cegos, a fala aos mudos, o movimento aos paralíticos, a calma aos energúmenos — milagres que o próprio Cristo havia realizado. Enfim, e sobretudo, "pelo amor dela, o Senhor perdoa as faltas aos pecadores". Tudo está aí: as curas, o pecado, o amor, as lágrimas, a remissão. Elementos que explicam o estrondoso sucesso de uma peregrinação, então uma das maiores do Ocidente, a afluência do povo, o enriquecimento da comunidade monástica, a admirável igreja. Que explicam também a presença insistente no imaginário coletivo de uma figura de mulher, a da amante de Deus, da perdoada, cuja fama é mantida em toda parte por uma ativa publicidade combinada aos relatos dos peregrinos. No século XII, Maria Madalena está viva, presente. Tanto quanto Alienor. E, da mesma forma que sobre o corpo desta, sobre seu corpo imaginado se projetam os temores e os desejos dos homens.

Muitas mulheres aparecem no relato evangélico. Mencionada dezoito vezes, Madalena é de todas a mais visível, aquela cujas atitudes, cujos sentimentos são descritos com mais precisão, muito menos apagada, abstrata, muito mais desembaraçada do legendário que a outra Maria, a Mãe de Deus. "Maria, cognominada Madalena, da qual", diz Lucas, "haviam saído sete demônios", serviu Jesus na Galileia. Com algumas companheiras que ele havia curado, como ela, do espírito maligno ou da enfermidade, o acompanhou a Jerusalém e até o Gólgota. De longe essas acompanhantes atentas assistiram à crucificação. Depois, quando o corpo do Crucificado foi descido, levado ao túmulo, elas o ungiram com substâncias aromáticas. Era então tarefa das mulheres cuidar do corpo dos mortos, como continuava sendo no século XII. No entanto, elas tiveram de esperar o fim do sabá para comprar os perfumes. Na manhã da Páscoa, ao amanhecer, voltaram ao sepulcro e o viram aberto, com a pedra afastada. Assustadas, fugiram, foram avisar os apóstolos. Pedro e João acorreram, Maria de Magdala com eles. Constataram que o corpo não estava mais lá e foram embora. Apenas Maria permaneceu, chorando na entrada do túmulo. "Por que choras?", perguntaram-lhe dois anjos. "Levaram meu Senhor e não sei onde o puseram." Dizendo isso, ela se volta e vê um homem que julga ser o jardineiro. Quando este a chama por seu nome, Maria, ela reconhece Jesus. Quer retê-lo. Ele a impede e ordena que vá anunciar a seus discípulos a Ressurreição. Da Ressurreição, Madalena foi a primeira testemunha, portanto o apóstolo dos apóstolos.

Os Evangelhos evocam duas outras mulheres que podem ser confundidas com Madalena. Uma, anônima, é "uma pecadora da cidade", isto é, uma mulher pública, uma prostituta. Lucas mostra-a na casa de um fariseu na Galileia, onde Jesus fazia sua refeição. "Colocando-se a seus pés, aos prantos, pôs-se a banhar-lhe os pés com suas lágrimas, depois a enxugá-los com seus cabelos, a cobri-los de beijos, a ungi-los com um perfume que havia trazido." Se esse homem fosse um profeta, disse então o fariseu, saberia tratar-se de uma prostituta. Jesus responde: "Seus pecados lhe foram perdoados porque ela demonstrou muito amor". Foi essa passagem que o autor do guia resumiu. Todavia, ele situa a cena noutra parte, não mais na Galileia mas na Judeia, em Betânia, pouco antes da Paixão, na casa de Simão, o Leproso. A confusão é escusável, uma vez que Marcos e Mateus situam nessa casa um episódio muito semelhante: Jesus está à mesa; surge uma mulher "com um vaso de alabastro, contendo um nardo muito precioso; quebrando o vaso, ela derramou o perfume sobre a cabeça dele". A Judas Iscariotes, que se indignava dizendo que teria sido melhor dar o dinheiro aos pobres, Jesus replica: "Deixai-a. Ela me embalsamou antecipadamente o corpo para a sepultura". João Evangelista, que também relata esse acontecimento, precisa que a portadora do perfume se chamava Maria. Era a irmã de Marta e de Lázaro, amigos íntimos do Nazareno, aos pés do qual Lucas a mostra sentada, bebendo suas palavras, enquanto Marta se ocupa na cozinha e resmunga.

Três personagens distintas, portanto. Todavia, essas três mulheres derramaram, ou se dispuseram a derramar, um perfume sobre o corpo de Jesus vivo (ou de Jesus morto, mas trata-se do mesmo, ele o disse). Todas as três se mostraram prosternadas diante do mestre, ajoelhadas, numa postura de contemplação, de adoração amorosa. No século VI, o papa Gregório, o Grande, julgou-se assim no direito de afirmar em suas homilias, especialmente na XXXIII, que "a mulher designada por Lucas como a pecadora, chamada Maria por João, é a mesma que Marcos afirma ter sido libertada dos sete demônios". Durante toda a Idade Média, raríssimos foram os que hesitaram em aceitar essa proposição.

Na cristandade latina, pelo menos. A grega, com efeito, continuou a distinguir a Madalena das duas outras Marias. Celebrava sua festa em 22 de julho e venerava seu túmulo em Éfeso. Desde o Mediterrâneo oriental, pelo sul da Itália, o culto da santa se difundiu para o Ocidente, a princípio para a Inglaterra. No século VIII, seus vestígios mais antigos aparecem nesse país, estreitamente ligado a Roma desde sua recente evangelização e, desse modo, às fontes bizantinas. Seus mosteiros beneditinos eram então os postos avançados da busca espiritual e os missionários saídos dessas abadias transportaram para o continente europeu os germes da devoção madaleniana. Em compensação, foi decerto nos grandes mosteiros francos, notadamente em Saint-Benoît-sur-Loire, então oficina fecunda de inovações litúrgicas, que tomou forma, a partir das leituras do ofício noturno do domingo de Páscoa, uma representação cênica que foi descrita por Dunstan, arcebispo de Canterbury, no final do século X. Nesse esboço de dramaturgia sagrada, a Madalena torna-se presente, fisicamente, no interior da igreja. Sobre o altar, uma cruz envolvida por um véu, que representa o Cristo morto, foi depositada na Sexta-Feira Santa num relicário, simulacro do Santo Sepulcro. Essa cruz foi retirada durante a noite do sábado, ficando apenas o véu, isto é, o sudário. No início da missa pascal, um monge, vestindo uma alva como o anjo, se colocou à direita do túmulo; três outros monges, imitando os gestos das santas mulheres, aproximam-se; entre eles e seus comparsas, algumas palavras são trocadas, as do Evangelho de Marcos: "Quem procurais?' 'Jesus nazareno.' 'Ele não está aqui, ressuscitou'". Estamos aqui nas remotas origens de nosso teatro. Pois esse diálogo, e eis o ponto importante, aos poucos foi se desenvolvendo, ao mesmo tempo que se enriqueciam as liturgias da Páscoa e a personagem de Maria Madalena se separava do grupo das santas mulheres. Num manuscrito de Tours contemporâneo do guia de Santiago, a Madalena ocupa agora o centro da cena. Ela se aproxima sozinha do túmulo aberto, exprime sua dor, cai desfalecida ao cabo de uma longa deploração amorosa, e suas companheiras vêm erguê-la: "Querida irmã, há muita aflição em tua alma...". Nessa metade do século XII, é provável que o espetáculo já tivesse saído do claustro e se tornado público. Mas por muito tempo ele havia permanecido confinado no meio monástico, no qual, não esqueçamos, era um homem que desempenhava o papel da amiga do Senhor.

De um mosteiro de homens provém igualmente o mais antigo dos textos compostos, por um homem, para ser lido em 22 de julho, dia de celebração da santa, diante dos homens. Tradicionalmente, esse "sermão para venerar Maria Madalena" é atribuído a Eudes, abade de Cluny no início do século X. Na verdade, não se conhecem nem o autor nem a data, e a hipótese mais segura é de que foi elaborado um século mais tarde na Borgonha. Trata-se de um comentário do texto evangélico, conduzido segundo os procedimentos dedutivos empregados pelos eruditos na abadia de Saint-Germain d'Auxerre, no final da época carolíngia. Ele pretende extrair o sentido das palavras, seus múltiplos sentidos, a fim de tirar da Escritura uma lição moral. Por meio desse texto entrevemos a imagem que, nas proximidades do ano 1000, um monge fazia de uma pessoa feminina, cuja figura ele apresentava a outros monges como ensinamento espiritual.

Com efeito, é realmente de uma mulher que se trata. É enquanto mulher — *mulier*, a palavra retorna a todo instante — que Madalena é celebrada. Mas que espécie de mulher? A pecadora? Não. O autor desconhecido do sermão a vê sob o aspecto de uma dama, uma mulher que viveu, que conseguiu se separar das coisas da terra para se aproximar das do céu. Essa mulher é rica, generosa, *"largissime"*, por ser de boa raça, *"clarissime"*, e dispõe livremente de seus bens próprios. Os traços que lhe atribui esse religioso, ele também oriundo da aristocracia mais alta, são os das mulheres que cercaram sua infância, os das princesas viúvas — como Adelaide, esposa e mãe de imperadores, cujo epitáfio Odilon, o abade de Cluny, compôs nessa época —, os das viúvas nobres que sustentavam então com todo o seu poder a instituição monástica, as únicas mulheres que os monges frequentavam sem corar. Despojadas pela idade dos encantos inquietantes da feminidade, elas haviam antes partilhado o leito e o prazer com um homem, portanto haviam pecado. Retiradas, choravam suas faltas. O autor do sermão conta com essas lágrimas de mulheres (ainda que a ligação entre lágrimas, pecados e remissão seja evidenciada com mais clareza quando ele fala de Lázaro, figura aqui da Ressurreição). Pois para ele Madalena é culpada, certamente, mas o é como cada um de nós. Pecar é o destino do gênero humano. Sem a citação do Evangelho, quem pensaria numa prostituta? Discrição. Esta sugere que a obsessão pela mácula sexual, que a inquietude diante da mulher poupavam um pouco esses homens, oferecidos ainda crianças ao mosteiro, que dele jamais haviam saído, que portanto permaneciam virgens, esses "cordeiros imaculados" cujo ideal e cuja vontade de poder foram descritos por Dominique Iogna Prat.

Assim a natureza feminina não é definida nesse texto pela inclinação à luxúria, mas por duas outras características. Primeiro traço: a fraqueza, a timidez. O que permite mostrar Maria Madalena como exemplo aos machos. Essa fraqueza, esse temor, a mulher não os dominou? Ela é a única a permanecer diante do túmulo aberto. Segundo traço, essencial: o amor, o "ardor fervorosíssimo do amor", e essa efervescência da feminidade é aqui apresentada como uma virtude maior. Nela se assentam a constância, a perseverança da santa. Madalena chora, mas não de remorso, ela chora de desejo, insatisfeito. Desejo por esse homem "que, quando vivo, ela amava com muito amor". Lançar-se aos pés de Jesus é um gesto de amante, não de penitente. Inflamada de amor por seu mestre, Maria partiu em direção ao sepulcro. Encontrando-o vazio, perseverou. Por não ter cessado de buscar, de esperar nas trevas, superando seu medo e suas dúvidas, ela mereceu ver. Sim, nós, homens, devemos nos tornar mulheres, cultivar em nós o que há de feminino para amar plenamente, como se deve amar.

Assim se inicia, nesse escrito monástico, como que uma reabilitação da feminidade, em homenagem talvez àquelas nobres viúvas a quem os monges repetiam que eram capazes, mais que seus falecidos esposos, de chegar a Deus. Por ter amado, esperado, confiado, uma mulher mereceu, a despeito de suas fraquezas — aqui se desmascara a condescendência masculina, o invencível orgulho de ser homem —, anunciar aos apóstolos o milagre. Honra insigne que, diz o sermão, faz refulgir "a clementíssima benevolência do Senhor em relação à gente feminina". A morte entrou neste mundo por intermédio de uma mulher, Eva. Certamente uma outra mulher, Maria, mãe de Deus, reabriu as portas do paraíso. Ora, eis que entre essas duas mulheres, a meio caminho, posta-se Madalena, acessível, imitável, pecadora como todas as mulheres. Rica, generosa, benfazeja, Deus quis que sua vitória sobre a morte fosse anunciada por ela. Por causa dela, pela vontade divina, "o opróbrio que pesava sobre o sexo feminino foi levantado".

Naquele tempo, o pensamento erudito procedia por saltos, de palavra em palavra, de imagem a imagem. Assim, sobre essa figura de mulher, outras figuras, a da comunidade monástica, a da instituição eclesiástica inteira, vêm naturalmente se refletir, e é insistindo nesses reflexos que a homilia desenvolve seu ensinamento. Ela enfatiza em primeiro lugar um gesto mais eloquente que qualquer palavra — a pecadora, prosternada na casa do fariseu, não abre a boca: ajoelha-se. Essa postura de humilhação, de entrega de si, de dileção também, tinha na época um lugar central nos ritos de passagem que manifestavam a conversão, a mutação de uma existência; a noiva ajoelhava-se diante de seu esposo, diante do homem que doravante chamaria seu senhor. Rito de entrada na vassalagem: o vassalo ajoelhava-se diante daquele que o recebia como seu homem. Rito enfim da profissão monástica tal como o descrevem os costumes de Cluny. Esse gesto impunha obedecer, impunha servir. Como a recém-casada, como o novo vassalo, como o monge ao final de seu noviciado, Madalena mudava de vida, renascia de fato. Ao ajoelhar-se, exprimia sua vontade de entrar, "não apenas em espírito, mas corporalmente", em serviço, e era efetivamente "aceita", recebida, incorporada à casa de um mestre, à sua *família*, à equipe de seus servidores, de seus protegidos, daqueles de quem ele esperava a obediência e a quem alimentava com suas graças. Por esse gesto, a imagem de Maria Madalena convidava os homens que escutavam o sermão a se abandonarem à disposição do Senhor para servi-la, e de forma magnífica, como ela fez.

Nesse ponto, o texto mostra-se dirigido contra os contestatários que se multiplicavam nas proximidades do ano 1000 e que eram perseguidos por heresia. Contra os mais inquietantes deles, essa figura feminina afirma a verdade da Encarnação e da Redenção. Contra todos eles, afirma também que não é ruim um mosteiro ser rico, uma vez que Maria de Magdala o era. A palavra *Magdala* significa "torre", "castelo", evoca arquiteturas dominantes, cuidadosamente construídas em belas pedras ajustadas, como os campanários-pórticos cuja construção era decidida naquele tempo em Saint-Benoît-sur-Loire, em Saint-Germain-des-Prés. A Madalena havia sustentado com seus donativos homens que não possuíam nada, Jesus e seus discípulos. Pródiga, ela havia gasto sem economizar, esbanjando o perfume precioso diante de Judas enfurecido. Os heréticos são como Judas, quando condenam a opulência da Igreja. Derramar o nardo é construir, ornamentar, dedicar-se a cobrir a cristandade com uma túnica branca de basílicas novas. Os monges de então se sentiam obrigados, como o haviam feito Marta e Maria na casa de seu irmão Lázaro, a acolher "os nobres e os poderosos na dignidade da pompa secular". Maria Madalena os justificava.

Enfim, da mesma forma que os eflúvios do perfume se espalharam desde a mesa da refeição até ocupar a casa de Simão por inteiro, as exigências de submissão, de serviço e de amor devem se estender do mosteiro à Igreja inteira. Se os monges seguem o exemplo da amiga do Nazareno, eles por sua vez darão o exemplo aos clérigos, aos membros da Igreja secular. Esta é culpável, com efeito, também esta deve se ajoelhar, se converter, renunciar solenemente à vida antiga, imunda. Composto em veneração de Maria Madalena, o sermão invocava a reforma geral da instituição eclesiástica. Ora, no limiar do século XI, essa reforma estava em curso. Sob o impulso do papado, ela se acelerava. A Madalena tornou-se naturalmente uma de suas figuras emblemáticas. Quando os reformadores instituíram duas comunidades de cônegos, modelos para os clérigos de vida regular e pura, uma na Lorena, em Verdun, em 1023, a outra na Borgonha, em Besançon, em 1048, colocaram ambas sob o signo da Madalena. Nesse momento, espalhava-se o rumor de que seu corpo repousava não longe dali, em Vézelay.

No entanto, ao fundar essa abadia por volta de 860, Girard de Roussillon a havia dedicado apenas a Cristo, à Virgem Maria e a são Pedro. Nenhum indício permite pensar que os monges de Vézelay tivessem até então pretendido conservar a menor parcela dos restos da Madalena. Bruscamente, um texto composto entre 1037 e 1043 afirma, contra os detratores, que esses restos encontram-se ali, que numerosas aparições e milagres produzidos junto ao sepulcro o provam, enfim que os peregrinos já afluem de toda a Gália em busca desses milagres. Sem dúvida nenhuma, é no segundo quarto do século XI que as relíquias foram "inventadas", como se dizia então, ou seja, descobertas.

Nessa época, todos estavam convencidos de que os santos continuam presentes na terra, e poderosos, naquilo que subsiste de seus corpos. Todos consideravam esses restos como os agentes mais eficazes da ligação muito necessária entre os vivos e a corte celeste onde o Todo-Poderoso domina e julga. Nessa época, viam-se esses corpos santos emergir de todas as partes da terra. O cronista Raoul Glaber, homem muito sensato que escrevia então na Borgonha, denuncia claramente os fabricantes de falsas relíquias. Mesmo assim celebra essa eclosão benéfica como uma das manifestações mais convincentes da generosidade de Deus, enfim reconciliado com seu povo após as calamidades do milênio da Paixão. Ao mesmo tempo, nessa época também — e era uma novidade —, a atenção dos dirigentes da Igreja começava a se voltar resolutamente para os textos do Novo Testamento. É certo que eles sempre haviam encorajado a veneração dos locais santos, dos mártires de Roma, dos primeiros evangelizadores e dos santos protetores que, junto das fontes sagradas, haviam outrora substituído as divindades tutelares dos tempos pré-cristãos. Mas agora orientavam a devoção dos fiéis para as personagens que povoam os relatos dos Evangelhos e dos Atos dos Apóstolos. Ora, do corpo desses santos a cristandade latina não possuía praticamente nada. Essa penúria, aliás, combinada à nova preocupação de se ligar, se posso dizer, corporalmente aos tempos apostólicos por intermédio dos que tinham vivido, escutado, seguido Jesus vivo, é que fazia o sucesso das peregrinações a Roma e a Compostela: ao lado de são Pedro, são Tiago era o único dos doze apóstolos que fora sepultado na Europa Ocidental. Essa penúria incitava igualmente os homens de ciência a tentar aproximar da pessoa de Cristo este ou aquele dos santos cujos restos repousavam havia séculos nos relicários da Gália, a provar à força, por exemplo, que Marcial de Limoges, protetor da Aquitânia, havia sido, se não um apóstolo, ao menos um dos primeiros discípulos, ou que Dionísio de Montmartre, confundido com Dionísio, o Areopagita, havia recebido diretamente o ensinamento de são Paulo. Compreende-se assim que os príncipes tenham festejado como um magnífico dom do céu a invenção da cabeça de são João Batista em Saint-Jean-d'Angély. Assim se explica também a invenção, no mesmo momento, das relíquias de Maria Madalena em Vézelay e, em seguida, das relíquias de seu irmão Lázaro em Autun.

No caso de Vézelay e da Madalena, intervém de maneira decisiva o empreendimento de reforma. Em 1037, um novo abade é eleito, Geoffroi. Inspirando-se nos costumes de Cluny, ele quer imediatamente pôr ordem no velho mosteiro onde as práticas se degradaram. Para que a restauração seja sólida, é preciso que a abadia seja próspera, portanto que a admirem e que lhe deem aquele reconhecimento que faz afluir as esmolas. É preciso, consequentemente, que ela abrigue relíquias insignes e eficazes. Como bom administrador, Geoffroi manda redigir uma coletânea de milagres — é o texto do qual acabo de falar — a fim de lançar a peregrinação. O inventor das relíquias é ele. Mas por que, se em Cluny, que ele toma por modelo e que sustenta sua ação, nada mostra que a Madalena tenha sido até então o objeto de uma veneração particular, por que Geoffroi reconheceu, num dos sarcófagos com epitáfio mal visível que sua abadia abrigava, o da santa e não de um outro famoso taumaturgo? Talvez porque o renome da serva do Senhor começasse a crescer no Ocidente, mas sobretudo porque ela havia se tornado na região a padroeira da reforma geral. Geoffroi, com efeito, e por isso ele fora designado, era um ardente reformador. Foi um dos promotores da trégua de Deus na Borgonha. Em 1049, ano em que a igreja da Madalena de Verdun e a de Besançon foram consagradas pelo papa Leão IX, vemo-lo em Reims ao lado desse pontífice num concílio cujo propósito, ao destituir os prelados fornicadores, ao condenar os príncipes incestuosos e bígamos, era reprimir no topo do edifício social os pecados e, especialmente, os pecados sexuais. No ano seguinte, Geoffroi está em Roma para uma reunião semelhante, e na bula na qual obtém a autorização, em 27 de abril, em favor de seu mosteiro, a fórmula habitual é modificada de maneira a precisar que Vézelay é dedicada a Cristo sempre, à Virgem sempre, aos santos Pedro e Paulo sempre, mas também à santa Maria Madalena. Oito anos mais tarde, nova bula: esta confirma solenemente que Maria Madalena "repousa" em Vézelay. Em 1108, por fim, no privilégio concedido a esse mosteiro pelo papa Pascoal II, os antigos padroeiros são esquecidos e figura apenas a Madalena.

O sucesso da peregrinação é agora estrondoso. Provocou em toda a cristandade latina a "explosão", como dizem de bom grado os historiadores, do culto da santa.

Para celebrar dignamente esse culto, era preciso um conjunto de "lendas", no sentido primeiro da palavra, isto é, textos destinados a ser lidos durante os ofícios. Ao sermão cujo conteúdo há pouco analisei, juntaram-se três relatos. Eles aparecem como complemento do relato evangélico e respondem a duas questões: o que aconteceu com Maria Madalena entre o momento em que Cristo ressuscitado lhe apareceu e o de sua própria morte? "Como se explica" (e muitos, reconhece a coletânea de milagres, se faziam essa pergunta) "que o corpo da bem-aventurada, cuja pátria era a Judeia, tenha sido transportado até a Gália desde uma região tão longínqua?" Para responder à primeira questão que os peregrinos de Éfeso já se colocavam, um relato da vida dita eremítica de Madalena fora elaborado no Oriente, inspirando-se na biografia de uma prostituta arrependida, uma outra Maria, a Egípcia, uma daquelas mulheres acorrentadas, enegrecidas, cobertas de pelos, que os solitários da Tebaida imaginavam purgando como eles suas faltas no deserto. Ei-lo aqui tal como era lido nas comunidades de anacoretas da Itália meridional e tal como chegou, desde esse lugar e a partir do século VIII, aos mosteiros ingleses. "Após a ascensão do Salvador, movida por uma afeição ardente pelo Senhor e pela tristeza que sentia após sua morte", a Madalena "nunca mais quis ver um homem nem um ser humano com seus olhos"; ela "retirou-se durante trinta anos no deserto, ignorada por todos, jamais comendo alimento humano nem bebendo. A cada uma das horas canônicas, os anjos do Senhor vinham do céu e a conduziam no ar a fim de que ela rezasse em companhia deles." Um dia, um padre percebeu anjos que esvoaçavam acima de uma caverna fechada. Ele se aproximou e chamou. Sem se mostrar, a Madalena se fez conhecer e lhe explicou o milagre. Pediu-lhe que lhe trouxesse roupas, pois "não podia aparecer nua entre os homens". Ele retornou, e conduziu-a à igreja onde celebrou a missa. Ela expirou ali, após ter comungado o corpo e o sangue de Jesus Cristo. "Por seus santos méritos, grandes maravilhas se produziam junto de seu sepulcro."

Na época em que Geoffroi se empenhava em fazer admitir que esse sepulcro se achava na abadia da qual era o encarregado, uma outra vida de Maria Madalena circulava, a que os historiadores chamam apostólica. Ela pretendia que Madalena, após o Pentecostes, tinha viajado por mar em companhia de Maximino, um dos 72 discípulos. Desembarcando em Marselha, os dois se puseram a pregar, a evangelizar a região de Aix. Morta Maria Madalena, Maximino lhe fez belos funerais e colocou seu corpo num sarcófago de mármore que mostrava, esculpida numa de suas faces, a cena da refeição na casa de Simão. Era possível conjugar essa segunda lenda com a primeira, situando o deserto de que esta falava nas montanhas provençais, na Sainte-Baume. No entanto, esse segundo texto incomodava os monges borgonheses. Ele situava o túmulo perto de Aix onde, de fato, o florescimento do culto da Madalena se verifica antes do início do século XII e onde talvez já se desenvolvia uma peregrinação concorrente. Para calar a boca dos que se recusavam a ver neles os verdadeiros guardiães das relíquias, foi fabricado um relato — é a terceira lenda — que diz que um religioso, por ordem de Girard de Roussillon e do primeiro abade, fora furtá-las três séculos antes na Provença, então assolada pelos sarracenos.

Esses complementos legendários procuravam sustentar mais solidamente a iniciativa dos reformadores. O exemplo da Madalena no deserto visava particularmente a Igreja secular, aquela que agora precisava ser saneada, encorajando-a a se afastar do mundo carnal, a esquecê-lo, a esquecer ela própria seu corpo de modo a juntar-se ao coro dos anjos em postura de contemplação amorosa, a fim de melhor cumprir sua missão de ensinamento. Um detalhe do segundo relato insistia aliás na necessidade de se purificar: no interior da basílica construída por Maximino sobre o mausoléu, nenhum rei, nenhum príncipe podia penetrar se primeiro não tivesse se despojado de seus aprestos militares e de suas intenções belicosas. Quanto às mulheres, o acesso lhes era estritamente proibido — exclusão, assinalemos, que por si só impediria supor que a eclosão do culto madaleniano tivesse algo a ver com uma promoção qualquer da condição feminina. Portanto, nem armas, isto é, o sangue derramado, nem mulheres, isto é, os transbordamentos do sexo: são essas as duas manchas maiores que o papa Leão IX, Geoffroi de Vézelay e seus amigos, ao pregarem a paz de Deus, ao proibirem o incesto e a bigamia, queriam retirar dos poderosos deste mundo, eclesiásticos e leigos. Todavia, da mesma forma que o sermão do século X-XI, essas lendas não insistem no pecado, na remissão. Não dizem que Maria de Magdala se retirou na solidão para chorar suas faltas e se mortificar. Foi a afeição apaixonada e a tristeza que a levaram a isso, na lembrança ardente do amante perdido. Também elas põem em primeiro plano o amor, o amor ardente, extasiado.

Ora, algumas décadas mais tarde, no início do século XII, no sermão que um outro Geoffroi, abade do grande mosteiro da Trindade de Vendôme, compôs na intenção dos homens submetidos à sua autoridade, os traços sublinhados são completamente diversos. Eis o que retenho do texto dessa homilia.

1. Ela se baseia quase inteiramente na cena, descrita no Evangelho de Lucas, da refeição na casa do fariseu.

2. Tomando partido num debate muito atual e muito disputado, Geoffroi condena o fariseu que queria expulsar a pecadora, "homem sem piedade", diz ele, "que desprezava as mulheres, que as julgava afastadas da salvação e que não aceitava ser tocado por elas".

3. A Madalena, diz Geoffroi de Vendôme, foi primeiro "pecadora famosa, depois gloriosa pregadora". Seguindo de perto o texto da vida dita apostólica, ele a mostra "pregando assiduamente Nosso Senhor Jesus Cristo, Deus verdadeiro, e testemunhando a verdade de sua ressurreição". No entanto, observa que a santa dava testemunho "mais por meio das lágrimas que das palavras".

4. Último ponto, capital: a mulher que Geoffroi mostra como exemplo é antes de tudo a que foi habitada pelos sete demônios, ou seja, pela totalidade dos vícios. Pecadora — a palavra retorna catorze vezes nesse curto texto —, *peccatrix*, mas também *accusatrix*, consciente de suas faltas e confessando-as, prostrada aos pés do mestre. Perdoada, por certo, mas em razão do excesso, aqui não mais do amor, sobre o qual Geoffroi não insiste muito, e sim de seu temor e de sua esperança. Além disso, entregue, submissa como devem ser sempre as mulheres, Maria Madalena só foi plenamente redimida após ter feito penitência. Interpretando à sua maneira a vida eremítica, Geoffroi afirma que, após a Ascensão, ela se lançou com fúria sobre seu próprio corpo, castigando-o com jejuns, vigílias, preces ininterruptas. Por meio dessa violência voluntária, Maria Madalena, "vítima", e "vítima obstinada", ficou sendo no limiar da salvação "porteira do céu". *Hostia, ostiaria*, as duas palavras latinas se ecoam: é assim, como eu disse, por jogos de assonâncias, que os doutos da época conduziam suas deduções.*

Deve-se, porém, assinalar que, em dois outros escritos de Geoffroi de Vendôme, um sermão e uma carta dirigida ao bispo de Mans, Hildebert de Lavardin, a mesma alegoria, a da porteira, está presente, e é ainda o *sexus femineus* que desempenha esse papel. Mas a porta que ele abre é aqui a do pecado, a da queda. A mulher, todas as mulheres, a serva do grande sacerdote diante de quem são Pedro renegou Jesus, Eva no paraíso levando Adão a desobedecer, são instrumentos do diabo. Impregnada do pecado como todas elas, Maria de Magdala, para tornar-se a esperança dos pecadores, para se postar junto à porta do céu e não mais do inferno, precisou destruir totalmente, consumida em penitências, a parte feminina de seu ser. Nesse ponto preciso se situa a nova inflexão.

Para explicar isso, para compreender que o enfoque tenha se modificado a ponto de substituir a imagem de uma mulher

---

* Em latim, *hostia* significa "vítima expiatória" e *ostiaria*, "porteira", "porta".

rica, poderosa, levada por sua paixão a servir aquele que ela ama, a mergulhar na tristeza quando o crê desaparecido, depois a sair proclamando por toda parte que ele triunfou da morte, pela imagem de uma criatura portadora do mal, dominada pelo remorso, cumulando seu corpo de sevícias, é preciso considerar o que se produziu na cristandade latina entre 1075 e 1125, esse acontecimento capital que é o sucesso da reforma eclesiástica. Com efeito, purificar a Igreja secular depois da monástica, impor-lhe a moral dos monges, levava a dividir os homens — digo claramente os homens — em duas categorias: de um lado aqueles a quem o uso das mulheres é proibido com rigor, de outro os que devem possuir uma, mas uma só e legítima, e que, necessariamente maculados por isso, se situam na hierarquia dos méritos abaixo dos assexuados, e portanto submissos a seu poder. Tal segregação marcou com um traço ainda não apagado a cultura da Europa Ocidental, enterrando no fundo das consciências, pelos séculos afora, a ideia de que a fonte do pecado é antes de tudo o sexo. Por isso a reforma, no ano 1100, vinha se chocar contra um obstáculo maior, a mulher. Esse era o ponto difícil.

Pois, em primeiro lugar, os homens que, sob a orientação do papa, levavam adiante o empreendimento de depuração, os bispos, os bons bispos que se haviam estabelecido após terem expulsado os depravados impenitentes, eram com frequência, como Hildebert de Lavardin, o amigo de Geoffroi de Vendôme, antigos fornicadores regenerados. Eles sabiam o que são as "volúpias" que deviam se extinguir. Penosamente, tinham precisado reformar a si mesmos. Sofriam para se livrar por inteiro de sua própria culpa, e a lembrança das *meretriculae tabernae*, das "prostitutas de taverna" de sua juventude, talvez ainda atormentasse seus espíritos. De maneira intuitiva tendiam a considerar as mulheres como prostitutas, reais ou virtuais. Donde as metáforas obsessivas que aparecem sob a pena dos grandes letrados do vale do Loire, cujos escritos foram pertinentemente analisados por Jacques Dalarun, quando falam das mulheres: um ventre, voraz, uma quimera, um monstro. A falta reside no que eles sentem resistir em seu corpo de feminino, ou seja, de animal.

Por outro lado, esses prelados se viam a todo momento confrontados em sua função pastoral com os problemas que as mulheres concretamente colocavam. A prostituição florescia nas cidades em plena expansão, invadidas de migrantes desenraizados. Havia sobretudo aquelas mulheres sem homens que a própria reforma havia lançado na rua, as esposas que o marido fora obrigado a abandonar porque era padre, ou, sendo leigo, porque era bígamo, incestuoso. Mulheres lastimáveis. Perigosas também, que ameaçavam corromper os homens, fazê-los tropeçar. Que lugar dar a elas no projeto reformista de uma sociedade perfeita? Muitos, entre os quais Geoffroi de Vendôme — seu julgamento sobre o fariseu o mostra —, estavam convencidos de que era preciso se ocupar da alma delas, admiti-las assim como eram nos círculos heréticos, portanto elaborar na intenção delas uma pastoral apropriada, arriscada, mas indispensável. Até onde se podia ir? Robert d'Arbrissel, quando as acolhia em seu grupo, arrastando-as em seu séquito como Jesus havia feito, quando as colocava no mosteiro misto de Fontevraud em posição dominante em relação aos monges, prescrevendo a estes rebaixarem-se a servi-las, imporem-se essa humilhação a fim de ganhar o amor de Cristo, esposo delas, assim como o cavaleiro que serve cortesmente a dama espera ganhar o amor do marido, seu senhor, Robert d'Arbrissel não se aventurava longe demais? E mesmo Abelardo, quando afirmava que as orações de mulheres na abadia do Paráclito equivaliam às dos homens? Abelardo que Bernard de Clairvaux vituperava, acusando-o de "falar às mulheres" em excesso? Tantas imprecações lançadas contra homens da Igreja que se aproximavam demais das mulheres e que se supunha incorrerem inevitavelmente em torpezas atestam a dimensão do mal-estar, a força das reticências, o temor irreprimível da mácula sexual. Quantos prelados continuavam a pensar que convém manter as mulheres à distância do sagrado, proibir-lhes o acesso a certos santuários? Ao de Menat, por exemplo, na Auvergne, que Robert d'Arbrissel consegue finalmente abrir a elas, repetindo com força que, ao comungarem o corpo de Cristo como os homens, as mulheres tinham o direito de penetrar como eles em sua casa? Ou então o acesso ao mausoléu provençal de Madalena?

Todos os dirigentes da Igreja estavam de acordo, não obstante, que era preciso impedir a mulher de causar algum dano. Que era preciso portanto enquadrá-la. Casando-a. A mulher perfeita — sob esse aspecto a atitude de Madalena era exemplar — é de fato a que espera tudo de seu senhor, que o adora, mas que sobretudo o teme. E o serve. A mulher, enfim, que chora e que não fala, que obedece, prosternada diante de seu homem. Por conseguinte, desde a puberdade a jovem deve tornar-se esposa. Esposa de um mestre que irá refreá-la. Ou então esposa de Cristo, encerrada num convento. Caso contrário ela corre o sério risco de tornar-se meretriz. Como em relação aos homens, há bipartição, e baseada no critério sexual: *uxores-meretrices*. Matronas ou mulheres da vida. Eis por que os bons bispos, Hildebert de Lavardin, Marbode de Rennes, decidiram reescrever nessa época a vida de prostitutas arrependidas, e tão plenamente, tão perfeitamente castigadas nos poderes de sua funesta sedução que puderam se tornar santas, celebradas como tais por terem de vontade própria se devastado — Maria, a Egípcia, Taís. E, para afastar o pecado maior, esses prelados apresentavam a mulher sob o aspecto para eles mais terrível, tentadora, coberta de enfeites, envolvendo os homens, convidando-os ao que há de mais abjeto na união dos corpos. Queriam assim provar que a alma, mesmo infectada de luxúria, pode ser inteiramente purificada por uma penitência corporal. Eis por que se veem, nessa época, novas Taís, as reclusas, agora não mais no deserto mas no centro das cidades, presas numa cela, e de lá dando testemunho, ensinando, pregando. Mas pregando sem palavras, apenas pela devastação do próprio corpo. Eis por que a Madalena de Geoffroi de Vendôme se assemelha tanto a Maria, a Egípcia. Eis por que os pecadores a imploravam, misturando suas lágrimas às dela, por que eram tão numerosos os que subiam a colina de Vézelay, sabendo, como lhes dizia o *Guia* de Compostela, que o Senhor lhes perdoaria os pecados por causa dela. Mediadora escutada porque obstinada penitente.

Com efeito, no limiar do século XII forjava-se o instrumento pelo qual a autoridade eclesiástica pretendia levar mais a fundo a reforma dos costumes, obrigar todos os fiéis a observar seus preceitos: era o sacramento da penitência. O rito não exigia apenas a contrição, a confissão, mas também, inspirando-se nas práticas da justiça pública e projetando sobre o conjunto da sociedade procedimentos de reparação havia séculos em vigor nas comunidades monásticas, o resgate. Ele obrigava a pagar, a "satisfazer" o juiz submetendo-se a um castigo. E assim instalava-se a ideia de uma tarifação, de uma graduação das punições redentoras, portanto de um lugar, de um tempo de espera, purgatórios, e de uma contabilidade dirigida pelos administradores do sagrado, os padres. Ao mesmo tempo recuava para o plano de fundo, se apagava pouco a pouco o gesto de Jesus, que perdoava por uma só razão, o amor. É assim que, doravante, a aparência corporal da mulher que mais ardentemente amou Jesus passou a representar antes de tudo, no imaginário coletivo, o pecado e sua remissão. Durante o século XII e o século XIII, enquanto o renome das relíquias de Vézelay atingia o auge para depois aos poucos declinar, enquanto a pregação popular se ampliava e a figura de Maria de Magdala vinha ocupar lugar de destaque na piedade das novas equipes religiosas, franciscanas e dominicanas, enquanto se afirmava o sucesso da peregrinação da Provença, lentamente a princípio, depois bruscamente, após uma nova invenção, em Saint-Maximin desta vez, dos restos da santa, esses traços se afirmaram. É verdade que Madalena continuou sendo para muitos a "beata amorosa". O vocabulário da erótica cortês se introduziu nas vidas de santos em língua românica, cujo ensinamento era difundido pelos pregadores: os textos diziam que Madalena, "doce enamorada", encontrava em

Cristo, "verdadeiro amante", que "muito ardentemente ela amava", "cortesia, bondade e grande doçura". E quando são Luís, de regresso da Síria, desembarcou na Provença em 1254, o lugar que foi visitar nos montes da Sainte-Baume, subindo até aquela "abóbada de rocha alta, lá onde diziam que a Madalena vivera como eremita por dezessete anos", esse lugar era para ele provavelmente o dos êxtases místicos e não o das macerações. No entanto, o pecado, o pecado da carne, expiado pela autodestruição física, ocupa desde Geoffroi de Vendôme, desde Hildebert, o primeiro plano da cena. Prova evidente disso é a substituição gradual, durante o século XIII, para a leitura do Evangelho em 22 de julho, do episódio da manhã de Páscoa descrito por João pelo da refeição na casa do fariseu descrito por Lucas, é o apagamento da figura da amante em lágrimas em favor da prostituta que chora seus pecados.

Os fiéis, os que dirigiam seus olhos para Vézelay, os que dirigiam seus olhos para Saint-Maximin, viam a Madalena antes de tudo em lágrimas. Torrente de lágrimas. Inundação: Madalena e Maximino "vertiam lágrimas tão abundantes que o pavimento da capela não apenas era regado com suas lágrimas, mas ficava tão molhado que em certos lugares havia poças de água no pavimento"; e, em seu leito de morte, a santa, "derretida em lágrimas, recebeu seu criador de tal maneira que seus olhos pareciam dois condutos de uma fonte que manava água corrente". Para Jacques de Vitry, ao pregar sobre o tema da Madalena, não há dúvida: essas lágrimas são de compunção, sua fonte está na "dor dos pecados". Maria Madalena é doravante, em primeiro lugar, a mulher pública arrependida. Assim ela aparece nos modelos elaborados pelos mestres das escolas parisienses para uso dos pregadores, nesses escritos que se multiplicaram durante o século XIII e nos quais se exprimem as intenções do aparelho eclesiástico quanto à figura da bem-aventurada que devia ser difundida em meio ao povo.

Por essa razão, jamais — Nicole Bériou, que conhece bem esses textos, estabeleceu isso claramente —, jamais os sermões que eles compuseram sobre o tema se dirigem em especial às mulheres. Desde o final do século XII, mulheres, em número cada vez maior, escolhiam imitar os gestos da Madalena: viviam afastadas do mundo, penitentes, chorando, fingindo alimentar--se unicamente, elas também, do pão dos anjos. É significativo que os padres que recolheram suas palavras e, ao enaltecerem seus méritos, contaram suas vidas com a intenção de apagar o brilho das renúncias perfeitas que se impunham as matronas em regiões cátaras, tenham julgado prudente não evocar a propósito das beatas a figura de Maria de Magdala. Ela não podia ser um modelo de santidade feminina. O que se repetia então às mulheres é que elas seriam mais ou menos recompensadas por suas boas obras conforme se enfileirassem, seja entre as virgens, seja entre as viúvas, seja entre as esposas. Nem virgem, nem esposa, nem viúva, Madalena permanecia a própria marginalidade, e a mais inquietante, por todos os pecados que seu ser se deixou cativar durante muito tempo. *Peccatrix, meretrix.* Não, os pregadores falavam da Madalena aos homens para despertá-los de seu torpor, para fazê-los corar de suas fraquezas. Vejam o que pôde fazer uma mulher, sua coragem, sua constância. E vocês? O motivo da exortação jaz, com efeito, numa misoginia fundamental. A Madalena, nessas homilias, é no fundo a antimulher. Entretanto, mais mulher que todas, por seus pecados e seus atrativos.

Esses atrativos, essas armas com que Satã dotou as mulheres para que conduzam os homens a se perder, os modelos de sermões inspirados nos textos referentes a Maria Madalena os põem, sem se darem conta disso, em perigosa evidência. Um deles, cujo autor é provável que seja Étienne Langton, constrói--se curiosamente sobre um rondó, sobre uma daquelas árias de dança que se cantavam em Paris e que, como era moda, deplorava a sorte da malcasada. Aqui, a malcasada é Madalena, e seus maridos são os demônios dos sete pecados capitais que sucessivamente a possuíram, cada um pior que o anterior. O último, obviamente, é o da luxúria, e a mulher que ele maneja, que ele explora, uma prostituta. Sedutora. Enfeitada para seduzir. Assim são as "mulheres de nosso tempo" evocadas por um outro pregador, Guillaume d'Auvergne, orgulhosas de seu corpo, ornando-o "da cabeça aos pés", usando de todos os artifícios, óleos, perfumes, "ornamentos lascivos, capazes de induzir em tentação os homens que passam". Sobretudo usando, todos os sermões o dizem, seus longos cabelos sem o véu. "O que as mulheres têm de mais precioso", afirma Eudes de Châteauroux.

A cabeleira solta, o perfume espalhado, ambos intimamente associados no imaginário da cavalaria aos prazeres do leito. Evocar essas armadilhas da sensualidade era atiçar no espírito dos ouvintes os fantasmas que a leitura da vida eremítica despertava: as doçuras de um corpo de mulher, nu entre as pedras ásperas, a carne adivinhada sob os cabelos em desalinho, a carne mortificada e no entanto resplandecente. Tentadora. Desde o final do século XIII, pintores e escultores se empenharam em oferecer da Madalena essa imagem ambígua, perturbadora. Sempre, mesmo os mais austeros, mesmo Georges de La Tour. Inclusive Cézanne.

HELOÍSA

De todas as damas que viveram na França no século XII, Heloísa é aquela cuja lembrança é hoje a menos evaporada. Que se sabe dela? Em verdade, pouco. Meticulosas pesquisas realizadas em documentos de arquivos permitiram situá-la na alta aristocracia da Île-de-France. Descendente por parte de pai dos Montmorency e dos condes de Beaumont, por parte de mãe dos vidamas de Chartres, estava ligada, como Abelardo aliás, a um dos dois clãs que disputavam o poder no séquito do rei Luís VI. Em 1129, é priora da abadia de mulheres de Argenteuil, posição importante que ela deve a seu nascimento. Nessa data, a comunidade é dissolvida. Heloísa conduz um grupo de monjas assim dispersas até a Champagne, a um eremitério que Abelardo fundara sob a vocação do Paráclito, do Espírito Santo consolador. Cheio de solicitude, Abelardo compõe para essas monjas hinos e sermões, um dos quais, a propósito de santa Susana, é um elogio da castidade. Conservam-se também as 42 questões que Heloísa submete a Abelardo. A última, a única que não tem a ver com as dificuldades do texto da Escritura, pergunta "se alguém pode pecar fazendo o que é permitido e mesmo ordenado por Deus". Abelardo responde com um pequeno tratado sobre o casamento, sobre a moral conjugal, sobre a necessidade de reprimir o desejo e o prazer.

O mais substancial, o mais certo também do que sabemos dessa mulher, vem de uma carta escrita em 1142. Ela põe em cena três personagens: Heloísa — que acaba de entrar nos quarenta anos, ou seja, que, segundo os critérios da época, situa-se agora entre as mulheres idosas — e dois homens. Ambos se chamam Pierre. Um, abade de Cluny, chefia uma congregação imensa espalhada por toda a Europa e na qual se encarna a concepção mais majestosa do monaquismo; ele é respeitado, venerado; sua autoridade moral iguala a do papa, talvez até a supere. O outro é mestre Abelardo, que foi o professor mais ousado de seu tempo. Ele acaba de morrer, aos 63 anos, numa dependência da abadia de Cluny onde Pierre, o Venerável, o havia acolhido.

Essa carta é endereçada a Heloísa. O abade de Cluny a escreveu. Ele é um escritor de grande renome, gosta de jogar com palavras, com frases. É insuperável nesse jogo. Ele aplica toda a sua habilidade, seu perfeito conhecimento das regras da retórica, em polir essa epístola, uma carta de consolo, de reconforto, como muito se escreveu nos mosteiros no século XII. Por meio de tais palavras, lançadas de um claustro a outro claustro, por meio de tais mensagens cujos termos haviam sido longamente pesados e que seu destinatário lia e relia, não em particular, mas em voz alta diante dos membros da família espiritual onde levava sua vida de oração e de penitência, por meio desses escritos que, selecionados, se recopiavam, circulavam, e mais tarde, como foi o caso deste, eram reunidos em coletânea, um estreito comércio de coração e de espírito se estabelecia entre religiosos e religiosas, esses homens e mulheres que se haviam afastado das turbulências do mundo, convencidos de se alçarem, pela renúncia, ao topo da hierarquia dos valores humanos. Tal intercâmbio epistolar alimentou, nesse tempo, o que na literatura de expressão latina houve talvez de mais vigoroso, de mais original, senão de mais revelador dos comportamentos e das atitudes mentais.

Pierre acaba de receber por intermédio do conde da Champagne uma missiva de Heloísa, um apelo ansioso. Para reconfortá-la, ele relata o que foram os últimos meses da vida de Abelardo. Uma vida exemplar, edificante. Monge perfeito, absolvido, lavado de todos os seus pecados, ele teve uma morte muito bela. Mas agora não é ele que me interessa, é Heloísa. A seu respeito, esse documento, cuja autenticidade é incontestável, fornece duas indicações preciosas. Ele indica em primeiro lugar que Abelardo "é de Heloísa", que lhe pertence; com efeito, ela se uniu a ele, diz Pierre sem falar expressamente de casamento, pela "copulação carnal", e esse vínculo foi a seguir estreitado pelo amor divino: "com ele, e sob ele", por muito tempo ela serviu o Senhor; Deus agora, "no lugar" de Heloísa, "como um outro ela-mesma o aquece em seu regaço"; ele o conserva para devolvê-lo a ela no Juízo Final. A carta, por outro lado, começa com um longo elogio de Heloísa. Mostra-a como um modelo das abadessas, o bom capitão de um esquadrão de mulheres que lutam sem descanso contra o demônio, "o antiquíssimo e pérfido inimigo da mulher"; essa serpente, Heloísa a esmaga com os pés há tempos; ela irá destruir sua cabeça; seu ardor no combate que faz dela uma nova Pentesileia, rainha das Amazonas, como as mulheres fortes de que fala o Antigo Testamento, lhe vem acima de tudo de suas qualidades intelectuais. Desde sua juventude ela espantava o mundo; desprezando os prazeres, só pensava nos estudos; e desenvolveu-os de tal forma que, no domínio do espírito, ela, uma mulher, consegue, ó prodígio, "ultrapassar quase todos os homens". Tornando-se religiosa, não mudou apenas sua vida mas tudo o que tinha na cabeça. Colocou-se, em completa submissão, a serviço de Cristo, tornando-se assim verdadeiramente "mulher filosófica". Eis o que faz sua força.

A imagem surpreende. Ajusta-se bastante mal àquela que o nome de Heloísa evoca para nós. A figura dessa mulher, com efeito, ancorou-se solidamente no imaginário europeu e essa figura não é a da religiosa exemplar que Pierre de Cluny e Bernard de Clairvaux depois dele celebraram. Jean de Meung, em Paris, no fim do século XIII, não cantou no *Romance da Rosa* a sabedoria de Heloísa, mas, ao contrário, o que a fazia parecer "louca a muita gente". Com essa loucura, Petrarca se maravilhou. Essa loucura tocou Rousseau, Diderot e o próprio Voltaire. Essa loucura inflamou os românticos: eles iam até o túmulo da abadessa no cemitério do Père-Lachaise e pode-se ver ainda nas margens do Sena junto à Notre-Dame, nas paredes de uma casa construída por volta de 1830, uma inscrição que situa ali o lugar, suposto, onde a jovem entregou-se a todos os arrebatamentos da paixão amorosa. E depois Rilke, e Roger Vailland, tantos outros ainda hoje. Desde Jean de Meung, a Heloísa de nossos sonhos é a campeã do amor livre que rejeitou o casamento porque ele acorrenta e transforma em dever o dom gratuito dos corpos; é a apaixonada, ardendo de sensualidade sob seu hábito monástico, é a rebelde que enfrenta o próprio Deus; é a heroína muito precoce de uma liberação da mulher.

Essa imagem, tão diferente da primeira, se construiu a partir de um acontecimento do qual somos informados por duas outras cartas; elas são autênticas — no que se refere à verossimilhança, pelo menos: nada é completamente certo a propósito dos textos desse gênero, muitos dos quais são desafios virtuosísticos, modelos de belo estilo feitos para brilhar nas reuniões literárias ou então compostos como exemplos de bela escrita para estudantes que se iniciam nas artes liberais. Dessas duas cartas, Abelardo é o destinatário. A primeira, como a de Pierre, o Venerável, se quer consoladora. É escrita por Fouques, prior da abadia de Deuil, um mosteiro, próximo a Montmorency, englobado no círculo de famílias poderosas das quais Abelardo e Heloísa fazem parte. Abelardo acaba de ser castrado. Que ele reprima seu rancor, que não procure se vingar. Recolhido ao mosteiro de Saint-Denis, encontra-se agora fora do mundo. Além disso, seus agressores foram punidos, igualmente emasculados, os olhos vazados ainda por cima, e quem armou o braço deles teve sua prebenda confiscada. Mas sobretudo que Abelardo avalie o proveito a tirar dessa provação. Doravante está livre, está liberado, salvo. Ele estava em via de se perder. O que Fouques demonstra ao descrever o caminho percorrido até o drama. No início o sucesso, ouvintes afluindo de toda parte para escutar o mestre, "fonte muito límpida de filosofia". Depois a queda. A ocasião dessa queda, "pelo que dizem", foi o "amor" (entendemos por essa palavra o desejo do macho), "o amor por todas as mulheres: é pelas redes do desejo que elas cativam os homens no prazer". Fouques não segue falando disso; ele é monge, os monges não falam dessas coisas. Ele insiste, em troca, no orgulho de Abelardo: "Dotado de muitos dons [...] te julgavas superior a todos os outros, inclusive aos sábios que antes de ti se haviam entregado à obra da sabedoria". *Superbia*, em primeiro lugar. A seguir, *Avaritia*: o ofício de professor em Paris te enriquecia nessa época. Enfim, Luxúria: "Tudo o que podias ganhar vendendo teu saber, era consumido num sorvedouro, gasto em fazer amor. A ávida rapacidade das mulheres te arrebatava tudo". Eis-te assim curado, e pela simples ablação de uma "partícula" de teu corpo. Que benefício! Primeiro, se ganhas menos, também tens menos ocasião de gastar: não temendo mais pelas mulheres da casa, teus amigos te abrem as portas. Findas também as tentações, os fantasmas de sodomia, as poluções noturnas. A castração como libertação, portanto. Em conformidade com as regras da retórica, a carta termina por um *planctus*, a deploração do infortúnio. Toda a Paris está consternada, o bispo, seu clero, os burgueses, e sobretudo as mulheres. "Devo evocar os prantos de todas as mulheres? A essa notícia, elas inundaram o rosto por tua causa, pelo cavaleiro que haviam perdido. Era como se cada uma tivesse perdido na guerra seu esposo (*vir*) ou seu amante (*amicus*)."

Roscelin, um mestre cujo ensinamento Abelardo havia seguido outrora em Touraine, é o autor da outra epístola, desta vez de invectiva. Ele responde a Abelardo que, contra ele, havia tomado a defesa de Robert d'Arbrissel, o apóstolo iluminado que acolhia as mulheres aflitas em Fontevraud, nesse mosteiro duplo onde, segundo a regra adotada no Paráclito, os religiosos se achavam, em subversão a toda hierarquia natural, subordinados às religiosas e sob a autoridade da abadessa. Roscelin começa, como defensor da ordem social, por atacar Robert: "Eu o vi", diz ele, "acolher mulheres que haviam abandonado seu marido, que seu marido reclamava, retê-las obstinadamente até sua morte [...] Ora, se uma esposa recusa cumprir sua dívida para com o esposo, se este é obrigado assim a fornicar aqui e ali, a falta mais grave é daquela que obriga e não daquele que age. O culpado do adultério é a mulher que abandona seu homem, o qual é forçado a pecar". E mais culpado ainda é evidentemente aquele que retém essas mulheres. Mas o importante, aqui, é o ataque direto de Roscelin contra seu ex-discípulo. "Eu te vi em Paris, hóspede do cônego Fulbert, recebido em sua casa, acolhido em sua mesa com a honra de um amigo, de um familiar. Ele te havia confiado, para que a instruísses, sua sobrinha, uma donzela muito ajuizada [...] Animado por um espírito de luxúria desenfreada, a ensinaste não a raciocinar, mas a fazer amor. Nessa má ação se reúnem vários crimes. És culpado de traição, de fornicação e de ter deflorado uma virgem." E pior, hoje mutilado, Abelardo peca ainda pela mulher. O abade de Saint-Denis o autoriza a ensinar. Ora, "o que ganhas ao ensinar falsidades, entregas à tua meretriz como uma recompensa por serviços prestados. Entregas a ti mesmo, e o que davas outrora, quando não eras impotente, como preço do prazer esperado, o dás agora em reconhecimento, pecando mais gravemente por pagar devassidões passadas que por adquirir novas".

Não nos detenhamos nos exageros de linguagem. As leis da eloquência epistolar impunham, nesse tempo barroco, uma expressão impetuosa. Atenhamo-nos por ora ao conteúdo das três cartas. Temos aqui dois "filósofos" célebres, muito célebres, que se uniram carnalmente, no amor dos corpos. Copulação, diz Pierre; fornicação, diz Roscelin. Em todo caso eles formaram um casal, e esse casal durou. Tendo ambos ingressado na vida monástica, marcharam no mesmo passo rumo à salvação, a mulher no entanto submetida ao homem, servindo a Deus "sob ele". O homem, como convém, é sempre o ator. De uma ponta à outra da aventura, é ele que age.

Foi o "amor às mulheres", e por "todas as mulheres", que o perdeu. Talento, glória, dinheiro, ele saciava facilmente suas cobiças. Em Paris, a ciência se vende, as mulheres se compram. O jovem Abelardo foi portanto um mulherengo. Onde está a verdade? Não será essa, no partido dos integristas, a interpretação maldosa de uma atitude nova que levava, no início do século XII, alguns servidores de Deus, preocupados com a alma das mulheres, a não mais se manterem tão afastados delas? Como Robert d'Arbrissel e seus êmulos, de cujos discípulos se dizia naturalmente que se deitavam com as penitentes?

No caso de Abelardo, porém, o fato é claro: ele se apoderou de Heloísa. Caso banal, para falar a verdade. É conhecida a exuberância, na época, da sexualidade doméstica. Numa vasta família, a de um nobre cônego, vivia uma adolescente, a sobrinha do patrão, disponível. Portanto, boa de se tomar. Boa de se tomar como as donzelas que vemos, nos romances de cavalaria, liberalmente oferecidas à noite por seu pai ao herói de passagem, de acordo com os bons costumes da hospitalidade. Aqui, no entanto, o dono da casa não estava de acordo. Mandou castrar o deflorador. Em 1113, ao que parece: no ano seguinte, o nome de Fulbert, o instigador da castração que, segundo Fouques, foi punido com o confisco de seus bens, desaparece de fato por cinco anos das listas dos cônegos de Notre-Dame. Um acidente. Todavia, no pequeno mundo das escolas parisienses e da corte real, o acontecimento causou escândalo: um sábio reputado, emasculado por causa de uma mulher, ela também sábia muito conhecida. Imaginemos semelhante dissabor acontecendo com Jean-Paul Sartre na Paris dos anos 50. Falou-se muito disso, falou-se por muito tempo. Esse caso retumbante oferecia elementos capazes de construir uma bela história moral com alguns dos problemas que inquietavam os homens de estudo no início do século XII, na França setentrional. Problemas de ofício, relações do ofício intelectual com as vaidades do mundo, o orgulho, a cupidez. Sobretudo problemas do sexo. Ora, esses mesmos problemas são colocados numa série de cartas que foram reunidas na abadia do Paráclito. Elas teriam sido escritas por volta de 1132, dezenove anos após a deplorável aventura. Na verdade, o mais antigo dos manuscritos que transmitem essas cartas famosas é bem mais tardio, contemporâneo de Jean de Meung. Este, entusiasmado, traduziu do latim a correspondência. Gerações não cessaram de relê-la e de se comover com ela. Heloísa e Abelardo estão ali. Eles falam, confrontados num drama. Quatro quadros, um desfecho. Como prelúdio, um monólogo.

1

Sob pretexto de consolar um amigo, Abelardo conta longamente, complacentemente, seus próprios infortúnios. Ele vivia feliz. De súbito, diz ele, um duplo golpe veio atingi-lo nas duas fontes de seu pecado de orgulho: em seu espírito, a condenação e a destruição de sua obra; em sua carne, a emasculação. No centro da confissão, portanto, o fato que conhecemos e suas consequências. O homem, aqui, não é o mulherengo que Fouques escarnecia. Ele era casto. Mas rico, e, "no conforto mundano, o vigor da alma, como sabemos, se estiola, se dissolve facilmente entre os prazeres da carne [...] Por me acreditar o único filósofo no mundo, começava a relaxar o freio do desejo, eu que até então me continha". Na casa de Fulbert, Heloísa o tentou. "Muito bela", mas sobretudo "superior a todas pela superabundância de seu saber." Ela caiu em seus braços. Ele a desfrutou, com requinte: "Se algo de novo podia ser inventado no amor, nós o acrescentávamos". Escravo do prazer, transformado, conforme observou Étienne Gilson, num "folgazão"; como o Érec do romance, esquecido dos deveres de sua condição, abandonando o estudo, "passando as noites em vigílias amorosas". Desvirilizado pela mulher, "extenuante", veio abaixo, do topo onde se encontrava. Heloísa ficou grávida. Ele fugiu com ela, foi para a Bretanha, sua terra natal. Ela deu à luz um filho. O tio falou de honra, de reparação. Abelardo aceitou casar, com a condição de que a união permanecesse secreta. Houve acordo. Entre homens. A jovem, porém, não consentiu no casamento. Forçaram-na. Mas logo após as núpcias clandestinas o marido envergonhado, preocupado com sua reputação, encerrou sua mulher no convento de Argenteuil. Ela fora educada ali, e em Paris poderiam acreditar que retornara, como se nada tivesse acontecido, sem vestígio de casamento nem de maternidade, a fim de completar sua educação, como livre pensionista, na companhia de donzelas de bom nascimento, suas primas mais ou menos próximas. Os parentes de Heloísa se julgaram trapaceados. Vingaram-se. Castrado, Abelardo tornou-se monge. Foi então que obrigou sua esposa a tornar-se freira, a tornar-se religiosa como ele. No tempo em que escreveu essa autobiografia, ele a instalou no Paráclito. Ele próprio dirige há quatro anos a abadia bretã de Saint-Gildas-de-Rhuys.

2

Essa longa epístola caiu nas mãos de Heloísa, que entra então em cena para o primeiro quadro. É sua vez de escrever, ela se dirige àquele que chama seu "marido" e seu "senhor", e para se queixar, em voz muito alta, muito digna. Após seu casamento, que ela não desejava, preferindo permanecer, como diz, sua "meretriz" a fim de preservar a gratuidade de seu amor, o seu amor por ele tornou-se tão louco que, contra sua vontade, por ordem dele, submissa, obedecendo não a Deus mas a ele, acaba aceitando tornar-se freira. Cabe a ele, agora, cumprir seu dever de marido. Até o presente, ele a abandonou, a ela e ao pequeno grupo de mulheres do qual é a pastora no Paráclito. Isso porque ele sempre pensou apenas em seu prazer. Agora não pode mais gozar com ela, por isso não se preocupa mais com ela. Ela, ao contrário, permanece prisioneira do amor, do amor verdadeiro, do corpo e do coração. Tem necessidade dele. Outrora ele foi seu iniciador nos jogos da libertinagem. Que a ajude agora a se aproximar de Deus.

3

Resposta de Abelardo, distante. Segundo quadro muito mais amortecido. O esposo abatido se escusa, brevemente. Se não deu sinal de vida, é porque sabe o quanto sua mulher é sábia, e sabe também que o Senhor sustenta com toda a sua força as mulheres que o servem nos conventos. Será preciso que Heloísa continue a viver sem ele. Decerto irá morrer em breve: os monges de Saint-Gildas pensam em matá-lo. Abelardo pede que as monjas do Paráclito rezem por sua alma enquanto esperam

59

sepultar seu corpo. As orações das mulheres, diz ele, e muito poucos nesse tempo pensavam assim, valem tanto quanto as dos homens.

4

Bastou que Abelardo respondesse, que evocasse sua possível morte, para suscitar o impulso soberbo que faz a beleza da quarta carta e leva a seu auge a intensidade dramática. "Àquele que é tudo para ela em Jesus Cristo, aquela que é tudo para ele em Jesus Cristo", essa frase inicial revela a inflexão que já se esboça por efeito da graça, da submissão ao Cristo. Antes de tudo, porém, a força do amor. A paixão derrama-se por todos os lados por meio das frases latinas, cadenciadas, balanceadas, e cuja aparente desordem está ali para traduzir as agitações da alma. É nesse ponto que se exclama: eis aí completamente pura a expressão da feminidade. É nesse ponto que o historiador das mulheres crê enfim ouvi-las falar, captar o que elas pensavam realmente havia oito séculos na intimidade de seu coração. Trêmula, Heloísa não suporta a ideia de que Abelardo desapareça antes dela. Na perturbação de que se vê tomada, ela não se contém mais, não se detém mesmo em culpar a Deus. Por que Deus os castigou, e após o casamento que, apesar de tudo, repunha as coisas em ordem? Por que somente Abelardo? Por causa dela? Pois é bem verdade o que dizem, "que a esposa de um homem é o mais dócil instrumento de sua ruína". Eis o que faz o casamento ruim e que ela tivesse razão de recusá-lo. Ela se impõe penitência, mas não por Deus, é em reparação pelo que Abelardo sofreu. Ele foi castrado, não ela. A mulher não pode sê-lo. Assim também não pode se livrar das mordidas do desejo. Em sua natureza feminina, Heloísa não consegue se arrepender. Permanece obcecada, no núcleo mesmo das devoções, pela lembrança das volúpias perdidas.

5

Ela acertou. Abelardo, no quarto ato, se anima. Para marcar bem o sentido de sua resposta, ele a endereça à "esposa de Cristo". Com efeito, tudo irá girar em torno do casamento. Ele foi um mau marido, luxurioso, perseguindo sua mulher, tomando-a à força até mesmo no refeitório de Argenteuil, batendo nela para que cedesse. Portanto ele mereceu seu castigo. Salutar, uma vez que o desembaraçou daquilo que em seu corpo era o "reino do desejo". Pelo desejo, somente Heloísa permanece atormentada. Que ela se console: se conseguir suportá-lo, terá acesso à glória do martírio. Ao tornar-se freira, ela se tornou a esposa do Senhor, marido perfeito, e mais, perfeito amante. Abelardo é o servidor dele. Portanto, doravante, ela domina seu esposo terrestre. É sua "dama". E a oração que ele lhe dita para que ela a recite diariamente celebra a conjugalidade. "Deus, que no começo da criação humana sancionaste a grandeza suprema do sacramento do acasalamento nupcial [...] tu nos uniste, depois nos separaste quando te aprouve." Termina o que começaste, "e aqueles que uma vez separaste neste mundo, une-os a ti para sempre no Céu". Eis aqui muito precisamente o que Pierre de Cluny promete, dez anos mais tarde, em 1142, a Heloísa.

6

O drama tem um desfecho brusco no início da carta seguinte, a última de Heloísa. Ela obtempera. Doravante impedirá sua mão de escrever as palavras que se comprimem em seus lábios, tomados pela pulsão veemente que invade seu frágil corpo de mulher. Ele fará o esforço de se calar. Sob o selo de seu silêncio encerra seu amor, sua amargura e os tumultos de seu desejo. Passemos, diz ela, a outra coisa. O que ela pede agora a seu "mestre" é que estabeleça uma nova regra para a comunidade do Paráclito. Somente esse será o assunto, interminável e para nós fastidioso, na continuação da *Correspondência*.

* * *

Essa exigência feroz de liberdade, esse mutismo quanto à contrição, o amor-paixão segundo Stendhal: como compreender que o abade de Cluny tenha podido fazer o elogio de Heloísa, revoltada notória? Entre os traços que atribui a ela e aqueles que a troca de cartas revela, como decidir quais os verdadeiros? Como o historiador consegue discernir quem foi realmente essa mulher?

Em primeiro lugar ele deve desconfiar. Esse texto é suspeito. Dúvidas quanto à sua autenticidade surgiram já no início do século XIX. Os eruditos se bateram, se batem ainda a favor ou contra. Alguns veem nele a obra de um falsário. Muitos pensam que as missivas atribuídas a Heloísa foram redigidas, se não por Abelardo, ao menos por um homem, como a da *Religiosa portuguesa*. Não entro na controvérsia. Retenho apenas o argumento mais forte dos partidários de uma falsificação mais ou menos profunda: é a coesão do conjunto. Essa coletânea epistolar difere de todas as que foram compostas na época pelo fato de dispor as cartas de forma comparável à da *Nova Heloísa* de Rousseau ou das *Ligações perigosas* de Laclos, ou seja, uma respondendo à outra. Além disso, parece que certas epístolas, de Heloísa ou de Abelardo, não foram incluídas; é que se quis, por uma escolha deliberada, construir um discurso compacto, persuasivo. Enfim, como o de um tratado, o texto dos manuscritos, todos posteriores aos fatos em pelo menos um século e meio, é dividido em capítulos anunciados por rubricas. Contém inclusive, na parte correspondente a Abelardo, remissões a passagens anteriores. Trata-se aí, sem dúvida, de uma minuciosa construção literária. Ela se lê como um romance. Um romance, assinalemos, cujo protagonista é um homem. É verdade que a personagem feminina pesa aqui bem mais que nos romances de cavalaria. No entanto, a atenção se volta principalmente para Abelardo, como se voltava para Tristão ou Lancelot. Resta uma evidência: a matéria da obra contém demasiadas alusões preciosas e justas ao mundo das escolas parisienses sob o reinado de

Luís VI e de Luís VII para que se possa imaginá-la forjada inteiramente mais tarde; ela data, com certeza, da metade do século XII. É não menos evidente, porém, que essa matéria foi objeto de uma montagem cujo autor ninguém jamais conhecerá.

Admitamos que Heloísa tenha de fato escrito suas três missivas, do que pessoalmente duvido. O historiador deve então evitar um contrassenso que falseou, que falseia ainda toda interpretação desse documento. Não se escrevia uma carta no século XII como no tempo de Leopardi ou de Flaubert, nem como se escreve hoje, se é que ainda se escrevem cartas. Todas as que foram conservadas eram, como eu disse, lançadas ao público como sermões, como falas de tragédia, e por isso há pouco falei de drama. Da mesma forma que o grande canto cortês dos trovadores, elas não faziam confidências. Nada de efusões espontâneas de pessoa a pessoa. O autor dessas cartas procurava primeiro demonstrar sua virtuosidade de escritor, jogando com a ressonância das palavras, com o ritmo das frases; exibia sua cultura, recheando o texto de citações. Estas se multiplicam nas cartas atribuídas a Heloísa. Bem no meio do que parecia o grito irreprimível de um amor ferido, frases de santo Ambrósio, de santo Agostinho, de são Paulo vêm esfriar em nós, homens do século XX, a emoção que começava a nos dominar. A impressão de que não se trata de uma confissão mas de uma demonstração erudita se reforça quando descobrimos Heloísa, desempenhando perfeitamente sua personagem, a representar aqui o papel do pecador obstinado tal como o expõe são Jerônimo em sua diatribe contra Joviano. "A lembrança dos vícios obriga a alma a se comprazer neles e, de uma certa maneira, a se tornar culpada deles, mesmo quando não age": a peripécia do drama é inteiramente construída sobre tal proposição. E o artifício se manifesta quando vemos a mesma sentença já citada na confissão de Abelardo, a propósito dele desta vez, no início do percurso redentor, quando se punha em marcha para a salvação, mostrando o caminho como um esposo deve fazê-lo. A escrita, enfim, se conformava naquele tempo a regras codificadas e ensinadas com muita precisão. Sem conhecê-las bem, corremos o risco de nos enganar redondamente sobre o sentido do discurso assim construído. Um exemplo: o silêncio que a abadessa do Paráclito se impõe na última de suas cartas, esse silêncio com o qual ficamos extasiados, tomando-o por uma recusa altaneira de se curvar, é na verdade, como Peter von Moos demonstrou, uma figura de retórica descrita nas artes de discorrer sob o nome de *praeteritio*. Os contemporâneos de Abelardo a usavam correntemente nos debates de ideias quando queriam concluir uma discussão.

O pensamento de qualquer um que gostasse de escrever se exprimia necessariamente nessas formas rígidas, convencionais, as de uma retórica cujo hábito perdemos. Foi assim que as palavras atribuídas a Heloísa chegaram até nós. E por meio de escritos compostos para convencer um vasto auditório. Se não esquecermos que isso é o essencial, se, afastando o problema hoje insolúvel da autenticidade, tornando a coletânea por aquilo que seus organizadores queriam que fosse, retivermos, o que é incontestável, que essas palavras foram arranjadas num mosteiro e com um propósito de edificação espiritual, então se descobre a verdadeira significação do texto e ao mesmo tempo surge a imagem que os contemporâneos faziam de Heloísa, imagem singularmente diversa daquela que os românticos formaram e que muitos de nós ainda formam.

De fato, a coletânea parece primeiro ter sido concebida como um memorial, um monumento erigido à memória dos dois fundadores do Paráclito, como era costume fazê-lo nos estabelecimentos monásticos. À maneira de uma vida de santo, descreve a "paixão" deles, entenda-se: o que ambos sofreram, as provações que lhes foram infligidas até conseguirem se suplantar e chegar a uma espécie de santidade. A correspondência conduz o relato circunstanciado de uma dupla conversão, difícil. Mostra, em particular, o quanto é difícil livrar-se do mal, lamentar as próprias faltas, arrepender-se delas. Afirma, em conformidade com a filosofia de Abelardo, para quem a falta não está no ato mas na intenção, que os pecados mais tenazes não são os do corpo mas os do espírito, que mesmo na continência mais rigorosa se permanece culpado se não se consegue vencer o próprio desejo, se não se expulsa do espírito o pesar dos prazeres recusados.

Esse texto é portanto sobretudo um tratado de moral, edificante como o são, na época, as vidas de santos e os romances de cavalaria. Ele ensina, contando uma aventura, a se comportar convenientemente. A intenção pedagógica é afirmada de saída, na primeira frase da carta I. "Para excitar ou moderar as paixões humanas, os exemplos (*exempla*) têm em geral mais efeito que as palavras." Na verdade, o conjunto das cartas foi elaborado como um vasto *exemplum* que procura essencialmente mostrar como a mulher é capaz de salvar sua alma, expondo para essa finalidade, em primeiro lugar, que o casamento é bom, a seguir que ele pode servir de modelo a quem se preocupa em instituir um relacionamento hierárquico conveniente entre homens e mulheres no interior de um mosteiro, e por fim o que é a feminidade, seus defeitos e suas virtudes específicos. Vejamos mais de perto esses três pontos.

A mulher é fraca. Não pode escapar sozinha à perdição. Um homem deve ajudá-la. Na falta de um pai, de um irmão, de um tio, ela tem necessidade de um marido. Entre outras lições, a *Correspondência* contém um elogio do casamento. É o que vemos na resposta dada por Abelardo ao último dos 42 "problemas" que Heloísa lhe colocava, aceitando de antemão, diz ela ao apresentar suas perguntas, "submeter-se, *nisto também*, à obediência dele". A questão do casamento preocupava portanto a abadessa do Paráclito. Preocupava na época todos os homens da Igreja. Era o momento em que os teólogos se perguntavam ainda se não seria perigoso incluir a instituição matrimonial entre os sete sacramentos. O texto que analiso toma partido nesse debate. Ele pretende pôr em evidência, ao descrever um caso preciso, as virtudes salutares do casamento. No entanto, começa sua demonstração indicando que alguns casamentos são maus. Foi o que aconteceu a princípio com os dois amantes. Mau por três razões principais. Em primeiro lugar porque celebrado às pressas: uma simples bênção, ao amanhecer, diante de alguns parentes e sem a assistência numerosa e alegre que os ritos nupciais requerem, já que as núpcias, para evitar o incesto, a bigamia, devem ser amplamente públicas. Mau também porque a intenção do esposo não era boa: Abelardo o confessa, era movido pela cobiça, pelo "apetite de agarrar à força, de reter aquela jovem perpetuamente para ele", temendo que seu corpo deleitável lhe fosse arrebatado, dado a outros homens, "seja pelas intrigas dos parentes, seja pelas seduções da carne". Mau casamento, enfim e sobretudo, porque a noiva o recusava: a autoridade eclesiástica, com efeito, proclamava sonoramente que o laço matrimonial deve ser atado por um consentimento mútuo. Podre assim em sua raiz, esse casamento não podia ser portador de graça como o é todo sacramento convenientemente administrado. Ele não foi o que são os bons casamentos, um remédio à concupiscência. Casado, mestre Abelardo continuou a arder de paixão, perseguindo Heloísa até os recônditos do convento de Argenteuil, transgredindo as interdições, obrigando-a a praticar com ele todas as "sujeiras" imagináveis. Por conseguinte, foi com razão que Deus se vingou "dos cônjuges mais que dos fornicadores", que para castigar esperou que a união fosse selada. Com efeito, é bem mais grave macular o casamento, coisa sagrada, que copular aqui e ali. Era justo também que somente o homem fosse castigado primeiro: o casamento o instituía guia e responsável pela esposa.

No entanto, devidamente abençoado, esse casamento era apesar de tudo um verdadeiro casamento. Assim a redenção do casal se operou no quadro benéfico da *confederatio* matrimonial. Por esse "sacramento", diz Abelardo, o "Senhor já havia decidido fazer *nós dois* voltarmos a ele". Quando, emasculado, podado, "circunciso de coração e de espírito", regenerado pela vida monástica, Abelardo tomou consciência de seus deveres de esposo, resolveu arrastar consigo Heloísa em seu progresso espiritual. Intermediário, como deve ser um marido, entre ela e o

66

poder divino. Usando de seu poder sobre ela, puxou-a, subjugada, atrás de si. A abadessa do Paráclito o reconhece na primeira de suas cartas: não foi o amor a Deus que a arrebatou, ela obedece ao homem que amava. "Cumpri tudo o que me recomendaste [...] por ordem tua logo mudei [...] foi somente tu que decidiste." Aliás, é exatamente isso que ela ainda reclama ao abade de Saint-Gildas, que não deixe de governá-la, que a conduza para o melhor, ele que outrora a iniciou nos prazeres culpáveis. Significativa é a insistência do texto em colocar Heloísa em posição de esposa submissa. Ela se mantém aí de uma ponta à outra do intercâmbio epistolar, nessa posição que convém às mulheres, a única que lhes oferece uma chance de se livrar do pecado.

Aqui se revela a intenção verdadeira dessa apologia da conjugalidade. O elogio do casamento vem apoiar a proposição de mudar a regra até então seguida no Paráclito. Não nos enganemos: o que não lemos mais, o que geralmente é suprimido das edições modernas, as duas últimas cartas em que Abelardo, após ter justificado a reforma, comunica a Heloísa o projeto de um novo estilo de vida monástica, constitui o que acima de tudo importava para os artífices da montagem, aquilo pelo qual, com toda a evidência, esses textos foram dispostos do jeito que estão. Com efeito, a *Correspondência* responde a esta outra questão, melindrosa, que, no seio de um crescimento tumultuoso que agitava os velhos hábitos, dividia os homens de oração: como fazer com o monaquismo feminino? A resposta, disseminada no conjunto da obra, se constrói sobre quatro argumentos. É bom que haja mulheres na profissão monástica: a carta III lembra que as mais maravilhosas ressurreições de que nos falam os textos da Escritura, a começar pela ressurreição do Cristo, foram presenciadas por mulheres, o que prova que, no projeto divino, as mulheres devem ser associadas à obra de ressurreição espiritual. Segundo argumento: é salutar que toda comunidade de freiras seja, como se vê em Fontevraud, respaldada por uma comunidade de monges; com efeito, não devem ser exagerados os perigos de tal aproximação; Abelardo, defensor de Robert d'Arbrissel, mostra pelo exemplo de Jesus e seus discípulos que é possível e legítimo que homens vivam em companhia das mulheres na castidade. Todavia, terceiro ponto, as disposições da regra atualmente em vigor no Paráclito — e é a mesma de Fontevraud — rompem a ordem natural por colocarem os homens sob a dominação de uma mulher; são Paulo o afirma, o homem é o chefe da mulher, porque — e desta vez é Heloísa, uma mulher, que o diz — "por sua própria natureza o sexo feminino é muito frágil". Quarto ponto: as religiosas e aquela que as conduz devem ser colocadas sob a autoridade de um homem, como a esposa sob a do seu esposo. O modelo conjugal se impõe. A história exemplar dos dois fundadores está aí para demonstrá-lo. No entanto, a fim de perfazer essa demonstração, a *Correspondência* contém ainda dois desenvolvimentos, um sobre as fraquezas essenciais da feminidade, o outro sobre o que deve ser o amor.

Percebe-se o quanto é misógina a obra cujo sentido tento captar? Não é ela antes de tudo um discurso sobre a superioridade funcional do homem; discurso cujos argumentos mais veementes são muito habilmente colocados na boca de uma mulher? A fraqueza de Heloísa, a fraqueza das mulheres, que as torna perigosas ("ó perigo maior e permanente da mulher", declama a esposa de Abelardo) e exige um firme controle, decorre primeiramente da languidez da carne que as incita à luxúria. Despertada para o prazer por seu sedutor — notemos bem que não é dito, nem nesses escritos nem na carta de Roscelin, que ela tenha sido forçada, que tenha se mostrado mais esquiva que as donzelas complacentes dos romances —, a "pequena adolescente" logo se torna escrava da volúpia. Como Cécile Volanges. Ela se deixa possuir, possuída doravante até o âmago de si mesma, cativa, desde as primeiras experiências, dos ardores de seu corpo no qual se enterraram esses "aguilhões" que a abadessa do Paráclito, dezenove anos após sua defloração, confessa não poderem ser extirpados. Eles a atormentam sempre. A lembrança "dos prazeres muito doces", cuja "pressão é tanto maior quanto mais frágil a natureza que ela assedia", "os fantasmas obscenos" desses prazeres fazem-na ainda estremecer inclusive em meio às orações. Confissão impressionante, sobretudo por aparecer sob a pena de uma abadessa de grande renome e que não era mais uma jovenzinha. E é exatamente nessa sensualidade exigente, da qual o corpo das mulheres está impregnado, que jaz o perigo para os homens. Ela os conduz à perdição. Bastou que mestre Abelardo gozasse com a adolescente para cair prisioneiro, totalmente submetido ao prazer.

Talvez ele pudesse se livrar do pecado pelo casamento. Ora, Heloísa o recusa. Pois, além de fracas, vulneráveis, entregues às incandescências da carne, as mulheres têm um segundo defeito: são naturalmente indóceis, desafiando obstinadas os homens que lhes mostram o bom caminho. Na controvérsia pela qual se inaugura a apologia da boa conjugalidade, a jovem Heloísa faz o papel de advogado do diabo. A violenta diatribe antimatrimonial que a suposta autobiografia de Abelardo lhe atribui — "argumento", é o título desse capítulo, "da dita donzela contra as núpcias", um argumento estoico, sustentado por citações de Cícero, de Sêneca, e que a abadessa do Paráclito retoma na carta IV — não deixa de ter relação, no interior dessa obra complexa, com o debate que apaixonava também os intelectuais do século XII: é permitido aos letrados se casarem, ou, mais exatamente, aos mestres, àqueles que comentam a palavra de Deus? Ao tomarem uma esposa, não estariam se rebaixando do posto que lhes é destinado na hierarquia das condições humanas? Heloísa responde sem hesitar: o casamento degrada o sábio porque o escraviza à mulher, a uma mulher; para ele, a vergonha (*turpitudo*) é submeter-se (*subjacere*), aceitar rebaixar-se. Não se deve esquecer, porém, o que essa condenação virulenta tem por função dialética sublinhar: essa mulher obstinada, que não cede, que, mesmo religiosa, mesmo abadessa, permanece erguida e chega a invectivar a Deus, é o obstáculo, e as mulheres em geral são entraves que impedem o homem de se desenvolver. Abelardo, ao longo de toda a sua marcha, arrastou Heloísa como um peso. Quando responde de longe a seu apelo, continua a arrastá-la ainda, pois ela não se rendeu por completo, e as cartas foram dispostas tal como estão na coletânea a fim de acompanhar atentamente as etapas dessa difícil rendição.

Todas as palavras atribuídas a Heloísa, seus gritos de revolta, o pesar que exprime pelos prazeres perdidos, suas reivindicações de liberdade não eram certamente julgadas admiráveis, como as julgamos hoje. No século XII, eram vistos como outras tantas provas de seu pecado e da malignidade das mulheres. Por meio delas se via exaltado o mérito dos dois fundadores do Paráclito, da abadessa porque havia finalmente triunfado de sua feminidade, de seu marido pelo esforço encarniçado que havia feito para salvar sua esposa de si mesma. Ele o conseguira ao favorecer no coração dela a sublimação do amor carnal. A *Correspondência* concorda, com efeito, com a meditação de são Bernardo sobre a encarnação, com a afirmação pela mística cisterciense de que o homem é feito em primeiro lugar de carne, que é preciso portanto partir da carne, reconhecer em suas fontes corporais a pulsão amorosa, represá-la, guiar pacientemente seu curso a fim de que se torne o motor de uma ascensão espiritual. A *Correspondência* contém assim, a propósito da paixão de uma mulher, uma reflexão sobre o bom amor.

Em sua origem, o amor dos dois amantes tem algo daquele a que chamamos cortês. Abelardo é, por certo, um letrado. Os parisienses, porém, Fouques de Deuil o diz, o veem como um "cavaleiro", um desses jovens solteiros conquistadores, devastadores, como Lancelot, como os paladinos dos romances. Ele é muito dotado, tem tudo para *allicere*, para atrair e seduzir as mulheres. As razões de seu sucesso, Heloísa as revela na carta II: "Que esposa, que mulher não te desejava, ausente, não ardia por ti, presente!". Porque eras belo, porque eras célebre, mas sobretudo por "dois atrativos pelos quais podias cativar o *animus* [a parte animal] de qualquer mulher, de um lado o dom de compor poemas, de outro o de cantá-los. Sobretudo por isso as mulheres suspiravam de amor por ti". Abelardo aparece aqui como trovador. Essas canções que se cantarolavam em Paris no início do século XII — o que prova, de passagem, que cantar o amor no tempo de Guilherme de Aquitânia não era privilégio da Occitânia e que sem dúvida é imprudente atribuir a Alienor e a suas filhas a introdução das maneiras do amor dito cortês nas cortes da França setentrional —, essas canções celebravam a "amiga", a amada: "Punhas o nome da tua Heloísa em todas as bocas".

Isso se ajusta perfeitamente ao modelo cortês — inclusive a trajetória da sedução, a troca de olhares no início, depois as palavras, os beijos, enfim as carícias de mãos — com exceção do último toque: o poeta não respeitava a regra da discrição. Todavia, a diferença profunda não reside aí. Está no fato de que esse amante não cantava, como Bernard de Ventadour, o desejo insatisfeito. Seu canto não cessou quando ele capturou sua presa. Ao contrário, amplificou-se, tornou-se um canto de vitória. "Como a maior parte de teus poemas cantava nossos amores, a inveja das parisienses em relação a mim", escreve a abadessa do Paráclito, "se avivou." O que elas lhe invejavam? Nenhum equívoco: as "delícias", os prazeres do leito. Esse modo de amar se afasta muito claramente das maneiras corteses pelo fato de o fervor se prolongar após o divertimento. Com certeza Abelardo reconhece em sua confissão que, descoberta a aventura, enviada a amante à Bretanha para lá dar à luz sub-repticiamente, enclausurada a esposa em Argenteuil, a "separação dos corpos" tornou mais íntimo o "acasalamento das almas". Mas logo ele corrige: as *gaudia*, as alegrias da carne eram ainda mais intensas por serem mais raras. Afinal de contas, como disse Étienne Gilson, essa história é "um caso de incontinência". Ela revela cruamente a verdade das relações entre os sexos nas elites da sociedade parisiense: a canção como meio de sedução, a cortesia como um enfeite, como um véu, mas dissimulando mal a realidade, isto é, o apetite de prazer.

Se, nesse romance por cartas, o desejo e o prazer não se atenuam quando o homem gozou com aquela que perseguia, é que o casamento não é aqui, como no esquema clássico da cortesia, e contrariamente ao que afirmava Paul Zumthor em 1979 no prefácio de uma edição popular da *Correspondência*, um obstáculo que impede de amar na alegria. A alegria dos corpos não se extingue aqui no casamento. Muito pelo contrário, ganha mais ardor. Heloísa o reconhece: após as núpcias, seu amor por ele tornou-se louco, e o amor de que ela fala não é apenas de sentimento. "Se me tiveste tão estreitamente atada, é que fui sempre a presa de um amor imoderado." Considero notável ver proclamado nesse texto edificante, em pleno século XII, na época em que a figura de Maria Madalena, apaixonada mas penitente, era utilizada para reprimir o pecado sexual, que o "apego físico da mulher ao homem e esse fervor que mantém o prazer partilhado possam vir completar a função reguladora do casamento, na medida mesma em que o laço conjugal agrava sobre a esposa o poder do esposo, "possuidor único [...] tanto de seu corpo como de sua alma". Casada, Heloísa não mais se pertence. Ela se deu inteiramente. Não espera nada de volta, dedicando-se a satisfazer as "volúpias" ou "vontades" de seu senhor, não as suas. Em estado de absoluta submissão. Sujeitada. E é à luz dessa declaração que se deve interpretar uma passagem da mesma epístola IV. Se Heloísa reclama ser chamada "concubina ou meretriz" — ela retoma a palavra rude que Roscelin empregava — e não esposa, é para se humilhar ainda mais. É também para que, sob o que há de força, de dignidade na condição de esposa, subsistam a ternura e os abandonos alegres da "amiga". O que faz o bom casamento é portanto a submissão da esposa, mas associada aos ardores da amante. Com a condição de que o amor desta seja livre, desinteressado. Eis por que a abadessa do Paráclito justifica, na carta II, ter outrora preferido o amor ao casamento, a liberdade aos grilhões. Ela quer o belo amor isento de toda cobiça.

Aqui está a grande lição desse escrito espiritual: o casamento pode ser também o cadinho em que *amor*, a concupiscência, se converte, se transfigura, se transforma, sem nada perder de seu vigor, em *dilectio*, ou seja, impulso purificado da alma. Quem preside essa alquimia é evidentemente o marido, o guia, o mestre. É Abelardo, primeiro a se curar, e contra sua vontade, pelas provas que lhe infligiu o Senhor. Autorizado a ensinar de novo após seu ingresso em Saint-Denis, não o fez mais, como antes, pela glória e o dinheiro, o fez "pelo amor a Deus". E o gosto violento que ele tinha pelo corpo de Heloísa também sofre uma transformação similar. *Cupiditas*, o desejo de possuir e de gozar, converte-se aos poucos em *amicitia*, essa doação de si livre, generosa, gratuita — é exatamente a gratuidade a que Heloísa aspira —, essa reverência mútua, essa fidelidade, essa abnegação que, no renascimento humanista que o século XII conheceu, os homens de cultura, relendo Cícero e os estoicos, colocavam tão alto na escala de seus valores. Abelardo, diretor de consciência, irá aceitar na carta V, respondendo à expectativa, chamar de "amiga" aquela que lhe clama ser sua mulher. Ele emprega essa palavra para persuadi-la de que é certamente sua esposa mas que seu amante é agora Cristo, e que ele, o marido carnal, só está ali para servi-la como o bom cavaleiro serve sua dama. Emprega essa palavra para afirmar que os dois estão unidos, como dirá em sua carta Pierre, o Venerável, pela "caridade divina", e que estão "ligados mais estreitamente agora por um amor que se tornou espiritual", que encontra sua realização na amizade. A enamorada enfim compreendeu. Entrega imediatamente as armas. Cessa de lançar aqueles gritos apaixonados que um leitor do século XII, não duvidemos, entendia como a expressão detestável da falsidade e da perversidade femininas. Ela se cala. "Fala-nos, nós te escutaremos." Essas palavras encerram a última carta da abadessa do Paráclito. Elas atestam que Heloísa se emendou, que conseguiu ela mesma se castrar — "Me proibi todo prazer para te obedecer". Pelo homem a quem ela outrora entregou seu corpo, de quem se tornou a mulher, por esse homem cuja *voluntas*, virtude viril, acabou afastando-a, porque ela continuou apaixonada, da *voluptas*, desse abandono aos prazeres que torna as mulheres frágeis e perigosas, Heloísa é salva. E Jean Molinet não se enganou ao ver nela, no comentário que fez no século XV à *Correspondência*, uma alegoria da alma pecadora resgatada pela graça quando aceita enfim se humilhar.

É assim que, aproximando-nos com precaução desse texto impressionante, dedicando-nos a lê-lo como o leram aqueles para quem foi escrito, vemos enfim resolverem-se todas as contradições entre a Heloísa da *Correspondência* e a Heloísa que Pierre, o Venerável, procurou confortar. A verdadeira Heloísa é de fato a "muito sábia" do poema de François Villon. A mulher erudita — e quanto! — que, quando escrevia — se as cartas são realmente dela —, escolhia para melhor se mostrar dilacerada de amor declamar versos de Lucano. A mulher sensitiva, sensual, mas cuja força vem da sensualidade, pois é essa efervescência no âmago de sua natureza feminina que a faz passar, como diz Pierre de Cluny, de uma sabedoria profana à verdadeira filosofia, ou seja, ao amor a Cristo. Tornando-se modelo e consolação para todas aquelas nobres mulheres que, em concordância com seus maridos, entravam no fim da vida no convento, algumas lamentando talvez os prazeres que às vezes tiveram a chance de desfrutar no leito nupcial. Modelo também para os homens. Sua história, como a de Maria Madalena, acaso não lhes ensinava, para tirá-las de sua preguiça e de sua suficiência, que os excessos do amor, contidos pela virtude, são capazes de tornar um corpo de mulher, ainda que fraco e cheio de cobiça, mais puro e mais rigoroso que o deles?

ISOLDA

DENIS DE ROUGEMONT O DISSE, repetiram-no, e é verdade: a Europa do século XII descobriu o amor, o amor profano ao mesmo tempo que o amor místico. Isso não se deu sem tormento nem necessidade. O violento progresso de todas as coisas determinava uma evolução rápida dos costumes e, nos círculos mais refinados da nobreza, um problema se colocava a propósito das mulheres, a propósito, mais especificamente, da conjunção amorosa. A alta sociedade perdia sua brutalidade. Uma nova ordem se instaurava. Que espaço conceder ao amor, ao amor físico, sem que essa ordem fosse perturbada? Que lugar reservar ao desejo e à sua satisfação lícita?

Numa das regiões mais evoluídas da Europa, no Noroeste da França, essa questão se colocou mais cedo e com mais acuidade por duas razões. Em primeiro lugar porque, nessas províncias, a orientação da política familiar nas dinastias aristocráticas, o cuidado que se tinha de casar apenas um dos filhos homens a fim de evitar por ocasião das sucessões o fracionamento dos patrimônios, privavam a grande maioria dos homens adultos de uma mulher legítima. Ciumentos daqueles que possuíam uma, também estes sonhavam em receber uma esposa, ou senão tomá-la à força. Impacientes, esperavam a ocasião. Em geral por muito tempo. Assim, Guilherme, o Marechal, modelo de cavaleiro, era ainda solteiro até os cinquenta anos, e a maior parte de seus companheiros permaneceu assim até a morte. Eles giravam em torno das mulheres, morrendo de vontade de capturar uma. Num tempo em que as estruturas políticas se fortaleciam, em que os príncipes procuravam domesticar a cavalaria, conservá-la em paz, reunida em torno deles em sua corte, nessas grandes reuniões mundanas repletas justamente de mulheres, de presas tentadoras, uma tal quantidade de pretendentes, fogosos ou sorrateiros, em volta das damas e das donzelas, era um fator de desordem que importava conter por todos os meios. Ora, e é a segunda razão, ao mesmo tempo, durante a segunda metade do século XII, e nessa parte da Europa, a Igreja se empenhava em cristianizar em profundidade a classe dominante. Ao condenar a poligamia e o incesto, ela buscava em particular fazer a nobreza aderir à sua própria concepção do casamento. Ao mesmo tempo que impunha ao clero a estrita continência, procurava, entre os leigos, conter a prática do sexo — inevitável, pois a sobrevivência da espécie depende disso — no quadro de uma conjugalidade fechada e sacralizada. Percebe-se a contradição: o casamento era proposto como o único lugar autorizado para o desrecalque das pulsões sexuais; o casamento era recusado à grande maioria dos homens. Essa contradição alimentava no espírito de todos os machos, fossem eles guerreiros ou padres, a convicção de que a mulher é perigosa, que é o fermento da desordem e que era urgente conjurar esse perigo elaborando um código de comportamento que regulasse da melhor maneira as relações entre o masculino e o feminino.

De tal preocupação há testemunhos abundantes e variados. Os que provêm da literatura composta para o divertimento da sociedade de corte, portanto na linguagem que essa sociedade podia compreender, em romanço, em "romance", figuram entre os mais claros. De expressão oral, sensibilizando seu público por intermédio de intérpretes profissionais, essa literatura era de fato pedagógica. Ela transmitia uma moral, a moral que pretendiam propagar os príncipes mecenas, os quais, para essa finalidade, sustentavam em sua casa os poetas e montavam os poemas como espetáculo. Quase todos esses poemas estão hoje perdidos, mas por sorte os mais admirados dentre eles foram transcritos, e por meio de algumas transcrições podemos adivinhar o que pensavam e como agiam os mundanos daquela época. Pois esses romances são espelhos em que se refletem as atitudes de seus ouvintes. Eles as refletem bastante fielmente porque, como as vidas de santos, tinham por missão, ao distraí-

-los, ensiná-los a se conduzir bem; aos heróis que punham em cena, eram atribuídos assim sentimentos e posturas que se afastavam um pouco, é verdade, do cotidiano, do efetivamente vivido — já que se tratava de fazer sonhar —, mas que não podiam, para que esses heróis fossem imitáveis, parecer muito dessemelhantes deles. Também as refletem porque as atitudes dos cavaleiros da Távola Redonda e das mulheres que eles perseguiam de amor foram efetivamente imitadas. Os apaixonados e as apaixonadas por essa literatura tendiam a copiar suas maneiras de pensar, de sentir e de agir.

Entre 1160 e 1180, a mais fecunda das oficinas de criação literária funcionava nas cortes mantidas pelo rei da Inglaterra, Henrique II Plantageneta, principalmente em Anjou, na Normandia, e no ducado da Aquitânia, do qual, por causa de Alienor, sua mulher, ele era também o senhor. Nas reuniões que presidia, as modas eram lançadas. Para alegrar e educar os cavaleiros reunidos à sua volta e os jovens cuja educação ele vigiava em sua casa, os poetas a seu serviço desenvolviam seu ponto de vista sobre um tema que interessava todos os homens, o das relações conflituosas entre a cobiça masculina e seu objeto, a mulher, a mulher bem-nascida, evidentemente, a dama. Eles tratavam esse tema sob diversas formas, seja na efusão lírica, cantando o "fino amor", o amor que dizemos hoje cortês, seja adaptando narrativas tomadas de autores latinos clássicos, celebrando à sua maneira as aventuras amorosas de Aquiles ou de Eneias, seja ainda, e aqui entrava-se no caminho mais novo, elaborando o "material da Bretanha", isto é, um conjunto de lendas oriundas das tradições célticas.

Bardos vindos da Cornualha e do País de Gales provavelmente começaram a recitar essas lendas uns trinta anos antes na corte do avô de Henrique II, o rei Henrique I, também ele duque da Normandia. Elas haviam sido acolhidas com a maior aceitação, um pouco como acolhemos hoje o reggae ou a salsa e pelas mesmas razões: essas histórias faziam viajar, arrastavam o ouvinte a um outro lugar, surpreendiam, rompiam hábitos, convidavam a lançar um novo olhar sobre a vida. As mais fascinantes falavam do amor, mas de um amor selvagem, indomável, amor louco. Ou melhor, do desejo louco, essa força misteriosa que atrai reciprocamente um homem e uma mulher tomados de uma sede inextinguível de se fundirem no corpo do outro. Um impulso torrencial e tão poderoso, tão avesso a qualquer controle que, como as mortes inexplicáveis que se explicavam então com naturalidade pela intervenção de uma poção mágica, parecia brotar acidentalmente, cegamente, graças a um sortilégio. No centro dessas histórias figuravam assim o filtro, as misturas, as infusões, o "vinho com ervas", preparados segundo receitas cujo segredo as mulheres transmitem umas às outras. Se por acaso se vier a beber dessa poção, fica-se prisioneiro dela. Contra sua força nada é capaz enquanto suas virtudes não tiverem se evaporado. Mostrar os efeitos nefastos de um desejo nascido dessa maneira, e portanto ingovernável, destinava-se a alimentar, na sociedade cortês, salutares reflexões sobre a ordem e a desordem, e em especial sobre essa perturbação cuja causa são as turbulências da sexualidade.

Um fenômeno de cristalização fez os elementos esparsos da lenda se concentrarem em torno de uma única figura heroica, a de um perfeito cavaleiro, Tristão. Uma figura, assinalemos, masculina. Para os que pela primeira vez a ouviram, essa história concernia não a Tristão e Isolda, como para nós, mas a Tristão apenas: o "romance de Tristão", esse foi o título dado aos livros que lhes contavam tal história. Não é surpreendente. A literatura cavaleiresca foi inteiramente composta por homens e sobretudo para homens. Todos os seus heróis são masculinos. As mulheres, indispensáveis ao desdobramento da intriga, desempenham somente papéis secundários.

O relato dos feitos de Tristão começa, como em geral as vidas de santos escritas pelos monges da época — e como a autobiografia de Abelardo —, pela evocação do homem e da mulher que se unem para engendrar o herói e cujo destino prefigura o dele, depois prossegue desde o nascimento do herói até sua morte. Nessa linha reta se inscreve a aventura. Lutando duas vezes contra adversários monstruosos, duas vezes vencedor e, por sua vitória, libertando um povo da opressão, duas vezes ferido, Tristão foi por duas vezes curado por uma mulher. Como pano de fundo dessas façanhas maravilhosas aparece o mar, e a Irlanda no horizonte, longínqua, estranha, o faroeste da Europa de então, onde esta projetava seus fantasmas. Será por acaso que, para cativar seus ouvintes — esses homens de guerra que, em sua tenra infância, haviam sido brutalmente arrancados de sua mãe, do universo das mulheres, esses homens que desde então levavam uma vida entre eles, e para quem o feminino se tornara desde esse desarraigamento um território de nostalgia e de estranheza —, os poetas escolheram colocar diante de Tristão uma mulher oriunda de uma região brumosa, e que o mar, perigoso, caprichoso, lugar das separações e das passagens, tenha tal importância na ficção? Tristão está no mar, a bordo de um navio que o leva à Cornualha, conduzindo Isolda para seu futuro marido, o rei Marcos, quando por descuido bebe com ela o *lovedrink*, uma daquelas beberagens de amor que as mães solícitas preparavam na véspera das núpcias para que sua filha se satisfizesse, ao menos por algum tempo, nos braços de seu esposo. De imediato, ardendo de desejo, Tristão, ainda no mar, se apaixona por Isolda. Doravante é incapaz de renunciar a essa mulher, mesmo quando ela se tornou a de um outro, e apesar do amor privilegiado que tem naturalmente pelo rei, seu tio materno, apesar dos ciúmes, de todos os ardis, levando sua presa para a floresta quando são descobertos, para viver selvagemente o amor, um amor tão violento que os corpos, diz o poema, eram "maltratados" por ele. De novo o mar reaparece quando, restituída Isolda a Marcos, Tristão se casa com uma outra Isolda, esperando em vão libertar-se nela do desejo da primeira. Esta, a verdadeira Isolda, parte pelo mar quando Tristão ferido a chama para vir curá-lo uma terceira vez, da morte e de seu desejo. Pérfido, o mar retém Isolda, e, quando ela pode enfim desembarcar, Tristão não existe mais, deixou-se morrer.

"Por mim perdeste a vida./ Farei o mesmo, como verdadeira amiga./ Por ti, quero igualmente morrer." Isolda morre também. Não de desejo, mas, como diz o francês antigo, de "*ten-drure*" [ternura].

O sucesso do romance foi imediato, desconcertante, dura-douro. Desde o lugar onde a lenda primitiva havia sido acolhida e depois elaborada, desde o ponto focal da cultura cavaleiresca que era a corte anglo-normanda, a bela história invade a Europa inteira, a começar pela Alemanha, onde o imperador Frederico Barba-Roxa se empenhava em implantar os costumes da cavalaria. Por volta de 1230, na França, foram bordados sobre sua trama os arabescos infinitos, furta-cores, de um interminável *Tristão* em prosa. Meio século mais tarde, é a vez de a Itália deixar-se tomar pelo encanto do amor tristanesco. Esse encanto conservou seu vigor ao longo dos séculos. Ainda hoje está longe de ter se extinguido. A história de Tristão, todos estão de acordo com isso, se estabelece de maneira sólida no próprio núcleo de uma mitologia especificamente europeia.

Convém captar essa história na origem para saboreá-la em seu primeiro impulso, e portanto voltar-se para os vestígios mais antigos que subsistem da narrativa, para os poemas cuja eclosão foi favorecida por Henrique Plantageneta, quando procurava submeter a Irlanda, nos anos 70 do século XII, no momento em que se construía o coro da igreja Notre-Dame de Paris, em que Benedetto Antelami esculpia uma deposição da cruz para a catedral de Parma, em que se espalhava a heresia valdense, alguns anos antes do nascimento de Francisco de Assis. Dessas obras poéticas, rimadas no dialeto francês que se falava em ambos os lados da Mancha entre pessoas cultas e que hoje infelizmente não é mais diretamente legível, a não ser por filólogos experientes, conservamos apenas trechos, com exceção de um lai de Maria de França em que se desenrola, narrado com elegância, um único episódio da história. Béroul e Thomas, autores dos mais importantes fragmentos, acaso alguma vez contaram essa história de uma ponta à outra, tal como na saga que frei Robert redigiu por ordem do rei Haakon da Noruega? Em todo caso, da narrativa que ambos compuseram permanecem hoje — o fato é significativo — somente as peripécias mais perturbadoras, as mais capazes de emocionar os ouvintes, pois elas mostram, possuídos de um louco amor, um homem e uma mulher.

Com o passar do tempo, a atenção se deslocou insensivelmente para a figura feminina, para a personagem de Isolda que, na ópera de Wagner, no filme de Jean Cocteau, acaba por eclipsar a de Tristão, ao passo que, naquilo que era um "romance de Tristão", toda a luz se projeta sobre o herói masculino, e pode-se até perguntar se o público não vibrava da mesma maneira, ou até mais, quando lhe descreviam minuciosamente as façanhas militares desse cavaleiro perfeito, do que ao ouvir os poetas cantarem seu furioso desejo e a ligação que o prendia inexoravelmente à amante. Seja como for, não conheço nenhuma obra literária profana datada do século XII em que a mulher ocupe tanto lugar na intriga, em que a personagem feminina seja descrita com tanto discernimento, sutileza e, cumpre mesmo dizer, delicadeza, acariciada pelas palavras que o autor escolheu. Isolda deve essa posição eminente aos efeitos do filtro. Também ela bebeu dessa poção. Partilhou-a com Tristão, o que não apenas a precipitou nos braços do herói, mas — e eis o que tornava a aventura desconcertante — colocou ambos diante do desejo, numa igualdade que negava então todo um sistema de valores que subordinavam obstinadamente o feminino ao masculino. Essa igualdade, com certeza os pensadores mais ousados desse tempo a reclamavam para os esposos no momento em que estes concluíam, mão na mão, o pacto matrimonial. Abelardo não chegava mesmo a declarar que eles voltavam a se encontrar em semelhante paridade após as núpcias, toda vez que entravam nus no leito conjugal? É verdade que Isolda não é a esposa de Tristão. No entanto, é sua igual, contra todas as conveniências, todas as prescrições, toda a moral social, e por isso em parte nenhuma, em todos os testemunhos vindos dessa época, as questões que preocupavam a nobreza quanto à condição das mulheres se colocaram com mais insistência e liberdade.

Os poetas que trataram o tema de Tristão estavam preocupados em agradar. A seu patrão, em primeiro lugar, depois a seu público. Assim todos se esforçaram por apresentar por meio da personagem de Isolda uma imagem da mulher que estivesse de acordo com os fantasmas dos homens da corte. É certo que souberam tocar cordas sensíveis; sem isso, o que restaria de sua obra? Esses versos que o intérprete, para recitá-los, tirava de sua memória por ocasião de cada apresentação da obra, essas palavras que voavam de boca em boca, tinham toda a chance de se perder. Se podemos lê-los ainda, é porque agradaram e porque a história que contam apaixonou os que a escutaram. Eis por que o relato dessa aventura permite reconstituir, com menos incerteza do que por outros meios, a imagem que se fazia da mulher e do amor, por volta de 1170-80, nesses postos avançados da sofisticação social que eram as cortes anglo-normandas. E como cada um dos autores, Thomas, Béroul e os outros, imaginou Isolda à sua maneira, atribuindo-lhe certos sentimentos, um certo tom, e utilizou ainda, para mostrar a feminidade sob todos os seus aspectos, a criada da rainha e a outra Isolda, esposa do herói, a mulher aparece nesses poemas sob múltiplas faces, de modo que o historiador consegue inclusive distinguir os diferentes olhares que os homens dirigiam então a ela.

A todos, jovens ou velhos, casados ou solteiros, e também às mulheres da corte, Isolda apresentava uma imagem exemplar da feminidade. Isolda é uma dama. Mais que isso: é uma rainha. Cumpriu de maneira régia sua carreira de mulher. Filha de um rei, herdeira de um reino; seu pai e sua mãe a deram a um outro rei. Na flor de sua juventude, senta-se no trono ao lado do senhor, nesse lugar central da corte principesca para o qual convergem todos os olhares, todas as devoções, todas as cobiças. Isolda é bela. É a mais bela "daqui até as fronteiras da Espanha". Seu rosto irradia luz: claridade dos olhos, brilho dos cabelos dourados, frescor da pele. Do corpo, os poemas celebram a elegância, mas não o mostram. Pudicos, não descrevem os detalhes de seus encantos, jamais. Com efeito, quando a rainha desfila entre os cavaleiros para a alegria da corte, seu

82

corpo deixa adivinhar apenas sua graça sob as esplêndidas vestes, estas amplamente descritas, e que, encobrindo suas formas, avivam ainda mais seus poderes de sedução. E quando é evocada a estátua que Tristão, distante de Isolda, manda esculpir, semelhante às imagens de santas e rainhas que na época começavam a ser erguidas nos pórticos das catedrais da França, para, numa espécie de santuário do fino amor, fixar sobre essa efígie a devoção à amante inacessível, a descrição, também desta vez, não vai além do manto. O que agrada nesse corpo, aliás, é a robustez de sua estrutura. Não imaginamos para Isolda a flexibilidade grácil das Virgens esculpidas no século XIV, das elegantes com suas maneiras afetadas nos vergéis das *Très riches heures* [Horas muito ricas]. Ela é de uma beleza rude. Os guerreiros e os caçadores que foram os primeiros fascinados por essa mulher imaginária gostavam do firme, do vigoroso. Esperavam de suas companheiras resistência e força. Desejavam-nas capazes de cavalgar interminavelmente e, como fez Isolda no poema, de quebrar os dentes de um conselheiro pérfido com um daqueles murros com que as donas de casa da época puniam comumente a indocilidade de suas servas. Isolda é feita para dar a seu marido reis futuros muito valentes, muito fogosos. Seria essa sua realização. Pois, para uma sociedade cujo arcabouço era constituído pelas estruturas dinásticas, a feminidade só alcançava a plenitude na maternidade. Maternal, Isolda o é, por um traço da personagem herdado das lendas célticas. Dotada de um poder misterioso, ela acalma as dores; acalenta, cura, consoladora como aquela mãe que os cavaleiros adolescentes traziam enterrada no âmago de seu ser como um desejo insatisfeito e que eles gostariam que a dama, a esposa do senhor encarregado da formação deles, viesse a substituir. Mas é óbvio que a história não faça nenhuma alusão a uma possível fecundidade de Isolda. Estava excluído que se falasse disso. A estrutura da intriga o proibia, assim como a opinião comum, que desejava ardentemente que a mulher adúltera fosse estéril tanto para sua punição como para evitar a bastardia, cujo temor obsessivo habitava então o espírito de todos os chefes de família.

Por ser adúltera, por não ser o rei Marcos o único a obter prazer de seu corpo, Isolda mostrava aos cavaleiros numerosos a quem não havia sido dada como esposa uma imagem capaz de seduzi-los, a de uma perfeita parceira do jogo de amor. Pronta a inflamar-se, deixando-se de bom grado conduzir sob a "cortina", ao abrigo dos reposteiros do leito, ela teme por certo a cólera do marido, ela treme, mas seu gosto pelo prazer prevalece. Enfrentando o perigo, frustrando as emboscadas, discreta, ela escapa aos olhares maledicentes. Descoberta, usa então de astúcia. Sabe mentir. Mente bem, jogando com as palavras para não cometer perjúrio. Ridiculariza os maridos cujo erro é ser ciumentos, vigiar excessivamente sua mulher. A todos os jovens aventureiros que sonhavam, como novos Lancelots, obter sub-repticiamente prazer desses corpos desejáveis cujos atrativos adivinhavam sob a túnica das damas recusadas, Isolda agradava. Agradava em razão de sua perversidade.

É aqui que devemos tomar cuidado para não nos equivocarmos ao ler esse romance, como ao ler as cartas de Heloísa. Tristão é o herói, simpático. Mas a personagem de Isolda, cuja função na narrativa consiste em destacar as virtudes viris, com certeza não o era para os ouvintes do século XII tanto quanto o é para nós. Não se assinala suficientemente o que a história continha de cômico. Escutando Béroul, os homens da corte riam às gargalhadas. Riam do rei cornudo — e sob o rosto de Marcos transparecia o de Luís VII. Riam das brincadeiras de mau gosto que lhe armavam os dois amantes. Mas duvido que tenham sempre tomado o partido de Isolda. Muitos, e os homens casados em primeiro lugar, obviamente, só aplaudiam quando ouviam Brangia, a criada, vituperar sua patroa, denunciar o louco amor, a maldade, a putaria, reprovar ao rei Marcos sua indulgência culpável: ele deveria se vingar, levar a traidora à fogueira e defender ao menos sua honra. "Trapaceira", "aduladora": a falsidade a serviço da luxúria. Isolda, a "serpente", a víbora. Nela se encarna o perigo que vem das mulheres, esse mal, esse fermento do pecado, do qual todas as filhas de Eva, inevitavelmente, são portadoras, a parte maldita da feminidade. Para os companheiros de Henrique Plantageneta, a mulher era também isto, a fragilidade, uma irreprimível tendência a se entregar ao prazer. Tristão pensa como eles. Também acredita que Isolda, a loura, é ardente nos braços do rei Marcos; o que lhe falta é um macho. Por despeito, crendo que lhe será suficiente o prazer para curar seu desejo, Tristão decide ele próprio ter uma esposa. É evidente que se engana. Longe de extinguir--se, "o desejo que tem pela rainha" o priva de todos os seus meios diante da bela donzela que, no leito nupcial, aguarda febrilmente ser possuída. Que não suporta o fiasco, que "reivindica seu direito", que fica furiosa por ser negligenciada e arde ao mesmo tempo de vergonha e de desejo insatisfeito. Um desejo feminino, mais tumultuoso, mais vingativo. "Cólera de mulher é temível [...]/ Elas sabem medir seu amor/ Mas não temperar o ódio."

Isolda das mãos brancas, frustrada, ciumenta, enganadora como são todas as mulheres, precipita o esposo inútil na morte por uma mentira. Tristão é morto por sua mulher, como naquele tempo muitos homens casados temiam sê-lo, por essa esposa inquieta, insatisfeita que toda noite vinha para sua cama. O sucesso da lenda deve-se ao fato de associar a crítica à apologia: mesmo exaltando em Isolda o encanto dos amores furtivos, denuncia o que há frequentemente de nocivo nas esposas, e desse modo responde à ansiedade latente que atormentava não apenas os maridos mas todos os homens, confrontados com os mistérios da sexualidade feminina.

Entretanto, rica de múltiplos sentidos, a história de Tristão, tal como era contada no século XII, não se atém a isso. Explorando, como o faz Béroul, o tema do filtro, ela coloca, perante uma sociedade que o desenvolvimento da pregação eclesiástica e a prática mais frequente da confissão sensibilizam para este problema, a questão da responsabilidade. Esse desejo recíproco, do homem pela mulher e da mulher pelo homem, resulta aqui de um veneno absorvido por engano, de modo involuntário. Nessas condições, que culpa têm aqueles que a paixão arrebata e quem pode razoavelmente condená-los? Tristão e Isolda sabem-se inocentes. Estão convencidos de que Deus os ama e os ajuda. Na floresta, o eremita os confirma nessa convicção. Pelo desejo, devastador, ninguém é responsável. Ninguém é pecador. Portanto não o são nem os cavaleiros que perseguem as damas, nem as esposas que são levadas a trair seu amo e senhor. Somos todos servos do desejo, e essa servidão é pesada. De seu amor, Tristão e Isolda são na verdade prisioneiros, desse amor violento que o poeta evita claramente dizer que é alegre. Quando, após três anos, dissipou-se o efeito do filtro, para ambos foi um alívio. Eles tinham acabado por confessar a si mesmos; havia três anos "consumiam sua juventude no mal". Ela lamentava "o nome de rainha, os belos adereços, as numerosas criadas que outrora a serviam em seus aposentos". Tristão lamentava a cavalaria, mas também, pois é um homem de valor, ter arrastado sua companheira no "mau caminho". "Libertos" do amor louco, como de uma estreita prisão, eles se puseram a respirar.

Os homens que a história cativou desejavam todos Isolda. Por momentos, ela os indignava. Em outros momentos, não tinham eles piedade, afinal, dessa jovem que o assassino de seu tio havia um dia arrebatado além dos mares para conduzi-la ao leito de um homem que ela não conhecia, piedade por essa mulher doravante acossada, dividida contra si mesma, partilhada, como entre os dois leões que vê em sonho, entorpecida após o amor na mornidão das horas cálidas, dilacerando-a, esquartejada entre duas forças antagônicas de igual potência, o desejo e a lei? Isolda lastimável, Isolda vítima de seu próprio fogo e do fogo que sua simples presença atiçava entre os machos que a todo instante a rodeavam e alguns dos quais dormiam à noite, numa obscuridade propícia, a poucos passos de seu leito?

Quando, enfim, dirigindo-se "a todos os amantes [...], aos sonhadores e aos apaixonados, aos dominados pelo apetite, pelo desejo, aos voluptuosos e aos perversos", Thomas retomou a lenda, ele procurou conciliar seu ensinamento com aquele dispensado por um outro gênero literário, a canção cortês, e harmonizar o amor selvagem, contraído como uma febre malsã pela absorção do "vinho com ervas", com aquele amor que os trovadores celebravam. O filtro, para ele, era agora apenas um símbolo e o desejo deixava de ser simples pulsão física. Thomas proclamava que a mulher não é apenas esse corpo que se quer ardentemente acariciar às escondidas, e que possuir um corpo não significa nada se não se possui também o coração. Ele insistiu portanto, na última parte do poema, no desdobramento da personagem de Isolda. Isolda, a loura, aquela de quem Tristão se apoderou outrora no navio, é nesse momento apartada, confiscada; seu corpo está ausente, inteiramente sob o poder do marido. Tristão tem em seu leito o corpo de uma outra mulher, sua esposa. Ela porta o nome de Isolda; é tão bela quanto Isolda; é seu duplo. Tristão a deseja. A lei do casamento lhe impõe tomar esse corpo oferecido. O amor lho impede. Pois o amor, o amor "fino", o belo amor, não é busca do gozo, satisfação do desejo carnal. E esse desejo sublimado, transferido para a união indissolúvel de dois corações. Aos cavaleiros e às damas que o escutavam, Thomas propunha na verdade uma religião nova, a do amor. Objeto de um culto — esse culto que vemos Tristão, na câmara abobadada, prestar à estátua que mandou esculpir. Isolda, a distante, a separada, para merecer a devoção que seu amante tem por ela, se impõe portar, como os ascetas do cristianismo, sob suas vestes, junto à pele, uma camisa de ferro. Essa versão da lenda ensinava assim que o amor se enriquece com provações, que, como o amor por Deus, ele exige renúncias, que por meio do amor, de um amor necessariamente enraizado na carne, o homem pode se elevar de grau em grau até as efusões inefáveis. No mesmo momento, nos mosteiros cistercienses, os místicos nos quais Dante mais tarde se inspirou também descobriam isso. Ora, ao elevar-se a essas alturas, o amor, o amor recíproco do homem e da mulher, se coloca resoluto acima da lei. Dominando as forças obscuras do desejo carnal, os amantes cessam de ser prisioneiros, vítimas. Cessam também de ser inocentes. São plenamente responsáveis; assumem sua paixão, contra tudo e contra todos, até a morte. Esse amor, também ele, não é feliz.

Pois é um amor impossível. Inexoravelmente não alcança seu objetivo. No entanto, é vitória, no ultrapassamento de si. Eis o que um grande poeta afirmava em 1173. Será que fomos muito mais longe desde então?

JUETTE

EM 1172, UMA JOVEM CHAMADA IVETTE, ou melhor, Juette, vivia em Huy. Nessa pequena cidade da atual Bélgica, então em plena expansão econômica, os negócios iam de vento em popa. Juette contava treze anos. Era a idade em que se casavam as filhas. Seu pai, recebedor dos impostos que o bispo de Liège recolhia no país, era rico. Ele se aconselhou com os parentes e escolheu um esposo para ela.

Juette não foi levada em conta na história. Está longe de ter tido no espírito dos homens, seus contemporâneos, a importância de Alienor ou Heloísa. Evoco, no entanto, sua imagem porque o relato de sua vida se conservou. Um religioso de Floreffe, sede da ordem dos premonstratenses, o redigiu por volta de 1230. Ele estava bem informado: o abade de seu mosteiro acabava de receber a última confissão da moribunda, e ele próprio fora seu confidente. Escutara-a falar. Esforçou-se por relatar fielmente o que tinha ouvido. Por intermédio dele, dessa biografia conscienciosa, abundante em detalhes precisos, chega-nos um eco das palavras de uma mulher. Transformadas, é claro, pela passagem da língua vulgar ao latim de escola, pelos preconceitos do transcritor, pelas exigências do discurso hagiográfico. Mesmo assim perceptíveis, como as daquelas "santas matronas" que começavam a ser veneradas em algumas províncias da Europa na virada dos séculos XII e XIII, na época em que, como Jacques Dalarun disse e provou, o cristianismo começava a se feminizar. Isso dá valor ao testemunho, e, por mais local que tenha sido essa aventura, ela diz muito sobre o que os homens da época pensavam das mulheres.

No centro da história exemplar que ele compõe na intenção dos frades de sua ordem e dos devotos cuja piedade estes governavam, o autor coloca o relato de uma visão que sua heroína tivera e que revelara a seu confessor. Uma noite, após ter longamente rezado, chorado, ela se viu diante de um homem enfurecido que se preparava para puni-la por uma falta que outrora havia cometido. Nesse homem, ela reconheceu evidentemente o Cristo. Perto dele, uma mulher de uma graça maravilhosa estava sentada. A culpada, em sua aflição, tinha voltado para ela seus olhos banhados de lágrimas. A Virgem então, levantando-se, inclinando-se, obtivera que o Juiz perdoasse e lhe impusesse a penitência para que ela doravante fosse sua serva, sua protegida, sua filha. Nossa Senhora junto de seu Filho, implorando sua misericórdia, a imagem é bastante banal. Era vista em toda parte, esculpida ou pintada, os pregadores a evocavam em seus sermões. Não nos surpreendamos de vê-la aparecer nas divagações de um espírito atormentado. Em todo caso ela fornece a chave desse tormento, esclarece todo o destino de Juette. Esta se sentia subtraída, pela intervenção de uma mulher, ao formidável poder masculino. Ao mesmo tempo ela havia descoberto qual era o pecado esquecido que pesava em sua consciência: sucedera-lhe desejar a morte de seu marido.

Essa mulher acabava de morrer recendendo a santidade. Não se podia, porém, atribuir-lhe a virtude daquelas campeãs da castidade cujos feitos eram celebrados na época, relatando que haviam defendido ferozmente sua virgindade. Juette não havia fugido da casa paterna para escapar ao casamento. Tampouco havia conseguido convencer seu esposo a não deflorá-la e a viver com ela na castidade. Dócil, essa criança deixara-se dar, deixara-se tomar e, como tantas donzelas entregues jovenzinhas às brutalidades do acasalamento, jamais havia se conformado com isso. Durante cinco anos, tivera de suportar o "jugo" conjugal, pagar a "dívida" com desgosto, carregar o fardo das gravidezes e das dores do parto. Em cinco anos, pusera no mundo um filho, que viveu pouco, depois um outro, e um terceiro. Meninos, infelizmente, pequenos machos também, com os quais era preciso ter cuidado. Era esse o destino comum das mulheres. Juette pelo menos teve sorte: o marido morreu enfim.

Ela se acreditou liberada. Mas continuava apetecível e seu dote ainda mais. Pretendentes a cobiçavam. Seus pais, era normal, pretendiam utilizá-la de novo para mais uma aliança proveitosa e se preparavam para dá-la à melhor oferta. Desta vez ela resistiu, recusando retornar à escravidão. O pai suplicava, ameaçava, ela não dava ouvidos a nada. Como último recurso, ele procurou seu chefe, o bispo. O bispo mandou a insubmissa comparecer perante sua corte, imponente assembleia de homens, de clérigos com sobrepeliz, de cavaleiros em anuas. Trêmula, ela se obstinou. Como podiam forçá-la, disse, a aceitar um novo esposo? Ela própria havia se dado um, e melhor: o Cristo. A defesa era inquestionável. Existia na Igreja uma ordem particular, a ordem das viúvas. A Igreja, desconfiada em relação a segundas núpcias, honrava as mulheres que, fatigadas do casamento, escolhiam terminar sua vida na continência. O bispo aquiesceu. Abençoou Juette. Ela estava livre.

Não porém de suas penas. O estado de viúva consagrada impunha acompanhar com assiduidade os ofícios religiosos e, obviamente, manter-se afastada dos homens. Uma mulher madura, experiente, e cujos ardores se atenuavam, podia sem muita dificuldade curvar-se à regra. Aos dezoito anos, Juette era mais vulnerável. Satã resolveu aproveitar-se dela. Começou por colocar-se ele próprio em seu caminho. Quando deixava sua casa antes da aurora para comparecer às matinas, ela o via surgir nas esquinas sob múltiplas formas, todas aterrorizantes. Fazendo o sinal da cruz, ela superou essa primeira prova. O diabo empregou então a arma que usa normalmente para corromper as mulheres. Um homem, parente próximo de seu falecido marido, exercia a tutela dos dois órfãos; nessa qualidade, visitava com frequência a jovem viúva. Ele a desejou, tendo hesitado algum tempo em se declarar por temer a opinião pública. Quando afinal confessou sua paixão e resolveu atacar, Juette, indignada, o repeliu, o admoestou e passou a manter certa distância. Mas, uma noite, primos a convidaram para jantar e ela foi obrigada a pernoitar na casa deles. O galanteador se apresentou; também o retiveram. Ela estremeceu. Nas moradias do século XII, mesmo as mais ricas, não havia lugares fechados onde se pudesse encontrar refúgio; assim que os fogos se apagavam, as mulheres sozinhas se achavam expostas à cobiça dos homens que partiam em caça, às apalpadelas, de uma cama a outra. Todos dormiam no primeiro andar. Prudente, Juette fez que lhe arrumassem um leito no térreo e tomou consigo uma companheira. Ansiosa, velava. Não podia, sem escândalo, sem perder a honra, pedir ajuda nem salvar-se na rua. Como evitar a violação? Percebendo pelo ranger do soalho a aproximação do perigo, chamou em súplica, último recurso, a Virgem Maria. Fez bem. Essa jovem, atormentada, com o cérebro repleto de fantasmas, viu então, descendo a escada, não o homem que ela temia, mas a Mãe de Deus que respondia a seu apelo. Ele não mereceu ver a Imaculada. Mas ouviu o ruído e, envergonhado, voltou para a cama. A aparição anunciava a visão que eu evocava há pouco de uma mulher esplêndida, interpondo-se como protetora entre as mulheres e a violência masculina. Satã de novo era vencido.

Restava-lhe um último meio de corromper. Não mais o sexo, mas o dinheiro. Juette era bem provida dele e confiava seus rendimentos a negociantes para que o fizessem frutificar nos negócios. Não era bom. Deus não gosta que nos enriqueçamos sem fazer nada, às custas dos consumidores e por meio dos lucros. No entanto, a burguesia de Huy considerava esse pecado como venial. Para redimir-se, era suficiente, pensava Juette, dar esmolas. Ela as dava em grande quantidade. Seu pai, temendo ver os netos empobrecidos, rebaixados da posição social em que seu nascimento os colocava, retirou-lhe a administração dos bens que ela, demasiado pródiga, insensata como todas as mulheres, dilapidava, esvaziando aos poucos a casa de tudo o que podia ser vendido.

Juette foi então invadida pelo sentimento de estar manchada inexoravelmente. Como recobrar a inocência, voltar aos tempos felizes de sua infância? Como escapar enfim de todos os homens que a maltratavam, que a puxavam para o pecado, de seu pai, de seus filhos, dos parentes que lamentavam não ter podido casá-la de novo, dos cônegos libidinosos cujos olhares e mãos deslizavam às vezes pelo corpo das devotas, de todos os machos que continuavam a rondar em torno dela? Após cinco anos de viuvez, ela decidiu retirar-se do mundo.

Para um homem, era fácil. Ele podia partir em peregrinação, na cruzada, ou entrar para um mosteiro; havia muitos assim, e excelentes, como os da ordem cisterciense. Mas e as mulheres? Impossível para elas sair pela estrada sem que fossem logo agredidas. Os conventos de religiosas eram ainda muito raros e, para ser admitido neles, era preciso ser nobre. Por sorte, nessa região, desde a metade do século XII, os burgueses prósperos, hostis ao clero local que os explorava, inquietos com suas riquezas mal adquiridas, haviam forjado, à margem da Igreja estabelecida, novos instrumentos de remissão coletiva. Eles sustentavam com doações duas espécies de vítimas expiatórias; de um lado os reclusos, homens, mulheres sobretudo, que, encerrados para o resto da vida numa cela, assumiam doravante os pecados da cidade e os purgavam pelo rigor de suas abstinências; de outro os leprosos, também enclausurados, e as boas almas que, imitando Jesus, dedicavam-se a seu serviço, recolhendo assim as graças necessárias à salvação da comunidade urbana. Um leprosário fora implantado nos arredores de Huy. É lá que Juette, aos 23 anos, foi buscar a paz e o alívio de suas obsessões. Excessiva, não se contentava em cuidar dos doentes: comia em sua gamela, bebia em seu pichel, lavava-se na água de seu banho, impregnava-se de seu pus, querendo, diz seu biógrafo, que a lepra roesse seu corpo na esperança de purificar assim sua alma de toda infecção. Sem se preocupar com os dois filhos, o mais velho colocado muito jovem numa escola que o preparava para a vida monástica, o mais moço entregue a si mesmo, desencaminhando-se, pensando apenas em dinheiro e mulheres, Juette passou dez anos nessa vida ativa. Depois, sempre insatisfeita, escolheu a vida contemplativa e transferiu-se da ordem das viúvas para a ordem mais meritória das reclusas. A passagem se operava mediante ritos cujo oficiante era normalmente o bispo. A sede episcopal estando vaga, Juette foi abençoada por um abade cisterciense das vizinhanças que mandou murar, com ela dentro, a única porta de uma casinha anexa à capela do leprosário. Ela nunca mais saiu. Permaneceu ali 37 anos e foram 37 anos de reinado.

Juette não havia renunciado ao conforto burguês bem ordenado, e seu biógrafo, antecipando-se às críticas, julgou conveniente enaltecer os méritos da medida, da moderação contra os excessos do ascetismo. O que ela queria era a solidão. Para proteger-se melhor das solicitações exteriores, fizera-se murar acompanhada de uma serva. Essa auxiliar, atenta em poupar-lhe toda fadiga corporal, mantinha-se na parte inferior da casa junto à pequena janela. Acolhia os pedintes, escutava, transmitia as mensagens. A patroa, no andar de cima, como Carlos Magno em sua capela de Aix, como o Cristo e a Virgem esculpidos no alto dos pórticos das catedrais, descia de tempo em tempo de seu poleiro. Em geral, permanecia ali sentada, inacessível, todo-poderosa. Não via mais homens, a não ser alguns religiosos muito austeros, premonstratenses, cistercienses, que às vezes a visitavam, e os dois ou três padres que serviam a igreja do leprosário. Estes últimos de vez em quando a importunavam. Correu o boato de que um deles, muito assíduo em visitá-la, teria se apaixonado por ela. Juette corou e logo fez compreender que os apetites desse macho na verdade se dirigiam a uma de suas acompanhantes. Pois ela havia reunido em sua volta uma grande companhia de mulheres, toda uma corte de adolescentes recrutadas desde a infância, que alimentava, educava, adotadas e tratadas como as filhas que não havia tido, e procurava afastar do casamento, empenhando-se em conservá-las "intactas", protegendo aquelas cordeirinhas contra os lobos que as espreitavam.

Sua autoridade vinha sobretudo do fato de que a sabiam visionária: ela via o que o comum dos mortais não vê. Havia muito tempo. Bem antes de entrar em reclusão, uma de suas domésticas a surpreendera, certa manhã, em êxtase. Assim que foi encerrada, suas visões se multiplicaram. A bem dizer, ela falava pouco disso e sempre com conhecimento de causa. Mas as mulheres a seu redor relatavam tê-la encontrado em transe, inanimada, depois, ao voltar a si, agitando-se, gritando como uma parturiente, suspirando — diz o piedoso biógrafo, e com isso mostrando que não era inexperiente — "como uma mulher em mal de amor"; parecia que a arrastavam a gozos indizíveis. Espalhou-se o rumor de que, arrebatada desse modo, transportada para fora de seu corpo, ela saía a visitar as moradas celestes. Um belo dia, ela o confessou, encontrou no céu são João, o Evangelista. Celebrando ele próprio a missa, fracionando a hóstia diante de seus olhos, ela a havia iniciado no mistério da transubstanciação. Mas foi a única vez em que ela conversou, lá no alto, com um homem. Em geral, era uma mulher, Nossa Senhora, que a acolhia, que a tomava em seus braços. Esse fato, percebe-se bem, não deixa de perturbar aquele que escreve e relata as maravilhas sucedidas a essa vidente com a esperança de fazê-la ser admitida entre as santas. Ele adivinha o que dirão os detratores: a iluminada, que ele complacentemente diz ter recusado todo domínio masculino, não teria se afastado demais da pessoa do Cristo? Assim, num longo capítulo, ele decide demonstrar que, estando Maria e Jesus unidos de maneira indissociável "pela carne e pelo sangue", devotar-se a uma é necessariamente devotar-se ao outro. Aliás, em suas excursões no além, a malcasada não se via enfeitada com soberba como uma noiva e conduzida em cortejo até o Esposo sublime, o que não violenta o corpo das esposas, para núpcias deleitáveis, as únicas capazes de satisfazer plenamente uma mulher?

Em todo caso, em toda a região de Liège se considerava a reclusa como uma médium, uma espantosa intermediária entre o visível e o invisível. Nesse dom se baseava seu poder. Como a grande Hildegarda de Bingen, recentemente desaparecida e cuja lembrança continuava viva, acreditavam-na capaz de penetrar os segredos do Todo-Poderoso. Mulher, ela não havia recebido a instrução que permite aproximar-se do texto da Escritura. No entanto, dizia se reconhecer perfeitamente entre a hierarquia dos anjos que a escoltavam para o lugar de seu casamento místico e discernir as virtudes específicas das pedrarias que recamavam o manto nupcial com que fora vestida por eles. Sendo assim, faziam-lhe insistentes questões. Explica-nos o que são as três pessoas numa unidade divina. Quando és transportada à corte celeste, te lembras de implorar misericórdia por nós, teus parentes, teus amigos? Com habilidade, ela desconversava. Quando o Espírito se eleva às alturas, respondia, sinto-me fundir inteiramente no incognoscível, perco toda noção das coisas terrestres; ao retornar, não consigo exprimir em linguagem humana o que percebi no deslumbramento.

Aliás, não era esse conhecimento intransmissível dos mistérios que a investia, sobre seus próximos e a seu redor, de um poder análogo ao que exercem hoje os adivinhos e os magos sobre um bom número de nossos contemporâneos, era uma faculdade mais inquietante, a de descobrir as faltas secretas de outrem. Aos pecadores, ela predizia os sofrimentos que lhes estavam prometidos. Àquele cônego usurário, àquela burguesa que abusava de seu corpo, ela advertia: se não se emendassem, seriam precipitados no inferno; ela vira chamas saírem do sexo da fornicadora. Nada lhe escapava. Tal menina, sua pupila, quando se aproximava do santo tabernáculo, voltava os olhos não para a eucaristia, mas para o belo padre que a distribuía: ela sabia disso. Tal jovem monge guardava debaixo do travesseiro o lenço recebido de uma prima como prenda amorosa: ela o sabia. E aquele padre que lhe recusava a comunhão por ela tão desejada, também sabia que ele dormia com uma prostituta. Ela lia nos corações e isso a tornava temível. Os que não se sentiam inteiramente puros logo não ousaram mais aproximar-se dela. Confiavam seus pedidos à sua serva. Mas ainda que cochichassem em voz muito baixa, Juette, lá em cima, invisível, à espreita como uma aranha na teia, estava ciente de tudo. Quem podia dizer que castigo do céu ou pelo menos que escândalo na cidade sua estranha clarividência não ia em breve desencadear?

Sobre as mulheres, os poderes da adivinhadora agiam, ao que parece, plenamente. Ela as constrangia a fazer penitência, a renunciar às alegrias do corpo. Uma vez apanhadas, elas não conseguiam mais subtrair-se a seu domínio. Certo dia, uma das jovens reunidas junto dela se evadiu atrás de um clérigo que a havia seduzido. Ao cabo de seis meses, valendo-se da rede de reclusos e reclusas espalhados de cidade em cidade, Juette conseguiu pescar de volta a foragida, muito longe, na cidade de Metz. A ovelha desgarrada voltou ao aprisco. Milagrosamente protegida por sua pastora, ela não perdera a virgindade. Durante a escapada, havia, no entanto, partilhado o leito de seu companheiro. Este a respeitara. Não havia sequer visto sua pele nua.

Os homens, porém, mostravam-se bem mais recalcitrantes. Como esse mau padre que ela havia desmascarado, um daqueles que, dormindo na grande igreja de Huy, costumavam atrair para seu leito, ao amanhecer, as piedosas paroquianas e, temendo ser denunciados, as impediam de se confessar. Alguns dos machos que ela repreendia, momentaneamente abalados, prometiam se corrigir. Mas logo retornavam a seus prazeres. Desse modo, uma divisão se operava: de um lado as mulheres, arregimentadas, subjugadas, obedientes; de outro os homens, acusados, condenados, incorrigíveis. A luta encarniçada que a reclusa travava contra todas as cobiças carnais, mas antes de tudo contra a luxúria, contra o pecado da carne que a obsidiava, tomava assim o aspecto de um confronto cada vez mais áspero, de uma guerra entre os sexos.

Cumpre dizer que, nessa região, iniciava-se um movimento cujas causas os historiadores percebem mal. No seio da sociedade burguesa, mais fluida que a antiga aristocracia, mulheres em número cada vez maior, adolescentes, viúvas e até mesmo esposas, em busca de mais independência, começavam a se agrupar em comunidades de autodefesa, sob a forma de pequenos círculos de devoção. Juette aproveitou-se desse movimento. Canalizou-o para o leprosário. Fez deste, sob seu férreo domínio, como que uma cidadela da liberdade feminina, e essa instituição, para a qual afluíam as esmolas e cercada de uma reverência temerosa, tornou-se com o passar dos anos uma rival cada vez mais inquietante da Igreja oficial. Assim o poder da reclusa minava aos poucos o dos cônegos, dos clérigos, em suma, o poder masculino. Essa matrona, essa abelha rainha escondida em sua cela, governando com mão firme uma coorte de fanáticas da virgindade, passou a nada mais temer. Maria Madalena não tinha uma noite vindo tomá-la pela mão, para conduzi-la aos pés do Cristo? Não ouvira Juette, por sua vez, as palavras confortadoras: "Teus pecados foram perdoados porque amaste muito"? Em sua morte, cujo dia e hora ela conhecia de antemão, tinha certeza de que a própria Virgem a acolheria e a introduziria entre as damas de sua corte no paraíso. No tabuleiro político, essa mulher tornava-se uma peça central. Os religiosos dos mosteiros reformados, os premonstratenses, os cistercienses, eles próprios rivais do clero urbano, se aperceberam disso. Empenharam-se em atraí-la para seu campo, em enquadrá-la. Empenharam-se também em defendê-la.

Pois ela era atacada. Seus adversários ripostavam. Dispunham de armas eficazes. Podiam primeiro contar com uma incredulidade bastante comumente partilhada pelos homens. As visões de Juette, o que ela dizia ser-lhe revelado à noite nos momentos de sonolência, todas essas histórias de êxtase, de aparições, nada obrigava a levá-las a sério. Em que diferiam das arengas de tantos charlatães que, percorrendo cidades e aldeias, as utilizavam na época para iludir as almas simples, as "velhinhas", os camponeses? Os espíritos fortes faziam troça, e, lendo o biógrafo, percebemo-lo persuadido de que terá muita dificuldade de convencê-los. Além disso, em plena cruzada contra os albigenses, havia condições favoráveis para tachar de herege essa mulher que, recusando a intercessão dos padres, se pretendia, empanturrada de hóstias, em comunicação direta com o Espírito Santo. Para desculpá-la, e para utilizá-la, era preciso fazer reconhecer sua santidade. E foi justamente a isso que se dedicou, contando sua vida, o religioso de Floreffe.

Ele fracassou. Não se vê, depois de morta, Juette transformar-se no objeto de um culto. Ele teria de ter convencido os homens. Ora, os homens se mantinham acautelados. Sabiam muito bem que precisavam agora contar com as mulheres. Destas, desconfiavam portanto ainda mais. Achavam bom que elas temessem o inferno e que fossem estritamente dominadas. Mas por eles. E que não viessem a servir de exemplo a essas jovenzinhas rebeldes que se viam agora com muita frequência recusar o rapaz a quem seu pai pretendia lhes dar. Reclusas, havia por demais. O bispo de Liège rejeitou a requisição das seguidoras de Juette que pediam para ser encerradas como fora a falecida, esperando herdar sua força, essa força que por um momento fizera tremer a cidade e ameaçara a ordem social. A sociedade se defendeu. A visionária foi esquecida. O poder, a verdade, permaneceu em mãos masculinas.

DORÉE D'AMOUR E A FÊNIX

ESTAS NÃO SÃO DAMAS. Não o são ainda, vão ser. Donzelas, são capturadas pelo amor. Por amor se tornam damas, e o amor, o belo amor permanece. Essas duas imagens de mulheres, em realidade, formam apenas uma; da primeira, simples esboço, a segunda vem precisar os traços, avivar as cores. Com efeito, *Cligès*, o romance de Chrétien de Troyes em que essas duas imagens aparecem, é construído como as vidas de santos e como *Tristão*: nele, a história do herói é precedida pela de seus pais que a prefigura. Phénice ama Cligès, com quem irá se casar, assim como Dorée d'Amour, antes de esposar Alexandre, pai de Cligès, o amou.

Ao longo dos 6700 versos do poema, a intriga, complexa, cheia de saltos, procede por voltas repentinas e maravilhas. Suas personagens, como as figuras emblemáticas que ornam os salões onde os príncipes brilham entre seus amigos, situam-se no mais alto grau das hierarquias terrestres: Phénice é filha do imperador do Ocidente, Alexandre e Cligès são herdeiros do Oriente, Dorée d'Amour é irmã de Gauvain, o melhor cavaleiro do mundo. A aventura, enfim, se desdobra de uma ponta à outra do universo então conhecido, desde a Bretanha, a grande, a do rei Artur, passando pela pequena, a armoricana, e pela Alemanha imperial, até a Grécia, a Grécia de Ovídio de quem Chrétien adaptou *A arte de amar*, a Grécia imaginária do *Roman de Troie* [Romance de Troia], a Grécia fascinante dos perfumes, das sedas suntuosas, de todos os encantamentos, Constantinopla com que sonhavam os cavaleiros da Europa trinta anos antes de seus descendentes irem se apoderar da cidade-luz, saqueá-la, surrupiar suas joias e seus relicários durante a mais mirabolante pilhagem cuja memória a Idade Média conservou. Deixo de lado o que se refere à arte militar, embora a descrição minuciosa dos feitos de armas ocupe a maior parte da narrativa, descrição que com certeza não era a menos apreciada de um auditório de homens de guerra, *afficionados* da justa, do duelo, do torneio, mas com a qual se deleitavam igualmente as donzelas que vemos tão apaixonadas por belos golpes de lança e de espada, couraças rompidas e cabeças cortadas, tão apressadas quanto os cavaleiros em

> [...] *subir às galerias,*
> *às ameias e às janelas*
> *para ver e para olhar*
> *os que devem se enfrentar.*

Como todos os romances de cavalaria, o *Cligès* pertence à literatura esportiva. Seu tema principal, no entanto, é o amor. Deste, a escrita graciosa, límpida, primaveril de Chrétien descreve muito delicadamente os progressos.

Ela os acompanha primeiro no coração de Alexandre que, tendo partido para aprender as virtudes cavaleirescas na corte do rei Artur, lá encontra Dorée d'Amour, a deseja, a obtém em recompensa de suas façanhas. Acompanha-os sobretudo no coração das duas jovens, e a aventura adquire todo o seu sabor quando Cligès entra em cena. Com efeito, em seu percurso amoroso o herói se depara com muito mais obstáculos que seu pai, o qual Alis, irmão de Alexandre, afastou do trono. Todavia, jurou não se casar: assim Cligès lhe sucederá. Ora, um partido sedutor se apresenta, uma filha de imperador, disponível, Phénice. De imediato, rompendo o pacto, Alis parte acompanhado de seu sobrinho para buscar a futura esposa. No grande salão do palácio alemão, há como que uma aparição. Solícita, a donzela

> [...] *surge*
> *com a cabeça descoberta*
> *e o brilho de sua beleza*
> *espalha tanta claridade*
> *como quatro rubis.*

Deslumbramento. Phénice e Cligès, sem dúvida nenhuma, foram feitos um para o outro. Num dia coberto de nuvens, eles são tão belos, tão radiosos que a luz que emana do casal faz resplender, como um sol vermelho, o palácio inteiro. O amor eclode bruscamente de dentro desse clarão; como fazer para que ele se manifeste, como triunfar daquilo que o condena? Como impedir que a jovem caia em poder desse outro homem que, nesse momento, a recebe das mãos de seu pai?

Pela magia, pelos sortilégios. Por encantamentos, dos quais os bizantinos são sem dúvida os mais eficazes, e cujas receitas secretas Thessala, natural da Tessália, ama de leite de Phénice, conhece. A poção que essa mulher prepara e Cligès administra na noite de núpcias a Alis faz que este sinta efetivamente um vivo prazer com o corpo de sua esposa, mas apenas em sonho, que ele abrace somente o vento e que Phénice permaneça virgem. Mesmo assim, para que ela possa pertencer a Cligès, quando este voltar da Bretanha, armado cavaleiro por Artur, é preciso desfazer a ligação que a retém. Outra poção. Esta confere a Phénice a aparência de moribunda, e logo de morta. Médicos pressentem o subterfúgio, torturam seu corpo para fazê-lo trair-se. Ela resiste. Entra no sepulcro e sai, renascendo como verdadeira fênix de suas supostas cinzas, para desfrutar o prazer durante mais de um ano nos braços de seu amante, no vergel de um castelo de sonho cuja entrada ninguém conhece. Alis morre por fim. Seguem-se imediatamente as núpcias que coroam o perfeito amor.

Chrétien de Troyes apresentou ostensivamente seu romance como a antítese de *Tristão*. A imagem de Phénice surge assim em exata contraposição à de Isolda. Assim que se apaixona por Cligès, Phénice, dominando o próprio desejo, se defende com vigor. Não quero, ela diz a ele, que se lembrem de nós como de Isolda e de Tristão, "de quem dizem tanta loucura/ que me envergonho de contar".

Não quero ter uma vida como a de Isolda, aviltante, porque partilhou seu corpo entre dois homens, entregando seu coração a apenas um deles. "Se eu te amo e tu me amas/ jamais te chamarão Tristão/ e não serei jamais Isolda."

A fim de que a contradição fique evidente, Chrétien retomou para seu romance certos esquemas do *Tristão*. Os dois poemas tratam de um sobrinho, da esposa de um tio, da paixão amorosa entre mulheres casadas e cavaleiros solteiros, e é em pleno mar que o amor de Alexandre se revela. Enfim, também o filtro está presente. No entanto, primeira diferença, os amantes são nitidamente mais jovens: Chrétien o assinala, Cligès não tem ainda quinze anos. Ele é tão núbil como Phénice, como Dorée d'Amour o era. Sobretudo, o amor não é aqui o efeito de uma daquelas misturas que as mulheres preparavam. Nasce de uma troca de olhares: "Seus olhos se entregam e ela toma os dele". Pelos olhos penetra a flecha que o amor disparou, esse dardo cujas rêmiges são as "tranças douradas", e que na verdade é apenas o corpo da amada. Todo o corpo, a fronte, os olhos, o rosto claro, a boquinha sorridente, os dentes de prata e de marfim, o que o colchete que retém as abas da túnica deixa entrever do pescoço, "mais branco que neve fresca". E depois o resto. Que violência teria o dardo se pudéssemos vê-lo todo descoberto, se saísse de sua aljava, "da túnica e da camisola"!

"Eis o mal que me mata/ é o dardo e o raio", essa seta que penetra até o coração. O coração estava tranquilo, pois "o que o olho não vê, o coração não sente". Ele se inflama e se põe a sofrer. Ferido, mas de uma ferida agradável, com aquela dor suave, aquele delicioso tormento do qual ninguém deseja ser curado. Sem defesa, o coração é tomado, capturado. Que fazer então? Confessar seu ardor àquela, àquele cuja visão desencadeou o tumulto? Atenção: é preciso cuidado para não transgredir as regras. Nada de rapto, portanto, nada de adultério. Anti-Tristão, Cligès preserva-se de exigir o amor de Phénice enquanto a crê mulher de seu tio. Quanto a ela, assim que sente fermentar o amor, luta com valentia contra si mesma, proibindo-se unir-se carnalmente a esse homem que acaba de conquistar seu coração:

Como poderia entregar o corpo
àquele a quem o coração se entrega
se meu pai a outrem me dá
e se não ouso contradizer?
E enquanto este for o senhor do meu corpo,
se dispõe dele apesar de ele ser meu,
não é justo que esse corpo acolha um outro.

E quando, mais tarde, Cligès lhe propõe raptá-la, ela recusa com violência: "Jamais terás delícia de meu corpo/ a não ser a que já tens".

A menos, ela acrescenta apesar de tudo, que consigas me "desligar" de teu tio: não é permitido ao amor, dirigindo-se a seu termo carnal, romper a conjugalidade lícita. Mas será que Cligès e Phénice, no vergel fechado, permaneceram realmente castos? Não é dito que "ambos se abraçam e se beijam"? Que fizeram antes que os surpreendessem, "dormindo juntos e despidos"? Na verdade, a falta aqui não é tão grave. O que o romance proíbe não é fazer o amor, é tomar a esposa de um outro, é trair o marido. Ora, Phénice "é erradamente chamada dama". Ela não o é: ainda não entregou seu corpo a ninguém. O homem que se julga seu esposo jamais obteve prazer com ela a não ser em sonho. Deve-se considerar como verdadeiro um casamento não consumado? Aliás, a bela é tida então por morta: para todos Alis é viúvo. Enfim: os amantes entregaram-se o coração mutuamente e essa doação é suficiente para selar a união entre eles. Em todo caso, a lição efetiva do romance é que o casamento seja a realização e como que um novo salto do amor. Desposada, Phénice não ficou reclusa sob a proteção dos eunucos como as mulheres no Oriente. Pois seu marido jamais precisou desconfiar dela. Amou sua dama como se ama uma amiga, ela o amou como se deve amar seu amigo, "e o amor dos dois cresceu a cada dia".

O poema ensina apenas isso, e é por uma razão mais forte que coloco aqui a dupla imagem de Dorée d'Amour e de Phénice. É verdade que o herói do "romance de Cligès" é um homem. Como seu pai Alexandre, ele é famoso, conquista glória e amizades por suas proezas e sua generosidade, que são amplamente descritas. No entanto, o curso dos acontecimentos é de todo governado por mulheres. Pelas comparsas, pela rainha da Bretanha em primeiro lugar, que descobre o amor nascente de Alexandre e Dorée d'Amour. Ela os vê empalidecer; estão viajando pelo mar; o barco é agitado pelas ondas, corre perigo. Em seguida, porém, quando os observa, em terra, de novo lado a lado, "[...] parece-lhe claramente/ pela mudança das cores/ que se trata de acidentes de amor".

Persuadida, ela decide então juntar esses adolescentes que não ousaram confessar que se amam. Sentada entre os dois, lhes revela que "dos dois corações eles fizeram apenas um". Ela os exorta: que não se deixem levar pelo amor desenfreado, de paixão e violência, mas que "pelo casamento e pela honra/ juntos se acompanhem".

O rapaz dá seu consentimento, a jovem "concede-se a ele, trêmula". A rainha os toma pelas mãos e "faz que se deem uma à outra". Tal gesto, tais palavras são aquelas que, na época, por si só estabeleciam o laço matrimonial. No entanto, era a um homem, seja a Gauvain, irmão da noiva, seja ao rei Artur, casamenteiro oficial dos órfãos, que incumbia proceder ao rito. Despojados por uma mulher de suas prerrogativas, eles se contentam em aprovar.

Na segunda parte do romance, uma outra mulher intervém e de maneira mais decisiva: Thessala, a acompanhante, a "professora" de Phénice. A exemplo de Trotula, a legendária curandeira, ela conhece todos os remédios. Feiticeira, como todas as mulheres o são um pouco, prepara filtros, poções, unguentos, e serve-se deles, como vimos, para lograr o esposo de sua protegida, para anular o lamentável casamento. Mulheres também, mais de mil, guiadas por Thessala, invadem o palácio, arrancam dos médicos a falsa morta e lançam os torturadores pela janela: "Jamais damas agiram tão bem".

Enfim, nos lentos progressos do amor, nem Alexandre nem Cligès reagem diante daquela que os seduziu. A iniciativa quase sempre é dessas mulheres muito jovens. Dorée d'Amour queria guardar seu coração, ele é tomado. "Completamente perdida", tenta em vão reavê-lo: vencida, sabe muito bem que é indecente às mulheres tomar iniciativas no amor: "Esperarei até que ele perceba". No entanto, como o desejado não abre a boca, ela se arrisca a abordá-lo, impaciente, dando-lhe o nome de amigo, ou seja, é a primeira a se manifestar. Phénice também é a primeira a revelar sua paixão. Involuntariamente, porém, e apesar de sua contenção. Observa de longe o duelo em que Cligès, seu campeão, está envolvido. Ela o vê curvar-se. Está "[...] tão apavorada/ que grita 'Deus, socorre'/ o mais alto que pode" antes de cair com os braços em cruz, desfalecida. Estimulado, Cligès se recupera, vence. Quando, ao partir para a Inglaterra, ele vem despedir-se dela, ousa enfim declarar-se, ainda que usando meias palavras. Mas, ao retornar, é ela que oferece o que ele cobiça e se proibia de tocar antes que ela lhe concedesse: seu corpo. "Meu coração é teu, meu corpo é teu [...]/ quando meu coração em ti se pôs/ meu corpo a ti se deu e prometeu."

Todavia, sempre conduzindo o jogo, Phénice decreta: esse corpo, Cligès não o terá enquanto ela estiver sob o poder legítimo de um esposo.

Chrétien de Troyes exalta claramente o valor do casamento. Propõe que o amor seja seu prelúdio e seu fermento vivificante. Afirma que é proibido solapar essa instituição fundamental. Por outro lado, as mulheres que ele põe em cena controlam todos os fios da intriga amorosa. Ora, é evidente que Chrétien pretendia agradar seu público. Respondia a suas expectativas. Somos portanto obrigados a pensar que aqueles que o escutavam se representavam de uma nova maneira as relações entre masculino e feminino. Por muito tempo combati, e duramente, a hipótese de uma promoção da mulher na época feudal porque os argumentos propostos para sustentar essa hipótese não me pareciam convincentes, e me dediquei, a propósito de Heloísa, a propósito de Alienor sobretudo, a demonstrar a fragilidade deles. Diante da imagem da rainha, de Thessala, diante da de Dorée d'Amour e de Phénice, eu cedo. É incontestável que tanto umas quanto outras não são esses seres menores, privados de razão, essas éguas que os guerreiros submetiam, desdenhosos, a seu prazer, antes de jogá-las de lado quando as consideravam gastas. É incontestável que o poema mostra um exemplo aos "donzéis", aos jovens cavaleiros sem mulher, um modo de comportamento muito diferente daquele que se costuma atribuir aos amantes corteses. Certamente as mulheres estão destinadas a cair, vencidas pelo amor, pelo desejo do homem e por seu próprio desejo. Mas os homens são convidados a não mais se divertirem com as mulheres dos outros, a não tomarem à força a virgem que os tenta, a não a atacarem senão seguros de sua concordância e, se ela consentir, a só tomá-la na boa e devida forma, fazendo dessa amiga uma esposa. Admite-se que o *Cligès* foi composto em 1176. Devemos crer que os costumes se modificavam então na alta aristocracia da França? Sim, eles mudavam, e eis aqui algumas das razões capazes de explicar essa mudança.

Em 1176, a vida dos cavaleiros não se resume mais inteiramente em polir cotas de malha, perseguir animais selvagens, bater-se uns contra os outros, mergulhar numa cuba de água fervente um corpo moído de pancadas. O progresso de todas as coisas os civilizou lentamente. Na corte dos grandes príncipes, onde se escrevem romances e canções, onde se elaboram as formas cultas do relacionamento entre os sexos, mostra-se cada vez mais necessário que os guerreiros cessem, por um momento ao menos, de se mostrar devastadores. A ordem que aos poucos se instala nesses lugares onde homens e mulheres vivem algum tempo juntos e esse código, esse conjunto de prescrições que institui o que se chama então cortesia, exigem desses homens o domínio de si. Conter suas pulsões, seu desejo, não mais se apossar brutalmente de sua presa. O príncipe ensina portanto aos jovens reunidos à sua volta, por intermédio dos literatos que ele mantém, a se comportar corretamente entre as damas. O que não deixa de embaraçá-los: como lidar com esses seres intimidantes, estranhos? No fundo, não é mau que eles temam, da forma como Cligès teme Phénice. "Duvidar." "Quem quer amar deve duvidar." É preferível ver esses rapazes diante delas um tanto apalermados, acanhados, "[...] ajoelhados/ chorando tanto que suas lágrimas molham/ a túnica e o arminho delas", a vê-los, como Tristão, juntando-se furtivamente à noite com sua amiga no leito de seu tio e senhor.

O ano de 1176 é também, na França setentrional, o momento da verdadeira decolagem da economia mercantil. O dinheiro circula cada vez mais depressa, não mais por pequenos regatos intermitentes, mas por largas correntes que vão irrigar até as profundezas dos campos. As fortunas da nobreza se beneficiam desse impulso geral. Os excedentes da agricultura, o que os mestres obtêm dos moinhos, dos fornos, das prensas do lagar; do dízimo, todos os gêneros alimentícios que se acumulam nas granjas e nas adegas senhoriais se vendem cada vez mais. As famílias de dependentes camponeses se multiplicam, e nas choupanas se prefere ser pago em dinheiro por serviços efetuados. A esse afluxo de dinheiro juntam-se as gratificações que os príncipes, comandando Estados reconstituídos, apoiados num sistema fiscal eficaz, distribuem largamente para melhor se fazerem amar pelos que aceitam servi-los. Assim, diminui a importância que tinha a terra nas fortunas da nobreza. Elas se tornam mais fluidas, flexíveis. É menos difícil partilhar entre herdeiros o conteúdo de um cofre que os bens de raiz herdados dos antepassados. Isso ajuda a descontrair a atitude dos chefes de casa em relação ao casamento dos rapazes. Eles hesitam menos em deixar os filhos posteriores ao primogênito fundar seu próprio lar, compram o necessário para estabelecê--los, tirando do próprio bolso se o dinheiro dado em dote pela jovem que esses filhos escolheram não for suficiente. Com isso se reduz rapidamente o número de homens de guerra que a política matrimonial das linhagens votava ao celibato. Os futuros cavaleiros sabem agora que têm toda a chance de ter uma mulher. Eis por que os divertimentos amorosos tendem a não mais se desenrolar apenas à margem da conjugalidade. Começa-se a pensar que os rituais do amor à maneira cortês constituem uma excelente preparação para a união matrimonial, e que esta adquire mais solidez quando os esposos se amam como amantes. Isso faz transformar-se o olhar dirigido às mulheres. Os homens veem nelas, muito menos passivas, verdadeiras associadas com as quais devem contar e que, embora longe de serem consideradas como suas iguais, merecem ao menos ser tratadas por eles, donzelas ou damas, segundo as regras. Regras de civilidade que o romance tem a função de ensinar ao mesmo tempo que ensina as jovens a não se entregar e a respeitar as leis do casamento.

Cumpre acrescentar que em 1176, sob o báculo do papa Alexandre III e como fruto das reflexões desenvolvidas nas escolas parisienses, essas leis acabam de tomar corpo. E Dorée d'Amour, que, em conformidade com os preceitos dos padres, se casa "[...] sem pôr de lado/ nem vontade, nem coração, nem corpo", que, porque segundo a Igreja o único objetivo do casamento deve ser a procriação, "[...] está repleta/ de semente e de grão de homem" menos de três meses após suas núpcias, e cuja tristeza enfim é tão grande que, tendo seu esposo morrido, "não pode viver sem ele", Dorée d'Amour oferece o perfeito exemplo do comportamento que tanto a sociedade das cortes quanto a autoridade eclesiástica esperavam daí em diante das damas.

Eis aqui, portanto, seis (ou sete) damas cujas silhuetas são muito diferentes. No entanto, tão logo superpomos essas seis imagens, vemos destacarem-se os três traços principais que, para os contemporâneos dessas mulheres, definiam a situação do feminino na ordem do mundo.

Para eles a mulher, em primeiro lugar, é um objeto. Os homens a dão, a tomam, a jogam fora. Ela faz parte de seu ter, de seus bens móveis. Ou então, para afirmar a própria glória, a expõem a seu lado, pomposamente enfeitada, como uma das mais belas peças de seu tesouro, ou a ocultam no interior da casa e, se for preciso tirá-la de lá, a dissimulam sob as cortinas da liteira, sob o véu, sob o manto, pois importa ocultá-la da vista de outros homens que poderiam querer se apoderar dela. Existe assim um espaço fechado reservado às mulheres, estritamente controlado pelo poder masculino. Do mesmo modo, o tempo das mulheres é regido pelos homens, que lhes designam ao longo da vida três estados sucessivos: filhas, necessariamente virgens; esposas, necessariamente submissas a seu amplexo, pois a função delas é pôr no mundo seus herdeiros; viúvas, necessariamente votadas à continência. Em qualquer um dos casos, subordinada ao homem, em conformidade com as hierarquias que, segundo o plano divino, constituem o conjunto de membros da criação.

Todavia, as mulheres não se deixam dominar tão facilmente, os homens do século XII fazem a experiência disso, e eis a razão por que as temem. Ao temê-las, eles as julgam naturalmente más, recalcitrantes, e se creem no dever de corrigi-las, domesticá-las, conduzi-las. Obrigados, por conseguinte, a punir as faltas que elas tendem a cometer. A matá-las, se for preciso. A mantê-las pelo menos, como aconteceu com Alienor, em estreita prisão. Por todos os meios sua nocividade nativa deve ser contida. A mulher, eles estão convencidos disso, traz em si o pecado e a morte. Não se sabe o que ela tem na cabeça, ela escorrega entre os dedos como uma enguia. Ela mente.

A mulher é enganadora por ser fraca. *Fragilis*, retomo a palavra de Heloísa, esse é o traço derradeiro que caracteriza sua natureza. Frágil, mas terna também, capaz de derreter-se. E é aqui que se revela algo de positivo nela. Apesar de tudo há no feminino um valor, essa pulsão cuja motivação está na carne e que leva a amar. Santo Agostinho o disse — e sabemos o quanto pesou o pensamento desse padre da Igreja sobre o dos homens de cultura do século XII. Disse-o no comentário feito sobre o Gênese contra os maniqueus, livro II, capítulo XI. Glosa deslumbrante: tudo está aí em poucas palavras, uma reflexão profunda sobre o *gender*, sobre as relações entre o masculino e o feminino, concentrada na frase: *mulier in adjutorium facta. Adjutorium*, uma ajuda, Eva como um instrumento colocado por Deus na mão de Adão. Para fazer o quê? Para engen-

110

drar. Não apenas meninos e meninas. Para engendrar algo de espiritual: os filhos são as boas obras. Para esse fim, o homem, ele próprio iluminado pela sabedoria divina, deve dirigir (*regere*) e a mulher obedecer (*obtemperare*), senão a casa, em posição invertida, está condenada. Essa hierarquia, porém, santo Agostinho a interioriza, meditando sobre o versículo bíblico: "Ele os criou macho e fêmea". Esse versículo estabelece que, desde a origem, o masculino e o feminino se encontram ao mesmo tempo na criatura humana. Quando Deus retirou uma parte do corpo de Adão para modelar o de Eva, quando criou assim o casal conjugal, o modelo do casamento, instituindo a esposa como auxiliar obediente do esposo, ele tornou manifestas as estruturas da alma. Assim como esta domina o corpo, também nela o princípio masculino, a *virilis ratio*, a razão viril, submete a *pars animalis* através da qual a alma comanda o corpo, o *appetitus*, o desejo. Essa parte é a parte feminina, a qual, *adjutorium*, deve ajudar na submissão. Deus mostrou que no interior de cada pessoa humana deve haver como que um casamento, o acasalamento ordenado do princípio masculino e do princípio feminino, a carne consentindo em não opor o desejo ao espírito, o desejo se inclinando diante da razão, e a alma cessando desse modo de ser puxada para baixo pelo peso do carnal. A antropologia que a reflexão de santo Agostinho funda, convida assim todo homem a considerar que existe nele uma parte de feminino, que Deus a pôs aí para ajudá-lo a se elevar para o bem, portanto que o "apetite", o desejo, é propício quando convenientemente governado. Mas, e aqui está o essencial, a mulher, segundo a reflexão agostiniana, não é pura animalidade. Ela detém uma parcela de razão. Menor, evidentemente: nela o desejo predomina. Isso é um perigo, mas também uma força, a quantia que a torna capaz de ajudar seu homem como deve. Tal capacidade de amor deve ser dominada pela razão, ou seja, pelo viril, caso contrário se desvia. No entanto, quando convenientemente orientadas, controladas, as forças do desejo que a mulher por natureza possui se mostram capazes de sustentar, e de maneira muito eficaz, uma ascensão espiritual.

Eis o que os homens foram aos poucos descobrindo no século XII e que foi o fermento nesse tempo de uma promoção da mulher. A verdadeira promoção da mulher não está no acréscimo de ornamentos com que os homens, à medida que seu nível de vida se elevava, revestiram as mulheres. Não está nas aparências de poder que cederam a elas a fim de melhor dominá-las. Não está nos disfarces do jogo de amor cortês. Num tempo em que o cristianismo cessava aos poucos de ser principalmente uma questão de ritos e pompas exteriores, de gestos, de fórmulas, em que se tornava cada vez mais privado, a relação com o divino sendo concebida como um impulso amoroso da alma, o que realçou a condição da mulher foi a tomada de consciência de que ela pode, como Madalena ou como Heloísa, servir de exemplo aos homens por ser às vezes mais forte que eles. Essa forma tem sua origem na abundância de sua natureza animal, nessa sensualidade que a torna mais apta a inflamar-se, a arder de amor. É porque a obscuridade se dissipa, porque a informação se faz menos indigente, que a Europa do século XII aparece aos nossos olhos como capaz de apreciar melhor os valores do amor. Ela se dá conta de que a mulher amorosa, como Phénice, se torna melhor esposa, que ela pode, como Juette, abrir os caminhos misteriosos que levam às bodas com o espírito. Não há dúvida de que as damas desse tempo permaneceram submissas ao poder dos homens que as julgavam sempre perigosas e frágeis. Alguns deles, porém, e em número cada vez maior, as descobriam objetos e sujeitos de amor. Viam-nas com um olhar menos desdenhoso. Foi assim que insensivelmente elas começaram a se livrar dos entraves mais estritos que lhes impunha o poder masculino.

Eis o que vem à mente quando se consideram as seis imagens de mulheres que escolhi reconstituir. Estas anotações, coloco-as como preâmbulo. Elas delimitam, com efeito, o campo em que a investigação se desenvolveu. Esta não foi sem proveito. É o que se verá na próxima parte.

112

A LEMBRANÇA
DAS ANCESTRAIS

Tradução
Maria Lúcia Machado

No século XII, a nobreza honrava seus mortos. Cercava de cuidados mais assíduos os defuntos da família, mas não esquecia as defuntas. Repetia seu nome, lembrava suas virtudes, o papel que haviam tido na história da linhagem. Essas palavras que comemoram os ancestrais, acontecia que se decidisse fixá-las pela escrita. Um gênero literário particular tomou corpo. Ele desabrochou na metade norte da França, passado o meio do século. Por acaso, alguns desses escritos não se perderam, os que se compuseram em honra dos duques da Normandia, dos condes de Flandres, dos condes de Anjou e dos sires de Amboise, dos condes de Guînes e dos senhores de Ardres. Tenho-os sob os olhos. Ensinam-me muito sobre o que era a vida nessas grandes casas, e nenhum documento mostra mais claramente, nos jogos da memória e do esquecimento, o que os cavaleiros e os padres pensavam das mulheres de seu sangue. Saem assim da sombra algumas silhuetas femininas. São menos nítidas que as figuras de princesas, de santas, de heroínas de romances de sucesso que esbocei, emblemáticas, no volume precedente. Bastante precisas, no entanto, para lançar um pouco de luz sobre o que me esforço por descobrir, sobre a condição das damas, sobre a maneira como as esposas dos senhores levavam então sua existência.

SERVIR OS MORTOS

1. OS MORTOS NA CASA

Naquele tempo, os mortos estão vivos, ninguém duvida disso. Não se sabe bem onde, mas vivem. Sua presença é sensível por muitos sinais e cuida-se de cativá-los. Pois, para além da invisível barreira que transpuseram, em sua morada misteriosa onde o transcurso do tempo prossegue no mesmo ritmo que neste mundo, a maior parte deles sofre. Como se diz, estão penando, o que os torna rancorosos, vingativos, maldosos. Os mortos dão medo.

Enquanto não são enterrados, são temidos. Henrique Plantageneta gostava de ouvir contar as aventuras de Richard I, duque da Normandia, trisavô de seu avô. Fora Deus, esse príncipe não temia nada. Como todos os cavaleiros, percorria constantemente os campos, mas se comprazia em vagar também à noite, desafiando o perigo, afrontando as forças más que rondam nas trevas e contra as quais, geralmente, as pessoas se acautelam fechando-se em casa. Uma noite, tendo partido sozinho para a caça, seu caminho o conduziu à porta de uma capela. Ele entrou para dizer uma breve prece, era seu hábito. Aproximando-se do altar, passou sem se abalar diante de um caixão aberto, ocupado. Richard escutou que aquilo se mexia atrás dele. Por duas vezes, gritou: "Volta a deitar-te", acrescentando: "Estás cheio de diabo". Terminou sua oração, persignou-se, recomendou sua alma a Deus, depois virou-se para sair. Viu então, erguido à sua frente, o cadáver, gordo, grande, de braço estendido, e que lhe pareceu um diabo. Richard tirou sua espada, abateu aquele ser que lhe barrava o caminho. Cortou-o ao meio, foi-se, e depois, impávido, voltou atrás para buscar a luva que esquecera. Contudo, advertido por esse encontro, ordenou que não se deixariam mais os mortos sozinhos à noite antes que fossem sepultados, encerrados em um sarcófago.

Mesmo enterrados, desconfiava-se deles, pois lhes acontecia de voltar. Para advertir, transmitir uma mensagem do Céu, mais frequentemente para reclamar ajuda ou vingar-se da parentela que os negligenciava. Eles falavam. Escutavam. Por vezes entabulava-se um diálogo. Em 1325 — haviam se passado dois séculos desde que o relato das aventuras de Richard I fora posto por escrito e, entrementes, o pensamento racional fizera, não obstante, algum progresso —, Jean Gobi, dominicano, relatou ao papa de Avignon, João XXII, o que soubera sobre um morto, um burguês de Alès, falecido algumas semanas antes, que, voltando vez por outra à sua casa, inquietava, importunava sua viúva. João solicitara ao prefeito da cidade que mandasse cercar a morada com duzentos cavaleiros armados, devidamente confessos, a fim de evitar todo subterfúgio. Acompanhado de um mestre em teologia, do professor de filosofia de seu convento e de um tabelião, para lá se dirigiu e, tenaz, obrigou o finado a responder a todas as perguntas que havia preparado. Acabou por fazê-lo dizer que há de fato dois purgatórios, um onde todas as almas são reunidas de dia e que se encontra no centro da Terra, e outro, noturno, onde cada morto volta ao lugar de seu principal pecado. Os ancestrais de que vou falar eram certamente menos loquazes. Em todo caso, nada do que disseram depois de seu falecimento está anotado nas histórias que relatam suas proezas. Estou certo, porém, de um fato: seus descendentes os sentiam bem perto deles. Ainda faziam parte da casa.

A casa, a família — a *mesnie*, a *masnade*, como diziam as línguas românicas —, constituía no século XII o quadro mais firme de todas as relações sociais. Estas eram pensadas, vividas sob forma doméstica, fossem elas relações entre o cristão e a Trindade, a Mãe de Deus, os santos, entre o senhor e seus vassalos, o patrão e seus servidores, o chefe de guerra e os que o apoiavam nos combates. A sociedade que chamamos feudal pode ser definida como uma aglomeração de famílias, cada uma colocada sob a autoridade de um patrão e de um só. Essas casas, organismos vivos, tendiam a perpetuar sua existência. Os homens que as dirigiam tinham portanto o dever, primordial, de procriar, de tomar uma esposa, a dama, e de engravidá-la. Se desgostassem de fazê-lo, seu círculo os forçava a isso. Era absolutamente preciso que, à hora de sua morte, estivessem em condição de entregar o poder que caía de suas mãos nas de um de seus filhos, o primogênito. Em cada casa nobre, uma dinastia era implantada, em todas a procriação aparecia como o ato capital pelo qual o sangue, esse sangue herdado de homens e de mulheres que não se viam mais, cujos despojos carnais repousavam sob as lajes, passava de um corpo chegado à maturidade para um outro corpo que cresceria, se fortaleceria, até poder transmitir por sua vez o sangue, seiva dessa árvore cujas raízes fincavam-se no coração da morada que os antepassados haviam fundado, enriquecido, e da qual seus herdeiros tinham, na maior parte, o nome. Parecia indispensável, além disso, que o tronco da árvore da linhagem permanecesse ao longo das eras espesso, reto, liso, que seu verdor não viesse a anemizar-se pelo excessivo desdobramento de suas ramagens. Os chefes de casa consideravam-se obrigados, por conseguinte, a dar mulher legítima apenas a um só de seus filhos, aquele que o sucederia e tiraria das entranhas dessa mulher seu próprio sucessor, único.

Dinástica, a casa nobre era um corpo estritamente hierarquizado. Tudo, de fato, era hierarquia no universo, tal como era representado na época, cada ser encimado por seres que ele devia respeitar e servir, cada ser encimando, ele próprio, seres que devia proteger e estimar, e, fluxo generoso emanando da potência divina e retornando à sua fonte, essa troca de reverência e de dileção, esse encadeamento de obrigações mútuas — os teólogos daquele tempo o designavam pela palavra *caritas* — supostamente irrigava a criação inteira e lhe conferia sua necessária coesão. A família era construída segundo esse modelo, e seus membros repartidos nesses três graus superpostos. Dois destes visíveis, tangíveis: os filhos em um plano inferior, obedecendo, servindo, o pai dominando-os, alimentando-os, com sua mulher ao lado e, muitas vezes também, seus irmãos, suas irmãs, se

118

não eram casados. A figura é simples. Com efeito, existia em cada casa apenas um leito conjugal, um único lugar de procriação lícito, e, por outro lado, na cavalaria em que muitos homens morriam cedo, raros eram os chefes de família que viam nascer seus netos; estes, aliás, se seu avô ainda estava vivo, vinham ao mundo em uma outra casa, aquela onde o antepassado fora abençoar seu filho na noite das bodas. Que o lar reunindo duas gerações constituísse a estrutura elementar, o vocabulário do parentesco então em uso o atesta. Muito pobre, seus únicos termos precisos distinguem o pai e a mãe, o irmão e a irmã, o filho e a filha, o marido e a esposa. Além, para designar o conjunto dos parentes, não há mais que palavras vagas, e que não estabelecem a diferença entre a ascendência paterna e a materna. Este último traço é importante: a equivalência entre os dois ramos explica em parte que as damas tenham ocupado tão vasto lugar na memória ancestral. Quanto ao terceiro andar, superior, os parentes defuntos o ocupavam. Essa posição dominante cabia-lhes de direito: haviam passado primeiro; seus sucessores aproveitavam o que tinham deixado ao ir-se; era justo que os honrassem e servissem. Em uma sociedade em que toda relação de poder tomava a forma de uma troca de dons e de contradons, esse serviço (*obsequia*, "obséquias": nossas maneiras de falar dos ofícios fúnebres conservam ainda o vestígio dessa antiquíssima concepção das relações entre os vivos e os mortos), o dever de cercar de cuidados os ancestrais, vinha como compensação do que cada um de seus descendentes recebera, ou seja, em primeiro lugar, a vida, mas também um patrimônio, virtudes, glória, todas as vantagens de que podia dispor neste mundo.

Os mortos viviam. Servi-los não consistia, então, em fazê-los reviver, mas em conservar sua invisível presença no seio da família. Presentes, eles o eram em primeiro lugar pelo nome que haviam usado. Esse nome, o pai de família o retomara necessariamente para o dar a este ou aquele de seus filhos, este aparecendo desde então como o substituto, como uma reencarnação do defunto, e considerando-se obrigado a imitar esse antepassado, esse bisavô, esse trisavô, a se mostrar tão valente, tão virtuoso quanto ele, a cumprir, se possível, a função que ele cumprira outrora. Tal dever forçava-o evidentemente a se manter informado das façanhas do ancestral epônimo, a conservar atentamente sua imagem na memória. Todavia, os mortos exigiam mais. Para contentá-los, era preciso além do mais se voltar periodicamente para eles, evocá-los. *Evocare*: "fazê-los voltar". Os ancestrais eram, no sentido preciso do termo, regressantes,* retomavam seu lugar no círculo familiar cada vez que os membros vivos de sua descendência se reuniam para relembrar seus atos, seus "gestos". Comemorá-los solenemente em certas datas era um ato, propriamente falando, vital, pois vinha revigorar a seiva da árvore da linhagem. Renomear os antepassados era, com efeito, reavivar o brilho de seu renome. Ora, o renome dos ancestrais constituía a força da linhagem em um tempo em que a qualidade de uma casa, a posição que lhe era atribuída, sua civilidade, em suma, sua nobreza, repousavam na lembrança de glórias ancestrais. Que era então, com efeito, a *nobilitas*, senão a capacidade de se valer de remotíssimos e valorosos ascendentes?

2. AS MULHERES E OS MORTOS

A dama não estava, em sua morada, especialmente encarregada de conservar a memória dos mortos, de velar para que seu nome não caísse no esquecimento? Somos levados a fazer essa pergunta ao ler Dhuoda, essa mulher cujas palavras, de todas aquelas saídas na Idade Média de uma boca feminina, são as mais antigas que podemos diretamente escutar. Era uma grande dama, a esposa de um dos mais altos dignitários do reino franco. Em 841-843, ela compôs um *Manuel pour son fils* [Manual para seu filho], o qual, retirado do gineceu onde passara sua infância, acabava de ser colocado na casa por seu pai, na

---

* No original, *revenants*, aqueles que voltam; significa também "fantasma", "aparição". (N. T.)

"grande casa" do rei Carlos, o Calvo, seu parente. Quando chegasse à "idade perfeita", esse menino por sua vez poria "em ordem sua própria casa segundo as hierarquias convenientes". Por enquanto, o primeiro dever que lhe prescreve sua mãe é "de reverência com relação ao pai". Essas palavras formam o título do livro III, tratando os dois precedentes de obrigações com relação a Deus, primeiro servido, e que o pai representa na terra. Casa, paternidade, submissão àqueles que precedem, o fundamento das ordenações sociais aparece aqui em plena luz, mas também o papel da dama, da esposa do patrão, educadora. Teu pai, diz ela, "tu deves, quer esteja presente, quer ausente, temê-lo [o temor em primeiro lugar, reverencial, aquele que se experimenta diante das imagens de Deus, diante dos cofres de relíquias, diante dos mortos], deves amá-lo e lhe ser fiel em tudo... Exorto-te a amar primeiro Deus, depois amar e temer teu pai, dizendo-te que é dele que provém teu estado no mundo". O texto é claro. Por que amar, por que servir? Em contrapartida do dom recebido. Esse filho, Guillaume, está então obrigado a semelhante fidelidade com relação a esse outro pai, o dono da casa onde ele acaba de entrar e que o alimentará, o educará, o homem "que Deus e teu pai escolheram para que o sirvas no florescente vigor de tua juventude". Servir a Deus, servir aos dois pais e, para isso, orar regularmente por eles. Logo depois, orar pelos mortos.

Todos os mortos, essa multidão inumerável da qual se crê perceber o rumor nas bordas do mundo visível. No entanto, muito particularmente os "domésticos", os "próximos de nossa parentela". "Eu que vou morrer, ordeno-te que ores por todos os defuntos, mas sobretudo por aqueles de quem tiras tua origem." Isto é, o sangue, a vida. Essa vida, esse sangue correm de duas fontes, paterna e materna. Prioridade, porém, cabe "aos parentes de teu pai, que lhe deram seus bens como herança legítima". O essencial está aí, nessa frase: as riquezas das quais esse filho primogênito disporá mais tarde, quando seu pai estiver entre os mortos, quase todas lhe virão de seu pai, portanto, dos parentes deste; em suas orações, Guillaume é solicitado, por conseguinte, a relembrar sua memória em primeiro lugar, a nomeá-los primeiro diante de Deus. Outra evidência fundamental: o dom que se faz aos mortos ao orar por eles deve estabelecer-se em justa proporção com o dom recebido de cada um deles. "Na medida dos bens que deixaram [a teu pai], ora", repete Dhuoda, "por aqueles que os possuíram antes dele e para que, vivo, ele os goze muito tempo [antes de os entregar a ti ao morrer]... Se acontecer que alguma coisa te seja mais cedo abandonada, ora o mais que puderes a fim de que aumente a recompensa das almas daqueles a quem tudo pertenceu." A preocupação, claramente afirmada, é com o exato contrapeso, com o perfeito equilíbrio, e sobre essa preocupação apoiam-se duas das estruturas mestras da memória ancestral: a lembrança dos mortos é tanto mais firme quanto mais eles legaram; a lembrança de cada um deles permanece ligada a cada uma das diversas peças do patrimônio, a tal morada, a tal terra, a tal joia que outrora possuíram. Assim, Guillaume deverá pronunciar especialmente em suas preces o nome de um tio paterno, seu padrinho, que o "adotou como filho em Cristo", pois, se vivesse, esse homem teria sido "pai adotivo", "cheio de amor", seu terceiro pai, e principalmente porque, quando de seu falecimento, tratando seu sobrinho e afilhado "como seu primogênito", ele já deixou todos os seus bens, não a ele mas a seu pai, a fim de que possa aproveitá-los um dia. Se a memória dos ancestrais se mostra mais clara, mais enraizada que a das ancestrais, se os nomes de mulheres são menos numerosos que os nomes de homens nos textos escritos no século XII à glória dos antepassados, é que, normalmente, as honras e a mais bela parte dos bens eram transmitidas naquele tempo de pai para filho.

Para que o serviço de oração, de rememoração, fosse equitativamente repartido entre os ancestrais, era preciso conhecer seus nomes. Dhuoda redige cuidadosamente a lista deles: "Seus nomes, tu os encontrarás no fim deste manual". Uma lista destinada a alongar-se à medida que homens e mulheres, os ascendentes, os legatários, forem um depois do outro prosseguir alhures, no além, sua existência. "Quando alguém de tua raça deixar este mundo, peço-te, se lhe sobreviveres, que faças transcrever seu nome com os das pessoas inscritas abaixo." Escrever, alinhar letras perpetuamente legíveis no pergaminho ou na pedra. Erigir dessa maneira um memorial. O manual que Dhuoda compõe é um deles. Como o são também os túmulos: em uma de suas faces, neles se lê o nome do defunto que eles encerram, e os descendentes devem certificar-se de que a inscrição não se apague.

Imagens tinham função de fortalecer, também, a memória dos ancestrais? Talvez. Para dizer a verdade, não sabemos nada sobre isso. Os escritos atestam de fato que os monges de Cluny levavam em procissão quando de certos ofícios a *imago* de são Pedro, e, periodicamente, o verdadeiro pai de sua fraternidade voltava a sê-lo sob essa forma visivelmente presente no meio dos seus. Se existiram algum dia nas moradas dos príncipes efígies dessa espécie, mais frágeis que a estátua de são Pedro, delas não restaram vestígios antes que aparecesse no fim do século XI, na sepultura dos maiores, esculpida ou pintada como as dos santos nos pórticos das igrejas, a imagem do morto, jacente, estendido sobre o catafalco, figurado pela eternidade sob o aspecto de que seu corpo se revestira uma última vez à vista da família inteira, chorosa, e diante da multidão dos pobres vindos para usufruir de suas derradeiras munificências.

Como quer que seja, desse filho que se afasta de seu regaço, Dhuoda espera apenas uma coisa, que ele não se esqueça mais tarde de escrever seu nome. "Quando, eu também, tiver acabado meus dias, manda transcrever meu nome entre os dos defuntos. O que quero, o que reclamo com todas as minhas forças como se fosse no presente, é que mandes inscrever solidamente estes versos na pedra do sepulcro que encerrará meu corpo, a fim de que aqueles que lhes decifrarem o epitáfio façam rogar a Deus dignamente por mim, indigna." Seu nome figura de fato por duas vezes, em cruz, no poema que ela compôs para ser gravado em seu túmulo, horizontalmente no começo do segundo verso, verticalmente, em acróstico, pelas oito letras iniciais.

123

Esse "manual" é único em seu gênero. Outras listas de ancestrais hoje perdidas foram ditadas? Foram-no, elas também, por uma esposa, a mãe do herdeiro presuntivo, por ocasião de sua entrada no mundo? Incontestavelmente, cabia aos homens, aos chefes de casa, responsáveis pelo patrimônio, retirar deste com que retribuir convenientemente os monges e os padres que os ajudavam a bem servir seus mortos. No entanto, alguns indícios, certas passagens, por exemplo, elogios que foram escritos de Mathilde, de Adélaïde, esposas e mães de imperadores, fazem pensar que incumbia às damas, regentes do interior da casa, assegurar o bom ordenamento das comemorações quando estas transcorriam no seio do espaço doméstico, portanto, preservar do esquecimento o nome dos defuntos a fim de que fossem evocados nas datas prescritas. Competia a elas, em todo caso, isso é certo, conduzir o luto por ocasião dos funerais, ser as primeiras a clamar, à frente da domesticidade feminina, o pesar da casa.

Pois entre as mulheres e os falecidos parece mesmo que existiam relações privilegiadas. Não sabemos quase nada dos ritos funerários dos quais os homens de Igreja não eram os oficiantes. O pouco que deles adivinhamos vem dos prelados que lutaram no século IX, no X, no ano 1000 ainda, para extirpar os resíduos do paganismo, pois eles condenaram e, por conseguinte, descreveram usos, a seus olhos, execráveis. Pelo arcebispo de Reims, Hincmar, por Reginon de Prüm, por Burchard de Worms, ficamos sabendo que no nordeste da Gália, em regiões ainda selvagens, as mulheres foram então instadas a renunciar a certos gestos. Prescreveu-se-lhes que não mais fincassem na terra com uma estaca, "a fim de que não voltassem [...] a prejudicar gravemente a outrem", o cadáver de suas companheiras mortas de parto, nem o das crianças natimortas e dos bebês enterrados sem batismo. Que não mais lançassem balde de água sob a maca quando se levava o defunto para fora da casa. Que não mais impregnassem de unguento as mãos dos guerreiros mortos em combate. E, se acontecesse de padres participarem de vigílias fúnebres, eles não deviam — depois do banquete, das libações, daqueles cantos que convidavam o morto, e, talvez com ele, os ancestrais que ele fora encontrar no outro mundo, a voltar por um momento ao centro da assembleia — suportar "que dançarinas executassem diante deles movimentos infames, à maneira da filha de Herodes". Essas Salomés, Hincmar as chama *tornatrices*. Imaginemo-las, rodopiantes, girando até o transe.

O que subsistia no século XII de tais paganismos? Ignoramo-lo. Pelo menos considerava-se sempre indispensável que mulheres se mantivessem o mais perto possível dos corpos que se iam enterrar. Que se vissem mulheres chorar, rasgar suas roupas, soltar sua cabeleira, arrancá-la aos punhados, arranhar as faces, que gritassem a dor aos brados. Quando, no começo do século XI, em sua história dos príncipes dos normandos, Dudon de Saint-Quentin põe em cena os funerais de um chefe viking morto cem anos antes, ele descreve o que vê à sua volta. Mostra o "sexo feminino" precipitando-se nas ruas da cidade para escoltar o catafalco, portanto, as mulheres saídas da morada, do privado onde lhes assenta manter-se encolhidas, as mulheres cumprindo uma, e creio mesmo que a única, de suas funções públicas: dar a ver e a ouvir, gesticulando, gritando mortalmente, o luto coletivo. Se abro a crônica de Galbert de Bruges, leio que em 1127, imediatamente depois do assassinato do conde de Flandres, Charles, o Bom, foram mulheres que "velaram o corpo durante todo esse dia e a noite seguinte, sentadas em volta, lançando lamentos", e quando um dos assassinos se matou, caindo do alto da torre onde se refugiara com seus cúmplices, mais uma vez mulheres, "pobres mulheres [...] o comboiaram para uma casa e prepararam seus funerais". Como o corpo dos recém-nascidos, o corpo dos defuntos pertence às mulheres. Sua tarefa é lavá-lo, adorná-lo, assim como Maria Madalena e suas companheiras, caminhando para o sepulcro de Jesus, preparavam-se para fazê-lo na manhã de Páscoa. No século XII, o poder, o misterioso, o inquietante, o incontestável poder das mulheres, se deve principalmente a que, como da terra fértil, a vida sai de suas entranhas e, quando a vida se extingue, retorna para elas como para a terra acolhedora. As duas funções da feminidade, materna e funerária, designavam, ao que parece, a dama para reger as "obséquias", os serviços que os ancestrais exigiam dos vivos.

3. ESCREVER OS MORTOS

A cristianização tivera por efeito, porém, entregar aos servidores de Deus uma parte dessa tarefa. Desde o século VII, senão antes, deixava-se repousar os mortos nos lugares de prece antes de os enterrar, e costumava-se sepultá-los o mais perto possível do espaço sagrado. Assim se pusera em marcha o lento movimento que transportou os cemitérios, até então afastados da morada dos vivos, para a vizinhança imediata das igrejas paroquiais. Esse mesmo movimento fez aglutinarem-se os túmulos na proximidade das grandes basílicas que passavam por recolher mais abundantemente as graças do céu. Que agonizante não desejava ser levado, para ali esperar o Juízo Final, até o seio desses edifícios suntuosamente ornados onde se percebia, desde que se lhes transpunha a soleira, como que um antegosto dos esplendores paradisíacos? A arqueologia descobre assim os sarcófagos e túmulos mais modestos comprimidos uns sobre os outros contra os muros, como que se empurrando para forçar-lhes a entrada, relegados porém ao exterior, pois por muito tempo só foram admitidos no espaço interno o corpo dos santos e os corpos daqueles, reis e bispos, que o óleo da sagração impregnara. Os mais poderosos dos nobres reivindicaram o mesmo direito. Apropriaram-se dele ao longo do século X, ao mesmo tempo que de outros atributos régios, no progresso dessa dispersão das prerrogativas soberanas que chamamos feudalização.

Dudon de Saint-Quentin, que citei há pouco e cuja obra soberba logo explorarei a fundo, relata, testemunha ocular, os últimos momentos do duque da Normandia, Richard I, que morreu em 996. Algumas linhas acima, Dudon mostrou o duque evangelizando à sua maneira os vikings ainda pagãos, explicando-lhes no que é preciso crer. O homem, lhes diz ele, é feito de dois elementos, a carne e a alma; a morte as separa uma da outra, mas o corpo não é inteiramente destruído; a alma, no fim do mundo, voltará a introduzir-se nele, o calor de novo penetrará os ossos, novamente o sangue, vivo, irrigará a carne e a "reanimará". Eis por quê, segundo Richard, os cristãos têm tão grande cuidado com os sepulcros. Com o seu, o príncipe se preocupara de longa data. Decidira que seus restos mortais seriam transportados a Fécamp. Nesse lugar, ele recebera o batismo e fundara, dominando seu próprio palácio, um mosteiro dedicado à Trindade. Nesse lugar, queria dormir seu último sono. Prescrevera preparar antecipadamente seu túmulo, um sarcófago de pedras. Toda semana, antes que ele viesse estender-se nele, seria enchido de cereais e distribuir-se-ia esse trigo aos pobres. Quando caiu doente, um palanquim o conduziu de Bayeux a Fécamp. Ele desceu e depôs seus trajes, testemunhando por esse gesto que mudava de existência. Revestiu o costume dos penitentes e alcançou, descalço, levando o cilício, a igreja da Trindade. Depositando sobre o altar o que conservava ainda de adorno, recebeu o viático. Então, seu meio-irmão, um dos filhos de sua mãe, seu amigo mais caro, lhe perguntou onde mandar colocar o sarcófago. Richard respondeu que seu corpo muito maculado de pecados era indigno de ser introduzido no santuário. Ele repousaria à porta, sob a goteira. Todo mundo maravilhou-se. Tal gesto de humildade era com efeito pouco comum. Os príncipes de sua posição exigiam comumente que sua sepultura, como a dos reis francos em Saint-Denis, fosse instalada o mais perto possível das relíquias dos santos, em meio a um coro masculino que perpetuamente lançaria ao céu a invocação pela salvação de sua alma. Como Richard, escolhiam habitualmente ser enterrados em um mosteiro.

As comunidades monásticas pareciam de fato especialmente qualificadas para encarregar-se dos defuntos. Essas vastas famílias bem-ordenadas, essas esquadras de irmãos dedicados a cantar a uma só voz dia e noite a glória de Deus, que, em troca, os gratificava com suas larguezas, honravam com efeito magnificamente um ou vários mortos, os santos presentes em sua igreja por sua efígie e pelo que se conservava de seus corpos. Os faustos litúrgicos com que elas cercavam esses restos adquiriam toda sua amplitude por ocasião da festa desses bem-aventurados, no aniversário de seu falecimento. Segundo ritos análogos, os monges celebravam o ofício em favor de outros defuntos, de seus irmãos em religião, assim como dos mais generosos de seus benfeitores, aqueles homens que muito caro haviam comprado a entrada na "sociedade" monástica, sendo incorporados espiritualmente à sua "fraternidade". Alguns, no crepúsculo de sua vida, traziam ao mesmo tempo que sua oferenda seu corpo, revestindo *in extremis* o hábito de são Bento. Na igreja da Trindade de Fécamp, Richard I viera assim renunciar como um monge às vaidades do século, e o conde de Anjou, Geoffroi Martel, "na noite que precedeu sua morte, depôs todo o cuidado da cavalaria e dos assuntos do mundo e se fez monge no mosteiro Saint-Nicolas d'Angers". As liturgias funerárias prometidas a esses associados organizaram-se no século XI em um sistema complexo. Ele chegou à sua perfeição na congregação cluniacense, que lhe deveu seu brilhante sucesso.

Os monges escreviam. Como Dhuoda. Mantinham livros. *Libri memoriales*, "guarda-memórias". Esses repertórios continham a lista daqueles que, em dias determinados, até o fim dos tempos, seriam nomeados durante os ofícios, em nome de quem naquele dia os religiosos, depois de se ter esbaforido a cantar para eles, receberiam como prêmio por seu serviço suplemento de pitança, dupla ração de vinho, retornando o defunto, invisível, para presidir sua refeição. Nos mosteiros, uma quantidade de nomes se achava assim armazenada. Deve-se pensar que por essa razão a lembrança dos ancestrais era mais fielmente conservada pelos monges do que em sua própria casa? Pode-se duvidar disso. O exemplo das sociedades sem escrita mostra que tão somente a memória, bem exercida, constantemente solicitada como o era havia tempos no círculo dos soberanos da África negra, como o era por certo nas casas aristocráticas do século XII, revela-se inteiramente capaz de manter muito nítidas no espírito, durante séculos, as mais densas arborescências da linhagem. Contudo, podia acontecer que as famílias nobres se dispersassem, se extinguissem, que os descendentes esquecessem seus deveres. Voltar-se para os mosteiros era agarrar apoio mais seguro. Estou de acordo com O. G. Oexle: as comunidades monásticas se mostrariam naquele tempo capazes de melhor "gerir as relações sociais entre os vivos e os mortos [...] pela inscrição e recitação dos nomes individuais dos defuntos". Inscrição: o nome dos mortos era, segundo a fórmula dos sacramentários, "escrito na frente do altar". Recitação: ele era escrito apenas para ser solenemente, periodicamente proferido. No entanto, se os monges foram encarregados de servir os mortos e de desarmar sua cólera, foi sobretudo porque, mais próximos que todos os mortais do coro dos anjos, podiam melhor do que ninguém ajudar as almas a elevarem-se para a luz, escapando ao abraço da "serpente negra" mencionada pelo epitáfio de Dhuoda. Ainda assim, era preciso que suas preces agradassem ao Todo-Poderoso e, portanto, que eles aparecessem sem mácula aos olhos deste. Os príncipes que lhes confiavam seu próprio corpo e a alma de seus ancestrais consagraram-se então a que eles fossem muito puros. Vejo aí uma das razões, e talvez a mais urgente, da reforma da instituição eclesiástica que se ampliou nas proximidades do ano 1000. Durante o século XI, em todo caso, os senhores, grandes e pequenos, despenderam sem economia para assegurar aos defuntos de seu sangue o socorro das preces monásticas. Deram a mancheias às antigas abadias. Edificaram muitas novas. Como exemplo da função que exerciam esses mosteiros privados, eis o de Andres, fundado pelo conde Baudouin I de Guînes.

Em 1079, por piedade, ou para resgatar uma falta grave pelas fadigas da longa peregrinação, esse guerreiro partiu para Compostela em companhia de um de seus amigos. A caminho, pararam em Charroux. Deslumbrados com o brilho dos ofícios que se celebravam nessa abadia, os dois peregrinos conceberam cada um a ideia de criar em sua região uma que lhes pertencesse. Em troca de uma bela esmola, os dirigentes do grande mosteiro aquitano prometeram a Baudouin enviar-lhe um abade e uma equipe de monges a partir do momento em que ele houvesse preparado com que os estabelecer. Em 1084, o pequeno bando de beneditinos instalou-se em Andres, a dois passos do castelo de Guînes. Com essa fundação, Baudouin pretendia atrair para si duradouramente as graças divinas. Ao mesmo tempo, ele afirmava a independência de sua casa com relação à abadia de Saint-Bertin, muito próxima, e, por isso, com relação aos condes de Flandres que ali se retiravam para morrer. Enfim, o senhor da terra de Guînes fortalecia as estruturas da dinastia. Instituía de fato uma necrópole familiar: um privilégio do papa Pascoal II estabeleceu que, "nesse lugar, a sepultura seria totalmente isenta, de modo que, segundo sua vontade, ali fossem enterrados todos os descendentes do conde e todos os pares do castelo". Manassé, filho e herdeiro de Baudouin, foi de fato sepultado perto de seu pai. Os monges o haviam recebido, doente, em sua enfermaria; com o hábito monástico, ele morrera no meio deles; enterraram-no na igreja em presença de sua mulher e de seus vassalos. Com exceção daquele que, tendo se tornado conde de Beirute, faleceu na Terra Santa, todos os irmãos de Manassé vieram juntar-se a ele, assim como alguns de seus companheiros de armas. Reunidos em torno do sepulcro condal, uma boa dúzia de cavaleiros defuntos formava uma corte imóvel e muda, equivalência exata da corte errante e ruidosa reunida em torno do conde vivo.

Manassé não deixava filho. Tudo fizera para contrariar os projetos de seu sobrinho Arnoud de Gand, que lutava por sua sucessão. Quando se aproximou da morte, Arnoud, ressentido, não quis repousar em Andres, ao lado de seu tio. Legou grandes bens a Saint-Léonard, abadia feminina onde a viúva de Manassé estava enterrada: esta havia com efeito favorecido seu acesso ao poder. Conquistado talvez pelas formas novas que tomava a piedade na segunda metade do século XII, ele escolheu ser sepultado em uma instituição de caridade, o hospital de Saint--Inglevert. Foi lá que, sentindo seu fim próximo, ele abandonou seu equipamento de guerra, seu cavalo, seus cães e seus falcões, "tudo o que lhe dera prazer no mundo". Pouco depois, a morte o surpreendeu em terra distante, perto de Folkestone. Apressaram-se em transportar seu corpo para além do Mancha. Os ventos eram contrários. Esse corpo chegou meio decomposto. Os monges de Andres se felicitaram por isso. O conde Arnoud era punido. Deveria ter vindo até eles. Era a regra. Ele agira "ao mesmo tempo contra o que haviam instituído seus ancestrais e contra os direitos da abadia".

Seu filho Baudouin II, sim, os respeitou. Em 2 de janeiro de 1206, com quase setenta anos, "tendo disposto de seus bens, devotamente munido dos sacramentos da Igreja, confiante na misericórdia do Senhor", ele entregara a alma em sua casa de Guînes. O mais velho de seus filhos estava ausente. A nora, "com uma pressa excessiva, [...] ávida de se tornar condessa", convocou o abade de Andres a fim de que ele recebesse o mais depressa possível o corpo de "seu senhor e patrão" e preparasse "a acolhida de todos os da parentela que viriam aos funerais". Os monges julgaram essa precipitação indecente. Obedeceram, porém, por temor ao marido. O corpo do "pai da pátria" foi então levado até o lugar onde, "mais tarde, a dita dama" (ela cumpria seu papel de mulher, cuidar dos mortos) "mandou erguer uma cruz dupla de pedra para o conde e para seu esposo". Depois de uma breve pausa, o corpo de Baudouin foi introduzido na igreja abacial. De portas abertas, "desde o serão até o meio da noite, um banquete ali foi servido aos cavaleiros e suas damas, às gentes do burgo e a outras pessoas. Até a hora do sepultamento, eles tiveram de que comer e beber", reunidos em torno do catafalco, festejando em companhia do morto sempre presente, e, enquanto os despojos do conde permaneceram expostos diante do altar-mor, "uma multidão inumerável de pobres foi alimentada de pão e de carne trazidos de diversas moradas condais". O herdeiro surgiu enfim. Imediatamente, gratificou o mosteiro com uma isenção de taxa. A esse preço, os monges, todos os anos, até o fim dos tempos, celebrariam um ofício funerário pela alma de seu pai.

Noto nesse relato a ausência quase total de referência ao espiritual. O autor da crônica, monge beneditino, fala apenas de um corpo em torno do qual a comunidade, *dealbata*, de branco, entregou-se ao *planctus*, à deploração costumeira. Ele fala de refeição, comer, beber, e copiosamente, uma última vez ao lado do defunto, parecendo constituir o rega-bofe o elemento mais importante do ritual. Um cortejo então, um banquete, como para bodas, como para as cerimônias que festejam a entrada de um filho na cavalaria. A entrada entre os mortos opera-se da mesma maneira, com grande pompa e em uma semelhante profusão de víveres. Enfim, o túmulo, a vala aberta e, sobretudo, era o que contava, a necessária instalação do cadáver na série das sepulturas ancestrais.

Aos senhores da terra de Guînes parecia evidente que a longa coorte dos mortos fosse colocada sob a guarda de um homem de seu sangue. Eles haviam tido de procurar fora da linhagem o primeiro abade. O próximo seria dos seus. Nomearam então Grégoire, um dos sobrinhos-netos do conde Manassé: esse nome o destinava ao estado monástico. Alojaram-no bem criança na abadia familiar, depois, a fim de prepará-lo para dirigir a comunidade, enviaram-no para formar-se em Charroux. "Querendo agradar aos nobres do lugar, seus parentes", os monges de Andres o elegeram em seu retorno. Mas aqueles de Charroux que o conheciam impuseram um outro candidato. Grégoire foi paciente. Ao fim de catorze anos, obteve o posto. A crônica de Andres o diz "nobre de raça, mas pouco esclarecido, robusto de corpo, benevolente com todos, preso aos laços de sua parentela carnal e da gloríola militar". Ele se ocupou sobretudo de ourivesaria. Quatro anos mais tarde, foi deposto em razão "de sua idiotia, de sua inércia, de sua inanidade". Acusavam-no de se comprazer demais em patinar no inverno nos pântanos gelados, como um leigo, arrastando com ele seus monges. Além do mais, haviam-no surpreendido "mergulhando sua mão, em modo de amor lascivo, no corpete de uma dama". À época, a reforma da Igreja ganhara terreno amplamente. Não se hesitava em afastar as ovelhas negras. A família não interferiu. Ela fazia questão antes de tudo de que seus mortos, adormecidos sob o pavimento da abadia, fossem convenientemente servidos.

Nas casas religiosas onde se orava pelos antepassados, onde os descendentes destes se reuniam para honrá-los antes de vir repousar junto deles, a memória dos ancestrais enraizou-se. Foi ali que ela começou a ser confiada à escrita e que os primeiros artesãos de uma literatura inteiramente consagrada a celebrar a glória das dinastias encontraram não apenas com que alimentar seus relatos, mas também modelos de composição. As vidas de santos conservadas junto dos relicários, as "legendas", os textos "para ler" mostravam como compor a biografia de um herói. As listas de papas, de bispos, de reis, a genealogia de Jesus nos Evangelhos e até os esquemas de filiação produzidos nas cortes episcopais por ocasião de processos por causa de incesto mostravam como ligar um ao outro os elos de uma linhagem. Por vezes, até se via a série dos protetores da comunidade monástica figurada sob a forma de uma árvore. Como, em um registro da abadia de Weingarten onde se servia a memória dos ancestrais da grande família dos Welf, aquele tronco trazendo, enxertadas de geração em geração desde a raiz da linhagem, as sucessivas representações de um casal — digo realmente de um casal, um rosto de homem unido ao rosto de uma mulher, de uma dama, um pai e uma mãe rememorados juntos.

Quando, no último terço do século XII — enquanto artistas modelavam a placa de esmalte destinada a representar sobre seu túmulo, sempre vivo, brandindo a espada, o conde de Anjou, Geoffroi Plantageneta —, Jean, monge de Marmoutier, escreveu a biografia desse príncipe, ele redigia de fato, para ser lida em voz alta, periodicamente, uma "legenda" bem pouco diferente de uma vida de santo. Não creio que muitos senhores defuntos, por mais brilhante que fosse seu renome, se tenham beneficiado de uma homenagem retórica tão faustosa quanto esta. Mas havia, numerosos, os epitáfios. Os religiosos mais dotados para a composição literária, como Raoul Glaber em Saint-Germain-d'Auxerre, o monge Martin em Saint-Jean-de--Montierneuf, o cônego Gislebert em Sainte-Waudru-de-Mons, tinham a missão de elaborá-los, de reconstituí-los quando as palavras gravadas na pedra se tornavam ilegíveis. Essas inscrições funerárias guardavam a lembrança de um nome. Era sua função primeira. O que pedia Dhuoda: que o passante pudesse diante da sepultura soletrar as letras de um nome e pronunciá--lo em uma breve oração. Dhuoda, porém, queria mais. Inserira seu nome entre as palavras de um poema. Não era raro, com efeito, ver a chamada à memória ganhar amplitude nas laterais do sepulcro. Na metade do século XII, Wace, um clérigo a serviço de Henrique Plantageneta que transpunha então para língua românica a obra de Dudon de Saint-Quentin, descreve à sua maneira os funerais de Rollon. Faz menção ao túmulo desse príncipe, sobre o qual Dudon nada dissera. Ele o viu em Rouen, na catedral, em uma das naves laterais do coro, na face sul:

> *O sepulcro ali está e o epitáfio também,*
> *que conta seus feitos e como ele viveu.*

Um relato, portanto, os rudimentos de uma história.

Wace não escrevia em uma casa religiosa, escrevia em uma corte. A literatura genealógica da qual me aplico em desentocar algumas figuras de damas germinou nos claustros, entre os livros cujas palavras monges e cônegos ruminavam, e nas criptas monásticas, diante dos alinhamentos de túmulos, mas foi no seio da sociedade cortês que ela desabrochou. Deve-se ver nessa transferência como que um retorno ao profano das declamações rituais em memória dos antepassados, isso por um movimento inverso àquele que três séculos antes as transportara para as igrejas abaciais, uma reviravolta que teria a uma só vez favorecido o recuo do monarquismo, práticas religiosas tornadas mais íntimas e o fortalecimento das estruturas de linhagem? Sabemos muito pouco sobre os costumes funerários lei-

134

gos e, de maneira mais geral, sobre o que se passava no privado das casas para supor que os mortos da família em cujo favor os monges foram solicitados a salmodiar tenham por isso deixado de ser evocados no círculo da parentela. Quanto a mim, estou convencido do contrário, certo que todo chefe de casa continuava por dever a contar a saga familiar a seus filhos, a seus sobrinhos, aos filhos de seus vassalos. Ou, então, de que encarregava de fazê-lo este ou aquele dos homens de seu sangue, depositário oficial da lembrança, como o irmão de Richard I da Normandia que foi informante de Dudon, ou aquele rapaz que, nos dias de chuva, recitava diante de seu primo Arnoud, senhor de Andres, e dos novos cavaleiros seus camaradas o que guardava na memória das façanhas dos ancestrais. Houve transferência, por certo, mas de uma outra ordem. Se a linhagem, se a própria casa tornou-se no século XII, como o diz Howard Bloch, "produtora de signos", e de signos que não estão hoje inteiramente apagados, se a corte foi o lugar onde se edificaram para a ilustração de uma família construções literárias sólidas, das quais alguns fragmentos subsistem ainda, isso foi resultado de uma evolução cultural.

Na metade do século XII, a cultura dos cavaleiros sai da sombra. Afirma-se contra a cultura dos padres. Estes já não são os únicos a manejar a bela escrita. A alta nobreza se torna — ou antes volta a ser, Dhuoda o era — letrada. Homens capazes de compor poemas e de os transcrever no pergaminho são agora pensionados nas moradas dos nobres. São eles os agentes do aparente deslocamento do mosteiro ou do capítulo para a casa nobre, passagem, de fato, da oralidade à escrita. O que se cantava nas cortes, aquelas "cantilenas dos jograis" sobre as quais o cônego Lambert de Wattrelos lembra em 1170 que mantinham vivo o renome dos valentes cavaleiros irmãos de seu avô materno, as canções de gesta também, todo entremeadas de nomes próprios — são os dos paladinos míticos, mas a maior parte desses nomes pertencia às grandes linhagens, e muitos, ouvindo-os pronunciados, gostavam de pensar que designavam os mais gloriosos de seus antepassados —, esse feixe de epopeias cujas sequências se transmitiam de boca em boca formava uma reserva de memória muito mais rica do que aquela de que os monges eram os guardiães, bem mais presente no espírito dos homens de guerra que os escritos amontoados no armário dos livros, à entrada dos claustros. Opulento tesouro. Por ele velavam os profissionais da canção. Enriqueciam-no, introduzindo novos nomes para agradar a seus mecenas. Percebemo-los poderosos tanto quanto os publicitários e os colunistas de hoje. Guilherme Marechal sabia bem o quê; divulgando suas virtudes, os jograis acrescentariam a seu renome; cumulava-os de suas atenções. Ao passo que, na casa de Ardres, queixavam-se amargamente dos cancionistas, pois estes, lembrando-se de que o chefe dessa linhagem havia tempos recusara a um deles os calções de escarlate que este cobiçava, omitiam perfidamente, quando interpretavam os cantos da cruzada, o nome daquele antepassado que tão bem lutara sob os muros de Antióquia. Esse tesouro, no entanto, era frágil, muito menos resistente à usura do tempo do que os epitáfios ou os "livros de vida". Fugazes, a maior parte dessas palavras se perdeu até o momento em que se começou a escrevê-las.

Esse momento, a metade do século XII, é aquele em que, no curso de uma evolução que conduzia à restauração do Estado, a primazia do rei da França começava a impor-se. Ela punha em discussão a independência das dinastias principescas. Estas se defendiam. Apoiaram-se nesse quebra-mar, nessa base primordial, a lembrança da glória ancestral, garantia de uma legitimidade, da livre posse de um patrimônio. Levar oferendas aos monges para que mantivessem o melhor possível a *memoria* era um ato piedoso. Consolidar as estruturas de uma genealogia tornou-se um ato político. Recordar as façanhas dos ancestrais, os direitos que haviam conquistado e mantido na ponta da espada, era fazer frente mais firmemente às pretensões de um poder concorrente. Monumentos literários foram então edificados como baluartes.

Monumentos, de fato. Era preciso que fossem imponentes, soberbos, cobertos de ornamentos, como o foram entre os ro-

136

manos os arcos de triunfo, como o eram cada vez mais frequentemente os túmulos. Com esse fim, apelou-se a escritores reconhecidos, a "mestres" que se haviam formado na escola nas artes do discurso, na gramática, na retórica, portanto, a homens de Igreja. Mas, antes que a monges encerrados em suas próprias liturgias, os chefes de família passavam encomenda a clérigos. Esses homens de cultura escrita podiam ser atraídos para as casas deles. Incorporados à família, seriam dóceis. Essas obras foram, no pleno sentido do termo, domésticas. De fabricação e de uso internos. A vida não era desprovida de atrativos nas ricas moradas. A fim de ganhar os favores do patrão, de sentar-se à mesa bem perto dele para apanhar os bons bocados, esses hábeis artesãos empregaram o melhor de sua perícia. Como se esperava deles, exprimiram o que pensava o senhor, aquilo cuja lembrança desejava que fosse guardada, em uma linguagem de aparato, a das vidas de santos, dos epitáfios, das preces que se cantavam nas fumaças do incenso em torno dos catafalcos. Eles escreveram em latim, o latim precioso da "renascença do século XII", empolado, sobrecarregado de ênfases. Depois, com o passar do tempo, alguns, nas cortes mais abertas, chegaram a empregar a língua da jovem literatura de divertimento, o dialeto românico, o idioma sofisticado pelo qual as pessoas bem-nascidas gostavam de distinguir-se do vulgo.

Esses escritores eram capazes de tirar sua informação dos escritos do passado. Percebe-se que vasculharam os baús onde se encerravam os documentos, procuraram nos cartulários e nas crônicas com que enriquecer, prolongar a memória viva. De fato, para eles e para aqueles que os mantinham, essa tarefa de erudito permanecia acessória. Pedia-se-lhes antes de tudo que pusessem em forma solene e sólida a memória semifiel, frequentemente vaga e por vezes extravagante que conservavam na cabeça os homens da parentela, únicos habilitados, em virtude do sangue que corria em suas veias, a evocar, a convocar, a tornar mais presentes os mortos da linhagem por meio de palavras repetidas. Essas palavras, os escritores pagos as recolheram, as enobreceram ao transpô-las para o latim das liturgias. Tomando como modelo as genealogias régias, ordenaram o relato ao longo de um eixo, o tronco da linhagem partindo do fundador, elevando-se de geração em geração até a do comanditário. Tomando como modelo as vidas de santos, dispuseram sobre esse eixo vinhetas semelhantes às que ornam o manuscrito de Weingarten. Figuras de homens, figuras de mulheres. Biografias.

A propósito desses textos, uma pergunta se coloca: quando, como, onde, em que circunstâncias, por quais intermediários, diante de que auditório, seu conteúdo era comunicado? Ela não tem resposta. Tudo nos escapa das modalidades da "performance", da maneira como se utilizava na casa a lembrança assim guardada e magnificada. Pelo menos se adivinha, muito comumente partilhada nas famílias da nobreza, a vontade de armazenar essa lembrança por intenção dos que viriam depois, dos descendentes, para seu ensinamento moral, para que não "degenerassem", para que permanecessem tão nobres quanto seus antepassados. Mas também para revigorar seus direitos, fortalecê-los em seu poder. Creio na rapidíssima eflorescência desse gênero literário, e não apenas em torno dos senhores dos mais fortes principados. Dele não restam, porém, mais que fragmentos. Isso não deve surpreender. A maior parte das dinastias celebradas por esses poemas extinguiu-se. Os livros compostos para sua glória perderam o interesse. Foram negligenciados. Quase todos pereceram. Alguns destroços porém se salvaram, no mais das vezes em um único manuscrito tardio, uma cópia encomendada pelos herdeiros distantes de velhíssimas senhorias, nos últimos tempos da Idade Média. Esses vestígios são raros mas de grande valor, os testemunhos mais fiéis do que as grandes casas nobres do século XII pensavam de si mesmas. Aí se percebe notadamente o reflexo, fugidio, indeciso, de uma imagem, aquela que me esforço por recompor. A imagem que os cavaleiros do século XII faziam das damas.

138

4. MEMÓRIA DAS DAMAS

Recorrer à literatura de linhagem para discernir os contornos de algumas silhuetas femininas pode parecer, no entanto, paradoxal. A linhagem, com efeito, era assunto de homens. Assunto dos senhores que, pela efusão de sua semente, procriavam o menino destinado a tomar a frente da casa quando eles houvessem deixado este mundo, que, com esse objetivo, tinham desposado a mulher que seu pai lhes arranjara e a haviam fecundado. Era o seu dever, o que exprime claramente o ritual das bodas. Baudouin II, conde de Guînes, casava seu filho primogênito. Ao fim do dia, enquanto os festejos prosseguiam na escalada das trevas, enquanto a multidão dos convidados se empanturrava, continuava a embriagar-se, a gargalhar com as obscenas facécias dos histriões, ele entrara na morada do novo casal, no quarto. Enfeitara-se, ornara-se como uma espécie de altar o leito nupcial, e os padres acabavam de incensá-lo devidamente, de aspergi-lo com água benta, como, alguns anos mais tarde, à morte do conde, incensariam, benzeriam na igreja o palanquim onde repousariam seus despojos. Os esposos achavam-se ali, já deitados, prontos para a tarefa amorosa. Erguendo os olhos e os braços ao céu, Baudouin chamou para eles as graças do Todo-Poderoso. Que pedia ele? "Que se multiplique na duração dos dias e dos séculos a semente." *Semen*. Esse termo latino, eu sei, significa "linhagem", "descendência". Mas designa em primeiro lugar essa coisa concreta, esse humor, o esperma. O temor de todos os chefes de família, a preocupação lancinante que corroía Manassé, tio-avô do conde Baudouin, e que branqueou seus cabelos antes do tempo, era "que não subsistisse mais semente saída de seu próprio corpo". Esses senhores pensavam evidentemente na boa semente, na masculina. Manassé, que foi obrigado a "mendigar a uma de suas irmãs um herdeiro", considerava este "de uma semente estrangeira": sua mãe fora semeada por um homem de uma outra linhagem. Em consequência, quando um senhor se referia à sua ascendência, em primeiro lugar voltava à sua memória a figura de seus pais, daqueles homens que haviam eficazmente semeado nos flancos de sua dama a semente de seus sucessores. Figuras de cavaleiros, vociferando no tumulto dos combates, loucos por sua exuberante virilidade.

Tal fixação nos valores masculinos é notória no relato que Fouque Réchin começou a ditar em 1096, recitando sua própria genealogia, a fim de provar que detinha legitimamente o condado de Anjou. "Eu, Fouque, conde angevino, filho de Geoffroi de Château-Landon e de Ermengarde, filha de Fouque, conde angevino e sobrinho de Geoffroi Martel, que foi o filho desse meu antepassado Fouque e irmão de minha mãe [de saída, o conde se situa com relação a esses dois homens, dos quais herdou a "honra", o poder de comandar que lhe é contestado], decidi confiar ao escrito como meus ancestrais adquiriram e mantiveram sua honra até meu tempo, e depois como mantive essa mesma honra ajudado pela misericórdia divina." O objetivo é claro. É político: atestar direitos, falando o próprio grande senhor, e o latim muito simples, despojado, do texto vem talvez diretamente dele, bastante letrado como muitos príncipes nesse fim do século XII para dispensar o intermédio de um tradutor eclesiástico. Esse testemunho é excepcional. Revela como um homem de guerra pensava naquele tempo sua genealogia. A lembrança, Fouque a expõe, diz ele, tal "como meu tio Geoffroi Martel contou-a a mim". Talvez essa lembrança tenha sido um pouco refrescada pelos homens de Igreja que serviam o conde e que, desenrolando o pergaminho de velhos documentos, procuravam com que escorar suas prerrogativas. Retenhamos, contudo, a maneira como se transmitia normalmente a memória. Era de fato o chefe de casa que a mantinha entre os jovens que hospedava, e muito especialmente no espírito daquele que ele sabia que seria depois dele o responsável pela honra, isto é, por todo o patrimônio, as terras, o poder e o capital de glória acumulado ao longo dos séculos. Seu dever era relembrar as façanhas dos antepassados antes que fossem esquecidas, louvar sua coragem, sua força física, sua fidelidade, todas as virtudes cavaleirescas de que haviam dado prova.

A memória aqui remonta a muito longe, a sete gerações. Estende-se muito exatamente até as extremidades do espaço, desmedido, no seio do qual a autoridade eclesiástica proibia o incesto, impedindo os descendentes de um mesmo ancestral de esposar-se entre si. Tal exigência obrigava as grandes famílias, as que os bispos vigiavam de perto, a reter dos antiquíssimos antepassados pelo menos os nomes. Cada vez que uma moça era dada em casamento, mais valia, para evitar processo em corte de Igreja, estar em condição de colocar sob os olhos dos prelados uma genealogia, também ela construída em sete andares. Conservavam-se justamente, no mosteiro Saint-Aubin d'Angers, cinco documentos dessa espécie, cinco listas de ancestrais. Suponho que foram redigidas por ocasião dos múltiplos casamentos desse mesmo Fouque Réchin, que não parava de mudar de esposa. Todos colocam no sétimo grau, na origem da "semente", Enjeuger. Sabe-se por outros escritos que esse homem viveu cerca de cento e cinquenta anos antes. Fouque, em seu relato, o diz também *primus*. Faz seguir seu nome de três outros, que foram de seu filho, de seu neto, do filho deste último. Nada mais é dito desses remotíssimos antepassados. "Não posso", confessa Fouque, "comemorar dignamente as virtudes e os atos desses condes, pois estão tão distantes que os lugares onde repousam seus corpos nos são desconhecidos." Nada de túmulos, nada de epitáfios: imediatamente a memória falha. Ela está viva apenas por um século. Dos três condes que o precederam, Fouque é capaz de relembrar as "gestas", as batalhas em que triunfaram, o que fizeram em benefício da honra. Com efeito, é realmente da honra que se trata, do principado angevino, de seu destino. Os homens passam, ele sobrevive, transmitido de mão em mão. Mãos evidentemente masculinas, bastante vigorosas para defendê-lo, para ampliar-lhe as fronteiras, mãos de valentes, brandindo o gládio de justiça e de paz que lhes foi solenemente entregue no fim de sua adolescência. Toda essa história é uma história de homens. Fouque não se preocupa em nomear-lhes as esposas: elas não mantiveram a honra. Contudo, fato notável, ele tampouco diz nada de seu pai, salvo

141

o nome. Pois nada lhe restou dos poderes que Geoffroi de Château-Landon deteve em Gâtinais; esses poderes, Fouque os sacrificou, cedeu-os ao rei da França para obter a investidura de uma herança muito mais substancial, o condado de Anjou. Os únicos ancestrais que, para ele, merecem ser lembrados são os de sua mãe, a única mulher nomeada nessa longa relação. Ela o é duas vezes, na abertura do discurso. De fato, tudo o que Fouque possui lhe veio por meio dela. Deu-lhe o sangue dos angevinos, e é graças a esse sangue que ele exerce legitimamente seu poder.

Aparece aqui o essencial e o que torna os relatos de linhagem tão preciosos para quem procure conhecer a sorte das damas do século XII. O ventre das mulheres não é simples receptáculo. O germe depositado ali pelo macho não amadurece sozinho. Essa concha macia secreta seus próprios humores. O sangue de uma mulher ali se mistura ao sangue do homem, e sua própria semente une-se à masculina, pois, inúmeros indícios o revelam, acreditava-se então comumente na existência de um esperma feminino. *Semen eorum*, "semente dos dois esposos", escreve aliás o autor do relato genealógico — ele pesava suas palavras, lera tratados de história natural — quando reconstitui a prece de Baudouin de Guînes diante do leito nupcial de seu herdeiro. Já que a dama intervém na gestação de maneira tão decisiva, o filho pode pretender apoderar-se dos direitos que possuía o pai de sua mãe. Se este não tem descendente masculino, ele herda seus bens e, por vezes, pensemos em Ricardo Coração de Leão, filho de Alienor, neto de Guillaume de Aquitânia, esses bens são imensos. De todo modo, herda-lhe as virtudes, o renome, o que constituía o valor do sangue materno. Essa mulher que o incubou em suas entranhas fez a ponte entre duas linhagens, entre a casa da qual saiu e aquela para onde a conduziram com grande pompa no dia de suas bodas, na esperança de que logo estaria grávida. Ela é o elo, a "cópula". Instrumento da aliança, a dama certamente é um objeto. Mas, para aquele que é detentor dele, esse objeto é de valor muito singular. Valor daquelas filhas, daquelas irmãs, daquelas sobri-

142

nhas que o bom senhor distribui como recompensa entre os jovens guerreiros que ele instrui e dos quais espera que o sirvam fielmente. Valor das mulheres de sua semente, que ele tem a missão de implantar por casamento em outras casas, unindo estas à sua, já que, na geração seguinte, os filhos oriundos dessas uniões venerarão os mesmos ancestrais que ele. Se a memória genealógica abre-se em leque e remonta frequentemente a mais longe do lado materno que do paterno, se figuras femininas tomam necessariamente lugar nessa lembrança, não é porque as damas tenham-lhe especialmente a guarda: a maior parte dos nomes que aparecem na lista que Dhuoda redigiu é masculina. As ancestrais estão presentes pelo papel que tiveram no destino da linhagem. Quando os juramentados vinham recitar uma genealogia diante do bispo para confirmar ou para destruir uma presunção de incesto, deviam realmente nomeá-las também, e a literatura familiar não podia omitir o nome de pelo menos algumas delas.

Duas razões fazem com que ela os retenha firmemente. A primeira é a força do laço afetivo que une nessa sociedade o filho à sua mãe. Geralmente, haviam-no expulso muito jovem da casa natal, como o foi o filho de Dhuoda. Seu pai, para ele, logo se tornava um estranho, e mais tarde um rival, quando, ao crescer, suspirava por gozar livremente das vantagens da senhoria. Em compensação, ele se agarrava à lembrança da mãe da qual fora arrancado e da qual conservava imperecível nostalgia. Venerava tudo o que se relacionava a essa mulher, incluídos aí os defuntos de sua ascendência. A segunda razão é mais poderosa: na maior parte dos casais, o homem era de menos alta extração, menos abastado que sua mulher. Tal disparidade entre os dois cônjuges parecia normal. Quando, por acidente, um pai dava a seu filho primogênito uma esposa que não se situava acima mas abaixo dele, sentia a necessidade de justificar-se. Esse fora o caso quando o mesmo Baudouin de Guînes desposara a filha do senhor de Ardres, vassalo de seu pai. O historiador doméstico que relata o acontecimento meio século mais tarde não faz rodeios. A propósito desse casamento, ele fala de "humilhação". A desculpa era aquela paz perpétua que era preciso estabelecer, a despeito de todos os obstáculos, entre duas casas que se enfrentavam havia gerações, para grande prejuízo da região: em circunstâncias análogas, "muitos nobres, duques, e mesmo reis e imperadores tinham aceitado rebaixar-se dessa maneira". Rebaixar-se.

Que a mulher fosse comumente mais nobre que seu marido devia-se ao estado do mercado matrimonial. Ele era desequilibrado. Pletora de moças oferecidas, penúria de rapazes adquirentes. Os chefes de casa esforçavam-se, com efeito, por casar todas as mulheres em seu poder. Sobravam-lhes frequentemente nos braços algumas. Henri, castelão de Bourbourg, tinha cinco filhas, só conseguiu casar duas, as três outras viveram virgens até sua morte no pequeno mosteiro feminino ao lado de sua morada. Fora fundado para isso, para albergar as mulheres excedentes. Se creio em Gislebert de Mons, que compôs em 1196 sua genealogia, os condes de Hainaut foram mais felizes. Com exceção de duas, todas as donzelas e damas de sua família foram, no curso do século XII, casadas e recasadas. Baudouin IV deu suas irmãs, suas sobrinhas e suas primas aos cavaleiros que mantinham em comunidade os castelos de Mons e de Valenciennes, assim garantindo para si a fidelidade de tudo o que importava na região. "Durante sua vida, em plena capacidade, ele casou suas três filhas com três guerreiros valorosos, ao passo que havia muito tempo", acrescenta Gislebert, "não se ouvira dizer que nenhum conde de Hainaut tivesse visto cavaleiro um de seus filhos, nem casada uma de suas filhas." Esse era realmente o voto do pai de família, inserir o conjunto de sua progenitura no tecido social, as filhas pelas bodas — ou, mais exatamente, pela maternidade legítima, já que uma mulher naquele tempo não tinha utilidade nem verdadeira existência social enquanto não era mãe —, os machos pela sagração como cavaleiro, pela entrega das armas.

Não, porém, pelo casamento. Pois os chefes de casa que temiam ver depois de sua morte o patrimônio ancestral desmembrado, dividido entre os filhos de seus rapazes, não admitiam deixar mais de um só deles casar-se. Essa prudência foi eficaz: os documentos que interrogo mostram bem poucas árvores genealógicas que não tenham crescido em linha reta, sem ramo adventício, até por volta de 1180, até o momento em que as restrições aos casamentos dos filhos começaram a afrouxar--se, porque a circulação da moeda, tornando-se cada vez mais fluida, aliviava a rigidez das fortunas nobres e tornava mais fácil comprar para este ou aquele caçula com que se estabelecer. Mas, até então, os doadores de rapazes tinham feito o bom papel, a escolha entre tantas moças oferecidas. Eles escolhiam os partidos mais vantajosos, seja o melhor sangue, seja o gordo dote, indo sua preferência evidentemente para as moças primogênitas, desprovidas de irmãos e de tios, as quais eles tinham motivo para esperar que elas herdariam. Acontecia que mulheres assim ligadas a inferiores por seu pai ou seu irmão torcessem o nariz. Jean de Marmoutier, embelezando a história dos condes de Anjou e transferindo a dois séculos antes atitudes e diligências que observava à sua volta, imagina os dissabores de uma órfã, a filha de um conde de Gâtinais. Quando este morreu, o rei da França, seu senhor, ofereceu a moça, com a herança, ao camareiro da casa condal, um homem no qual confiava. Ela recusou, protestou. Era indecente, gritava, "colocar sobre ela" um marido de tão medíocre condição. O rei confiou-a à sua esposa, e a rainha logo conseguiu pôr na linha a recalcitrante. No mais das vezes, contudo, as moças passavam de uma casa a outra sem abrir o bico. Ensinaram-lhes que deviam obedecer, e a maior parte das prometidas era muito jovem. As duas parentelas selavam comumente o pacto bem antes que fossem núbeis: a filha do conde de Namur tinha apenas um ano quando Henri de Champagne, depois da cerimônia de noivado, levou-a para sua morada, para de resto esquecê-la ali a partir do momento em que se apresentou um partido mais proveitoso.

O caso dessas filhas mostra cruamente para que servia o casamento, por que as moças se tornavam damas, o que elas eram para os homens: corpos dados, tomados, postos como re-

145

serva para a qualidade de seu sangue, postos de lado quando não se podia tirar mais nada deles. De qualquer maneira, em razão dessas práticas, os primogênitos, os futuros herdeiros, casavam-se na maior parte acima de sua posição, e, quando um de seus irmãos mais jovens conseguia casar-se também, tomava mulher igualmente acima dele. Pois a recebia como recompensa do patrão que servira, e que, para fazer-se mais amado, concedia-lhe uma donzela de sua parentela, portanto, de mais brilhante nobreza. Em suma, os tratos entre famílias e a estratégia dos grandes senhores resultavam comumente em colocar a mulher em posição de superioridade no interior do par conjugal e, por isso, pelo que ela trouxera de prestígio, em lhe valer depois de sua morte a veneração de sua descendência.

Na história dos senhores de Amboise, lê-se o nome de uma dama, Denise. O cônego anônimo que redigiu esse texto por volta de 1155 acompanha esse nome de um chamejante elogio. Isso por três razões. Em primeiro lugar, essa mulher era muito rica, pelos haveres de seu tio, Geoffroi de Chaumont (um curioso personagem: pela assombrosa beleza de seu corpo, foi apelidado de Donzela; de fato, ele jamais se casou e se fez cavaleiro errante depois de deixar todos os seus bens à sua sobrinha, seguiu em 1066 Guilherme, o Conquistador, e, na aventura, tornou-se riquíssimo, arrastando consigo desde então em suas idas e vindas entre a Normandia e o vale do Loire um grande tesouro em ouro e prata do qual tirou, em 1096, com que equipar o filho de Denise, que partia para Jerusalém). Outro mérito, Denise mostrara-se dócil como deveriam ser todas as moças, aceitando o marido que se escolhera para ela. Ele lhe era, não obstante, muito inferior, filho de um vassalo do conde de Anjou, Geoffroi Martel; este, vitorioso, em 1044 arrancara Denise, como um butim de guerra, a seu tio Geoffroi, a Donzela, a fim de magnificamente retribuir a um dos principais artesãos de sua vitória. Enfim, tornando-se dama, Denise desempenhara perfeitamente seu papel e dera, como deveriam fazer todas as esposas, o menino que herdaria os bens e a glória

146

de seus ancestrais. O elogio estava ali para que sua memória fosse conservada piedosamente na família.

Quando homens de Igreja, mais bem equipados para unir à lembrança a contribuição das fontes escritas, chegam a evocar sua própria ascendência, vê-se mais claramente ainda o que os homens do século XII deviam, em sua maior parte, às suas ancestrais. Por volta de 1170, Lambert de Wattrelos redigia seus *Annales* em Saint-Aubert-de-Cambrai. Chegando ao ano 1108, data de seu nascimento, decidiu dizer "de quem ele vinha". Ele se conta. Com a idade de sete anos, deixou a casa natal. Seu tio materno, o abade de Mont-Saint-Éloi, veio pedir "à sua mãe que o desse a ele". À mãe e não ao pai. À mulher que carregara o filho em seu seio, que o alimentara com seu leite, a quem o filho pertencia bem mais que a seu genitor. Foi ela quem decidiu, e foi a alguém de sua própria linhagem que confiou seu filho. Distingue-se aqui o poder que a maternidade confere às damas: elas são poderosas por meio de seus meninos. Mas o relato mostra também por que esse poder é reforçado. Seu vigor vem de que, nessa linhagem, todas as esposas foram de melhor nascimento que seu marido. Lambert se lembra. O domínio onde nasceu era herança de sua avó paterna; o avô, um caçula sem fortuna, ali se instalara. Quanto à linhagem de sua mãe, prevalecia nitidamente sobre a de seu pai. A honra, tudo aquilo de que Lambert se orgulha, as relações graças às quais fez carreira na Igreja, tudo lhe vem de sua mãe, de sua "doce mãe", Gisèle. Era a filha, diz ele, de um homem "muito rico" cujos dez irmãos haviam perecido no mesmo combate, e os jograis cantavam ainda, um século depois, sua valentia; sem dúvida esse homem devia, como tantos outros, uma parte pelo menos de sua riqueza à sua esposa. Oriunda, segundo Lambert, do "altíssimo sangue da nobreza flamenga", essa mulher tinha irmãos também, muitos. Onze deles haviam espalhado sua semente em toda a região; ela não pudera, portanto, ao se casar, fornecer terra; mas viera com escravos dos dois sexos e sobretudo um copioso capital de renome. A nobreza de que se gaba seu neto provém essencialmente dessa avó. Desse lado, do lado materno, figuram com efeito entre seus parentes abades, abadessas, uma enfiada de fogosos guerreiros, Richard de Furnes, que foi porta-estandarte do conde Guillaume Cliton e perdeu a vida na batalha de Axpoel, os "famosíssimos cavaleiros de Lampernesse", um tio, ainda, que morreu combatendo pelo rei da Inglaterra, Henrique I.

É também pelas mulheres que Robert, abade do mosteiro cisterciense de Foigny, diz descender de Robert, o Forte, o ancestral dos capetos. Por sua mãe, Adélaïde, pela mãe de sua mãe, Adèle, por Adèle, mãe de sua avó, por Béatrice, mãe desta, filha de Edwige, ela própria filha de Hugo Capeto. Seu primo, Guy de Basoche, também sabe muito bem de onde provém o melhor de seu sangue. Recebeu-o de dama em dama. Em 1190, lembra ao filho de sua irmã que ele é *ex materna* de cepa imperial e real. Real: Hugo Capeto é seu ancestral pela mesma Edwige, a mesma Béatrice, bisavó de sua mãe. Imperial: o sangue dos Oto lhe vem de uma neta de Henrique, o Passarinheiro, antepassada no sétimo grau de Adèle, mãe de sua mãe, a qual descendia na décima geração, e mais uma vez pelas mulheres, de Judith, filha de Carlos, o Calvo. Mulheres, essas filhas, essas viúvas que os chefes de linhagem espalhavam generosamente à sua volta, dando-as a homens de menor nobreza por interesse familiar e por munificência, dispersaram por todos os lados o sangue dos reis. Uma parcela desse sangue, do sangue de Carlos Magno, corre em nossas veias, as vossas, as minhas talvez, em todo caso nas de muitos de nós, bem mais numerosos do que imaginamos. Ele foi muito frequentemente transmitido por bastardia, por companheiras fortuitas. Mas o foi também por vezes, no leito conjugal, por damas.

A regular predominância do feminino no seio do casal legítimo, as considerações com que, por mais orgulhosos que fossem de sua virilidade, por mais temerosos e, por conseguinte, mais desdenhosos que fossem diante da mulher, os guerreiros cercavam as ancestrais, aquelas boas, aquelas nobres esposas que, era-lhes repetido, haviam fortemente contribuído para a glória de sua casa, isso faz com que eu encontre na masculiníssima literatura genealógica com que entrever os traços de algumas damas do século XII. Eis agora o que me fez conhecer essa literatura e especialmente dois de seus raros vestígios. Um concerne à imensa casa dos duques da Normandia. O outro, a uma linhagem mais modesta, a dos condes de Guînes.

ESPOSAS E CONCUBINAS

1. GENEALOGIA DE UM ELOGIO

Volto a Henrique Plantageneta, e muito naturalmente: a corte mais brilhante da Europa se reunia em torno desse príncipe; ele sustentava o desenvolvimento da cultura cavaleiresca, pois ela se opunha não apenas à cultura dos padres, mas também àquela, austera, toda impregnada de sacralidade, de que a corte do Capeto, seu rival, era o núcleo; e para realçar o brilho das assembleias periódicas de guerreiros e de damas diante dos quais, interrompendo um momento suas intermináveis cavalgadas, ele se mostrava em seu poder e em sua generosidade, mantinha em sua casa os escritores mais talentosos e mais ousados de seu tempo. Inúmeros poemas foram compostos para agradá-lo. Dois deles me dão uma boa parte do que procuro.

Por seu pai, Henrique descendia dos condes angevinos. Do lado materno, como era o caso de quase todos os nobres, podia invocar mais gloriosos ancestrais. Neta de Guilherme, o Conquistador, sua mãe era a herdeira dos duques da Normandia, o sangue de Rollon corria em suas veias, e foi alegando direitos que ela possuía, reclamando a herança de seu avô, o rei Henrique I, de quem herdou o nome, que Henrique Plantageneta reivindicara a coroa da Inglaterra e se apoderara dela em 1155, erigindo-se doravante em sucessor do rei Artur da legenda. À memória de seus antepassados normandos, quis ver erguer um monumento digno deles, deslumbrante. Desejou que sua história fosse escrita em romance,* na linguagem que se falava à sua mesa. Benoît de Sainte-Maure pôs mãos à obra.

---

* *En roman*, no original, significa a uma só vez "na língua românica" e "no gênero romance", relato de aventuras em versos. (N. T.)

150

Por volta de 1165, Benoît oferecera ao rei Henrique II, introduzindo de passagem o elogio discreto de sua esposa Alienor, o imenso *Roman de Troie* [Romance de Troia], um relato repleto de feitos guerreiros, cantando as façanhas de Heitor e Aquiles, disfarçados de cavaleiros corteses. O poeta, contudo, bem informado dos gostos de seu público, julgara conveniente introduzir algumas mulheres nessa longa sequência de episódios militares. Guerreiras, as Amazonas, sua rainha, Pentesileia. Apaixonadas também. Ele mostrava Medeia, inflamada de desejo, preparando-se para ir ao encontro de Jasão em plena noite, no salão, no meio dos cavaleiros adormecidos, recuando porém diante da indecência de tal passo, atraindo esse homem ao seu quarto e entregando-se a ele. Mostrava Helena quando ouviu a confissão de Páris e o dom de seu coração. Mostrava Briseida, esquecida do amor prometido a Troilo, cedendo, inconstante, aos avanços de Diomedes. "Dor de mulher dura pouco, ela chora com um olho, com o outro ri [...]. Bem louca é a mais sensata [...]. Jamais creem agir mal. Quem se fia nela se trai e ilude a si próprio." Profundamente misógina, a obra procurava no entanto seduzir as damas e as donzelas, descrevendo minuciosamente vestidos, mantos, espelhos, fanfreluches, e entregando às comoções do amor os paladinos saídos por um momento de sua carapaça. Esse romance agradara. Benoît de Sainte-Maure aplicava agora seu reconhecido talento em satisfazer seu protetor.

De fato, ele não estava familiarizado nem com a Normandia nem com a casa ducal. Sem dúvida, encontrava-se havia algum tempo agregado à casa, muito heterogênea, do rei-duque, mas vinha de Touraine, uma região que os antepassados paternos do Plantageneta dominaram. Teria estado mais bem situado para falar deles. Não podendo beber diretamente nas fontes da memória da linhagem normanda, Benoît amplificou, cobriu de vidrilhos o que encontrava na obra de outrem. Foi assim que utilizou sem pudor a de Wace, bem recente. Wace ou Guace, sim, era normando. De Jersey. Intimamente, antigamente ligado à família dos duques. No começo do século XI, um de seus ancestrais tivera, ao que parece, o ofício de camareiro de Robert, o Diabo. Ele próprio talvez já fosse "clérigo ledor", encarregado na casa de tudo que se referia à escrita, junto do rei Henrique I. Em todo caso, em 1155, no momento em que Henrique, o Segundo, estabelecia-se no trono inglês, ele dedicara a Alienor um *Roman de Brut* (isto é, de Brutus, fundador mítico da Bretanha). Inspirando-se em Geoffroi de Monmouth, em sua história legendária dos reis da Bretanha, esse relato contava as aventuras do rei Artur. Gabava o brilho de sua corte, mostrava-a, prefiguração da do Plantageneta, atraindo toda a cavalaria da Bretanha e da Escócia, "os francos, os normandos e os angevinos, os flamengos, os borgonheses e os lorenos". No prolongamento desse poema, Wace acabava — pelo menos é o que me parece, pois a cronologia dessas obras é bastante incerta — de compor, logo depois do *Roman de Brut*, o de *Rou* (isto é, de Rollon), uma história dos duques da Normandia. Interrogara os membros da parentela, recolhera lembranças que se haviam transmitido na casa de geração em geração, tirara o resto dos livros, tomando cuidado, como historiador consciencioso, de advertir seus ouvintes quando passava das fontes orais às fontes escritas.

Wace baseara-se principalmente em uma obra em latim que Guillaume, monge da abadia de Jumièges, dedicara em 1070-1 "ao piedoso, vitorioso e ortodoxo Guilherme, rei dos ingleses pela graça do Rei supremo". Essa *Geste des ducs normands* [Gesta dos duques normandos] continha sete livros, um para cada duque, desde o livro II, consagrado a Rollon, até o livro VII, consagrado a Guilherme. Escrita imediatamente depois da conquista da Inglaterra, a obra pretendia sustentar a legitimidade de um poder contestado, pôr em evidência, como o fez um pouco mais tarde o "Bordado da rainha Mathilde", dito "Tapeçaria de Bayeux", os direitos que tinha o Conquistador de suceder na dignidade real a Eduardo, o Confessor, mas também e sobretudo demonstrar que Guilherme, o Bastardo, era o herdeiro direto da Normandia. Essa demonstração ocupa uma boa metade do livro VII. O texto, monástico, é austero, denso, tão despojado, tão robusto quanto os pilares, quanto as abóbadas da

Abbaye-aux-Hommes, em Caen, que se edificava na época. Ele foi recopiado em diversas oficinas de escrita, abundantemente: restam dele hoje quarenta e cinco manuscritos. Alguns dos homens de Igreja que o retomaram preocuparam-se em completá-lo, muito cedo, ainda durante a vida do duque Guillaume ou imediatamente depois de sua morte. Élisabeth van Houts seguiu atentamente esse enriquecimento progressivo, primeiro em Saint-Ouen de Rouen e em Saint-Étienne de Caen, em 1096-1100, depois no mosteiro de Saint-Évroul, onde Orderic Vital, por volta de 1113, reescreveu o livro VII, nutrindo-o de inúmeras interpolações (é sem dúvida essa versão que empregará Wace), enfim na abadia do Bec. O prior desse estabelecimento, Robert de Thorigny, futuro abade do Mont-Saint-Michel, acrescentou copiosos desenvolvimentos. Com ele, a atenção deslocava-se, passava da dinastia principesca à nobreza da região, na preocupação de ligar seus múltiplos ramos ao tronco ducal. Robert era apaixonado por genealogia, em um tempo, o começo do século XII, em que as exigências da autoridade eclesiástica em matéria de incesto avivavam nas famílias a memória dos ancestrais.

O próprio Guillaume de Jumièges explorara amplamente o livro *Des manières de vivre et des actions des premiers ducs de Normandie* [Das maneiras de viver e das ações dos primeiros duques da Normandia], que o autor, Dudon, terminara de redigir entre 1015 e 1026. Por essa história, a mais antiga e uma das mais suntuosas jamais escritas na França à glória de uma dinastia principesca, atingimos a base sobre a qual repousa a obra que Henrique Plantageneta encomendou em honra dos antepassados de que estava mais orgulhoso. Dudon era um dos cônegos da colegiada de Saint-Quentin-en-Vermandois. Sem dúvida formado em Laon na escola catedral — sua obra é dedicada ao bispo Adalbéron; ele se dirige a este como a seu mestre, pedindo-lhe que corrija seu trabalho e confirme por sua "autoridade" a qualidade do livro —, Dudon possuía uma habilidade excepcional nas artes da escrita. Manejava como virtuoso o latim complicado e barroco que agradava à época. Mas ele se deleita-

153

va também em cultivar a *sapientia*, a ciência sagrada — "mística", escreve ele, dando assim a entender que conhecia grego, situando-se por aí na filiação de Johannes Scotto, o Irlandês, o sábio cuja glória, no apogeu da renascença do século XII, irradiara-se desde Compiègne, desde a capela do imperador Carlos, o Calvo, e cujos livros se conservavam em Laon. No começo de seu reinado, o rei dos francos, Hugo Capeto, utilizou Dudon, eminente representante da alta cultura carolíngia, que retomava um novo vigor na virada do ano 1000 no velho país franco. Enviou-o em missão junto ao chefe dos piratas do baixo Sena, Richard. Este o apreciou. Reteve-o. Incluído daí em diante entre os familiares do príncipe, Dudon "quis, em razão de seus inumeráveis benefícios, prestar-lhe o *officium* de seu serviço".

Richard fora educado junto do rei Luís de Ultramar, "alimentado" na casa do soberano, como o fora no século precedente o filho de Dhuoda, como o eram ainda, no palácio, os rapazes das mais poderosas famílias do reino. O jovem viking voltara dali deslumbrado com o brilho da cultura franca. Nos últimos anos de seu principado, empenhou-se em restaurar os estudos nos claustros episcopais da Normandia, em primeiro lugar em Rouen, em torno de Robert, um de seus filhos, que ele fizera arcebispo. Tinha necessidade de um homem que o ajudasse, como Alcuin ajudara Carlos Magno em uma empresa semelhante, de um mestre de bem falar e de bem pensar. Ninguém lhe pareceu mais qualificado que Dudon para preencher essa função. Dudon pertencia à ordem dos cônegos, cujo papel, como ele próprio esclarece em seu livro, consistia em guiar os dirigentes da "ordem leiga", em os instruir, em particular nas artes da linguagem. O livro que Richard lhe pediu que escrevesse em 994 e no qual trabalhou durante mais de vinte anos é em parte educativo. É um manual de retórica. Entremeado de exercícios de versificação, ele propõe modelos de bela escrita, como, no preâmbulo, os dois poemas dedicados ao arcebispo Robert.

No entanto, quando Richard lhe encomendou o relato dos costumes e dos grandes feitos de seus predecessores, desde

Rollon, "que restabelecera o direito no ducado", esperava antes de tudo que fosse descrita a ascensão dos chefes dos bandos escandinavos às formas mais refinadas da civilização. Esse processo de aculturação, os ancestrais do duque o haviam desencadeado e sustentado. Isso devia ser lembrado, sua ação, glorificada, sua memória, exaltada. Dudon se encontrava na situação de Benoît de Sainte-Maure. Não pertencia à parentela, não era depositário dessa memória. Estranho, teve de se informar com aqueles que por seu nascimento conservavam a lembrança dos antepassados. Aprendeu o essencial da boca de Raoul, conde de Ivry, irmão de Richard, que ele apresenta como o autor do "relato" sobre o qual se constrói a obra. Guillaume de Jumièges o confirma: "Utilizei", esclarece ele, "a *Historia* de Dudon, que deve sua matéria ao conde Raoul". Que ela viesse diretamente de um homem da raça garantia a veracidade do relato. Contudo, Dudon, como Benoît, como Wace, tirou de alguns livros complementos de informação. Eram livros francos, os *Annales* de Saint-Bertin, de Saint-Vaast, as *Histoires* de Flodoard de Reims. Mas ele se serviu também de um escrito composto no seio da casa ducal: a lamentação de Guillaume Longa Espada. O interesse desse breve texto é mostrar como acontecia por vezes, no fim do século X, que os mortos fossem celebrados nas grandes famílias principescas. Esse Guillaume, pai de Richard, acabava de selar uma paz com o conde de Flandres quando este mandou assassiná-lo por seus esbirros. Vítima de um crime odioso, Guillaume foi venerado por seus parentes e por seus fiéis como um mártir, uma espécie de santo, e, como para um santo, compôs-se em sua honra uma "legenda". Fixou-se pela escrita o *planctus*, a deploração que se cantava junto de seu túmulo. Foi o embrião dessa literatura familiar. Dudon inspirou-se nisso para contar por sua vez "a vida, os atos e o triunfo" desse herói infeliz, "a fim de", diz ele, "por esse relato, ajudar outrem, mas especialmente os descendentes, as gentes da linhagem de Guillaume, a elevar-se às alegrias celestes". A obra inteira foi edificada a partir dessa biografia.

Ela começa por evocar um chefe normando muito selvagem, Hastings. Ele existiu? Em todo caso, não é o ancestral. Sua imagem, sem dúvida inventada, a do devastador por quem o país foi mergulhado no caos, está colocada ali, no começo da história, porque importava apresentar devastado, aplainado, nu como nos primeiros dias do mundo, o local da construção que, um depois do outro, pacientemente, os três primeiros duques, Rollon, Guillaume e Richard, edificaram. Vê-se claramente, pelo uso que Dudon faz da lamentação, pela maneira como remaneja esse escrito, como o retifica, pouco preocupado com a verdade histórica, mas atento em mostrar bem o que seu patrão esperava que mostrasse, qual era o propósito da obra: glorificar um êxito, a inserção, política e cultural, por etapas, dos bárbaros vindos do norte na cristandade latina tal como a haviam modelado os reis francos.

Richard I não viu o livro acabado. Seu filho o recebeu das mãos de Dudon. Ele é belo, ao menos para quem não é decididamente refratário às maneiras de escrever da época. Os historiadores positivistas o desprezaram e o desprezam, cumulando de sarcasmos Dudon, o fantasista, Dudon, o manipulador. Tenho essa obra por um documento de primeiríssimo valor. Também eu sou positivista. À minha maneira. Para mim, o positivo não está na realidade dos "pequenos fatos verdadeiros": bem sei que não a apreenderei jamais. O positivo é esse objeto concreto, esse texto que conserva um eco, um reflexo, palavras, gestos irremediavelmente perdidos. Para mim o que conta é esse testemunho, a imagem que um homem de grande inteligência propôs do passado, seus esquecimentos, seus silêncios, como ele trata a lembrança para ajustá-la ao que pensa, ao que crê verdadeiro, justo, ao que querem crer justo e verdadeiro aqueles que o escutam. Assim Dudon, quando evoca a mãe de Guillaume Longa Espada ou a de Richard, talvez não diga delas a verdade exata. Tenho consciência disso. E, não obstante, retenho preciosamente as palavras que ele emprega. Elas revelam como se gostava de representar as ancestrais em uma corte principesca emergindo pouco a pouco da selvageria no ano 1000.

O interesse dessa obra é tanto maior quanto foi reempregada, interpretada durante quase dois séculos. Ela o foi por monges em primeiro lugar, na austeridade dos claustros da Normandia, em prosa latina. Depois, em versos românicos, para o ensinamento e prazer dos cavaleiros, no seio de uma corte alegre, por clérigos domésticos. A lembrança nos chega assim depositada em estratos sucessivos, e é uma sorte excepcional poder seguir por um longo período as deformações de que foi objeto no espírito dos homens a imagem das mulheres que partilhavam o leito dos primeiros duques da Normandia.

2. A PERTURBAÇÃO QUE VEM DAS MULHERES

As mulheres têm na verdade muito pouco lugar nessa história de guerreiros, de furiosos pouco a pouco acalmados. Sempre em segundo plano, são joguetes nas mãos desses brutos. Quando, tomando de assalto a Nêustria, destruindo tudo, os bandos do "feroz" Hastings puseram os militares em debandada, voltaram sua sanha contra os pobres, os desarmados, contra os homens de Igreja e contra as mulheres. Segundo Dudon, todas as moças foram vilmente defloradas, todas as esposas raptadas. Os chefes vencedores se apoderaram das dos chefes vencidos; elas formavam o mais precioso, o mais saboroso do butim. No entanto, eles tiveram de compensar seus companheiros de armas como o fez mais tarde Cnut, o Dinamarquês, quando, depois da tomada de Londres, apropriando-se da viúva do rei Ethelred, "deu por ela a todo o exército o peso de seu corpo em ouro e prata". Ocorria por vezes que mulheres ousassem resistir às violências viris. Guillaume de Jumièges evoca de passagem essas *pugnatrices* de Coutances sobre as quais se contava que, a golpes de cântaro, haviam um dia abatido seus agressores mais robustos, ingleses vindos pilhar a Normandia. O fantasma da guerreira acrescentando a proeza aos atrativos de seu corpo obsedava os sonhos da cavalaria. Wace e Benoît puseram então em evidência a façanha dessas mulheres "altivas e selvagens". Mas julgaram conveniente assinalar com clareza o que havia de insólito em tal pugnacidade, de chocante mesmo, de subversivo. Ela rompia a ordem das coisas. Essas combatentes "pareciam mulheres transviadas". Prova dessa licenciosidade, eram vistas "despenteadas", sua cabeleira espalhada, exibida como o era naquele tempo a das mulheres de vida alegre. Sedutora, a cabeleira, com efeito, era o emblema dos poderes femininos, dessa força inquietante cuja intensidade os homens conheciam e que se sentiam obrigados a subjugar. Na vida bem-ordenada, os cabelos das donzelas podiam livremente flutuar ao vento. Mas as damas deviam velar para que nada dos seus fosse avistado. Elas os mantinham dissimulados sob a murça, aprisionados como elas próprias o eram, submetidas ao poder de um marido. Terror dos homens à ideia de as ver, soltando suas tranças, tomar uma arma e brandi-la.

De fato, as mulheres se fazem muito mais presentes na metade do século XII no relato dos narradores encarregados de divertir a corte de Henrique Plantageneta. Estes sugerem, como seus predecessores, que o destino delas é serem tomadas, objetos sempre do desejo masculino. Mas eles repetem que esse desejo deve ser doravante dominado. Não mais rapto, a sedução. As mulheres entram no jogo do amor. É assim que elas aparecem em três historietas incorporadas por Wace à história que ele romanceava. Os escritores cuja obra explorava lhe davam um retrato de Richard I apenas esboçado. Ele acrescentou-lhe alguns ornamentos, tomando-os à tradição oral, transcrevendo o que se havia repetido de boca em boca na casa a propósito desse remotíssimo ancestral. Ele adverte: o que digo vem de longe,

> *eu o ouvi de vários,*
> *que o haviam eles próprios ouvido,*
> *mas muitas vezes por displicência,*
> *por preguiça, por ignorância,*
> *muitos belos feitos estão por escrever.*

Sobre alguns desses feitos, aliás, fez-se silêncio intencionalmente:

> *quanto ao pecado que cometeu o duque*
> *quando matou o cavaleiro,*
> *isso não foi posto por escrito*
> *mas os pais o disseram aos filhos.*

Essas anedotas ilustram as virtudes do bom príncipe, a sabedoria em primeiro lugar. Novo Salomão, Richard é mostrado fazendo um julgamento sagaz de um caso muito banal. Um monge de Saint-Ouen cruzara em uma rua de Rouen com uma dama. Ela lhe esquentou o sangue.

> [...] *Ele a amou,*
> *à maravilha a cobiçou,*
> *logo iria morrer,*
> *se dela não fizesse seu prazer.*

Abordando-a, enredou-a em falas. O jogo, segundo as regras, inaugurava-se por palavras.

> *Tanto lhe disse e tanto lhe prometeu*
> *que a dama prazo lhe deu,*
> *que à noite ao palácio fosse.*

Para se dirigir ao encontro, o galante teve de transpor no escuro a água, atravessando uma passarela. Ela era estreita, oscilante. Ele caiu e se afogou. Discussão entre o anjo e o diabo: a alma, qual dos dois a levará? O anjo a queria para si. O pecado não foi cometido. Quem sabe se o defunto não teria no último momento voltado atrás? É justo condenar ao fogo eterno "apenas por um louco pensar e um pouco de vontade"? A Igreja esforçava-se naquele tempo por regular o sacramento da penitência. A questão se colocava, pendente: onde está a culpa? Quem é realmente responsável? Finalmente, tomou-se o duque por árbitro. Ele se encontrava bem perto, em seu quarto, velando como o fazem os soberanos conscientes de seu dever enquanto seus súditos dormem. É preciso, julgou ele, ressuscitar o acusado. Que o recoloquem sobre a tábua. Se seu primeiro passo for de recuo, deve ser salvo. O milagre produziu-se. O culpado escapou do inferno. Mas de manhã, todo molhado, teve de fazer como bom penitente a confissão de suas faltas. No segundo apólogo, Richard aparece como cavaleiro errante. Aventurou-se sozinho, longe da corte, por aquelas extensões perigosas — aqui uma landa, no coração da floresta de Lions — onde é comum os paladinos, nos romances, terem encontros estranhos. De longe, ele descobre, estendidos na charneca, um cavaleiro, uma donzela, ambos de uma beleza sobrenatural: "Ele jamais vira tão belas pessoas juntas". Um outro Tristão, uma outra Isolda. Desconhecidos. À aproximação do duque, o cavaleiro ergue-se e — reação enigmática: estamos no maravilhoso dos contos corteses — mata sua companheira. Richard imediatamente o abate com um golpe de espada. Agia, por certo, como justiceiro, vingando uma mulher ultrajada. Era excesso, porém: ele deveria ter permanecido senhor de si. Essa foi sua falta, o "pecado" sobre o qual ninguém até então ousou escrever. O herói do último episódio não é Richard mas um de seus monteadores, um homem do povo. Mesmo cenário, a natureza selvagem, uma floresta, o espaço dos prodígios.

Os três episódios se encadeiam. Mostram, todos três, como se conduzir com as mulheres, ensinando a moral amorosa das cortes. As exigências dessa moral diferem segundo a ordem a que o homem pertence. Na primeira história, um religioso: estes não deveriam aproximar-se das mulheres. Na segunda, um cavaleiro: este tem o direito de amar, mas na discrição, ocultando seu nome e o da bela, arriscando tudo para que ela não seja "infamada", desonrada; assenta-lhe também dominar longamente seu desejo, por isso, estendido ao lado de sua companheira, sua espada é colocada entre eles dois, fronteira para não ser transposta; quanto à moça, não tirou sua murça, não soltou seus cabelos; enfim, é proibido aos cavaleiros forçar as damas nobres, levantar contra elas o gládio. É o delito punido por Richard, com demasiada severidade. O último personagem masculino pertence ao terceiro estado. Na orla do bosque, no exercício de suas funções subalternas, esse campônio levanta uma caça de sonho, cai sobre uma linda moça. Tenta seduzi-la, mas, como rústico que é, brutalmente. Queimando as etapas, toma seu prazer à força, como os cavaleiros tomam o deles das pastoras. Então a fada, pois é uma fada, o agarra, projeta-o maravilhosamente nos ares. Para sua vergonha, ele fica pendurado no alto de uma árvore, castigado. Pois ele, que por sua condição faz amor como os animais, visava alto demais, deveria contentar-se com uma mulher de sua posição, com uma campônia.

O ensinamento dessas três anedotas incide também sobre os deveres das mulheres. As de qualidade — o vocabulário aqui empregado, "dama", "donzela", "virgem", atesta que se trata unicamente delas — não devem ceder senão a cavaleiros, obrigados, eles, a tratá-las segundo o ritual que se forjou nas cortes, em primeiro lugar na de Henrique Plantageneta. Acomodando à sua maneira o que recolheu na lembrança doméstica — e é essa maneira mesma, são esses ajustes que me informam sobre as atitudes mentais do século XII —, Wace esboça em poucos traços a imagem que os homens de seu tempo faziam comumente do feminino. Por natureza, as mulheres são fracas. Requerem ser especialmente protegidas. "Mulher deve ter em toda parte paz", esses termos são aqueles mesmos das prescrições que enunciavam a propósito das damas na época de Dudon os primeiros juramentos de paz impostos aos guerreiros. Quando elas saem de casa, é preciso que um homem as acompanhe, senão se pode livremente se apoderar delas: são, no sentido que se dava no século XII a essa expressão, "sucessões de ádvena".* Como a moça violentada pelo monteador: "Naquele bosque sozinha, o que fazia?". Era uma puta? Uma fada? Fatal, em todo caso. Pois

---

* No original, *aubaines*, direito segundo o qual a sucessão dos estrangeiros cabe ao senhor. (N. T.)

161

sozinhas, sem tutor masculino, a dama, a donzela, a virgem não apenas se encontram em perigo de ser tomadas, elas estão entregues a si mesmas, portanto, a más inclinações, abandonam-se inevitavelmente à luxúria, dado o fraco que têm pelo jogo do amor. Emboscada no canto do bosque, a fada, para dele tirar gozo, espreitava a passagem de um macho. As mulheres são presas, e muito fáceis, facilmente engodadas por um palavreado, então se entregando por inteiro ("ninguém, nada a protegia"), mas por esse motivo são armadilhas em que os homens, seduzidos por seus encantos, seus enfeites, pelo irresistível atrativo de seus cabelos descobertos, tropeçam. Para todos, de qualquer estado que sejam, a mulher, tentadora e perigosa, é fonte de prazer e causa de perdição. Acrescento que o duque Richard é mostrado em uma de suas funções mais importantes. Como têm missão de o fazer os príncipes a quem Deus confia o poder de julgar e punir, ele reprime a desordem suscitada pela presença das mulheres. Em sua casa, onde estão lado a lado machos das três ordens, e nessa imensa casa que é o principado que ele dirige, seu primeiro dever é de reger a sexualidade. Todos os escritos compostos em memória dos duques da Normandia o dizem.

Dudon estava encarregado de mostrar como em um século os normandos se haviam civilizado. O que era a civilização? O cristianismo em primeiro lugar, depois o respeito pelos preceitos assegurando a reprodução da sociedade no equilíbrio de suas ordenações. Portanto, para os homens, uma maneira regrada de partilhar as mulheres. Por isso, nas primeiras páginas, descrevendo o desregramento primitivo, atroz, que os chefes dos vikings, depois de seu batismo, tiveram o mérito de dominar pouco a pouco, o cônego de Saint-Quentin adianta o caos sexual. "Esses homens", diz ele, falando dos pagãos escandinavos, "ardiam de um ardor excessivo, cada um deles maculava várias companheiras com suas odiosas copulações." Assim, "geravam por esses acasalamentos incontáveis descendentes repug-

162

nantes e ilícitos". A poligamia, suas consequências, o excesso de progenitura e, finalmente, a superabundância de rapazes, ela mesma fermento de turbulência: lúcido, Dudon percebe um dos vícios estruturais mais perniciosos de que sofria o mundo de seu tempo, a perturbação que espalhavam os bandos de "jovens", de cavaleiros celibatários. Transpondo, ele imagina no fim do século IX esquadrões de adolescentes — *milites*, é a palavra que emprega: cavaleiros. Ele os vê enfrentando-se em incessantes combates, chegando a lutar contra os velhos, "os pais e os tios". O cúmulo da subversão. A sociedade escandinava remediava isso expulsando ritualmente a juventude. Segundo os "ritos antigos", evacuava-a para o exterior, lançava-a, devastadora, para os países vizinhos — da maneira como os chefes de guerra contemporâneos de Dudon arrastavam atrás de si a cada primavera uma barafunda juvenil rumo às "fronteiras", as extensões selvagens que separavam então uns dos outros os principados, a fim de extravasar a veemência dos guerreiros nesses jogos militares que foram chamados um pouco mais tarde torneios. Para o historiador do ano 1000 — ele via com justeza —, essa rejeição periódica dos fomentadores de desordem esteve na origem das incursões nórdicas em país cristão. De tal jorro de violência, as mulheres eram naturalmente as primeiras vítimas. Sobre elas se lançavam os piratas, inflamados de todos os fogos da luxúria. Que os desregramentos da sexualidade masculina sejam um dos traços mais claros da incultura é o que repete, na época de Guillaume de Jumièges, o autor de uma biografia de Guilherme, o Conquistador, Guillaume de Poitiers. Apropriando-se das palavras empregadas por Salústio a propósito dos mouros de Jugurta, ele julga desta maneira os bretões da Armórica, esses valentes cujos perigosos ataques ameaçavam constantemente os normandos: "Nesse país", escreve ele, "um único cavaleiro gera cinquenta, pois, transgredindo a lei divina e as regras do pudor, possui uma dezena ou mais de mulheres".

Os companheiros de Guillaume, o Bastardo, talvez os invejassem secretamente. Em todo caso, mcio século mais tarde, Wace e Benoît de Sainte-Maure vão mais longe. A descrição que

163

fazia Dudon do ardor luxurioso dos homens do Norte, Guillaume de Jumièges evidentemente a abreviara. Eles a amplificam. Pensam em seu público, em todos aqueles homens violentos em busca de mulheres, e sabem prender sua atenção mostrando-lhes seus distantes ancestrais,

> *tão luxuriosos e fogosos,*
> *tão desejosos e tão ardentes*
> *que as mulheres eram a todos*
> *abandonadas e comuns*

(não se trata mais de um garanhão reinando sobre um rebanho de potras, mas da abolição de toda regra, de folias incontroladas. Comum, execrável confusão dos sexos: repetia-se por toda parte no século XII que a semelhantes abominações entregavam-se os sequazes do inferno, os guerreiros mercenários saídos da escória do povo, os heréticos e todos os marginais).

> *Poucos têm uma tão querida*
> *que não tenham outras, libertinas.*
> *Quando assim estão confundidos*
> *e um ao outro abandonados*
> *vergonhosamente, sem lei sólida,*
> *e sem costume conveniente,*
> *não sabe o filho quem é seu pai,*
> *nem quem é sua irmã ou irmão*

(ouve-se aqui um duplo eco, o dos sermões denunciando os funestos efeitos das ligações adúlteras que vêm desarmonizar as relações de parentesco e o daqueles romances de cavalaria cujo herói, ignorante de sua ascendência, ilustrava os fantasmas que o medo do incesto e da ilegitimidade mantinha no espírito dos nobres daquele tempo).

Tal era a desordem, quando surgiu Rollon. Ele próprio era um "jovem", um aventureiro raptor de esposas. Inflamado por uma "virtude viril" que se expandia em furor, lançara-se sobre a Inglaterra à frente de uma tropa de rapazes. Mas Deus o escolhera. Guiou-o, inspirou-o, conduziu-o até além do Mancha, para "aquela província que ele lhe deu". Rollon fez bom uso da graça divina. Àquele país sangrado até a última gota, devolveu segurança, prosperidade. Pois se libertara do paganismo, portanto, da selvageria. Em 911, o rei Carlos, o Simples, admitira que uma parte da Nêustria fosse submetida ao seu poder, exigindo em compensação que ele se fizesse cristão. O batismo é um novo nascimento. Regenerado pela água batismal, de agressor ele se torna protetor. Civilizador.

Durante os sete dias que se seguiram a seu batismo, ele se ocupou unicamente do sagrado. Restaurando as estruturas da Igreja, reconstruiu as três catedrais, Rouen, Bayeux, Évreux, os três mosteiros, Mont-Saint-Michel, Saint-Ouen, Jumièges, favorecendo além disso com suas doações Saint-Denis, a abadia protegida por seu padrinho, o duque da França. No oitavo dia, abandonando a toga branca dos neófitos, voltou-se para os assuntos profanos e foi então que se casou: casamento e civilização vão de par. Enquanto a moça — a própria filha do rei Carlos —, prometida antes do acerto de paz, era conduzida a seu leito, o duque começava a levantar os muros das cidades, prometendo segurança a todos os habitantes da região, delimitando "de maneira clara e regular" os lotes que concedia a seus amigos, "estabelecendo, enfim, leis e direitos estáveis". Não mais violências e, muito precisamente, não mais violências sexuais. Rollon mostrava o exemplo. Impunha a si mesmo as regras da conjugalidade. Dudon exprime o que pensava seu patrão, Richard I, o que pensavam também seus mestres, os bispos da França, Adalbéron de Laon e Gérard de Cambrai, que se consagravam então a reprimir os descaminhos provocados pelo brusco rebaixamento do poder real. Atribuindo a Rollon a fundação dessa paz normanda, que em seu tempo era citada como exemplo e da qual Raoul Glaber, o monge borgonhês, faria alguns anos mais tarde a apologia, ele associa estreitamente a empresa de reconstrução política e a instauração da disciplina conjugal. Sair do caos, acabar com a desordem, empreender a revalorização da terra implicava que o uso das mulheres fosse estritamente controlado e as atividades sexuais, contidas no seio de casas bem-ordenadas, dirigidas firmemente por homens responsáveis por sua esposa. Dudon ilustra seu propósito com uma historieta.

Como símbolo da segurança restabelecida, o duque proibira recolher os arados. Eles ficariam expostos nos campos. Um lavrador veio almoçar em casa, deixando o instrumento no lugar. Como muitas mulheres, a sua era maldosa: foi apoderar-se do jugo, da relha e da lâmina. O camponês queixou-se ao duque, que o indenizou, ordenando uma investigação na aldeia. Recorreu-se ao ordálio, à prova do fogo em nome de Jesus Cristo, sem sucesso, e Rollon, recém-batizado, inquietava-se, perguntava ao bispo: "Se o Deus dos cristãos vê tudo, por que não desmascara o culpado?". Interrogado, o camponês revelou que apenas sua esposa podia saber onde se encontrava o arado. A mulher foi presa, chicotearam-na com varas. Ela confessou. (Esse relato mostra de passagem que só os homens haviam sido submetidos à prova: não mais que os animais domésticos, as mulheres não são da alçada da coisa pública, são objetos, móveis.) Então o duque ao camponês: "Sabias que tua mulher era a ladra? Então mereces a morte e por duas razões: és o chefe de tua esposa" (estas são as palavras de são Paulo) "devias controlá-la, impedi-la de causar dano. Se, no par conjugal, o homem não segura o leme, tudo vai por água abaixo. Além do mais, devias denunciá-la, entregá-la à justiça do povo, portanto, és seu cúmplice". A mulher e seu marido foram enforcados. A sentença era dura, tão dura que Guillaume de Jumièges, alguns anos mais tarde, abrandou-a. Segundo ele, apenas a esposa foi punida. Vararam--lhe os olhos.

3. AS DAMAS

A paz social repousava portanto sobre o casamento. Mas que casamento? Existiam casamentos de vários tipos. Quando, durante a menoridade de Richard, neto de Rollon, Luís de Ultramar ocupou a Normandia, os francos julgavam que a maneira como se formavam os casais nesse país estrangeiro não era a boa e que, por conseguinte, eles podiam tomar à vontade as esposas dos escandinavos. Sem dúvida, eles não se conduziam mais como os companheiros de Hastings, não se precipitavam sobre elas para saciar seu desejo. Mas esperavam que seu chefe lhas desse. O rei era importunado pelos *tirones*, os jovens guerreiros de seu séquito. "Nós te servimos muito tempo", diziam eles, "sem ter ainda recebido nada de ti que nos satisfaça, a não ser de beber e de comer. Rogamos-te que expulses os normandos ou então que os extermines. Tu nos concederias então suas esposas e darias a nós o que eles possuem." A mulher e, ao mesmo tempo, a terra. Um dos solicitantes cobiçava a companheira de Bernard, o Dinamarquês: ela era muito bela, Bernard sobretudo era muito rico.

Noto que Guillaume de Jumièges, monge, saltou esse episódio, ao passo que Wace e Benoît o desenvolveram longamente. Segundo Wace, quando o rei cedeu, e prometeu àquele que a reclamava a "dama do Dinamarquês", "cada um dos outros quis ter a sua e mandou espreitar as belas em toda a região", e Luís lhes assegurava que seriam todos servidos: não faltavam mulheres de qualidade. Contudo, estas não se deixaram agarrar tão facilmente, e o "pavor das mulheres" suscitou a revolta, vitoriosa, contra o ocupante. Bernard, o Dinamarquês, conservou sua esposa. Notável, a respeito dela, é a insistência de Benoît de Sainte-Maure no que, em seu corpo, aguçava o desejo dos homens. De uma única palavra em Dudon, *perpulchra*, "excepcionalmente bela", ele tira quinze versos, detalhando, celebrando o frescor da carnação, a fineza da boca, o brilho dos olhos. "Ninguém que, olhando-a, não quisesse tê-la nua e dela fazer seu prazer."

Benoît sabe, como Wace, com o que sonham os "donzéis", os cavaleiros sem esposa, seus mais atentos ouvintes. Dupla expectativa: gozar e estabelecer-se, a mulher e a terra. E seu patrão, Henrique Plantageneta, tirava partido dessa apetência para estreitar sobre eles sua dominação. Tomava muito cuidado

167

em manter sempre ao alcance, estreitamente vigiada, uma bela reserva de mulheres por casar, moças na maior parte ou viúvas de seus vassalos. Os jovens de sua corte as cobiçavam. Para obter uma delas, mostravam-se muito dóceis com o patrão. As futuras damas eram moeda muito preciosa para comprar amizades, para comprar a calma. Distribuindo-as, o bom senhor punha alguns dos *juvenes* na vida doméstica, separava-os dos bandos de cavaleiros turbulentos, fazia deles *seniores*, homens ponderados, estabilizados. Assim, pelo casamento, pelo bom uso das mulheres, os germes de desordem eram com efeito reabsorvidos pouco a pouco na França do século XII.

Desde muito tempo, as damas eram também o penhor de um equilíbrio entre os Estados. Era por moças trocadas que a *pacifica conversatio*, as relações de paz, estabelecia-se entre os príncipes, entre as nações. Se no tempo de Guillaume Longa Espada, filho e sucessor de Rollon, a inserção da Normandia na cultura cristã ao mesmo tempo que no conjunto político franco acelerou-se, é que sua mãe, batizada, era franca e ele tinha por meio dela "uma parentela francígena", é que ele deu sua irmã a um franco, o conde de Poitiers, e ele próprio tomou por mulher a filha do franco Hugues de Vermandois. Dudon mostra tais alianças concluídas no coração das florestas limítrofes onde os chefes guerreiros, por um tempo reconciliados, unidos pelos juramentos e pelas embaixadas, perseguiam de comum acordo a caça grande. Meio século mais tarde, a Normandia une-se à Bretanha por um casamento cruzado. Segundo Guillaume de Jumièges, o conde bretão Geoffroi desejava a "amizade e a ajuda" de Richard II. Dirigiu-se à sua corte com uma grande escolta de cavaleiros. Richard o reteve algum tempo, fazendo exibição de seu luxo e da "magnitude de seu poder". "O laço de amor não seria mais estreito entre eles", perguntou Geoffroi, se ele desposasse a irmã de Richard, "donzela, bela de corpo e cheia de graça pela honestidade de seus costumes"? O duque aconselhou-se com seus nobres e "entregou-a a ele à maneira cristã". Depois, um pouco mais tarde, por intermédio de uma embaixada, ele exprimiu seu desejo de obter a irmã de Geoffroi.

O conde a conduziu até a fronteira das duas casas, no Mont-Saint-Michel, onde Richard "a recebeu com as honras que convinham e uniu-se a ela por laço legítimo". Das três filhas que ela lhe deu, casou uma com o conde dos borgonheses, uma outra com o conde dos flamengos e, depois da morte precoce de seu cunhado, tomou sob sua guarda a Bretanha enquanto tio materno dos dois órfãos.

Manter a paz era uma das razões que prescreviam aos chefes dos principados o casamento. Mas a mais forte era que tinham o dever de acasalar-se a fim de que sua casa sobrevivesse, o que Dudon põe em evidência a propósito de Guillaume Longa Espada. Eu disse que ele era lembrado como um mártir, era o santo da família. Assim é apresentado, desde a infância, em busca de perfeição espiritual. "Consagrando a Jesus Cristo a idade da juventude", ele sonhava tornar-se monge. "Sua intenção era restringir-se às abstinências da castidade. Resistia ao prazer de gerar uma posteridade." Nisso, ele faltava às suas obrigações de príncipe. Dudon o mostra repreendido por Martin, o abade de Jumièges. Guillaume deve renunciar a se "converter", a mudar de estado, é importante que permaneça no *ordo* em que Deus o colocou. O país tem necessidade de um homem de espada que o defenda contra os pagãos e os maus, tem necessidade de um leigo, autorizado, encorajado a copular, a fim de que venha ao mundo um herdeiro. Ao receber esse conselho, Guillaume, de fato, aceitara casar-se, cedendo aos rogos de seu povo e às exortações dos nobres. Estes o instavam: "Renuncia a teu voto. É necessário a ti e a nós que nasça de tua semente um duque magnífico, temos necessidade de tua semente". Exprimia-se aqui a lei da linhagem. Dura lei para certos dirigentes que não apreciavam muito o comércio das mulheres. Não por vocação de santidade, mas pelo gosto que tinham adquirido pelos rapazes durante seu longo aprendizado no seio de uma companhia militar. Foi o caso de Henrique I e de seu neto Luís VI na linhagem dos reis da França, de Guilherme, o Ruivo, e de Ricardo Coração de Leão na dos reis da Inglaterra. Quanto a Simon de Valois, são Simão, essa repugnância usava também a máscara de uma vontade de castidade. Ele resistiu. Os outros se casaram. A moral dinástica o exigia.

Inclinando-se, os primeiros duques da Normandia então tomaram uma esposa legítima, todos três. Quando o rei Carlos, o Simples, fez sua paz com Rollon, Gisèle, sua filha — os eruditos não estão certos de que Dudon não tenha inventado, senão essa mulher, pelo menos seu nome: esmiuçando os textos, encontraram apenas uma Gisèle; não podia tratar-se dela, era na época um bebê; eles esqueciam que naquele tempo cediam-se as filhas em qualquer idade — Gisèle, então, fora entregue como "caução do laço de juramento e de confederação" nas mãos de um arcebispo franco. Este disse ao chefe dos vikings: "Toma-a [...] por esse acasalamento, gozarás de uma descendência e conservarás a província perpetuamente". Não se pode exprimir mais sobriamente o que significava o casamento para aventureiros sem laços: o enraizamento de uma dinastia em um território. Os companheiros de Rollon, também, aconselharam-no a tomar ao mesmo tempo a Normandia e a moça, ambas belas e promissoras. Guillaume de Jumièges julgou conveniente assegurar que o esposo conduziu a esposa "ao acasalamento em seu leito à maneira cristã". Dudon não dissera nada das bodas.

Quando a irmã de Guillaume Longa Espada, entregue ao conde de Poitou, partira de Rouen para Poitiers, o cortejo que a acompanhava, os cavalos suntuosamente arreados puxando seu palanquim, outros que seguiam, os "bens nupciais" que ela levava como dote, um bando de escravos dos dois sexos, escrínios, baús repletos de sedas, de joias, haviam manifestado ao longo do caminho e no salão onde ela foi recebida a opulência de seu irmão, a magnificência ducal. Quando Guillaume, um pouco mais tarde, casou-se por sua vez, não mais doador mas recebedor de mulher, é mais uma vez mostrado em posição dominante. Ele não deu, segundo Dudon, o primeiro passo, foi pedido. O poderosíssimo Hughes de Vermandois notara-o "resplandecente em toda a cristandade pelas virtudes da alma e do corpo e por seus grandes feitos". Ofereceu-lhe sua filha. O duque foi tomá-la, levou-a, e o relato desta vez não insiste no dote, no valor da noiva, mas no masculino, no enxame de cavaleiros galopando em torno desse corpo de mulher, simulando seu rapto. O importante para mim, porém, não está nessas descrições fastidiosas, mas no fato surpreendente de que essa mulher de quem se esperava que o chefe dos normandos tirasse progenitura não é nomeada nem uma única vez. Como se sua pessoa — ela descendia, não obstante, de Carlos Magno — não contasse para nada na memória ancestral.

Dudon nomeia evidentemente a esposa de Richard I, que lhe encomendou a obra. É Emma, filha de Hughes, o Grande, duque dos francos. O historiador apresenta a cessão dessa mulher como um ato muito claramente político. A iniciativa partiu de Hughes. Ele se voltou primeiro para Bernard de Senlis, tio materno do rapaz, o casamenteiro, no caso, já que Richard não tinha mais pai. Não existia outro projeto de aliança? O chefe dos normandos, em caso de acordo, aceitaria "servi-lo", isto é, tornar-se seu vassalo e tomá-lo como defensor de sua terra? A intenção do duque dos francos era clara: afastar o jovem príncipe do rei Luís, que o educara, seu segundo pai, e uni-lo a ele diretamente. Uma vez "prestado o juramento", Hughes deu sua filha. Dudon considera necessário aqui precisar que ele não a vendeu, que se tratava de fato de "união conjugal", de um tratado de esponsais à maneira franca.

Emma era muito jovem. Richard não a levou imediatamente. Comprometeu-se. E a maneira como Benoit de Sainte-Maure imagina, meio século depois de Dudon, os gestos do acordo revela o que eram os usos nas cortes no tempo de Henrique Plantageneta. Richard, diz ele,

> *a recebeu como noiva*
> *e por sua mão nua penhorada.*

(Vide o gesto que une: negócio fechado, como na feira.) Ele a tomaria "no dia que conviesse". Em seguida, o futuro esposo foi feito "cavaleiro novo" ao mesmo tempo que donzéis de sua idade, vestidos de arminho e brocado. Hughes cingiu-lhes a espada "e não esqueceu o golpe na nuca": padrinho de cavalaria, conservaria mais solidamente seu genro. Volto ao relato primitivo. O tempo passou. Em seu leito de morte, no discurso de adeus que fez, como era o costume, a seus companheiros de armas, o duque dos francos relembrou que dera sua filha a Richard pelo conselho e juramento deles, "embora ela fosse de tenra idade". Entregai-a a ele desde que esteja "pronta para o homem". Os normandos, por seu lado, "pensavam na posteridade". Temiam que "o marido carecesse da glória de uma descendência e que faltasse uma sucessão por meio de sua semente". Instavam Richard à consumação. "Tu te juntaste a essa moça pelo juramento de te unir a ela; o juramento permanece; ela é núbil; convém portanto que te acasales a ela pelo laço matrimonial." Richard acabou por curvar-se. Começou-se então a preparar as bodas. Dudon qualifica essa festa. Ele a diz "licenciosa", "libertina". Com efeito, a união se estabelecia em dois tempos: primeiro no espiritual, entre as almas, pelo juramento, pelas palavras trocadas. Depois, e com frequência muito mais tarde, na noite das bodas, pela "conjunção dos sexos" que a multidão dos convidados celebrava à força de muitas licenciosidades. Para Wace, que acrescenta aqui sua palavra, misturando o sagrado ao profano, a cerimônia teve lugar no palácio de Rouen, o Espírito Santo autorizando então Ricardo a gozar de sua prometida,

> *tê-la entre seus braços*
> *beijar-lhe os olhos, a boca.*

Tudo se passara segundo as regras. Hughes, o Grande, "não poderia melhor empregar Emma". Seus fiéis haviam velado para que o pacto perdurasse até que a "criança fosse levada ao homem".

Das três esposas legítimas, Dudon faz conscienciosamente o elogio. Quanto a Gisèle, ele assegura em primeiro lugar, e nessa sociedade polígama tal qualidade não era desprovida de valor, que ela era "regularmente saída da semente de cada um de seus genitores". Imagina-a bela e alta, virgem evidentemente, de bom conselho, amável, de relação fácil, enfim, o que merece atenção, "muito hábil nos trabalhos manuais". A mesma coisa é dita da mulher sem nome por quem Guillaume Longa Espada aceitou romper seu propósito de castidade, também ela "muito competente em todas as tarefas que incumbem às mulheres". A apologia se torna mais precisa a respeito de Emma. "Bem ajustada à cortesia e à nobreza de seu marido", o qual "abundava em potência e fecundidade viris", essa donzela de formas generosas estava apta "a lhe dar prazer", "perfeitamente disposta para os enlaces conjugais e para os abraços que tornam o leito deleitável". O cônego do ano 1000 sabe o que espera seu patrão. Que ele exalte nas esposas de seus antepassados e na sua a aptidão para dispensar gozo, essa habilidade para os gestos que os homens esperam das mulheres e que conferem algum atrativo ao labor imposto aos chefes de casa: fecundar essa moça que o Espírito Santo colocou na cama deles.

Ora, nenhuma das três damas que partilharam a dos duques dos normandos o foi, nenhuma tornou-se uma ancestral. Pode-se pensar de Gisèle seja que jamais chegou à "idade congruente", seja que Rollon não se preocupou em usá-la, que ela permaneceu aquilo por que ele a tomara, uma simples "caução". Dudon, relatando o que se dizia à sua volta, sugere que a esposa permanecia insatisfeita. Mostra-a em Rouen, queixando-se aos emissários de seu pai, vindos à revelia de seu marido. Os amigos deste o advertiram, instaram-no a agir: "*Uxorius, effeminatus*", tu te conduzes como uma mulher. "Eles diziam com efeito que Rollon não a conhecera segundo a lei marital." Rollon rompia então com o rei dos francos, seu sogro. Fim da paz. O "penhor" não tinha mais utilidade. Deixou-se Gisèle morrer, sem dúvida ainda virgem. Quanto à esposa anônima de Guillaume Longa Espada, não é mais que uma sombra. Seu esposo, que desdenhava as mulheres, a tomara? Richard certamente tomou Emma. A confiar no elogio que dela faz o cônego de Saint-Quentin, valia a pena. Mas ele não pôde ter filho dela. Ela morreu. Foi seu irmão, Hugo Capeto, quem distribuiu entre as igrejas e os pobres o que ela possuía "por direito feminino", colares, braceletes, anéis e broches, diademas, longos vestidos e capas: o quinhão das mulheres, o que lhes pertencia propriamente e que a propagação do cristianismo agora proibia colocar junto de seu corpo, no túmulo, como antigamente.

4. AS AMIGAS

No entanto, os primeiros duques sucederam-se de pai para filho, haviam gerado meninos. Mas estes não lhes vieram de sua esposa legítima: uma companheira, lateral, os deu a eles. O que não deixou de embaraçar os escritores que fizeram seu elogio. O monge Raoul Glaber, contemporâneo do Conquistador, gaba abundantemente suas virtudes. Eles haviam apoiado seu patrão, Guillaume de Volpiano, que reformava os mosteiros normandos. Raoul, porém, não o dissimula: todos esses príncipes nasceram de mulheres que ele chama concubinas. Que seus leitores, contudo, não fiquem muito escandalizados: os patriarcas do Antigo Testamento também não eram polígamos? A tarefa de Dudon era mais árdua. A história que se lhe ordenou escrever era a de um progresso contínuo em direção à civilização, e esse progresso não era separável da expansão da moral cristã. Supunha da parte dos dirigentes do povo normando a rejeição progressiva de condutas sexuais reprovadas pela autoridade eclesiástica. Ora, para esse progresso as "concubinas", as próprias mães dos príncipes haviam contribuído. Em particular, a de Guillaume Longa Espada, que, segundo o que relatava a lamentação, batizara seu filho em segredo. Esse livro tratava sobretudo de uma linhagem. Como não dizer nada das mulheres que haviam assegurado seu prolongamento? Da mãe do comanditário, Richard I? Da de Richard II, ainda viva, e que era venerada na corte? Dudon, por conseguinte, aventurou-se.

174

Sem nenhum embaraço, ele relata que Richard I, "atormentado pelos aguilhões do desejo masculino, gerou de concubinas dois filhos, e filhas" em número indeterminado. Nenhuma dúvida: nas proximidades do ano 1000 os chefes dos "piratas" divertiam-se sem pudor no meio de um rebanho de mulheres que alimentavam em sua casa. Esses abraços eram generosos. Uma abundante descendência nascia deles. Dudon julga necessário apenas adiantar que o duque, com o falecimento de Emma, era viúvo. Era uma desculpa. Ele não diz nada das parceiras de seus prazeres: os dois filhos que nasceram dessas uniões ilícitas não haviam herdado o ducado. Das belas amigas com quem cada um dos príncipes teve prazer, uma única é evocada, aquela cujas entranhas produziram o sucessor, esse rapaz que o duque, no fim de sua vida, distinguiu entre seus rebentos masculinos advindos de toda parte, que apresentou aos nobres da província num dia de festa, dizendo-lhes: é ele, aclamai-o, esperando de toda a nobreza doravante comprometida por juramento que reconhecesse como seu futuro guia aquele de seus filhos que ele escolhera.

Em poucas palavras, a mãe de Guillaume Longa Espada é muito exatamente situada. Rollon, escreve Dudon, "levou com ele para seu prazer uma certa Poppa, virgem, bela, formada de um sangue glorioso, filha do príncipe Béranger; uniu-se a ela por casamento e teve dela um filho chamado Guillaume". Era uma franca, era uma cristã e era um casamento. "*Connubium*". Guillaume de Jumièges retoma a frase e a completa. "Em Bayeux, o duque apoderou-se de uma donzela chamada Poppa, filha de Béranger, homem ilustre [ele era conde de Nantes ou de Rennes], e pouco depois se acasalou com ela à maneira dinamarquesa, *more danico*." O monge tropeçou na palavra *connubium*. Ele transpõe: "Acasalamento". Em seu tempo, as formas da união conjugal que a Igreja esforçava-se por impor à aristocracia se haviam precisado, endurecido. Importava agora velar para que não fosse confundida a aliança de que falava Dudon com o casamento cristão nem com a simples concubinagem. Então, o que dizer? Rollon e seus companheiros eram vikings. Casavam-se à sua maneira, segundo seus costumes, suas leis. Mas se casavam na ordem: passara o tempo da promiscuidade selvagem. Concedamos a esses estrangeiros, a esses imigrados, seus próprios usos, condenáveis por certo, mas que, civilizando-se, eles depois felizmente abandonaram. A "maneira dinamarquesa"? A lembrança de uma época finda, uma curiosidade etnográfica. O monge de Jumièges informa ainda que Poppa era uma cativa, raptada em uma cidade durante uma pilhagem, o quinhão do chefe no butim trazido da Nêustria pelo bando dirigido por Rollon, então fixado na Inglaterra. Essa moça de fato foi levada para além do Mancha — a lamentação esclarece que o duque Guillaume nasceu em terra inglesa. Ela fora portanto tomada e fecundada antes da paz, antes do casamento com Gisèle. A *Geste des ducs* pretende ademais que, morta esta, Rollon chamou de volta Poppa, colocou-a novamente em seu leito — ela saíra algum dia do harém? —, e que antes ele a repudiara. Não se devia, com efeito, fazer crer que o primeiro duque, batizado, tivera duas esposas ao mesmo tempo. Mas, supondo um repúdio, esse relato estabelece sem se dar conta que a união "à dinamarquesa", como ele diz, era de fato um verdadeiro casamento. Casamento ou não, os romancistas que o retomaram e acomodaram para Henrique Plantageneta não se preocupam com isso. Para eles, trata-se muito simplesmente de amor. "Rollon", diz Wace, "que a desejara muito tempo, fez dela sua amiga", sua companheira de jogo; desaparecida Gisèle, "ele a desposou e a manteve longamente". O desejo, contido por um tempo; depois a conquista amorosa; então o amor, enfim o casamento. Não há nada aí que surpreenda na sociedade de corte à época em que Chrétien de Troyes compunha o *Cligès*. Quanto a Benoît, ele refina, como de hábito, alonga-se em descrever os atrativos a que Rollon sucumbiu, o rosto, o colo, "tudo que o traje deixa ver e tocar". O duque a tomou por mulher "segundo os costumes da Dinamarca", depois se desfez dela contra a vontade

176

pela filha do rei da França.
Porém não pôs em esquecimento
o grande amor que tinha por ela.

Dudon não nomeou a moça engravidada por Guillaume Longa Espada, assim como não nomeou sua esposa. Era, no entanto, a mãe de Richard, seu benfeitor, a mãe de Raoul d'Ivry, que o informava. Aqui se descobre claramente quão pouco contavam as mulheres. Esta aparece apenas como contraponto em poemas que gabam seu filho. A propósito do nascimento deste, ela é dita não apenas "sagrada", "oriunda de um sangue brilhante e livre", mas "muito querida esposa", e quando Dudon mostra Guillaume, "de modo algum levado pela fraqueza humana mas pelo justo desígnio de assegurar a sucessão", resignando-se a copular, ele esclarece que a parceira escolhida era, como convinha, virgem nobre, enfim muito graciosa e viva. Essas são fórmulas feitas. Notável, em compensação, é este inciso, prudente: o acasalamento teve lugar *geniali* (não *maritali*) *jure*. Entendamos que não se trata de casamento mas de liberdade, de prazer. Aí ainda, Guillaume de Jumièges informa um pouco mais. A "donzela muito nobre" que Guillaume aplicou-se em fecundar se chamava Sprota. Ele por certo a desposara à maneira dinamarquesa, mas segundo as regras. Contudo, o rei dos francos, quando ocupava a Normandia e alimentava em seu palácio de Rouen o jovem Richard, comprazia-se em humilhá-lo, tratando-o de filho de puta, mulher da vida bastante perversa para ter desencaminhado o marido de outra.

Nesse ponto, Robert de Thorigny insere uma nota concernente a Raoul d'Ivry. Ele relata que, morto Guillaume, seu filho Richard exilado na França, Sprota foi "obrigada pela necessidade a partilhar o leito de um homem muito rico", um rendeiro que arrendava moinhos no Risle. Tampouco aqui, nada de casamento. "*Contubernio* [...] *adhesit*": um concubinato. "Desse homem ela teve Raoul e filhas que, estas sim, uniram-se legitimamente a nobres." Por essa frase, o nascimento do informante de Dudon se esclarece, aquele laço de sangue que o unia ao duque Richard: o mesmo ventre os carregara a ambos. Robert coloca como complemento o relato de uma dessas aventuras com que se encantavam os ouvintes do século XII. O jovem bastardo vivia como selvagem, nos bosques. Seu irmão por parte de mãe foi caçar ali. Os monteadores desembocaram um urso enorme. Eles fugiram. Raoul o enfrentou sozinho e o abateu. Advertido da proeza, Richard lhe fez doação da floresta e do castelo de Ivry, assim como de uma mulher — "muito bela", como o são todas as companheiras dos príncipes na hora em que as desejam e as tomam. A história é daquelas que se contavam nas famílias a respeito dos fundadores de linhagens: uma façanha florestal, sua recompensa, a concessão simultânea de uma terra e de uma esposa. Da sua, Raoul teve dois filhos, que foram ambos bispos, portanto sem progenitura legítima. O acréscimo do prior do Bec põe às claras a sorte das damas casadas "à dinamarquesa". Falecido seu marido, elas passavam para os braços de quem as quisesse tomar. Mas não era também, quando não estavam muito arruinadas, o caso daquelas mulheres que os homens de Igreja consideravam como verdadeiras esposas, o caso, por exemplo, de Anne de Kiev, a viúva do rei da França, Henrique, de quem um barão se apoderou tão logo ela se tornou disponível?

No livro de Dudon, uma única dama sai verdadeiramente da sombra, a mãe de Richard II, uma das mulheres a quem se ligou (*"se connexit"*, uma conexão, uma conjunção fortuita) o duque precedente quando, viúvo de Emma, a franca, encontrava prazer aqui e ali. Ele se ligou, diz Dudon, "a uma virgem de alta majestade", oriunda de uma linhagem muito famosa na nobreza dinamarquesa. Ela se chamava Gonnor. Era a mais bela de todas as virgens nórdicas. Ele se apoderara dela *"amicabiliter"*. Sob essa palavra latina desponta uma palavra românica: "amiga", designando o termo, no vocabulário das cortes, a mulher com quem se brinca, que o amante finge tratar como sua "dama", quando ela não é sua esposa e, segundo as convenções do jogo amoroso cortês, não pode sê-lo. O cônego de Saint-Quentin não avança que tenha havido contrato, casamento, mesmo à maneira escandinava. O fato é claro: Gonnor, em um primeiro tempo, viveu no viveiro onde o príncipe pescava as parceiras de seus divertimentos. Mas os nobres da Normandia, "sabendo-a nascida da nobilíssima semente de uma parentela gloriosa", inquietos como haviam estado antes deles, diante da esterilidade do casamento oficial, os companheiros de Rollon e de Guillaume, instavam o duque: "Pela providência de Deus [para eles, o Céu via essas diversões amorosas com bons olhos], tu te ligaste a essa nórdica por quem ardes [o fogo, promissor, pois é propício à procriação]. A fim de que o herdeiro desta terra nasça de um pai e de uma mãe dinamarqueses [a integração se consumava, e os grandes do ducado se mostravam tanto mais preocupados em marcar bem sua singularidade étnica diante dos francos; não lhes desagradava ver introduzir-se na linhagem ducal um excedente de sangue escandinavo], une--te a ela bem depressa pelo laço infrangível do pacto matrimonial a fim de que, depois de tua morte que se aproxima, o solo de teu ducado seja regido por um valoroso rebento". Richard seguiu esse conselho. Desposou Gonnor "por lei [desta vez] marital diante dos bispos e do clero, dos nobres e do povo". Passadas as divagações da viuvez, ele regularizava sua ligação. Emendava-se.

Guillaume de Jumièges toma grandes distâncias com relação ao que lê em Dudon. Resume, só menciona as concubinas depois de ter falado de Gonnor, não diz nada dos amores precedentes e dá conta de um casamento (*matrimonium*) à maneira cristã (*cristiano more*). Era muito pouco para Robert de Thorigny. Quando ele trabalhava em reconstituir a genealogia de um descendente de Gonnor, Roger de Montgomeri, acrescentou o que se segue, baseando-se no que homens idosos lhe haviam relatado dessa mulher e de seu casamento. Corria o rumor de que o guarda da floresta de Arques possuía uma esposa soberba, digna de um rei. Atraído, Richard foi certificar-se disso. "Albergado na casa do guarda-florestal, seduzido pela beleza do rosto de sua mulher [por enquanto, ele via apenas isso], exigiu que seu hospedeiro a conduzisse aquela noite a seu leito. Tristemente, o guarda avisou sua mulher. Ela, como sábia esposa, consolou-o, aconselhando-o a *supponere*, a 'colocar debaixo' do duque, em seu lugar, sua irmã Gonnor, virgem e mais apetecível que ela." Assim foi feito. "Quando soube do subterfúgio, o duque regozijou-se de ter evitado pecar tomando a mulher de outro." (Para o monge do Bec, o adultério é um pecado, mas, da parte de um homem sem esposa como era o duque, fornicar aqui e ali não passa de um pecadilho.) Segundo esse testemunho, Gonnor, certamente escandinava, saía de menos alta estirpe do que o assegurava Dudon. Richard não se separou dela. Levou-a e afeiçoou-se a ela. Duradouramente: teve dela três filhos e três filhas. Quando ele quis fazer de Robert, um dos rapazes, o arcebispo de Rouen, o direito canônico lhe foi oposto. A mãe de Robert não fora regularmente *"desponsata"*, desposada. "Foi então que Richard se uniu a ela à maneira cristã e seus filhos já nascidos dela foram cobertos pelo *pallium*, o pálio", aquele véu que se estendia sobre o homem e a mulher durante as bênçãos nupciais. Tal rito os legitimava.

Alguns anos mais tarde, os poetas contratados por Henrique Plantageneta cantaram os amores de Robert e de Gonnor. Gabando os méritos dessa mulher, Wace faz menção das qualidades que Dudon atribuía às esposas legítimas dos primeiros duques. "De trabalhos de mulheres", diz ele, "ela sabia tanto quanto uma mulher pode saber." Ele pensa nos trabalhos manuais, em bordados, em "trabalhos de agulha de damas", mas, sem dúvida alguma, pois em seu tempo apreciavam-se muito as moças que sabiam agradavelmente "tocar" os cavaleiros quando eles depunham a loriga, acariciá-los com suas mãos experimentadas, pensa também nas sutilezas que preparam os homens para o amor. Wace me interessa mais quando, bebendo novamente na lembrança que as gentes da casa guardavam de Richard I, conta sua noite de bodas. "Na noite depois que a desposou", o duque viu Gonnor deitar-se "de outra maneira e de outro jeito", que não era seu costume. Ela lhe dava as costas. Ele se surpreendeu:

Voltavas para mim teu rosto.
"Quando", respondeu ela, "me deitava em teu leito
Eu me curvava a teu prazer. Doravante estou no meu.
Eu me deitarei do lado que me agradar.
Antes este leito era vosso,
Hoje é meu e vosso.
Nunca me deitava tranquila
Nem sem medo de convosco pecar."

Eis de fato o que mudava quando uma "amiga" tornava-se "dama". Ela deixava de se sentir simples objeto, submissa à boa vontade do macho, boneca dócil entre suas mãos. O temor desaparecia. Ela não tinha mais tanto medo de pecar. O casamento era isso, a segurança, um direito ganho na cama. Doravante a dama era dona dessa cama, como associada de pleno direito. O que afirmavam aliás, no tempo em que Wace escrevia, certos teólogos. Abelardo não declarara que no leito conjugal os dois sexos se encontram em paridade, como no dia da Criação? E, sobre a amiga, a dama possui esta outra vantagem: também ela pode decidir as posições.

Dudon de Saint-Quentin, obrigado a evocar essas mulheres que jamais foram verdadeiras damas, ou o foram tardiamente, mas que dormiam com o príncipe e prevaleciam sobre outras companheiras dando-lhes o herdeiro do poder, não fala contudo sem prudência desse traço das "maneiras de viver" que ele tinha a missão de descrever: a poligamia, que não cessara em seu tempo. Mais livres que ele, os historiadores francos, Flodoard ou Richer, viram nas mães que ele elogia mulheres de pouco valor; para eles, não há dúvida, Richard nascera "de uma concubina bretã". Dudon faz rodeios, usa a propósito dessas ligações a palavra *conexão*, a palavra *conjunção*. Evita mencionar a interpelação injuriosa de Luís de Ultramar a Richard, e seu discurso permanece vago, breve, salvo a respeito da amiga de seu patrão e benfeitor, o qual, diz ele, "cobria de enfeites as igrejas e não as mulheres". Gonnor de fato vive ainda no palácio. Reina ali. E como, à morte de Richard I, o filho de uma outra concubina tomara as armas, reivindicara a herança, Dudon insiste na legitimação de uma união que ele julga "proibida", culpada, mas que deixou de sê-lo quando se procedeu aos ritos prescritos, quando o par foi casado sob a "lei marital". Sem precisar, porém, observemo-lo, que se trata de um casamento cristão. O importante era que esses ritos e essa lei houvessem feito de Gonnor a *uxor*, a esposa, e de seu filho primogênito o incontestável sucessor.

Guillaume de Jumièges escrevia em um mosteiro. A cultura de que estava impregnado exaltava a virgindade, exigia dos leigos a castidade, uma sexualidade regida por preceitos austeros, aqueles, apenas atenuados, do monacato, e os prelados, quando ele resumia e retificava a obra de Dudon, esforçavam-se por impor essa mesma moral. A reforma dita gregoriana estava no auge na Normandia. Os concílios estabeleciam as regras do bom casamento, enquanto os bispos e os ferrenhos pela pureza vituperavam as esposas dos padres, ordenando expulsar essas mulheres: elas não são verdadeiramente casadas, são concubinas, e essa palavra em sua boca significa muito simplesmente puta. Pela honra da linhagem principesca, importava então que não se pudessem confundir as ancestrais, as mães dos sucessivos duques, com essas mundanas, que elas fossem tidas por regularmente unidas ao pai de seu filho. Eis por que o monge de Jumièges faz menção de costumes matrimoniais exóticos, não cristãos, portanto imperfeitos, instituindo contudo a procriação nas ordenações necessárias. Ele próprio não forjou pelas necessidades da causa o conceito de "casamento à dinamarquesa"? Pode-se perguntar em todo caso se esse conceito não foi forjado no círculo do Conquistador para justificar tardiamente os direitos daqueles filhos que, como ele, o pai escolhera para sucedê-lo entre os que haviam sido postos no mundo por suas múltiplas companheiras, e isso em um tempo em que tomava corpo a concepção eclesiástica da conjugalidade, em que se estabelecia o ritual cristão do casamento, em que se formava simultaneamente a noção de bastardia, que privava da faculdade de herdar.

Algumas décadas mais tarde, Robert de Thorigny, também ele monge, mas menos distante que Guillaume da aristocracia leiga e de sua cultura, desvenda um pouco aquilo de que seus predecessores nada disseram, a indulgência das gentes da parentela com relação à conduta sexual dos príncipes, a esses desregramentos que o imaginário da linhagem transferia de bom grado para o fundo dos bosques, para os espaços do sonho e da gratuidade lúdica. Nisso Robert conduz diretamente a Wace e Benoît. Um e outro são clérigos, perfeitamente integrados no entanto à sociedade cortês de que gabam os gostos, de que exprimem o melhor possível os pendores e as nostalgias. Eles voltam a Dudon sem reticências. Não se preocupam em julgar se as relações carnais entre os ancestrais e as ancestrais de seus protetores tiveram lugar no quadro de uma conjugalidade correta ou nos descaminhos do desejo. Afirmam o amor. O amor tal como é representado sob seus olhos e tal como é feito na aristocracia. À dama, à esposa, não é a desavergonhada que eles opõem, mas a amiga. Longe de os escandalizar, a poligamia dos tempos antigos os intriga, sorriem dela, como sorriem da poligamia de seus contemporâneos, os cavaleiros volúveis. Entre os homens à sua volta, "raríssimos, com efeito, são os que se contentam com uma só". O cronista Gislebert, cônego de Mons, o escreve. Eles o pensam, e por experiência. Como todos os que se encantam com seus poemas, eles exigem apenas que as regras do jogo não sejam infringidas, esse código rigoroso no respeito do qual é permitido, sem desordem, à margem da conjugalidade, dar lugar aos prazeres do embate amoroso. Na imaginação de Wace e de Benoît, os primeiros príncipes da Normandia tratavam as mulheres como prescrevem tratá-las as leis deste divertimento que os historiadores da literatura medieval chamaram amor cortês, leis promulgadas no desígnio de conter, de enquadrar a petulância sexual dos machos. Para esses romancistas, como para todos aqueles que os escutam, esse ardor viril é virtude. É normal que ele se dê livre curso fora do quadro matrimonial. Apenas importa que a honra seja salva. A "comuna" dos tempos selvagens, o fino amor a substituiu pelos "costumes decentes", pela regulamentação precisa da caça às mulheres. Os escritores que serviam Henrique Plantageneta inseriram por conseguinte as atitudes de Rollon e de Richard na trama de galanterias do *Roman de Troie*. Os usos da corte impunham esse enfeite, um véu na verdade bem leve, diáfano, sob o qual se distingue em plena evidência o real, o substancial, o apetite de gozar, de provar das alegrias do corpo. Prazeres que Dudon de Saint-Quentin sugeria já, discretamente, escolhendo para qualificar os acasalamentos prolíficos de seus heróis um epíteto bastante raro, *fescenninus* (gostaríamos de saber por quais palavras românicas os "clérigos ledores" traduziam esse termo para seus ouvintes), não condenando de maneira alguma esses prazeres, louvando, ao contrário, as companheiras dos antigos duques, esposas ou não, por terem convenientemente sabido alegrá-los com os atrativos de sua carne, com suas amabilidades e com sua destreza.

5. ARLETTE

Guillaume de Jumièges, Wace e Benoît evocaram o nascimento do duque Guillaume, que foi apelidado muito tempo de Bastardo. Seu pai, Robert, filho de Richard II, foi com seu irmão o único dos sete primeiros duques da Normandia que nasceu depois de um casamento legítimo. Ele foi chamado de Diabo em razão do negrume de sua alma, mas o chamaram também de Magnífico, pois se mostrara de grande largueza e transbordante de vitalidade generosa. Ele morreu "jovem", isto é, sem jamais se ter casado, em 2 de julho de 1035, em Niceia, na Ásia Menor, a caminho de Jerusalém. Partira para lavar-se de seus pecados. Envenenara provavelmente seu irmão Richard III, que seu pai designara para ser seu sucessor à frente do ducado. Para extinguir suas cobiças, dera-se a Robert o condado de Hiemois, em torno do castelo de Falaise. Ele não se contentou com isso. "Mal aconselhado", rebelou-se, travou dura guerra. Uma paz foi enfim selada. Richard e Robert apertaram-se a mão direita, depois foram comer juntos em sinal de reconciliação. De volta a seu palácio de Rouen, o duque foi tomado de cólicas e morreu. Todo mundo falou de veneno. Guillaume de Jumièges fala disso também, fiando-se "no que muitos relataram". Por que ele o teria matado? Robert morreu pacificado, branco como neve. Perecer no penosíssimo caminho da Terra Santa valia remissão das mais graves faltas. Antes de partir, como o faziam todos os peregrinos, Robert regulara sua sucessão. Em formas semelhantes às descritas por Dudon, ele teria apresentado a seus barões Guillaume, ainda menor, "esse filho único que ele gerara em Falaise", pedindo-lhes que o estabelecessem "príncipe da milícia à frente da cavalaria normanda". Tudo teria transcorrido bem. Segundo a *Geste des ducs*, os chefes da região deram alegremente seu acordo e prestaram juramento de fidelidade. Robert se foi. Não voltou.

O monge de Jumièges escreve durante a vida do Conquistador, não diz mais sobre isso. Reconstituindo a cena, Wace transpõe para o passado os usos de seu tempo e mostra Robert conduzindo seu filho ao rei da França, entregando-o a ele "pelo punho", a fim de que o jovem Guillaume se torne seu homem e seja investido do ducado em boa e devida forma. Wace põe então em sua boca estas importantes palavras: "Eu o reconheço e tenho por meu". A afirmação de paternidade era na verdade muito útil. Inúmeros indícios atestam com efeito que, nas grandes casas daquele tempo, as mulheres viviam mal defendidas contra os ataques masculinos. Aquelas, numerosas, com as quais o duque tinha prazer eram tão bem protegidas quanto sua dama, sua esposa? Quem podia jurar que ele era o único a tê-las fecundado? "Meu é, e isso não está em dúvida", o faz repetir Benoît de Saint-Quentin, e esclarecer:

Este filho eu tive de donzela.
Se não é de esposa, não vos preocupeis com isso.

De fato, alguns chefes guerreiros que quiseram aproveitar-se da menoridade de Guillaume para estender à sua custa seu poder pretenderam que ele não era filho do duque. *Nothus* — é assim que Guillaume de Jumièges traduz em latim a palavra *bastardo*, essa palavra que Roger de Tosny, descendente do pai de Rollon, lançou com desdém ao rosto de Guillaume, essa palavra retomada pelo conde dos bretões, Conon, que reivindicava toda a herança: "Tu te apoderaste da Normandia contra o direito, pois és bastardo". Um e outro punham em discussão não a legitimidade da união de que provinha Guillaume, mas a fórmula de reconhecimento pronunciada solenemente por Robert, o Diabo, "que", acrescentava Conon, "imaginas que seja teu pai". Guillaume de Jumièges rejeita evidentemente tais asserções. Restava um fato, este incontestável e embaraçoso, justificando a acusação de bastardia e, portanto, a contestação política: Guillaume nascera fora do casamento e de uma mãe que era lícito desprezar. Quanto à condição dessa mulher, a informação vem dos monges que completaram no começo do século XII a *Geste des ducs*, em particular, de Orderic Vital.

Este revela que ela passava por ser de origem humilde. Quando, diz ele, Guillaume sitiava Alençon, as gentes da cidade o desafiavam. Do alto das muralhas, balançavam sob seu nariz peles e couros, lembrando-lhe assim que "os parentes de sua mãe eram peleiros". Orderic é mais preciso quando comenta a invectiva de Roger de Tosny. *Nothus?* É bem verdade, Guillaume era um bastardo, "nasceu de uma concubina do duque Robert, chamada Herleva, filha de seu camareiro Fulbert". Não portanto de um curtidor, mas de um doméstico. Essa Herleva era uma daquelas mocinhas nascidas de servidores, educadas na morada do senhor, e entre as quais este último escolhia suas "amigas". Jamais o pai de seu filho a tomou por dama. Concubina, a palavra escolhida para a designar a classifica entre as mulheres de padres, essas companheiras ilícitas, pecadoras, que os prelados reformadores ordenavam naquele tempo que fossem jogadas na rua. Orderic informa enfim que essa moça, depois da morte do duque Robert, foi tomada, e desta vez como esposa legítima, por um cavaleiro de qualidade, Herloin, a quem ela deu dois filhos, "Eudes e Robert, mais tarde muito célebres". A companheira de Robert, o Magnífico, conheceu portanto melhor sorte que a de Guillaume Longa Espada. Tornou-se realmente dama, e os filhos do segundo leito, como os de Sprota, foram companheiros fiéis e muito amigos de seu irmão mais velho.

Este, acusado de bastardia pelos nobres da região, e especialmente "por aqueles nascidos da raça de Richard", teve de lutar ferozmente contra muitos competidores, contra os descendentes dos primeiros companheiros de Rollon, contra os descendentes das irmãs de Gonnor, contra os homens de seu sangue sobretudo, oriundos seja de uma outra concubina de seu pai, seja de uma amiga de seu avô, enfim, contra seus primos mais próximos, de nascimento perfeitamente legítimo, e que foram os mais perigosos. Foi preciso um julgamento de Deus, uma dessas batalhas "campais", dessas liturgias militares raras e solenes pelas quais em um dia, como em Hastings ou em Bouvines, o destino de um Estado se resolvia de um só golpe, o Céu designando o pretendente legítimo, dando-lhe a vitória. Foi preciso o combate vitorioso do Val des Dunes, em 1047, doze anos depois da morte de seu pai, para assegurar a Guillaume a posse pacífica da Normandia.

A poligamia dos príncipes se mostra aqui sob seu mau aspecto, perigoso fator de discórdia, e vê-se claramente o papel que tiveram durante a primeira metade do século XI a formalização do casamento cristão, a definição do concubinato e da bastardia, a implantação de firmes estruturas de linhagem baseadas no direito de primogenitura, para instaurar depois do ano 1000 uma nova ordem política. Antes, os riscos de conflito tinham sido conjurados pela autoridade do chefe de casa e por um cerimonial de reconhecimento e de aprovação coletiva. Quando não havia um filho nascido de uma esposa, era admitido que o príncipe, selecionando entre os rapazes que pululavam em torno de suas pernas, designasse aquele que herdaria seu poder, elevando ao mesmo tempo acima das outras uma de suas companheiras de prazer. À morte de Robert, o Magnífico, esses procedimentos de legitimação erraram seu alvo por três razões. Porque o órfão era menor. Porque senhorias se construíam pela província em torno dos castelos e a emergência do que se chama de feudalidade abalava o poder ducal. Enfim, porque a concepção eclesiástica da conjugalidade começava a impor-se, relegando à ilegalidade qualquer outra forma de procriação, porque, no auge do combate pelo celibato dos homens de Igreja, as amigas dos príncipes foram assimiladas às esposas dos padres, e seus filhos aos dos padres, aos quais era agora recusado o direito de suceder a seu pai no sacerdócio. Herleva ocupava de fato uma posição muito semelhante à das companheiras dos antigos duques, as que Guillaume de Jumièges dizia esposas à dinamarquesa. Sua ligação com Robert não foi um capricho passageiro. Ela durou. Uma outra criança nasceu, Adélaïde, que foi tomada por esposa sem repugnância pelo conde de Mons. Mas o duque Robert não pensava em unir-se mais estreitamente à filha, por mais encantadora que fosse, de seu servidor doméstico, sem dúvida de condição servil como o era naquele tempo a maior parte do pessoal de casa. Robert, o Diabo, o sabia bem: a bigamia já não era aceita. Ele pretendia permanecer livre para um dia desposar, por casamento oficial, político, uma mulher de um sangue igual ao seu, digna dele, primo-irmão de um rei da Inglaterra. Mas ele se foi muito depressa e todo mundo, Guillaume de Jumièges, Orderic Vital, Robert de Thorigny, considerou como bastardo Guillaume, o rapaz que por precaução, como medida provisória, ele apresentara por ocasião de sua partida como seu herdeiro presuntivo. No entanto, o filho de Herleva ganhou a partida, apoiando-se contra os rebeldes em seus dois irmãos por parte de mãe. Ele se casou, colocou-se desde então como mantenedor dos bons costumes, e sua dupla vitória, no Val des Dunes e depois em Hastings, confirmou aos olhos de todos que Deus via nele o chefe legítimo da casa ducal.

Um século depois de sua morte, para agradar a seu bisneto Henri, o Angevino, Wace e Benoît construíram um belo episódio amoroso, partindo de algumas palavras que Orderic escrevera à margem da *Geste des ducs*. Wace coloca a aventura entre algumas outras que atestam a "magnificência" de Robert. Benoît de Sainte-Maure desenvolve o relato e vemos graças a ele como se gostava de sonhar nas cortes com a relação de livre amor. Nas exuberâncias de sua juventude, o duque perseguia assiduamente as moças. "Era", diz Benoît, "um de seus grandes desportos [seu esporte favorito] ter donzelas." Uma delas atraiu de passagem seu olhar. Perto de uma fonte, com outras lavadeiras, ela branqueava a roupa de casa. Trabalho de mulher, de "filha de burguês". Fazia calor. Arlot, Arlette — ficou-lhe o nome na história, guardemo-lo — arregaçara seu vestido, exibindo belezas comumente ocultas, suas pernas provocantes. Robert as viu "belas e brancas". Ele "voltou seus amores para a moça". Entendamos que desejou ter prazer com ela.

O retrato que Benoît aqui esboça de Arlette decepciona. Banal, ele dota essa filha do povo de todos os atrativos com que era de uso ornar as princesas: recato, cortesia, virtude, beleza. Seus cabelos são louros, sua fronte, lisa, seus olhos, sem orgulho, sua boca, perfeita, do mesmo modo que seu queixo, seu pescoço, seus braços. Nada é dito das macias alvuras dissimuladas decentemente pelo traje das moças recatadas e das quais o pouco que delas avistou Robert, o Diabo, bastou para despertar no âmago de seu corpo as ebulições do desejo. Três adjetivos resumem enfim os encantos de Arlette: era "bela", era "branca", era "robusta".

Enamorado, o duque envia dois homens da casa, um velho cavaleiro e seu camareiro privado, para falar com o pai da moça. Que ele consinta em deixar o príncipe "amar de grande amor" sua filha. Quando Robert não a quiser mais, ele a unirá a algum senhor bem rico. Recusa. O pai pretende dar sua filha em casamento ao homem que ele próprio escolherá, com o conselho de sua parentela. De vários lados, já a pedem. Ele não quer, enquanto viver, vê-la, "concubina de algum homem", servir à lubricidade dos machos. É então que entra em cena o personagem cuja função nos romances corteses é enunciar a moral dos cavaleiros,

189

o eremita. Um irmão do pai, um santo homem. Ele o convence a consentir. Convence também sua sobrinha, mostrando-lhe todo o proveito que o encontro lhe promete. Entra-se em acordo, fixa-se o momento em que o doce objeto será entregue. À noite, evidentemente, tempo dos prazeres culpados.

A donzela se diz então "apavorada". Não de ser tomada, mas de não parecer bastante encantadora ao homem que vai tomá-la. Ela se prepara.

> *Mandou fazer vestido novo,*
> *belo, bem-feito e bem elegante,*
> *e com seu corpo condizente.*

Um escrínio para toda a preciosidade que ela oferece. Chegada a noite, à hora combinada, os dois emissários se apresentam. Têm ordem de conduzir Arlette ao castelo. Secretamente: o fato não deve ser sabido, divulgado pela "gente vulgar". Isso menos pela honra do príncipe, o povo com efeito lhe perdoa facilmente suas estroinices, que pela da mocinha. Na capa de lã que trouxeram, os mensageiros vão então empacotar Arlette. Eles a trarão de volta, feita a coisa, antes do canto da cotovia. Ninguém ficará sabendo. A essas palavras, a donzela se retesa, recusa obstinadamente o clandestino: já que o duque a chama, "já que seu nobre corpo exige", ele não a tomará às pressas como se tomam as camareiras. Ela exige uma escolta, reclama um palafrém como os têm as casadas. Então, aumentando ainda mais os atrativos de sua toalete, enfeita-se à maneira das noivas: uma camisa de fino tecido, uma peliça de petigris por cima, branca, nova, sem atilho, bem ajustada ao corpo, aos braços sobretudo, um manto curto, os cabelos rodeados por uma corrente de prata. Nada de murça. Ela ainda é virgem, seus cabelos flutuarão ao vento como os das moças que são conduzidas ao quarto do esposo. À soleira, saúda seu pai e sua mãe. Chora, como quer o costume. Alegre em seu coração, porém, pois sabe que nessa mesma noite ela será fecundada e o menino que carregará, mais glorioso que Heitor, superará Artur e Carlos

190

Magno. É o pecado que lhe causa apreensão. Deflorando uma moça que não pretende desposar, o duque esta noite vai pecar. Não contra a moral sexual: ele é jovem, não é casado; que se divirta com o amor físico está na natureza das coisas. Ele vai pecar contra a moral social. Pois se trata de unir-se para a geração de um herói. Um ato tão grave não se realiza às escondidas. Assim, Arlette se recusa a introduzir-se no castelo por um postigo, furtivamente. Quer entrada solene, como alguém que vai tornar-se dama.

É no "quarto pintado", enfeitado, como o quarto de alabastro do *Roman de Troie*, para os prazeres do jogo amoroso, que Wace situou o picante da aventura, a maravilha. Arlette entrou no leito. Ainda está com sua camisa. Para surpresa de Robert, eis que com um grande gesto ela a rasga pela frente e a rompe até os pés. Não seria decente, diz ela, que a barra dessa roupa, depois de ter tocado seus pés e suas pernas, se virasse, arregaçando-se, para a boca de tão nobre amante. Esse discurso da mulher no leito tem semelhança com o de Gonnor. Mas o leito onde se instala Arlette não é nupcial, não é "seu". Por seu desnudamento solene, ela confessa abandonar-se em plena reverência a esse corpo de homem de que vai recolher a semente. Benoît vai um pouco mais longe. Descreve a donzela despojando-se aos pouquinhos, retirando primeiro suas mangas, depois expondo um a um seus encantos.

> *O círio arde bem claro,*
> *o corpo parece muito bem-feito.*

Em plena luz. Não vergonhosamente, na obscuridade em que se ocultam os fornicadores. Uma ostensão. Esse corpo orgulhosamente oferecido àquele que vai apoderar-se dele, o mais belo que ele tenha visto em sua vida. Que faz ele então desse corpo? Benoît se cala. "Não quero dizer outra coisa."

Cada um é livre para imaginar. Mais tarde, a moça adormece. Sonha. Como com frequência o faz nas vidas de santos a mãe do herói, como sonhava santa Ida de Boulogne, antes de trazer em seu seio o futuro Godefroi de Bouillon. Arlette vê uma árvore sair de seu ventre, essa árvore espessa e jorrante que, na plenitude de seu crescimento, vai recobrir com sua sombra a Normandia inteira. Com efeito, ela já concebeu, "empregou muito bem", diz Benoît, "sua virgindade". Quanto a Wace, termina na infância de Guillaume. Seu pai

> *o fez educar muito ricamente*
> *e tão nobremente*
> *quanto se fosse de esposa nascido.*

Henrique Plantageneta decididamente não precisa mais corar por sua bisavó. Burguesa, por certo, mas "recatada e virtuosa", ela desempenhou perfeitamente seu papel, conseguiu que o acasalamento fosse honrado, que se respeitasse o ritual das bodas: seus pais consentiram, despediram-se dela; convenientemente enfeitada, foi conduzida em cortejo até o altar do sacrifício. Além do mais, ela se mostrou imediatamente fértil, pronta para a semeadura, como o exigiam os padres e como se desejava nas cortes que todas as damas o fossem. Nada faltou, a não ser a luz do dia, o banquete, os festejos públicos, a não ser sobretudo as bênçãos da Igreja. Deus, pelo menos, com toda a evidência abençoou a união e seu fruto, Deus, o Deus dos eremitas, de bem larga complacência com as alegrias carnais. Arlette fiara-se nele, "que Ele lhe desse alegria fecunda". Deus não se esquivou, legitimando desde sua concepção Guillaume, desculpando-o por graça especial de uma aparente bastardia.

O PODER DAS DAMAS

Aos olhos de um duque da Normandia, o senhor de Ardres e mesmo o conde de Guînes pareciam medíocres personagens. Como o Plantageneta, porém, eles se preocuparam, em 1194, em erguer um monumento literário à memória de seus ancestrais. De todas as histórias familiares em que permanecem alguns vestígios das damas daquele tempo, esta é incontestavelmente a mais rica, a mais saborosa. Por sorte, ainda a podemos ler. Na linha em que se enfrentavam os reis da França e da Inglaterra, a terra de Guînes foi de fato, durante a Guerra dos Cem Anos e depois, uma posição estratégica e política de primeiríssima importância, cobiçada, dividida, reconquistada: de 7 a 24 de junho de 1520, o famoso Camp du Drap D'or, onde Francisco I e Henrique VI rivalizaram em magnificência, se manteve entre Guînes e Ardres, precisamente. O condado, por outro lado, coube a casas ilustres, próximas da casa real: os Brienne o adquiriram do rei da França, que o comprara em 1282; depois ele passou para a casa de Bar, uma das origens da casa de Bourbon. Nessas grandes moradas, cuidou-se de um escrito que falava de antepassados remotos, de uma herança contestada. Ele foi copiado, recopiado, mandou-se traduzi-lo do latim. O mais antigo dos manuscritos conservados encontra-se na biblioteca Vaticana, no acervo legado pela rainha Cristina da Suécia, nº 696. É um livro muito bem cuidado, cuja escrita é datada do século XV.

De seus cento e vinte e três fólios, falta o primeiro. Ele apresentava provavelmente como frontispício uma ilustração. Por uma outra cópia que o bailio e o mestre-escola da pequena cidade de Audruicq confrontaram em 1586 com o original, sabe-se que nessa página figuravam três brasões, de um lado as armas da França, do outro, divididas em quatro partes, as dos

193

condes de Guînes e dos senhores de Ardres. Embaixo, via-se um príncipe sentado recebendo um livro das mãos de um homem em pé, vestido com uma longa toga. Essa dupla imagem define perfeitamente o que é a obra. É a história, distinta, de duas casas, Guînes e Ardres, separadas desde sua origem, mas que um casamento acaba de reunir, ambas submetidas à autoridade do rei da França, Ardres no entanto subordinada a Guînes. Seu autor, que entrega o manuscrito àquele que encomendou escrevê-la, é um homem de Igreja, um "mestre". Ele se nomeia desde a primeira linha, no título do prólogo, Lambert, e se designa imediatamente como "padre da igreja de Ardres".

A cópia de 1586 desapareceu, mas foi transcrita em vários exemplares. Dela derivam as edições modernas, que permitem utilizar facilmente esse documento fascinante. Fascinante, porque ele é, é o termo que convém, extraordinário, tão vigoroso, tão cru, tão natural, fornecendo tantas anotações concretas sobre o mais cotidiano da vida, que ele desconcertou os eruditos, e, como as primeiras transcrições que se possuem dele são três séculos mais recentes que ele, duvidou-se de sua autenticidade. O que lemos não foi forjado nos últimos tempos da Idade Média? A hipótese, de fato, F. L. Ganshof o demonstrou com conhecimento de causa, não se sustenta: um falsário não teria podido apropriar-se tão bem das atitudes, da visão do mundo, imitar, a ponto de iludir, a maneira de escrever de um contemporâneo de Filipe Augusto. Seguros de sua veracidade, os historiadores da sociedade feudal apoderaram-se desse escrito, Marc Bloch, em particular, depois Guilhermoz. Eu mesmo me servi dele várias vezes, bem longe, contudo, de explorar toda a sua riqueza. Pelo que ela revela do poder das mulheres, retomo aqui essa história.

1. AMBIENTE

Um de seus méritos, talvez o principal para a busca que continuo, é o de descrever o meio em que viveu a dezena de damas que Lambert conheceu, viu com seus próprios olhos, e onde, pouco preocupado com anacronismo, situou outras mulheres, estas desaparecidas, algumas havia séculos, cujos nomes eram repetidos na casa e das quais o comanditário da obra esperava que ele falasse. Essas mulheres evidentemente estão perdidas no meio de uma multidão de homens, esmagadas, sufocadas por eles. Também esta história é uma história de guerreiros. No prólogo e no prefácio, o autor o anuncia claramente. Ele pôs mãos à obra por solicitação de um homem, "o cavaleiro muito valente [...] Arnoud de Guînes [...] seu senhor e mestre". Ele escreve "em louvor, à glória, em honra" dos ancestrais desse Arnoud, a fim de que seja conservada a lembrança "de seu nome e de suas façanhas". São homens, "os condes de Guînes e os nobres de Ardres". Atrás dessas figuras masculinas, gesticulando, agitando-se, pavoneando-se na frente da cena, entrevê-se vez por outra a de uma mulher. Ela desaparece quase imediatamente. Quando muito o historiador pode em pleno voo apreender-lhe por vezes alguns traços. Não se encontra aqui, como na história dos senhores de Amboise ou na dos duques da Normandia, o menor esboço de um retrato de dama. Algumas palavras de elogio aqui e ali, servindo-se Lambert, aliás, das mesmas fórmulas quer se trate da dona da casa ou de uma dessas moças que seu esposo persegue e deflora de passagem. "Nobres", "belas", umas e outras, sempre. Sem mais. Esses cavaleiros muito valorosos ocupam todo o campo, esperam que o narrador proclame suas virtudes. Para que falaria ele das mulheres? Elas contam tão pouco. Esse é um dos ensinamentos mais evidentes desse relato. De resto, não é mau que os homens estejam lá, tão claramente postados. É preciso evidentemente lhes dar lugar, sem o que se correria o risco de engano quanto à condição, os direitos e deveres das damas. Por muitíssimo tempo escreveu-se a história sem se preocupar com as mulheres. Evitemos cair no defeito inverso de conceber uma história das mulheres que não se preocupasse com os machos. No século XII assim como hoje, masculino e feminino não andam um sem o outro. Compreender melhor as relações que mantinham os dois sexos, esse é o objetivo de minha investigação.

Masculino, o cenário é militar. As damas de Guînes e as damas de Ardres tiveram todas por marido um ás da guerra, senhor de uma fortaleza que seu mais remoto ancestral, fundador da dinastia, havia, ele está convencido disso, edificado. Lambert tampouco duvida disso. Para ele cada uma das duas linhagens teve origem ao mesmo tempo que um castelo, quando o chefe de um bando de cavaleiros decidiu "erguer em primeiro lugar uma grande massa de terra para fazer um forte" (o que as línguas românticas chamam naquele tempo "morro") "depois cercá-la com um fosso duplo". As palavras que cito descrevem os começos do castelo de Guînes, que foi certamente construído primeiro. Nas primeiras décadas do século X, como supõe o padre Lambert? Pode-se duvidar disso. Preocupado em afastar para muito longe no passado a origem dessa linhagem, o historiador partiu de alguns nomes de homens que flutuavam nas memórias. Ele construiu arbitrariamente os três primeiros degraus da genealogia. De fato, os mais antigos dos Guînes atestados por documentos de arquivos são Eustache e Baudouin (dois nomes que os ligam às duas casas mais poderosas da região, a dos condes de Boulogne e a dos condes de Flandres, uns e outros orgulhosos de descender de Carlos Magno). Eustache vivia por volta de 1030. Aparentemente estava incluído entre os rapazes educados pelo conde de Flandres, que lhe deu como esposa a filha de seu camareiro. Segundo todas as aparências, ele usou o título de conde. Seu filho Baudouin o usa em um auto subscrito pelo rei Filipe I em 1065. Eu dataria de bom grado a fortuna da família, e, se não a fundação, pelo menos a fortificação do castelo, das duas ou três décadas que se seguiram ao ano 1000, momento em que, no norte da França, os senhores de algumas robustas fortalezas conseguiam apropriar-se da dignidade condal, assim tomando posição entre aqueles delegados que Deus, por intermédio do rei, seu lugar-tenente, encarregava oficialmente de fazer reinar a paz sobre a terra em seu nome.

Lambert sabe muito mais sobre o castelo de Ardres. Seu patrão vive ali, ele próprio passou ali sua infância, e a morada senhorial é contígua à igreja em que ele serve. Na casa, a lembrança é nítida: o castelo foi erguido por volta de 1050 por Arnoud. Era um rapaz aventureiro, talvez um caçula, o trisavô desse outro Arnoud a quem Lambert dedica seu livro. A menos de oito quilômetros do castelo de Guînes, em um espaço então deserto, "entre duas eclusas à distância de uma pedrada uma da outra, no mais profundo de um pântano lodoso, não longe do pé da colina, esse Arnoud ergueu um amontoado de terra, um morro muito alto ou um torreão, em sinal de defesa". Um sinal, com efeito, o emblema de um poder, o de comandar e punir, de manter a ordem pelas armas. Legendas cercavam o ato fundador sobre o qual se apoiava toda a honra dos "nobres de Ardres". Contava-se que um urso doméstico havia colaborado nos trabalhos de aterro, que uma pequena gema ornada de ouro, um "amuleto" em forma de pingente, encontrava-se escondida no centro do morro, "em lugar obscuro e secreto". Também Arnoud abrira caminho bordejando entre os condes de Flandres e os de Boulogne. Foi Baudouin V de Flandres quem o incitou a fundar o castelo para enfraquecer o conde de Guînes, cujo recente poder o inquietava. Arnoud assim se tornara "sire" e um dos doze pares de Flandres. Serviu igualmente Eustache de Boulogne, o pai de Godefroi de Bouillon, que, como soberba recompensa, permitiu-lhe desposar a viúva do conde de Saint--Pol, oferecendo-lhe assim o meio de explorar em seu proveito essa frutuosa senhoria. Lambert diz que Arnoud consagrou o que ganhou no negócio a tornar mais orgulhoso o castelo de Ardres.

Ao mesmo tempo, ele se empenhara em fazer-se admitir, em inserir-se na trama dos poderes preexistente. Ligara-se primeiro às potências eclesiásticas, menos exigentes, ao bispado de Thérouanne, à abadia de Saint-Bertin, que lhe confiou o cuidado de assegurar a justiça e a paz em seus domínios. Mais tarde, quando, muito rico, "residia em segurança em seu Ardres", ele finalmente se acertara com o conde de Guînes, senhor eminente do território onde acabava de instalar-se, conseguindo que ele reconhecesse a plena liberdade do "castelinho", do pequeno *oppidum* que edificara. Lambert, que via à sua volta o dinheiro correr aos borbotões, servir para tudo, assegura que, por essa franquia, Arnoud teria dado "um tonel cheio de moedas". Em 1094, às vésperas de sua morte, ele se ligara mais estreitamente ao conde de Flandres, retomando como feudo de Robert II o torreão e com isso fazendo-lhe juramento de fidelidade. Contudo, o primeiro dos senhores de Ardres não julgara suficientes as proteções de que se cercara, as muralhas de terra e de floresta, os fossos, suas alianças, sua escolta de guerreiros. Parecia--lhe igualmente necessário, senão mais, assegurar-se dos favores do Céu, cercar-se de uma equipe de homens de oração. Uma *ecclesiola*, uma pequena igreja dedicada a santo Omer, erguia-se na colina acima do castelo. Um padre passava ali de tempos em tempos para dizer um ofício. Um dia, em 1069, em acordo com o bispo e o cura, Arnoud se dirigira à porta desse oratório acompanhado de seus filhos e filhas. Na soleira, reconhecera em voz alta, diante de Deus, diante de santo Omer, que renunciava a qualquer poder sobre esse lugar. Depois ele entrara, depositara sobre o altar uma bandeira marcada com uma cruz, sinal da transferência dos poderes, da qual pendia, sinal de paz, um ramo verde de oliveira. Ele trazia uma relíquia engastada em ouro e pedras preciosas, um dos dentes de santo Omer que os cônegos haviam escarnado para ele da cabeça de seu padroeiro, e livros, o Antigo Testamento, o Novo, ornamentos de igreja. Retirara-os do tesouro da colegiada de Saint--Pol, do qual tinha a guarda em nome de sua esposa. Assim, convenientemente guarnecida, a *ecclesiola* podia se tornar *ecclesia*, a sede de uma paróquia. Bastava instalar ali permanentemente um homem de Igreja. Arnoud colocou vários. Ele via os castelos do conde de Flandres e de outros senhores da região ladeados todos por uma colegiada, por um capítulo de cônegos. Constituiu então dez prebendas, deu uma ao cura, uma outra a um de seus bastardos, já cônego de Saint-Omer. Esse colégio rezaria por ele e por seus súditos. Um pouco mais tarde, ele o

198

transferiu para um edifício novo, colocado sob o patronato da Santa Virgem. Ligado à sua morada, foi "como sua capela", um lugar de culto privado, instalando-se o sire entre os cônegos, dirigindo-os, cantando com eles, distribuindo ritualmente as esmolas como o fazia o conde de Flandres, seu senhor. Foi assim que Arnoud de Ardres sacralizou o poder que devia às suas armas. Com a mesma intenção, o conde Baudouin I de Guînes fundava em 1084, em Andres, perto de seu castelo, uma abadia masculina.

Com muita inteligência e sagacidade, Lambert procura despertar a memória da linhagem. Ela é preciosa. Mostra como, no século XI, em torno de uma fortificação e de um santuário, formaram-se pequenos Estados. Destes dois aqui, um em princípio dominava o outro. Lambert o assinala claramente: os Ardres, seus patrões, ele os diz *proceres*, "grandes", "chefes". Ao passo que os Guînes são condes, convencidos de deter por esse título a autoridade sobre todos os habitantes do território condal, aí incluídos os senhores do castelo de Ardres. Quando um dos Guînes casou seu filho com a herdeira de Ardres, Lambert afirma que ele se humilhou. De fato, os dois principados eram de força igual, destinados a se combater: Ardres, o mais recente, cravava-se como uma cunha no outro. Por isso essa história de cavaleiros é essencialmente, como os romances corteses, uma sequência de peripécias militares. A guerra jamais cessou ao longo de dois séculos na terra de Guînes.

Essa região, Lambert a descreve em algumas palavras. "Ela se presta à atividade pastoril, à criação dos carneiros e outros animais; é uma extensão ondulada e pradosa cortada por arvoredos; campos e pastagens aí se misturam; uma planície de pântanos saturados de água a margeia." Duas paisagens, de fato, se justapõem: as costas das colinas do Boulonnais; abaixo, ao norte, um vasto espaço plano. Na Antiguidade tardia, o mar a invadiu. Depois ela foi lentamente preenchida e povoada. No tempo de Lambert, vemo-la pontilhada de paróquias novas e o beneficiamento se consuma, começa-se a disputar o que resta de terra inexplorada. Quando o irmão de Arnoud de Guînes quis

199

"cavar um fosso e cortar o uso das turfas" de um trecho de pântano, seus vizinhos e os usuários ergueram-se contra ele. Lambert viu isso e, no último capítulo de seu livro, relata um conflito menos benigno. Subsistia ainda, aquém da faixa litorânea, uma extensão bem larga de solidão aquática. Era chamada de brejo do rei. Ficava na fronteira entre a terra de Guînes e a de Boulogne. O conde Baudouin II empreendeu drená-la. Imediatamente avisado, o senescal do conde de Boulogne convocou os habitantes da região de Marck, os *keurebroeders*, a fraternidade tradicional. Todos, infantes, cavaleiros, apresentaram-se com trinta dias de víveres, suas ferramentas e armas; eles cavaram um fosso profundo de maneira a subtrair a região da dominação do senhor vizinho. Ei-los que começam a cortar as árvores já plantadas pela domesticidade condal, escavam, jogam a terra, zombam dos homens em frente. Estes respondem. Empoleirado sobre um montículo, o conde Baudouin vê a debandada, os adversários em desordem, dispersos, "uns pelos caminhos, outros sobre os fossos, outros ainda nos brejos". Recolheram-se seus estandartes, que foram suspensos em sinal de vitória na igreja de Ardres.

A querela é minúscula, peripécia insignificante no seio de uma permanente hostilidade entre principados rivais. Retenho-a, porém, pois ela atesta que o espaço produtivo se tornava raro em uma região que um vivíssimo crescimento da população começava a preencher até as beiras. Ela prova também que a criação de animais rendia muito nas colinas "com amplos ajuntamentos de pastos", e mais ainda nas pastagens salgadas da região baixa. A prosperidade, no entanto, vinha principalmente da estrada. Guînes e Ardres encontravam-se situados em um eixo fundamental da circulação através da Europa, o feixe de vias carroçáveis ligado a velhas rotas romanas que levam da Inglaterra, por Sangate, Wissant e outras praias, para Saint-Omer — esse burgo que os condes de Flandres haviam fortificado às portas da venerabilíssima abadia de Saint-Bertin — e para Thérouanne — resto de uma cidade romana, decaída, por certo, mas não riscada do mapa, pois o bispo, seu capítulo e a escola catedral ali permaneciam fixados. De Saint-Omer ia-se para Ypres, Gand, Bruges. De Thérouanne, para Arras, para a França ocidental, Champagne, para Roma. Esse caminho, desde sempre os guerreiros, os peregrinos, os negociantes o haviam seguido. Havia dois séculos que eram vistos, cada vez mais numerosos, cada vez mais ativos. Testemunho do crescimento contínuo do tráfico, do desenvolvimento rápido de um povoado às portas do castelo de Ardres.

As pessoas se lembravam ainda do tempo em que, perto de um antigo ponto de parada romano agora afogado sob as águas estagnadas, não havia ali mais que uma taberna onde se bebia cerveja. Os camponeses do lugar iam lá "se embebedar". Estrangeiros ali paravam também, especialmente aqueles traficantes da Itália que, diz Lambert, "iam ao país da Inglaterra para seus negócios". Arnoud, o fundador, escolhe evidentemente esse lugar para implantar no pântano a fortaleza: seus guerreiros protegeriam as gentes de passagem; lhes tirariam moedas. Também movidos pela esperança de aproveitar da circulação e das trocas, migrantes vindos das aldeias vizinhas afluíram. Um bazar, um mercado das quintas-feiras logo surgiu sob o controle do senhor. Por volta de 1100, a aglomeração tornou-se um burgo quando o dono da fortaleza a mandou cercar "de um fosso grande, profundo e amplo". Sessenta anos mais tarde, faziam-se as reuniões de justiça, exibiam-se os víveres sob o telhado de chumbo de um galpão solidamente construído. As mulheres que vemos aparecer nessa *Histoire* viveram, não o esqueçamos, em uma das regiões da cristandade então mais vigorosamente vivificadas pelo desenvolvimento do comércio. Para os senhores dos dois castelos, para o conde sobretudo, a estrada era causa de despesa. Ele se via obrigado a acolher os passantes de qualidade. Recordava-se ainda, à beira do século XIII, a suntuosa recepção de que haviam sido sucessivamente objeto algumas décadas antes o arcebispo de Canterbury, Thomas Becket, e o arcebispo de Reims. Naquelas noites, o vinho branco correra aos borbotões na sala. Ele vinha de longe, dos vinhedos de Laon, de Paris. Custava caro. Mas da estrada os protetores da paz pública tiravam, em compensação, belas quantidades de moeda, essa moeda que se tornara tão necessária no tempo em que Lambert terminava sua obra, indispensável para conduzir proveitosamente a guerra.

Com exceção dos dias de chuva forte, de borrascas ou de severas geadas, durante os quais permaneciam abrigados em casa, o conde de Guînes e o senhor de Ardres, enfiados até o pescoço na loriga, de espada na mão, cavalgavam à frente de seus homens. A guerra era seu ofício, seu prazer. Por muito tempo e desde que foi erigido o castelo de Ardres, eles lutaram um contra o outro a despeito do juramento de fidelidade que o primeiro dos Ardres prestara, a despeito da pilha de moedas que ele derramara aos pés do conde para adulá-lo. Um perseguia o outro até os fossos do castelo, ali o mantinha encerrado um momento, suspendia o cerco quando via surgir, vindos em socorro, os amigos do sitiado, retirava-se seguido de perto pelo adversário, impelido por sua vez até seu próprio torreão. Chegava um dia em que consentiam em abraçar-se. Uma trégua interrompia algum tempo esse vaivém devastador. A planície era posta a perder. Por vezes deploravam-se mortos. Um dos senhores de Ardres, com o crânio perfurado por uma flecha, quase deixou sua pele nesse jogo. Depois de um longo século de escaramuças, a rivalidade teve fim miraculosamente. Sucedendo por acaso a seu cunhado, desaparecido durante a Segunda Cruzada, Arnoud IV, o novo senhor de Ardres, queria a paz. Entendeu-se enfim com o conde Arnoud. Os dois Arnoud uniram-se para defender a terra de Guînes. Foram daí em diante "como as duas mãos de um só corpo", "como um só coração, como uma só alma", modelos da amizade vassálica. "Guînes exultou na paz, e a corte de Ardres regozijou-se com ela [...] o conde não pretendeu mais usar de seu poder arrogante com relação a seu vassalo e súdito, o qual cessou a velha rebelião e não recusou mais a seu senhor honra e reverência." Um casamento selou o acordo. Arnoud de Ardres deu sua filha herdeira ao filho primogênito de Arnoud de Guînes. Dessa união nasceu um novo Arnoud. É o patrão de Lambert. A função maior da dama, mesclando as duas sementes, é de fato, como disse, a de consolidar o entendimento entre a casa da qual ela sai e aquela para onde a conduziram no dia das bodas.

Os dois pequenos príncipes participavam de muitos outros combates. Cada um deles, em seu próprio território, esforçava-se por domar esses agitadores que Lambert chama de "vavassalos", os mais poderosos de seus súditos, seus parentes mais ou menos próximos. Bem providos de terras, bem providos de escravos, mantendo sob seu jugo uma ou duas dezenas de famílias camponesas, por vezes bastante ricos para também fundar mosteiros e capítulos de cônegos, em suma, os iguais do conde e do sire, esses guerreiros indóceis exigiam ser tratados de acordo. Altivos, revoltavam-se constantemente. Sonhavam sobretudo erguer um dia um torreão, como seu primo, o fundador do castelo de Ardres, criar sua própria senhoria. De tempos em tempos, via-se este ou aquele desses fidalgos ordenar aos que lhe deviam corveias que pegassem sua picareta, que revolvessem a terra e erguessem uma dessas fortificações que se avistam no relato de Lambert salpicando o campo, abandonadas, pois Guînes e Ardres mataram na origem essas empresas concorrentes, não sem dificuldade e rudemente. Permanecia a lembrança daqueles vassalos rebeldes que os condes dos antigos tempos haviam decapitado, dos quais tinham cortado, rindo, a genitália. No fim do século XII, esses "nobres" de segunda categoria continuavam turbulentos, perigosos. O conde tentava contê-los oferecendo em casamento suas sobrinhas a seus rapazes.

Ademais, todos os senhores de Ardres partiram para guerrear longe, além-mar. Na Inglaterra e na Terra Santa. No bando reunido por Eustache de Boulogne, Arnoud I e seus dois filhos recém-armados cavaleiros acompanharam Guilherme, o Conquistador, em 1066, e serviram-no longos anos, com gordos soldos. Eles receberam como feudo belos domínios nos condados de Bedford e de Cambridge e voltaram para casa com muito dinheiro, com um urso também, presente do rei, com o qual seus súditos se divertiram. Arnoud II tornou-se cruzado em 1095 por apelo do papa Urbano. Na tropa de Robert de Flan-

203

dres, tomou parte nos ataques a Antióquia, a Jerusalém. Baudouin, seu filho, participou da Segunda Cruzada, Arnoud, seu bisneto, preparava-se para a terceira. Os condes moveram-se menos. Só um dos irmãos de Manassé seguiu os primeiros cruzados. Mas Manassé, em sua juventude, como seu pai tardasse a morrer, fora-se por um tempo. Além do Mancha, pusera suas armas a serviço do filho do Conquistador, Guilherme, o Ruivo. Ali ganhou uma esposa abastada, Emma de Tancarville, filha do camarista da Inglaterra.

Enfim, todos os Guînes e todos os Ardres iam regularmente participar de cavalgadas nos torneios que os príncipes organizavam ao longo de todo o ano nas províncias da França. Durante esses períodos de gratuidade em que, para se divertir, trocavam-se murros alegremente, à espreita de qualquer oportunidade de capturar cavalos e de extorquir os vencidos, eles esqueciam o ódio tenaz que os opunha. Os dois partidos de cavaleiros formavam então uma só equipe, os Ardres servindo os Guînes, os Guînes mostrando-se "amáveis" com os Ardres. Eles "honravam-se mutuamente de bom grado". Do começo ao fim de seu relato, Lambert evoca os torneios. É lá, no vasto campo onde, sob os olhos dos conhecedores, os cavaleiros novos demonstravam sua coragem e sua habilidade cavaleira, que o padre de Ardres apresenta um depois do outro os ancestrais das duas linhagens, exibindo suas virtudes viris, em primeiro lugar a *strenuitas*, a valentia. Lá, um depois do outro, eles recolheram o butim, armazenaram a glória, avivaram o brilho de um renome, acumularam o capital simbólico de que Arnoud, seu descendente, tirou proveito. Lá, o herdeiro, na espera de estabelecer-se, e todos os jovens condenados ao celibato pela política das linhagens iam desrecalcar-se, liberar sua agressividade e alimentar sua esperança: no fim dos combates, os mais valorosos não iam receber uma esposa? Lambert entretém esse sonho entre os "aspirantes a cavaleiro" que o escutam, dando-lhes como exemplo um dos senhores de Ardres, Arnoud II, o bisavô de seu patrão. Durante todo o dia ele brilhara diante do poderoso sire de Alost. Este, já atingido pelo "rumor da honra e magnificência de sua cavalaria", acolheu-o sob sua tenda com os membros de sua equipe no fim do combate. Bebeu-se longamente na noite. De manhã, dissipada a bebedeira, Arnoud recebeu de presente uma das irmãs de seu anfitrião. A história é bela. É evidentemente ilusória. Minuciosas tratativas entre as duas casas haviam precedido o dom, e o conde de Flandres, senhor de Alost e de Ardres, dera certamente sua opinião. No entanto, tal como Guenièvre ou Phénice, espectadoras atentas, experimentadas em feitos guerreiros e sensíveis, damas e donzelas avaliavam de longe o vigor dos machos, e estes acreditavam possível ganhar os favores de umas e a mão de outras fazendo bonito em meio aos perigos desses enfrentamentos selvagens, dessas "feiras", feiras de campeões, feiras de mulheres. As autoridades da Igreja diziam-nas "execráveis". Lambert retoma a palavra. Elas o eram porque a cavalaria ali se afundava, porque ali se morria tanto, ou mais, quanto na guerra. Um dos distantes antepassados dos condes de Guînes passava por ter perdido a vida em Île-de-France em um desses encontros furiosos. Os camponeses, seus súditos, que ele oprimia, se haviam regozijado muito com isso, dizia-se. À sua partida, tinham todos desejado que ele esticasse a canela. Pois os torneios eram execrados pelo povo porque, gastando mais do que as compensações lhes rendiam, os sires neles se arruinavam. Voltavam ávidos, apressados em arrecadar taxas. Arnoud de Guînes, que durante onze anos vagou de torneio em torneio, seguido por todos os agitados da terra de Guînes, neles perdeu, além do que lhe dava seu pai, aquela parcela do imposto arrecadado em preparação da Terceira Cruzada que ele recebera para equipar-se.

Nos anos em que Lambert compunha sua obra, lutar como se devia, munido dos equipamentos modernos, custava de fato cada vez mais caro, e a guerra mais do que nunca atingia a maior violência. Os dois principados se haviam originado em uma fronteira. Fronteira entre a terra firme e as águas paradas, fronteira entre os dialetos, germânico e românico (o padre de Ardres fala um e outro como todo mundo, sem dúvida, na casa onde ele serve, mas os senhores e seus oficiais fingem servir-se sobretudo do românico, a língua das cortes), fronteira política enfim, encontrando-se a terra de Guînes prensada entre dois fortes Estados, o condado de Flandres e o condado de Boulogne. Nos anos que antecederam a batalha de Bouvines, essa zona de fratura entrara em vivíssima ebulição. Em Bouvines, em 1214, o conde Arnoud, o herói do relato de Lambert, estará presente no campo do rei da França. Já velho, mais velho ainda que Filipe Augusto. Mas entre 1194 e 1203, fiel à mais estreita das alianças, estabelecida pelo parentesco, pela amizade, e que se estreitara ainda mais quando a senhoria de Ardres se fundira no condado, ele se submetia com seus cavaleiros à bandeira do conde de Flandres, então em conflito aberto com o rei. Este se apoderara, em nome de sua mulher, depois em nome de seu filho, do Artois, de Saint-Omer e da fidelidade da vassalagem do condado de Guînes. Mantinha-os solidamente, pois seu amigo Renaud de Dammartin se tornara, graças a ele, conde de Boulogne. Mas ele entrava em choque com o conde de Flandres e, por trás dele, com o rei da Inglaterra. Em 1194, quando Ricardo Coração de Leão voltou do cativeiro, as hostilidades se reacenderam. Elas não cessavam mais. Durante o verão de 1197, Filipe Augusto avançou até Ypres, devastando as terras adversas. Ele teve de recuar, e foi Arnoud de Guînes quem conduziu o cerco de Saint-Omer, defendido por um de seus primos, "seu grande amigo". Do alto da torre de madeira que mandara construir, mais elevada que os muros da cidade, ele atacava estes últimos com os arremessos que lançavam suas balestras. Fez maravilhas. Agradecido, o conde Flandres presenteou-o com uma grande soma em moedas esterlinas, "tirando-as das jarras cheias de ouro e de prata que o rei da Inglaterra lhe enviara para guerrear o rei da França". Arnoud empregou imediatamente essa moeda no pagamento de suas dívidas.

Na guerra, portanto, podia-se ganhar muito. Mas geralmente se perdia. Quanto custaram ao conde Baudouin, o pai, a grande torre circular coberta de chumbo, cercada de muros de pedra, esse Louvre em miniatura que ele mandou erguer em

Guînes diante do perigo, e outras fortificações ainda, em Audruicq, em Sangate? Ele se arruinou. Enfim, por uma dessas reviravoltas tão frequentes no curso das lutas feudais, esse velho teve em 1203 de entregar sua pessoa como caução ao rei da França, junto com a de dois de seus filhos caçulas, cavaleiros. O próprio Arnoud, na penúria, foi obrigado a ajoelhar-se de mãos juntas diante de Filipe Augusto e reconhecer-se seu vassalo. O livro de Lambert foi escrito em pleno perigo, no fragor das armas. Se permaneceu inacabado, não foi sob o impacto desse brusco revés? Quem pretenda conceber com justeza o que foi a existência das mulheres naquele lugar e naquele tempo deve fazer menção da permanente proximidade da guerra e dos torneios, seus simulacros, deve situar não longe delas dezenas de homens violentos, caracolando, polindo sua couraça, recendendo a suor, couro e urina daqueles cavalos de que cuidavam mais do que delas, imaginá-las no auge dos alertas, encerradas, inquietas, na fortaleza, obrigadas por vezes a gerir sozinhas uma derrota, a ir pedir nas redondezas as moedas de um resgate, e repreendidas, como o foi a esposa de Sulpice II de Amboise, por não ter sabido negociar habilmente a libertação de um esposo cativo. E o poder verdadeiro da dama é mal avaliado se se esquece que o marido cavalgava alhures a maior parte do tempo, fora de alcance. Que elas viviam então mais livres, por certo, mas pesadamente responsáveis e, como se dizia, "desoladas", sós, sem guia, entregues às suas naturais fraquezas.

Quando considera o mundo que o cerca, Lambert vê num primeiro relance casas, relações de familiaridade estabelecidas entre um chefe e comensais, gentes que partilham suas refeições, entre as quais ele distribui tudo o que a senhoria rende. É seu dever: ele toma com uma mão, dá com a outra. Não apenas seu prestígio mas também sua força real dependem de sua larguez. Os pães-duros são maus senhores e por vezes, vítimas de sua sovinice, perecem de morte cruel, como Arnoud III de Ardres, degolado pelas gentes que ele alimentava pobremen-

207

te. Lambert vê a população da região inteira formando como que uma vasta casa, organizada segundo o modelo da casa de Ardres onde, entre os meninos de todas as idades que o patrão se gabava de manter a seu lado e pelos quais se aplicava em fazer-se amar, ele vivera "desde sua infância até a idade viril".

Essa morada era antiga. Um século antes, o bisavô de seu patrão Arnoud a mandara construir, sobre a elevação fortificada, por um carpinteiro — ela era de madeira —, um artesão muito hábil do qual se conservava o nome, Louis, um nome de rei. Essa construção, que, pela complexidade de seus arranjos internos, passava por uma obra-prima de arquitetura e constituía o orgulho da família, encontrava-se dividida em duas partes, uma delas especialmente reservada às mulheres. Essa sociedade velava, com efeito, por separar estritamente o feminino do masculino, destinando a cada um seu lugar, preocupação testemunhada também pela decisão que tomou por volta de 1195 o conde de Guînes de repartir entre dois leprosários os doentes de um e outro sexo. Nessa casa, então, o andar principal era dividido. De um lado, a ala dos homens, a área de convivência, amplamente aberta, a sala onde o senhor acolhia seus hóspedes, majestosamente instalado, comendo e dando de comer, onde seus companheiros e seus servidores estendiam-se à noite para dormir. Do outro, a ala das mulheres, fechada, ordenando-se em torno do "grande quarto", em torno de um leito, aquele "onde dormem juntos o senhor e a dama", essa "parte secreta" ladeada por um reduto para as camareiras, por um dormitório das crianças pequenas e por uma incubadora para os bebês de peito, enfim, dominando no andar alto essa espécie de concha matricial arrumada para a procriação lícita e a criação atenta dos rebentos do casal senhorial, o local onde, chegada a noite, as donzelas, filhas do sire, de seus cavaleiros e de seus padres, "viam-se aprisionadas, como convinha". Assim se apresentava o gineceu. Em princípio, as mulheres apenas lhe transpunham os limites para se dirigir à capela, à *loggia* onde se conversava, ou à sala, nos grandes dias, para pavonear-se no brilho de seus adereços, com a permissão do senhor.

De fato, os compartimentos estavam longe de ser estanques. A maior parte das mulheres, numerosas, que vivia na casa dificilmente escapava das cobiças masculinas. Com toda a evidência, o "grande quarto" não era o único lugar de acasalamento, nem a dama a única mulher que dava à luz na morada. Lambert não faz nenhuma alusão às simples criadas com quem se divertia o comum da domesticidade, mas evoca algumas das mulheres que os senhores das duas casas cercavam com suas atenções particulares. Ele conheceu várias delas: Helwide e uma outra "donzela de Ardres", que deram cada uma um filho bastardo ao sire Arnoud III; Adèle, filha do cônego Raoul, que Baudouin, irmão e sucessor de Arnoud, deflorou antes de partir em cruzada; Nathalie, filha do cônego Robert, com quem o mesmo Baudouin gerou um filho; e essa Marguerite, "a famosíssima", mãe de dois meninos pelo menos, um oriundo de um irmão do conde Baudouin, o outro de um cônego de Thérouanne. Lambert nomeia apenas essas mulheres: na juventude ele fora camarada de seus filhos. É suficiente para deixar claro que, no castelo de Ardres — como no de Guînes: o conde Baudouin II deixava ao morrer dez filhos legítimos, mas, segundo a crônica de Ardres, vinte e três outros, que não o eram, o choraram também em seus funerais —, o senhor vivia cercado de concubinas como dois séculos antes os duques da Normandia. Notemos, contudo, duas diferenças. Os bastardos nascidos desses amores não pretendiam sucedê-lo: Arnoud e Baudouin de Ardres morreram sem descendência legítima, nenhum dos rapazes que eles haviam semeado à sua volta disputou a herança com a filha de sua irmã. Por outro lado, se o conde Baudouin, que vigiou de perto o trabalho de Lambert, gostava de ouvir dizer que, "desde os primeiros movimentos da adolescência até a idade senil, a turbulência mal temperada de seus instintos o enchia de uma impaciente necessidade de copular", fazia questão de que se acreditasse que nem ele próprio nem seus ancestrais tinham perseguido as virgenzinhas, as mocinhas, *juvenculae puellulae*, enquanto haviam disposto em seu leito de uma esposa, que apenas se permitiam esses desvios na instabilidade da juventude ou na solidão da viuvez. Com efeito, em uma casa bem-ordenada, convencionara-se que a dama bastava para extinguir o fogo do patrão. Era uma de suas tarefas. Dócil, o cura de Ardres esforça-se por convencer aqueles que o escutam de que tudo se passava realmente assim.

A divisão entre homens e mulheres, entre o público para aqueles, o privado para estas, é incontestável. Sobre ela está edificada toda a ordem social. Lambert distingue uma outra, a seus olhos evidente e necessária. Ele sabe que nas cozinhas do castelo dois tipos de pratos são preparados, os "muito delicados" para os senhores, os "cotidianos" para os servidores. Há tempos, ele viu o avô materno de seu herói Arnoud cercado permanentemente em sua casa de Ardres por pelo menos dez cavaleiros "familiares", por um capelão e alguns clérigos, viu-o servido por uma domesticidade, certamente "das mais honoráveis", sustentada "com toda a liberalidade e magnífica suficiência", porém separada por um profundo fosso da companhia dos homens de guerra e dos homens de oração. Duas classes no seio da casa. Duas classes fora da morada senhorial: a mesma linha divisória passa entre "senhores" e "súditos", entre nobres e não nobres, entre livres e servos. Ela passa também entre as mulheres, isolando as do povo da esposa, das filhas, das irmãs, das primas, das bastardas do senhor, de seus cavaleiros, dos padres que o cercam. Damas e donzelas chegam à igualdade com os cônegos, com os "pares do castelo" — eles são doze em Ardres, doze em Guînes, como em torno do conde de Flandres, como na corte do rei da França, como os cavaleiros da Távola Redonda, como os discípulos de Cristo —, com os "vavassalos" e os outros guerreiros. Padre, Lambert tem seu lugar do lado bom. Está muito próximo da parentela do patrão. Casou uma de suas filhas com o filho legítimo de um bastardo do tio-avô de Arnoud, seu senhor. O sangue dos "nobres de Ardres" corre já nas veias de seu neto, chamado Baudouin, como o conde. Ele próprio não é da linhagem, e por isso, em seu relato, finge dar a palavra a alguém mais qualificado que ele, ao filho bastardo de um outro tio-avô de Arnoud que con-

210

servava na memória as façanhas dos antepassados e, livro vivo, as narrava a pedido antes que fossem escritas. A despeito disso, seu testemunho é de primeiríssimo valor. Ele viveu perto da maior parte das damas que faz reviver. Viu-as como as viam os "senhores", os "nobres", os "livres", seus companheiros de mesa, e a imagem que dá das mulheres não difere da que estes tinham delas.

2. O TESTEMUNHO

Essa imagem, o padre de Ardres a poliu muito cuidadosamente, empregando todos os refinamentos de sua cultura. Ele usa um título, "mestre", e não está pouco orgulhoso dele. De fato, foi muito bem formado nas "artes liberais", sua maneira de escrever, sofisticada, testemunha isso, seu gosto pela etimologia, as citações de Lucano, de Horácio, de Eustáquio, que fluem naturalmente sob sua pena. No prólogo, ele presta homenagem em primeiro lugar a Prisciano, isto é, à gramática, à arte de escrever o bom latim, depois aos clássicos, antes de tudo a Ovídio, mas também a Virgílio, à *Eneida*, que ele diz "divina". Chega a nomear Homero, Píndaro. Adquiriu todo esse saber em Thérouanne, perto do bispo? Mais provavelmente em Saint-Omer, em razão dos laços que unem à colegiada o dono da casa em que foi educado e a igreja paroquial onde celebra o ofício, sucedendo talvez a seu pai, precedendo seguramente um de seus dois filhos, padres como ele — é casado, com efeito, o que não parece chocar ninguém, mais de um século depois que se iniciou o ardente combate travado pelos prelados reformadores para obrigar todos os servidores de Deus ao celibato. Ele certamente trabalhou na biblioteca da abadia de Saint-Bertin, aí consultou as crônicas flamengas. Pretende-se historiador, toma por modelo Eusébio, Bède, Sigebert de Gembloux. É o representante perfeito da boa cultura eclesiástica.

Além do mais, muito aberto para a outra cultura, profana, oral, poética. Suas alusões a *Gormond et Isembart* e a "André de

Paris" (que insisto em identificar com André le Chapelain) o mostram informado do que existe de mais novo em seu tempo na produção literária cortês. Sua obra põe em evidência este fato do fim do século XII, a osmose entre a cultura dos clérigos e a dos cavaleiros, uma fusão favorecida a uma só vez nessa parte da Europa pelo vigor persistente das tradições carolíngias no seio dos grandes estabelecimentos religiosos e pelo mecenato dos príncipes. Philippe, conde de Flandres, protegia Chrétien de Troyes, Baudouin de Hainaut mandava procurar todos os textos românicos referentes a seu ancestral Carlos Magno, e, como mostrou Gabrielle Spiegel, um semelhante apetite de saber, um mesmo gosto pelas obras literárias difundiam-se nas cortes mais modestas, como a dos protetores de Béthune. Muitos chefes de casas nobres faziam questão de parecer tão letrados quanto os grandes senhores. Atraíam para suas casas mestres, capazes de traduzir do latim os autores que se comentavam nas escolas. Ordenavam que se transcrevessem os poemas que recitavam os jograis. Gostavam de ler.

Em 1160, em 1170, um desses amadores, desses mecenas, não era outro senão o chefe da casa onde terminava a juventude de Lambert, o herdeiro do conde de Guînes, que, esperando a sucessão, vivia em Ardres na morada de sua esposa: Baudouin, o pai de Arnoud. Desse homem que o educou, que ele teme e lisonjeia, Lambert gaba as qualidades intelectuais e a cultura. Talvez as exagere. Diz delas o que Baudouin deseja ouvir. Baudouin vangloria-se de ser *illiteratus*, enquanto se diz capaz de contar *mirabilia*, "coisas maravilhosas", e de conhecer as "letras" sem jamais as ter aprendido. Porque soube escutar os homens de Igreja que, diante dele, durante os ofícios, liam a Bíblia (Lambert esclarece: os Livros Proféticos, os Livros Históricos e os Evangelhos). É por aí, na capela, que começa a iniciação dos cavaleiros na ciência sagrada, pela participação na liturgia. Escutar, mas reter. *Auditor*, Baudouin se diz além disso *conservator*. Ele sabe armazenar. Pela memória, aguçada pelas exigências de uma cultura oral, tornou-se "quase letrado".

212

Ele pode então falar por sua vez, sustentar o diálogo com os clérigos, expor diante deles, em troca, o que lhe pertence propriamente, o que é da competência do saber dos guerreiros. O quê? Cito a tradução do século XVI: "as jocosidades que ouvira nas fábulas e histórias dos poetas". Troca, por conseguinte. E discussão. Pois Baudouin possui eminentemente essa virtude tão preciosa nos meios sociais que não se utilizam da escrita, a *eloquentia*, a facúndia. A fusão das duas culturas, cavaleiresca e clerical, oral e letrada, opera-se no curso de um debate, de uma *altercatio*, uma justa de palavras. Trata-se aí de um exercício comumente praticado nas escolas eclesiásticas. Vemo-lo aqui transportado para a morada do senhor de Ardres. De fato, ela acolhe "doutos", com quem o senhor se compraz em discutir. Ele lhes pede também que correspondam às suas generosidades escrevendo-lhe livros. Com efeito, "a ciência de tudo, o conde Baudouin ardia por abarcá-la" (*amplectare*, "tomá-la em seus braços": nesse libertino, a sede de conhecer está em harmonia com o apetite sexual)... Mas, evidentemente, ele não podia saber de cor "a ciência de tudo". Um excedente de memória se conservava então em livros.

Livros, onde o senhor pode prover-se a qualquer momento. Não diretamente, ele não sabe ler e vangloria-se disso. Por intermédio de "letrados" que leem diante dele o texto e o traduzem para língua românica, explicando-lhe também, comentando, guiando-o do sentido primeiro das palavras para sua "interpretação espiritual". Por esses homens, por mestre Alfred ou mestre Geoffroy, por Simon de Boulogne, um homem da região que foi um dos autores do *Roman d'Alexandre*, Baudouin conheceu, "aprendeu", compreendeu, além dos Evangelhos do domingo e dos sermões correspondentes, o Cântico dos Cânticos, o "livro de santo Antônio", assim como obras tratando da natureza das coisas, das curiosidades da Criação. No entanto, era um leigo a quem o conde confiara a guarda de sua biblioteca, um homem que sabia ler, mas apenas o românico, e isso prova que certos livros eram escritos na linguagem das cortes. Leitura e comentário tinham lugar na sala, "publicamente". Toda a famí-

213

lia, toda a domesticidade tiravam proveito deles, inclusive Lambert no tempo de sua adolescência, quando Baudouin perorava na casa, igualando a uma só vez, diz seu panegirista, os melhores conhecedores dos autores latinos e os jograis mais famosos nos três gêneros da literatura cavaleiresca, as canções de gesta, as "aventuras dos nobres" e as "fábulas dos não nobres". Da mesma maneira, as duas culturas se mesclam na pessoa do padre de Ardres. Ele aprendeu o latim em um claustro, mas é casado, pai de família. Sabe o que é uma parentela. Sabe o que são as mulheres. O que para mim torna sua obra infinitamente preciosa.

"Eu deveria", diz ele nas primeiras linhas, "consagrar-me inteiramente a meu ofício sacerdotal, mas, instado por meu patrão Arnoud, o jovem senhor de Ardres, lancei-me em uma difícil empresa." Na verdade, a encomenda vinha de mais alto, do próprio conde Baudouin, o pai. Em 1194, este preparava as bodas de seu filho primogênito. Lambert aprontava-se para dirigir-se, acompanhado de dois padres, seus filhos, ao quarto do castelo de Ardres para ali abençoar o leito nupcial. Baudouin ordenou que primeiro se tocassem os sinos em sinal de júbilo. Arnoud estava excomungado: nos excessos de suas cavalgadas ele arruinara um moinho pertencente a uma viúva. Entrara-se em acordo com o bispo, com o arcebispo, a sentença acabava de ser retirada, podiam-se celebrar as bodas com toda a pompa desejada. Lambert ainda o ignorava. Tratou de verificar antes de tocar o carrilhão. Ligeiro atraso, duas horas no máximo. A cólera de Baudouin foi terrível. Injuriado em pleno meio do burgo, na frente de sua igreja, aterrorizado, o cura de Ardres caiu do cavalo, desfalecido. Depois, contrito, precipitou-se a galope em perseguição do conde. Baudouin acalmou-se, mas, diz Lambert, "nunca mais, a não ser quando precisava de mim para seus assuntos, ele me mostrou tão boa cara, nem tão alegre, quanto antes", e acrescenta: "Para recuperar seu amor e seu favor, empreendi dedicar-me a esta obra". Tomemos a anedota pelo que é, um testemunho de fidelidade com relação ao velho senhor. Ao menos ela estabelece que o casamento do herdeiro foi a oportunidade de compor o relato genealógico.

Casamento tardio, casamento esperado, casamento proveitoso. Arnoud entrava nos trinta anos. Treze anos depois de sua sagração como cavaleiro, ainda se estava procurando para ele uma esposa digna do renome de sua casa e cujo valor atestasse a força do principado. Perdendo por pouco a herdeira do conde de Boulogne, admitira-se uma das filhas do conde de Saint-Pol, depois se encontrara coisa melhor e rompera-se o acordo de esponsais. Eis que, no quarto, no leito que permanecera vazio dezessete anos, desde a morte de sua mãe, uma mulher ia entrar, trazendo uma belíssima senhoria, contígua à do conde, a castelania de Bourbourg. Convinha festejar esse êxito. Forjava-se um novo elo da cadeia da linhagem. Para a ilustração do recém-casado, também para a "de seu glorioso pai e da progenitura de um e de outro", um livro cuidadosamente, elegantemente composto relataria as proezas dos ancestrais de Arnoud, maternos e paternos, evocaria esses mortos, de maneira duradoura, por palavras escritas, imutáveis, os devolveria à vida terrestre, em sua glória.

Lambert tratou sucessivamente as duas genealogias, começando pela dos Guînes, em respeito pelas hierarquias: os condes são de posição mais elevada, o masculino sobretudo prevalece sobre o feminino e a linhagem paterna precede a materna. Ele conduziu a história dos condes até o momento em que seu patrão Arnoud encerrou os giros rituais dos novos cavaleiros, deixou de participar de torneios, em que, de volta à casa paterna depois de uma longa vagueação, tendo apaziguado os ressentimentos de seu pai, o filho pródigo "se conduziu em tudo segundo a vontade de seu dito pai" e se manteve disposto a aceitar a esposa escolhida por este último. Passando à outra dinastia, Lambert tomou a história dos sires em suas origens e a levou até o casamento de Arnoud. Oito ou nove anos se passaram desde que ele iniciou o trabalho. Chegado a esse ponto final, ele continuou a escrever e relatou alguns fatos marcantes ocorridos depois das bodas. No centro da obra, na junção das duas linhagens, colocou dois retratos de homens, o de Baudouin (dezesseis capítulos), o de seu filho (sete capítulos). Duas etapas da vida, dois comportamentos viris, um marcado pela sabedoria, outro pela impetuosidade.

No que se refere aos senhores de Ardres, Lambert viu quatro ou cinco deles de perto. Ele ora especialmente em certos dias por aqueles que estão mortos. Pode interrogar na morada os mais velhos, fiando-se em sua memória como na sua, pouco inclinado, Roger Berger notou-o, a levar a investigação oral para fora do grupo doméstico. A propósito dos Guînes, ele se sente menos à vontade. As origens da linhagem são muito mais remotas. Ele deve, por conseguinte, pesquisar nos livros. Mas a maior parte de sua informação lhe vem certamente do conde Baudouin, sobre o qual sabemos que gostava de falar e não tinha memória curta. Na lembrança assim relatada, três camadas se superpõem. A mais próxima tem a espessura de uns quarenta anos. Até por volta de 1160, à época em que o conde Baudouin desposou a herdeira de Ardres e veio estabelecer-se na casa dela, Lambert vê com clareza e exatidão. É aí que se situam cinco datas precisas, todas concernentes a Ardres. Elas são raras na obra: as regras desse gênero literário, a *historia*, proibiam citar muitas. Duas são funerárias: 1169, morte do pai de Baudouin, 1177, morte de sua mulher. 1180 é a da sagração de Arnoud como cavaleiro. As duas últimas concernem ao patrimônio: por volta de 1176 viu-se chegar à região um velho de barba branca dizendo-se o senhor Baudouin, desaparecido no Oriente havia vinte e oito anos, tremeu-se na casa, temendo por um momento que ele reclamasse a herança; em 1198, o senhor Arnoud, graças às generosidades do conde de Flandres, pôde pagar suas dívidas. Mais longe no passado, a memória se torna menos segura, porém bastante firme até o último terço do século XI, até Arnoud I de Ardres e Baudouin I de Guînes. Alguns marcos cronológicos: a fundação da colegiada de Ardres em 1069, do mosteiro de Andres em 1084. Além, é a obscuridade. Nomes, colhidos nos cartulários ou em

216

epitáfios. Uma data, 928, não se sabe de onde Lambert a tira, a do retorno à terra de seus pais do fundador da dinastia condal. Nesse ponto começa a história.

Três funções lhe são atribuídas. A primeira é moral. Ela mostrará aos descendentes as virtudes e os defeitos de seus antepassados, ensinando-lhes que os jovens devem inclinar-se diante dos velhos, que todo senhor só merece as prerrogativas de que desfruta se é cavaleiro valente, generoso, vassalo fiel. Essa lição é inteiramente dirigida aos machos, e os modelos são todos masculinos. A segunda função é defensiva. Lambert escreve, através da história das duas linhagens, a história de uma região, de uma nação, bem pequena, *angustissime*, ameaçada. Esse livro é capaz de a proteger. Com efeito, um objeto desse gênero, um caderno de folhas de pergaminho cobertas de signos que só iniciados podem decifrar e que eles transpõem em uma sequência de palavras solenemente proferidas, parece ainda nessa época dotado de um incontestável poder tutelar. O relato de Lambert fornece uma prova disso. Quando Baudouin de Guînes fundou o mosteiro-necrópole, para ali mandou transportar ossadas recém-descobertas que ele conservava na capela de seu castelo. Eram, dizia-se, as relíquias de santa Rotrude. Esta tornou-se a padroeira e protetora da abadia de Andres. Para dar mais presença a essa personagem invisível, os monges colocaram perto do relicário um livro contendo o relato de sua vida. Era lido todo ano no refeitório, "ao jantar, no dia da solenidade da dita virgem, para a audiência dos que estavam à mesa". Tudo o que possuía a comunidade pertencia a Deus em primeiro lugar, depois a Rotrude. Foi portanto a ela em pessoa que um dia dirigiu um ataque um senhor das redondezas que contestava o direito dos monges. Para aniquilar seu poder, ele tentou queimar a uma só vez as relíquias e o livro. As relíquias foram miraculosamente salvas e, retomada a calma, expostas ostensivamente aos olhos do povo. O livro queimou-se. Os religiosos apressaram-se em reescrevê-lo. Era um escudo contra eventuais agressões. O manuscrito da *Histoire* tem o mesmo papel. Ele convoca os antepassados que mantiveram legitimamente o patrimônio e que estão lá, na sombra, ameaçando quem quer que tente despojar seus herdeiros. Enfim, esse memorial exalta a nobreza das duas linhagens. Para isso, precisa situar no mais distante passado seu fundador. O que Lambert esforçou-se por fazer. Ora, remontar às origens era inevitavelmente cair em uma mulher. De fato, uma figura feminina posta-se à orla do ramo materno; seu papel é ativo. Uma outra, à orla do ramo paterno, esta passiva.

3. AS DEUSAS-MÃES

Lambert não teve muita dificuldade em montar de um extremo ao outro a genealogia dos senhores de Ardres. Ela era curta. Não fazia muito mais de um século, Arnoud, o construtor da fortificação, vivia ainda, Lambert em sua infância estivera ao lado de seus netos e de muitas pessoas idosas que conservavam clara memória do ancestral. Mas esse Arnoud, de onde saía? Corria um rumor que ofendia a família. Contava-se que seu pai, um certo Herred, apelidado de Cangroc, o que em flamengo significava que ele usava sua túnica do avesso, era um trabalhador, um rústico, além do mais avarento; para poupar sua única túnica, ele a revirava quando ia empurrar seu arado. Em suma, um plebeu. É falso, diz Lambert. Herred era de muito bom sangue. Ademais, e sobretudo, não era o pai de Arnoud I, mas o marido de sua mãe. Dessa mulher, Adèle, da qual talvez forje o nome, o cura de Ardres faz deliberadamente a origem, e muito gloriosa, da dinastia.

A alguma distância do castelo, em Selnesse, entre o bosque e o pântano "encontram-se hoje", escreve ele, "restos dos pagãos, telhas vermelhas, cacos de vasos da mesma cor, fragmentos de pequenos vasos de vidro. É um lugar onde agora, quando se ara, cai-se sobre uma pista, ou antes sobre um caminho duro e pavimentado de pedras, uma via carroçável que leva dos brejos ao bosque". E, no próprio bosque, "na parte mais densa se encontram grandes pedras dispostas em forma de altar, juntadas sem cimento, e sobre esse altar velhíssimas figuras e imagens de santos". Escavações recentemente retomadas mostram ali, no local de uma estação gaulesa, os vestígios de um hábitat de época romana, um *vicus* que foi florescente no século II. Lambert apresenta a mãe de Arnoud como a herdeira dos senhores desse lugar, muito ricos, como se vê pela amplidão das ruínas de sua residência. É, diz ele, a descendente desses senhores pagãos que, em tempos muito antigos, converteram-se ao cristianismo. Por uma mulher, por essa mulher, a linhagem mergulha assim suas raízes na região até o mais fundo das eras. Ela pode pretender-se nobre tanto, se não mais, quanto as mais nobres linhagens do país. Adèle, por outro lado, era uma mulher forte, que soube conduzir livre e corajosamente sua vida. Abandonada por sua parentela, ela vivia só, "sem um homem para a proteger e alegrar". O conde Eustache de Guînes, seu primo, a importunava "mais do que era decente e honesto e mais do que era justo": ele queria a toda força dá-la a um de seus fiéis. Ela não dizia não, protelava as coisas. "Muito prudente", ela decidiu entregar todos os seus bens nas mãos do bispo de Thérouanne, seu tio, "sem considerar sangue nem linhagem." Entendamos que, transgredindo todas as regras, ela deserdava os homens de sua família, o que, no tempo de Lambert, as mulheres evidentemente não podiam fazer, mesmo para resgatar seus pecados por uma esmola. Depois, como muitos dos possuidores no fim do século XII, época em que a terra se feudalizava, ela teria retomado seus bens como feudo do prelado. Desde então, era preciso que esse feudo fosse servido, defendido contra os desígnios do conde de Guînes. Portanto, uma mão masculina. Adèle foi dada por seu senhor, o tio bispo, a um "cavaleiro forte e valente", Herred. Viúva, ela teria desejado permanecer nesse estado. "Por conselho do bispo e de seus outros amigos", teve de desposar um guerreiro, também ele de bom sangue. De sua semente, ela concebeu na própria noite de suas segundas bodas Arnoud, por quem começa a história da dinastia. Tudo o que esse filho possui, o território onde se erigiu o castelo, tudo o que possuíram depois dele seus descendentes, até esse outro Arnoud para quem escreve Lambert, tudo, os bens, a honra, o poder e a glória, tudo isso vem de uma mulher, do sangue, da tenacidade, da audácia dessa mulher.

Para satisfazer seu temível senhor, o conde Baudouin, para chegar até as origens da dinastia condal, Lambert teve de mergulhar na noite dos tempos, atravessando meio milênio. Nesses longes vertiginosos o fabuloso pulula e o cura de Ardres o acolhe sem se abalar. Assim, menos crítico que seu contemporâneo Guillaume de Tyr, para quem a "asserção parece falsa", ele retoma de passagem uma legenda, a de Lohengrin, que se formara cem anos antes na lembrança de Godefroi de Bouillon e de sua mãe, santa Ida. Sem pestanejar, ele admite que o primeiro dos condes de Boulogne tenha "vindo do céu conduzido por um cisne, de modo algum fantástico, mas real e divino". Contudo, a propósito dos Guînes, ele cuida de não se afastar do razoável. Busca indícios. Encontrou na biblioteca de Saint-Bertin, em "pequenas páginas muito antigas", o nome de um homem, Galbert. Esse homem, no começo do século VII, usava no Ponthieu o título de conde. Era um contemporâneo de são Bertin, e Lambert o imagina tornando-se monge ao mesmo tempo que seu filho único, que seu irmão e sua irmã. A terra de Guînes, única parte de seu patrimônio que eles não haviam oferecido ao mosteiro, permaneceu assim "viúva", privada de um senhor que a regesse, como uma mulher sem homem. "Sem herdeiro legítimo, mantida por ninguém", exposta como presa, ela foi então usurpada e tomada pelos condes de Flandres. Mas dois séculos mais tarde, no tempo de um desses condes, Arnoud, o Grande, Deus teve piedade "dos senhores e do povo de Guînes, e lhes proporcionou um herdeiro por direito e hereditária posse". Era um homem do Norte, um viking, Sigfried. Em 928 — por volta dessa data, sabe-se que Rollon conduziu bandos normandos na pilhagem do Ponthieu e isso faz pensar que o relato de Lambert foi construído sobre alguns dados históricos — viu-se chegar à região esse jovem, "nobre de corpo e de alma, valente, muito famoso já". Por muito tempo, ele servira o rei da Dinamarca até se tornar na

Dácia, nessa terra distante, a das façanhas maravilhosas e das epopeias, o segundo depois do rei. O renome, mas também a leitura, diz Lambert, de genealogias escritas, informou-o de que ele era do sangue de Galbert e de que a terra de Guînes lhe pertencia. Com alguns camaradas, ele empreendeu tornar-se senhor dela. Com esse fim, edificou o torreão de Guînes — jovem macho aventureiro, como Arnoud I de Ardres, como todos os fundadores de dinastia.

No entanto, uma figura de mulher aparece ao lado da sua, e é dessa mulher que a nova casa tira o forte de sua glória e de sua nobreza. Partindo de um nome, Sigfried, o padre de Ardres construiu um romance de amor semelhante aos que se gostava, em seu tempo, de ouvir declamar nas cortes. "Estupefato", cheio de cólera, Arnoud, o Grande, preparava-se para expulsar o invasor. Ele convocara seus guerreiros a Saint-Bertin. Para exercitá-los, ali organizava torneios. Fogoso, mas precavido, Sigfried tomou a dianteira. Apresentou-se. Os amigos com que contava no círculo do conde interpuseram-se. Arnoud acalmou--se. O dinamarquês lhe pareceu amável. Ele o acolheu em sua intimidade. É aqui, no mais privado da casa, que a personagem feminina entra em cena. Elstrude, filha de Arnoud, irmã de Baudouin, o novo conde, agradou a Sigfried. Ele a enredou, se-duziu-a primeiro com palavras, serviu-se das mãos, enfim to-mou-a, sem violência, discretamente, e fecundou-a. Quando a gravidez se tornou visível, ele fugiu. Deitar-se com a irmã do senhor sem o assentimento deste era felonia, passível dos piores castigos. Sigfried se foi "para sua pátria", em Guînes. Logo morreu, "de amor imoderado por aquela que tivera de abando-nar". Elstrude deu à luz. Seu irmão aceitou ser o padrinho do menino. Conquistado por esse belo afilhado, armou-o cavaleiro e instituiu-o conde de Guînes na terra de seus antepassados paternos. Por que essa fábula, esses encontros clandestinos, por que a bastardia e não o que, como atestam os documentos, se passava correntemente na realidade dos séculos XI e XII, o bom vassalo recebendo em casamento legítimo uma das filhas de seu senhor como prêmio por seus leais serviços? Lambert retoma o

221

que se gostava de dizer no círculo do conde Baudouin. Este não ficava aborrecido de ouvir um historiador confirmar que a semente de que ele era portador provinha de um guerreiro temerário, animado do *furor* nórdico, que agradava às mulheres, capaz não apenas de recuperar a herança usurpada de seus ancestrais mas também, se não de instalar-se no leito do usurpador, pelo menos de tomar para desfrutá-la uma das mulheres que este mantinha sob seu jugo. Raptor, por conseguinte, mas à moda do dia. No século XII, nada de rapto — o amor cortês, à maneira parisiense —, e o herói do romance, novo Tristão, morre aos poucos de desconsolo amoroso. Entretanto, Baudouin fazia questão também de que se soubesse que ele era descendente direto dos condes de Flandres e, por eles, dos carolíngios. A *Histoire*, por conseguinte, como é dito no preâmbulo, parte de um Arnoud, o famosíssimo Arnoud, o Grande, até um outro Arnoud, senhor de Ardres, em breve conde de Guînes. Uma mulher, Elstrude, transmitiu o sangue do primeiro ao segundo, que, tendo o mesmo nome que ele, é chamado a fazer reviver seus brilhantes méritos.

Ora, Guînes e Ardres não eram as únicas casas que colocavam na origem de seus mais altos prestígios uma figura feminina. Os condes de Flandres, os condes de Anjou, os sires de Amboise reverenciavam também a lembrança de uma ancestral fundadora. Para os flamengos, era Judith, a filha de Carlos, o Calvo, neta de Carlos Magno. Essa mulher, Baudouin I, avô de Arnoud, o Grande, ele próprio um recém-chegado cujo pai ninguém sabia nomear antes que homens de estudo devotados à linhagem condal lhe houvessem inventado, ao longo do século XI, uma ascendência, não a havia seduzido, ele a levara à força para sua morada, antes de obter que ela lhe fosse solenemente concedida em 862 como esposa. Judith reina, soberana, no centro do mais antigo escrito a conservar a memória ancestral dos príncipes flamengos, uma espécie de poema litúrgico que os cônegos de Compiègne, na metade do século X, ofereceram ao conde Arnoud, o Grande. Ela se mantém na junção de duas genealogias, a dos "nobilíssimos imperadores e reis dos francos" e a "santa linhagem de meu senhor Arnoud, conde muito glorioso, e de seu filho Baudouin, que o Senhor digne-se proteger neste mundo". Diante de seu nome, o escriba colocou uma cruz, depois uma outra, quando repete este nome, Judith. É a única personagem nesse longo texto cuja presença na lembrança é sacralizada por esse artifício de escrita, a única mulher que se vê honrada por uma apologia celebrando essa ancestral por sua "prudência", pelo brilho de sua "beleza", e lembrando que o primeiro dos condes, Baudouin, o "fortíssimo", uniu-se a ela "por conjunção matrimonial", isto é, legalmente. Tudo se ordena em torno dela, por quem a raça tornou-se "santa".

Judith reina novamente, soberana, no centro das duas genealogias que um cônego de Saint-Omer, Lambert, compôs em 1120, quando o novo conde de Flandres, Charles, apelidado de o Bom, veio dirigir uma corte solene na colegiada.

Na primeira, o historiador toma cuidado em provar a legitimidade do casamento de Judith. Justificação necessária já que agora se impunha a moral da boa conjugalidade que a Igreja obstinara-se em fazer admitir. Lambert de Saint-Omer estabelece então que Judith, viúva de um primeiro marido, voltou como devia à casa de seu pai, que Baudouin certamente a raptou, mas com a cumplicidade de seu irmão, o que diminuía a brutalidade da captura: essa mulher fora meio cedida pelos machos de sua parentela. Lambert lembra que Baudouin e Judith foram inicialmente excomungados conforme os preceitos canônicos que punem o rapto das viúvas, mas que foram absolvidos pelo papa Nicolau I e que, por solicitação dos núncios pontifícios, Carlos, o Calvo, enfim deu seu consentimento e permitiu que sua filha fosse unida "segundo a lei do casamento".

No fólio seguinte do *Liber floridus*, o florilégio em que estão reunidos escritos de todo tipo, na maior parte históricos, uma segunda genealogia é transcrita. Trata-se desta vez de um poema. Talvez tenha sido cantado, salmodiado por ocasião das cerimônias em que o conde se exibia em todo o seu poder. Com efeito, os dois últimos versos celebram nele "o filho de rei", saúdam-no como desde Carlos Magno saudavam-se os novos soberanos. Essa sequência de quarenta versos é dominada pela mesma figura feminina. Como um homem, como o são os condes, Judith é nomeada duas vezes. Como eles, ela desempenha o papel ativo na geração do sucessor. Não é dito, como das outras condessas, que recebeu, passiva, a semente de seu esposo. É dito que ela lhe deu o filho que retomaria por sua vez a honra. Doadora. De fato, ela dava muito mais. Por ela, Carlos, o Bom, podia remontar sua ascendência até os ancestrais dos carolíngios, e, por uma outra mulher, muito mais longe, ao longo da dinastia merovíngia, até "Príamo, príncipe dos troianos, origem dos nobres príncipes, os francos e os flamengos".

Eu disse que o conde de Anjou, Fouque Réchin, recitando em 1096 sua própria genealogia, citava apenas homens, com exceção de sua mãe. Na origem de sua linhagem, ele situava Enjeuger. Sua memória era boa. A erudição moderna confirma que esse homem foi o primeiro de sua estirpe que exerceu em nome do rei dos francos o poder de comandar e de punir no condado de Angers. Ele devia essa "honra" à sua valentia. Como Sigfried, ele encarnava a aventura conquistadora, as virtudes viris. Enjeuger, ninguém duvidava disso, fizera-se sozinho, pelo vigor de seu braço, e ninguém imaginava que houvesse devido alguma coisa a uma mãe ou a uma esposa. Contudo, meio século mais tarde, em uma genealogia dos angevinos ligada à dos sires de Amboise, uma mulher está junto de Enjeuger, e o relato, desenvolvido mais tarde por Jean de Marmoutier, mostra o herói fundador alçando-se de um só golpe por uma proeza mirífica realizada em favor dessa mulher. Era sua madrinha, herdeira do conde de Gâtinais. Acusavam-na de adultério e de ter sufocado seu marido. Como Adèle de Selnesse, os homens de seu sangue a haviam deixado só, recusando combater por ela, em duelo judiciário, o campeão, formidável, de seus acusadores. Fiando-se em Deus, Enjeuger, mal saído da adolescência, o enfrentou e venceu. O corpo dessa mulher não foi o prêmio de sua bravura: um afilhado não tem o direito de desposar sua madrinha. Ao menos ele ganhou por decisão real tudo o que ela possuía, em detrimento de seus parentes, deserdados como o haviam sido os de Adèle. Esse fundo constituiu a primeira base da dinastia angevina.

Os senhores de Amboise também sabiam dever suas riquezas e seu renome a antepassadas. Lisois, um caçula, obrigado a arranjar-se por si mesmo, servira muito tempo e valentemente, no começo do século XI, Fouque Nerra, conde de Anjou. Este envelhecia. Queria dotar seu filho de amigos confiáveis. Diante dele, diante de todos os seus guerreiros reunidos, ele proclamou: "Quero ver pelo conselho de meus barões e pelo teu o que posso dar a Lisois pelo grande serviço que recebi dele. Pois pretendo retê-lo como um fiel para teu proveito e para o meu". O preboste de Loches, camarada de Lisois, aconselhou dar-lhe uma moça. Ela possuía uma parte de Amboise. Nesse lugar, a linhagem se enraizou. O cônego que escreve em 1155 a lembrança da família é apaixonado por textos antigos, curioso por antiguidade. Esforça-se por remontar até as origens do patrimônio. Localiza alguns indícios, dispersos, incertos, salta de um a outro e, misturando a erudição e o imaginário, crê reconhecer que esse bem foi, ao longo do tempo, muito frequentemente transmitido por mulheres. Ele tem diante dos olhos, além dos livros, entre os quais a vida de são Martinho, uma paisagem, o sítio de uma cidade muito antiga. Avista em Amboise, sobre a escarpa, as ruínas de um vasto monumento. É chamado de "velha Roma". A sombra de César ronda por ali. E depois três castelos lado a lado. Ele o sabe, viu-o talvez, três homens poderosos residiam lá no começo do século XII. Para explicar essa tripartição, o historiador mergulha às cegas muito fundo no passado, até o tempo do imperador Máximo, até o conde de Tours, Avicien, que fortificou a praça. Uma mulher, a filha de Avicien, recebeu Amboise como herança, depois uma outra mulher, sua filha, Fausta, enfim uma terceira mulher, a filha de Fausta, "sensata", "prudentíssima", Lupa. Esse nome muito romano, o autor o relaciona a dois topônimos. *Porta Lupa*, um vestígio da cidade antiga onde Fausta teria estabelecido sua morada. *Villa Lupa*, Villeloin, uma aldeia vizinha, onde ela teria edificado uma igreja e instalado monges, antes de se retirar, viúva, junto desse santuário para levar ali, devota de são Martinho, uma vida solitária. Depois da morte de seus dois filhos, sepultados em Villeloin, a "dama de Amboise" resistiu aos godos. Muito idosa, legou todos os seus domínios a Clóvis. Aqui termina a primeira série de herdeiras.

Os reis francos conservaram Amboise até Carlos, o Calvo, que dividiu a cidade entre seus fiéis. A um destes, ele deu dois dos castelos, e essa porção caiu finalmente nas mãos dos condes de Anjou, mais uma vez por duas mulheres, as que dois deles, Enjeuger e depois seu filho Fouque, o Ruivo, conseguiram sucessivamente desposar. Uma órfã, Gersende, herdou o outro terço. Seu tio, Sulpice, geria em seu nome esse bem enquanto esperava casá-la. Foi ele que Fouque Nerra instou — ou então forçou — a "acasalar em casamento com Lisois sua sobrinha ao mesmo tempo que a torre de pedra de Amboise que ele construíra com seu dinheiro". O marido ali se instalou. Agregou-se totalmente à estirpe de sua esposa, primeiro dando a seu filho não seu próprio nome nem o nome de seu pai, mas o de Sulpice, o homem que cedera a terceira fortaleza, depois escolhendo ser enterrado em Villeloin, ao lado de Lupa, a Loba, essa mulher que se avista, nesse texto cheio de fantasmas, postada às portas da noite, venerável, venerada, uma espécie de deusa-mãe à orla da saga familiar.

Como Adèle. Como Elstrude. Como Judith. Como a madrinha anônima de Enjeuger. Toda dinastia provém, com efeito, de um acasalamento. De um homem, um guerreiro errante vindo de um alhures improvável e que se afirma por proezas. De uma mulher, esta sedentária, enraizada por seus antepassados, por suas antepassadas sobretudo, em uma terra, solidamente. O homem toma a mulher e a terra e aplica-se em fazê-las frutificar, uma e outra. A antepassada está por certo menos presente que o herói cavaleiro na memória de seus descendentes. Não obstante eles lhe são, e não o esquecem, igualmente devedores.

4. O CASAL

A *Histoire des comtes de Guînes* nomeia muitas mulheres, perto de uma centena. Nas sequências genealógicas, os nomes das filhas do chefe de casa são a cada geração cuidadosamente classificados depois dos dos homens e por ordem de primogenitura. Todas essas mulheres, ou quase, se tornaram damas. Eram postas no mundo para isso, para ser semeadas longe, para tornar presentes em toda parte, na pessoa de seus descendentes, os mortos, os Arnoud, os Baudouin, os ancestrais da linhagem. "Geradas para procriar rebentos de boa raça", Lambert o diz claramente a propósito das filhas de Guillaume de Saint-Omer. Obrigadas, por conseguinte, a curvar-se às decisões dos homens da parentela encarregados de tornar proveitosas, judiciosamente, suas faculdades procriativas. "Submissão das filhas que é preciso louvar acima de tudo", repete um pouco mais adiante o cura de Ardres a respeito de Agnès, uma das netas desse Guillaume. Porque seu tio materno se tornara príncipe de Tiberíades, porque seus primos haviam encontrado lá, além--mar, uma boa linhagem na qual a implantar, "a fim de que ela prolongue na vasta extensão dessas terras distantes a linhagem de ancestrais tão famosos", ela partira para o fim do mundo. Mal chegando ao Oriente, "ela morreu sem ter procriado *para seu pai*" (sim, é para ele que ela devia dar à luz filhos, como contradom, em troca da vida que ele lhe dera) "uma descendência célebre e faustosa". Todas as filhas do patrão cedidas, mesmo as bastardas.

Algumas, porém, permaneciam sem esposo e muito atentamente guardadas. Por vezes em sua própria morada, como uma das tias-avós de Arnoud de Guînes, que, donzela, permaneceu assim até o fim de seus dias. Mais frequentemente colocadas em um convento, em uma dessas abadias femininas que se multiplicaram ao longo do século XII, instaladas pelos senhores para que sua esposa ali se retire e permaneça virtuosa depois de sua morte. Em 1102, o conde Manassé e sua mulher fundaram o mosteiro de Saint-Léonard; mandaram vir de Lorraine, para o dirigir, uma religiosa da família, da linhagem da mãe do conde; viúva, a condessa ali foi morrer; o sobrinho e sucessor de Manassé ali estabeleceu duas de suas oito filhas; uma depois da outra, elas se tornaram abadessas. Algumas dessas mulheres esperavam ali um marido. Foi o caso de Béatrice, a futura esposa de Arnoud. Até seu casamento, ela "aprendeu os bons costumes e se formou nas artes liberais" no "claustro de freiras", vizinho ao castelo de Bourbourg mantido por seu pai. Uma de suas tias estava enterrada ali. Uma outra ali tinha o título de abadessa. De fato, ela não comandava. O verdadeiro poder pertencia a uma terceira tia, a mais jovem, que sua parentela não pudera casar. Permanecendo virgem, mas não consagrada, ela vivia em sua casa, em sua parte da herança, de seus próprios rendimentos, virtuosa. A partir de seu epitáfio, Lambert enumera suas qualidades: santidade de vida, sabedoria, bondade, caridade. Ele insiste no poder dessa mulher: "Todo o convento, tanto religiosas como servidores, fora estabelecido, era dirigido e mantido por sua prudência". Pensa-se em Juette: um grupo de mulheres sem homens sob a autoridade de uma mulher, que controla igualmente os homens que servem a essas mulheres e lhes obedecem. Aqui aparece em sua plenitude o poder de que uma mulher podia gozar na sociedade daquele tempo. Ele se exerce em um espaço fechado, sacralizado, subtraído às cobiças dos machos. É aí que vão buscar refúgio as filhas que a conjugalidade repele. A crônica do mosteiro de Andres revela que a primogênita de Arnoud de Guînes recusava o marido que lhe estava destinado, que escapou furtivamente da casa paterna para encerrar-se, salvaguardando sua virgindade, na abadia de Bourbourg, que sua tia-avó dirigia e onde sua mãe mais tarde escolheu ser sepultada. Vocação? Chamado de Deus? Atrativo do modelo proposto pela Igreja, prometendo às virgens três vezes mais méritos que às viúvas e nove vezes mais que às esposas? Não é antes que essa moça sabia muito bem o que são os homens? Vira-os embriagando-se nas noites de festa. Vira seu avô decrépito perseguindo as mocinhas. Advertida da sorte que essa sociedade reservava às damas, ela não queria saber do casamento. Como tantas outras. Como todas aquelas moças que Juette abrigava sob suas asas no leprosário de Huy.

Se Lambert evoca quase tantas defuntas quanto defuntos, quase não faz mais que as nomear. Esse texto profuso, escrito por um homem e para homens, está cheio até as bordas de gestos e de palavras de homens. Como se as mulheres permanecessem encerradas em seu próprio universo, do qual não se diz nada porque ele não interessa e dele não se sabe grande coisa. Das treze ancestrais que se sucederam à frente da casa, nove do lado de Guînes, quatro do lado de Ardres, Lambert não informa quase nada. Cristã, a mãe de seu Arnoud, a esposa do conde Baudouin II que ele tanto temia, faz no relato três aparições fugidias, a propósito de seu noivado, de suas maternidades, de sua morte. Jamais se trata de suas virtudes, de seus defeitos. Dela, o cura de Ardres, que a serviu, administrou-lhe a comunhão, a extrema-unção, conta menos que das concubinas. Com efeito, para justificar os senhores por terem tido prazer com estas, ele acentua suas qualidades: não eram criadas sujas, elas eram nobres, ainda não haviam servido, enfim eram todas belas, claras de rosto, de formas agradáveis; como resistir à tentação? A propósito das esposas, nada de elogios. Salvo um, hiperbólico, o de Béatrice, a herdeira de Bourbourg. Essa mulher muito jovem seria uma nova Minerva, uma nova Helena, uma nova Juno. Na primeira fila, o valor do sangue e a virgindade, depois os bons costumes, enfim os atrativos do corpo, nada aí além da banalidade. Único traço original, e essa é a novidade nesse fim do século XII, Béatrice foi bem instruída em Bourbourg, é "letrada".

Por um lado, esse laconismo se explica: as esposas dos três primeiros condes estavam mortas havia mais de um século, a família guardava na memória apenas seus nomes. E nem é certo que esses nomes, Mahaut, Roselle, Suzanne, não tenham sido imaginados por Lambert. Outras não haviam tido progenitura; seu marido, ao que parece, não as tinha conhecido. Uma, Péronelle, era muito jovem quando seu esposo, Arnoud III de Ardres, foi assassinado. Lambert se lembra dela, do tempo em que vivia, adolescente, na morada senhorial. Revê claramente a mocinha, ornada a seus olhos de uma eminente virtude, a *simplicitas*, aliada ao temor a Deus. Ela dividia seu tempo entre os ofícios religiosos e as brincadeiras de criança, as cantigas de roda com as meninas, "as bonecas e outros passatempos". Muitas vezes também, "no verão" (a imagem remonta do fundo da memória, perturbadora) "por simplicidade de ser e leveza de corpo, ela se desvestia até à camisa, mergulhava no viveiro, não tanto para lavar-se ou se banhar, para se refrescar e passear, nadando ora de costas, ora sobre o ventre, ora sob a água, ora na superfície, mostrando-se mais branca que neve, ou então, seca, em sua camisa branquíssima, diante das moças, mas igualmente diante dos cavaleiros, manifestando assim a benignidade de seus costumes, graciosa, amável com seu marido, com os guerreiros, com o povo". A outra dama infecunda, Béatrice, neta do conde Manassé, sofria de doenças diversas. Definhava. Mas como era a única herdeira direta do conde, seu avô, apesar de tudo, por conselho de sua mulher e com o acordo de seu genro, dera-a a um homem poderoso, capaz de defender seus direitos. Esse marido fora encontrado na Inglaterra no círculo do rei Guilherme. Ele não se embaraçou com a doente, deixando-a em sua família até o momento em que poderia servir-se dela. Mas tomou imediatamente os domínios ingleses que ela recebera de sua avó. À morte de Manassé, ele veio a Guînes revestir-se da dignidade condal, viu lá pela primeira vez sua mulher e tornou a partir imediatamente, pois "via bem que Béatrice, doentia, receava saldar com ele a dívida conjugal". Ele cedeu o lugar a outros competidores. Um deles, Baudouin de Ardres, pareceu ao pai de Béatrice mais útil que um genro inglês. Enviou-se então a malcasada além-Mancha. Padres e cavaleiros a acompanhavam, encarregados de negociar o divórcio. Ela foi trazida de volta, lançada nos braços de um novo esposo. Tarde demais: sucumbiu antes que ele a houvesse semeado.

A sorte da senhoria dependera dessa mulher. Tomando-a por esposa, um homem de um outro sangue apoderara-se do condado. Em meio século, o caso se produziu quatro vezes nas duas linhagens cuja história Lambert relata. Quatro vezes, a "honra" caiu nas mãos de mulheres e coube a um genro. Por essa Béatrice, por Adeline e sua filha Chrétienne, sucessivamente herdeiras de Ardres, por uma outra Béatrice, de Bourbourg. Vê-se como a sorte dos patrimônios se achava estreitamente ligada à qualidade do corpo feminino, à fecundidade das damas. Esses quatro acidentes ocorreram porque três esposas, Emma de Guînes, sua filha Rose e Adeline de Ardres haviam gerado apenas filhas. Por um infeliz acaso, não como resultado de uma restrição voluntária dos nascimentos. As damas daquele tempo conheciam muito bem os meios de não serem constantemente engravidadas: depois de ter dado três filhos a seu marido, a condessa de Flandres decidiu pôr um fim nisso e, diz a crônica, empregou para isso os "artifícios das mulheres". Mas elas quase não os usavam. A maior parte delas se mostra singularmente prolífica. Chrétienne, a esposa do conde Baudouin II, pôs no mundo dez filhos que chegaram à idade adulta. Os cinco últimos nasceram em oito anos, entre 1169 e 1177. Sua nora, Béatrice, quando Lambert parou de escrever, já dera seis em nove anos a seu esposo Arnoud. Concedeu-lhe em seguida mais seis. Em um tempo em que, mesmo nas casas nobres, grassava a mortalidade infantil, em que os acidentes da parturição não eram raros, tal abundância, a brevidade dos intervalos entre os nascimentos dizem muito sobre a existência que levavam então as damas. Como Alienor, iam de gravidez em gravidez, e seu marido, que, não o esqueçamos, estava frequentemente ausente, tirava partido plenamente de seu poder de procriação. Fica-se tentado a pensar que abusava dele. Três das nove esposas que aparecem com alguma nitidez na *Histoire des comtes de Guînes et des seigneurs d'Ardres* morreram de parto. Uma em três. Sem dúvida, o amor dos corpos tinha seu lugar no par conjugal.

Do laço afetivo, esse relato não deixa perceber quase nada. Ele diz o lugar onde cinco das condessas foram enterradas. Só uma foi ao encontro de seu marido, Baudouin I, no mosteiro-necrópole. Duas escolheram ser sepultadas em uma abadia feminina, Emma em Saint-Léonard, que ela fundara, Béatrice II no convento familiar de Bourbourg, junto de suas tias. Béatrice I foi repousar ao lado de sua mãe na Capelle-Sainte-Marie, Chrétienne, ao lado da sua na igreja de Ardres. É como se, chegada a morte, os dois sexos tendessem a separar-se, como se as mulheres permanecessem entre elas, os homens entre eles, como se, depois de haver partilhado o leito de seu marido, as esposas preferissem esperar a ressurreição a alguma distância dele, junto de outras esposas, em uma igreja onde oravam mulheres. A pouca preocupação em prolongar na morte a proximidade carnal proviria da tibieza dessa dileção mútua que o esposo se sentia obrigado a exibir, dessa *concordia*, desse acordo dos corações que Baudouin II invocava com seus votos, quando abençoava no leito nupcial seu filho primogênito e sua nora? E que pensar do comportamento desse mesmo Baudouin? Ele cavalgava na Inglaterra. Sua mulher estava a ponto de dar à luz. Ele soube que ela estava adoentada, precipitou-se, acompanhado de dois médicos. Ela faleceu. Louco de pesar, "não se conhecendo mais a si próprio nem a ninguém, não distinguindo mais o bem do mal, o honesto do desonesto", os médicos proibiram durante dois meses o acesso a seu quarto, salvo a alguns familiares capazes de cuidar dele. Iria morrer de langor, como Sigfried, seu remotíssimo antepassado, separado de sua amiga? Sem dúvida Lambert escreve sob o olhar de seu patrão, certo de agradá-lo ao evocar essas demonstrações de violento amor conjugal. Com que direito, porém, consideraríamos esse luto como fingido? Por que recusaríamos acreditar que esse marido está profundamente ferido? Que os casamentos fossem todos arranjados pelas famílias não impedia pelo menos alguns deles de ser bons, os cônjuges de ter prazer com seu ardor recíproco e certa ternura de estabelecer-se no seio do casal. Resignemo-nos: o historiador dessas épocas distantes não tem nenhum meio de sondar os inconscientes e as vontades. Um fato, pelo menos, decorre claramente dessa história familiar: se os pactos de noivado, comprometendo moças muito jovens, podiam ser rompidos sem dificuldade, o laço prendia solidamente depois das bodas, depois da união dos corpos. Nenhuma das damas que figuram nesse livro foi repudiada. Por certo, o uso tendia a perder-se no século XII. Sem dúvida, Mathieu, filho do conde Thierry de Flandres, devolveu a mulher que seu pai lhe arranjara: não conseguia ter meninos com ela. "Essa moça usara o hábito religioso desde a infância, mas era a única herdeira do condado de Boulogne. Então a tiraram do claustro com o assentimento do papa [autorização necessária, Marie era virgem consagrada, portanto já casada, esposa de Cristo]. Ela foi unida a Mathieu por casamento para dar herdeiros legítimos à herança paterna [...]. Mas, depois de ter gerado duas filhas, seu marido a devolveu ao claustro" e tomou uma outra mulher. Seu irmão mais velho, o conde Philippe, não agiu da mesma maneira. Sua esposa era estéril. Ele se sujeitou a conservá-la até que ela morresse.

No espírito dos homens que rememoravam suas ancestrais no fim do século XII, no espírito de Lambert, dos senhores que lhe haviam passado encomenda, no espírito daqueles a quem esse livro era destinado, as damas estavam em condição de exercer no seio do casal um poder qualquer, e de que natureza? Os traços de duas silhuetas femininas, a de Emma, esposa do conde Manassé, a de Gertrude, esposa de Arnoud II de Ardres, são bastante nítidos para me autorizar pelo menos a fazer essa pergunta. Como era geralmente o caso, essas duas mulheres eram de melhor nascimento que os dois homens que, nas aventuras de sua juventude, pela demonstração de sua valentia, e por ter servido assiduamente o casamenteiro, as haviam obtido. Emma saía de uma grande casa da Normandia, Tancarville, Gertrude de uma grande casa de Flandres, Alost. Gertrude tinha irmãos. Ela não fornecera terras, mas seu dote em bens mobiliários, em servidores e em criadas era considerável. Quanto a Emma, fora dada pelo rei da Inglaterra com belos domínios no Kent. Seus maridos eram por isso levados a tratá-las bem. Por certo, não deviam a elas toda sua riqueza. Não chegavam, como Arnoud I de Ardres, que devia sua fortuna à sua segunda esposa, a "lhes mostrar veneração em tudo e por tudo, a lhes prestar reverência e serviço, não apenas como sua mulher, mas como sua dama". No entanto, a alta qualidade de seu sangue e o poder de sua parentela dotavam Emma e Gertrude de uma ascendência certa sobre seus cônjuges e sobre os homens da casa onde elas haviam entrado.

Emma, eu a avisto na morada condal por um documento da abadia de Andres datado de 1117. Um dos pares do castelo de Guînes está lá. Ele reconhece possuir como feudo do conde um bem que os monges acabam de adquirir dele. O conde, diante das testemunhas reunidas, aprova solenemente a doação. Sua mulher está a seu lado. Estão ambos, diz o documento, "sentados em seu leito". Assim se mostram os esposos, publicamente, instalados no mesmo assento, a *domina* na mesma posição que o *dominus* e parecendo participar da autoridade que ele detém. Essa imagem sugere uma outra, a que se começava a esculpir nos pórticos das catedrais de Île-de-France, Cristo coroando sua mãe, associando-a a seu poder, também eles sentados lado a lado. Contudo, é em seu leito que tomam assento o conde e a condessa, o que aumenta o valor simbólico, pois o leito, trono da conjugalidade, é o lugar dos acasalamentos, o lugar dos partos, e todo o poder consentido à dama deriva de sua capacidade de dar à luz. A mesma imagem do leito retorna, aliás, sob a pena de Lambert. Para ele, Manassé e Emma formavam uma comunidade de iguais. Eram associados, *consortes*, no material e no espiritual, partilhando "o mesmo leito e a mesma devoção". A carne, o espírito. O cura de Ardres acrescenta que cabe à esposa "atiçar" no coração do esposo "o foco de amor divino". Sendo entendido que ela deve também, desta vez no leito, inflamar esse outro foco, de amor carnal, onde se forjam os belos filhos.

Associação estreita, união dos corpos e das almas, a mulher revestida — "condessa", "castelã", "dama" — do título de seu esposo, partilhando assim sua glória, necessariamente presente ao lado dele nas exibições do poder, eis o que estava convencionado mostrar, o que a sociedade dava a ver da condição das damas. Mas, e a realidade, sob essas aparências? Entrevemo-la através de uma pequena história moral. Na época, relata Lambert, uma taxa particular pesava sobre uma parte do povo submisso, sobre os descendentes de antigos imigrantes: todo ano, em data fixa, eles deviam depositar na casa do senhor uma pequena moeda, e quatro por ocasião de seu casamento ou de seus funerais. Era o encargo comumente exigido dos dependentes pessoais, dos homens e mulheres "de corpo", como se dizia, um sinal, o de sua servidão, da "mácula servil" que os tornava desprezados por seus vizinhos, muitas vezes mais pobres que eles mas orgulhosos de sua liberdade. Aconteceu que um homem de condição, um "vavassalo", desposou uma moça que todos tinham por livre. Na noite das bodas, enquanto a recém-casada aproximava-se do leito nupcial, "mal tocara a armação da cama", ela viu entrarem no quarto os agentes do senhor. Vinham reclamar as quatro moedas. Ela corou, "ao mesmo tempo de temor e de pudor". Protestou, conseguiu quinze dias para fazer sua defesa — e se descobre aqui o direito que tinha agora a mulher de comparecer em juízo, não sozinha evidentemente, mas "acompanhada de parentes e de amigos", mas ela própria defendendo sua causa, "de viva voz". Sua demanda foi indeferida. Último recurso, a dama de Guînes. Ela foi falar a sós com Emma, expondo o perigo a que estavam sujeitas as mulheres, ameaçadas a todo momento de ser cobertas de opróbrio. Convencida, a condessa voltou-se para seu homem. Um pouco mais tarde, chegada a noite, no retiro do quarto. "Ela tomou-o em seus braços." "Adulado", o conde, atendendo aos rogos de sua esposa e da mal julgada, decidiu abolir o imposto infamante. Conservara-se a memória dessa vitória feminina. Uma dama interviera nos assuntos públicos. Modificara-lhes o curso. Mas como? No mais privado, usando de seus encantos íntimos, pelos abraços, pela ternura. Pelos atrativos de seu sexo.

De Gertrude, Lambert guarda uma má lembrança. Ela dirigia a casa de Ardres quando, criança, ele ali era educado. Talvez tenha sofrido a "severidade" que lhe atribui. Certamente não era o único. Ele não a teria julgado tão mal, relatando em seu livro que o povo a viu ser levada à sepultura de olhos secos e lançando as lamentações rituais "de lábios apenas entreabertos", não a teria mostrado tão arrogante, "glorificando-se de sua nobreza, procurando elevar-se mais ainda por suas palavras altivas", nem tão cúpida, "famosa na região por sua avareza", sem estar certo de satisfazer seus protetores. Para provar a avidez dessa mulher, ele retoma uma história que corria na casa. A dama estava encarregada de gerir os bens familiares. Sagaz, ela ordenou, para tirar melhor partido das pastagens, reagrupar em um mesmo rebanho todos os animais da senhoria. Os agentes que enviou para proceder a essa reunião foram à cabana de uma indigente, onde sete crianças choravam de fome. Sua mãe caçou: ela não tinha boi nem carneiro; brincando, propôs que se levasse um dos pequenos se a dama tivesse a bondade "de pô-lo a pastar". Gertrude, avisada, aceitou. Escolheu uma menina, "adotou-a no lugar do cordeiro", e, quando a donzela se tornou núbil, "acasalou-a a um homem", como bom criador preocupado em aumentar o rebanho doméstico. De fato, quando recebera a criança, apressara-se em impor-lhe a "marca da servidão": a partir daí toda a progenitura da serva lhe pertenceria. Lambert lembra-se aqui de uma outra moça. Era uma dessas mulheres, livres, que Gertrude trouxera de Flandres no dia de suas bodas, uma donzela, sedutora. Muitos homens se divertiram com ela e depois a rechaçaram. Ela estava farta disso, exigiu de um último amante, um servidor da casa, que se casasse com ela. O homem recusava, dizendo-a indigna dele. Então ela foi ajoelhar-se diante da patroa, escravizou a si mesma pelos gestos rituais, pela entrega das mãos, certa de que a dama a ajudaria quando se houvesse tornado coisa sua. Não estava enganada. Foi imediatamente acasalada, como uma ovelha, Gertrude forçando o servidor a unir-se a ela, a tornar-se por isso ele próprio servo. Da mesma maneira que cabia ao senhor espalhar fora da casa, casando-as, suas filhas e as filhas de seus vassalos, incumbia à sua esposa ordenar a sexualidade entre a domesticidade, estender esta última recolhendo nas choupanas criadinhas, dando-lhes um marido a fim de que gerassem novos dependentes. Poder feminino, no interior da morada, poder autônomo, absoluto, legítimo. Lambert critica a "dureza" de Gertrude porque ela reduzia à condição servil os homens que dava às suas camareiras e todos os filhos oriundos de sua semente, e porque, nos anos em que ele escrevia, a servidão começava a aparecer como o resíduo de uma antiga barbárie. Mas sem colocar em discussão de modo algum o poder da dama.

A propósito desse poder surge a necessidade de distinguir entre a *res publica* e a *res familiaris*, entre o dentro e o fora da casa, o público e o privado. Segundo o modelo que propunham já os prelados do século IX quando descreviam as ordenações perfeitas do palácio carolíngio, a dama é responsável pela "economia", tem a missão de manter em boa ordem a casa. Estão submetidos a ela criadas e servidores, mas também suas filhas, as filhas e as irmãs dos vassalos do patrão, das quais é a educadora e que ela leva, mais ou menos rudemente, a aceitar o esposo que se escolheu para elas. Não seria preciso neste ponto abrir espaço para os ritos do amor cortês, acrescentar os jovens cavaleiros cujo aprendizado seu marido dirigiu e que projetam em sua pessoa ao mesmo tempo que seu desejo a lembrança distante das ternuras maternas? Em todo caso, sobre a parte feminina da sociedade doméstica, a autoridade da dama iguala a das matronas que governam, afastadas do mundo, as comunidades religiosas. Enfim, no mais profundo do espaço privado, o "do leito e das devoções", pode-se pensar que ela é a "associada" do chefe de casa. Em compensação, no que se refere ao fora, ao poder público, seria perigoso fiar-se no que o cerimonial apresenta como espetáculo. O costume, com efeito, recusa obstinadamente à dama a capacidade de partilhar com seu esposo o direito de comandar e de punir. Porque ela é mulher, porque parece indecente, contrário às intenções divinas, que um braço feminino erga a espada, porque a espada é o símbolo do poder, essa espada que se entrega ao filho do senhor, solenemente, quando ele chega à idade de dirigir uma senhoria, essa espada que se levanta desembainhada diante do senhor quando ele julga, essa espada que no norte da França, no fim do século XII,

237

começou-se a abençoar, a depositar sobre o altar antes dos gestos da sagração dos cavaleiros, imagem concreta do poder que Deus delega àqueles que encarrega de fazer reinar neste mundo, pela força, a paz e a justiça.

Às mulheres é proibido fazer correr sangue. Joana d'Arc foi condenada também por isso, por ter agido como um homem, por ter se mostrado, disseram seus juízes, "sanguinária". Quando uma mulher herda de seu pai o poder de comando, incumbe a um homem, o marido a quem foi dada, manejar a espada em seu nome, ou antes em nome dos meninos que ela pôs ou que porá no mundo, até o dia em que eles forem capazes de tomar o gládio nas mãos. Sem dúvida, importa que a herdeira se mantenha ao lado desse homem no momento em que ele usa de seu direito, a fim de manifestar onde está a fonte desse direito. Mas é ele quem o usa, não ela. Sem dúvida também, o que se sabe do poder de Emma o sugere, a dama é considerada na senhoria como a protetora oficial da população feminina. Mas ela não participa do poder público senão indiretamente, quando, pelo uso que faz de seus atrativos, abranda seu marido, inclina-o a mostrar-se menos brutal. No manual que compôs para uso dos confessores, Thomas de Chobham recomenda impor esta penitência às damas: que intervenham constantemente junto de seus esposos. Ninguém pode, diz ele, amolecer melhor que sua companheira o coração de um homem. Onde? Como? No leito, "pelos abraços e carícias". Uma das virtudes das damas é a clemência, uma das funções das damas é introduzir um pouco de mansidão no exercício do poder. Como o faz Nossa Senhora com seu filho.

Tais parecem ser os limites do poder da esposa. Eles são estreitos. Pode-se supor, contudo, que o campo se alargava muitas vezes em razão das ausências do marido. Esse cavaleiro perseguia a aventura com muita frequência e por todo o tempo em que se sentia válido. A dama tinha então as mãos livres. Enquanto ele estava vivo ela própria não chegava a conduzir os guerreiros, a não ser para organizar a defesa do castelo sitiado. Pelo menos, era levada a gerir os assuntos correntes, a apaziguar as discórdias, a garantir os contratos. Porque durante a Segunda Cruzada o conde Thierry de Flandres se achava muito longe, foi Sybille, sua esposa, quem recebeu o juramento de fidelidade do novo sire de Ardres. O precedente, Baudouin, acompanhara o conde. Acabava de ser informado de sua morte durante a viagem. Antes que se saiba dela e que um dos cunhados seja designado para o suceder, sua mãe, a "rude", a "severa", a "arrogante" Gertrude de Alost não teve nas mãos, por um momento, a senhoria?

5. AS VIÚVAS

Gertrude era viúva. Emma o fora. São, com Péronnelle, as únicas damas nas duas linhagens que sobreviveram a seu senhor. No entanto, as viúvas eram abundantes na sociedade caveleiresca. Muitas mulheres, por certo, morriam jovens nas dificuldades do parto. Mas a mortalidade não era menor entre os guerreiros. Eles eram dizimados. Pela desmedida, pelos excessos de toda sorte nos abusos de uma vida violenta, pelos ferimentos recebidos na veemência dos torneios, das batalhas, pelas febres quando se aventuravam no Oriente, e algumas vezes pelos golpes de um assassino. Tomo o caso do castelão de Bourbourg, Henri, cujo pai e o irmão haviam sido assassinados ao lado do conde de Flandres. Ele próprio gerou sete filhos. Dois deles, estabelecidos na Igreja, morreram de velhice, mas, dos cinco filhos que foram cavaleiros, nenhum o sucedeu: um, cegado em um torneio, não pôde retomar a senhoria, os outros faleceram de diversos acidentes antes de seu pai. E, se muitos homens entregavam a alma primeiro, é também que, enviuvando, eles haviam, como o rei Luís VII, escolhido para nova esposa uma jovenzinha, e que, contando demais com suas forças, haviam abusado do jogo amoroso. *Uxorius*, tendo um fraco pelo sexo, advertido no entanto por seus médicos, Raoul de Vermandois sucumbiu nos braços de sua mulher Lorette. Esta não era inexperiente. Passara, muito jovem, do leito do conde de Lou-

239

vain para o do conde de Limbourg, depois para o leito de Yvain d'Alost. O velho conde Henri de Namur tomou-a por sua vez. Sabiam-na fecunda. Ele a julgou capaz de lhe dar um menino. Decepcionado, cansou-se dela, repudiou-a, obteve em casamento uma mocinha, a "teve durante quatro anos sem jamais se comunicar [*communicare*] com ela no leito", devolveu-a a seu pai, depois a retomou, fez todos os seus esforços, morreu, deixando uma viúva muito jovem. Eis como tantas damas daquele tempo acabavam seus dias na liberdade.

Para dizer a verdade, quando eram ainda atraentes e seus filhos menores, elas não gozavam muito tempo dessa independência: sua linhagem e a do defunto entendiam-se para casá-las de novo e as casavam sem dificuldade. Os pretendentes as disputavam na esperança muitas vezes satisfeita de ver os filhos que elas já tinham desaparecerem antes de sua maioridade, ou então de os excluir com a cumplicidade de sua mãe, em proveito dos que eles gerariam dela. Pelo menos as viúvas muito desbotadas para ser procuradas, ou cujo filho primogênito estava em idade de suceder a seu pai, permaneciam livres. Elas deviam deixar a casa, ceder o lugar, o leito conjugal ao novo senhor. Retiravam-se. Para onde? Para um mosteiro, como Emma em Saint-Léonard? Era o que desejava a Igreja. Esta classificava as mulheres, como os homens, em três categorias hierarquizadas. Ao passo que, do lado masculino, a tripartição referia-se à função desempenhada na vida pública, seja orar, seja combater, seja trabalhar para alimentar os outros, do lado feminino a referência estava no grau de pureza sexual: virgindade, viuvez, conjugalidade. "A vida conjugal é boa", retoma Lambert, "mas a continência das viúvas é melhor." As viúvas eram convidadas a renunciar ao amor. Para que fossem menos tentadas a praticá-lo, eram incitadas a encerrar-se em um claustro. De fato, muitas delas preferiam permanecer no século, gozar plenamente do poder e, libertas do jugo marital, divertir-se.

Essa foi a escolha de Ide II de Boulogne, viúva pela segunda vez. Lambert a vê com maus olhos. Arnoud, seu herói, quase a desposara e a família mal se consolava de seu fracasso. Ele mostra então essa mulher abandonando-se "aos prazeres do corpo e às delícias do mundo". Desejada, desejável, menos talvez por seus atrativos físicos que pelo frutuoso principado de que era herdeira, tinha prazer em ver girar à sua volta homens sem mulher. Brincava. De amor. "Venéreo", esclarece-se. Havia mais de cinco anos, o jovem Arnoud exibia-se nos torneios em busca de um belo partido. Achou-a a seu gosto. Leviana, como o são as mulheres, ela dedicou-se a seduzi-lo. Astucioso como o são os homens, Arnoud deixou-se levar. "Ganhou as boas graças da condessa fazendo brilhar diante de seus olhos um amor, verdadeiro ou simulado." O que o interessava, diz a *Histoire*, era Boulogne, "a terra e a dignidade condais". Ide e Arnoud trocavam então mensagens, discretas, à maneira cortês, na espera de coisa melhor. Mas um rival, Renaud de Dammartin, espreitava a mesma presa. Ide borboleteava, não se recusando nem a um nem ao outro, inclinava-se para Renaud, mas sabia bem que seu tio, o conde Philippe de Flandres, de quem dependia seu novo casamento, não queria saber do francês da França ocidental. Assim, ela se mostrava "mais uma vez atingida pela centelha de amor do dito senhor Arnoud de Guînes". Não se contentando mais com palavras, com mensagens, eles se encontravam aqui e ali, nas fronteiras das duas senhorias, "em quartos e lugares secretos". Um acidente, a morte súbita em Ardres de um de seus homens, deu pretexto à condessa para ir abertamente ao encontro do amante, em sua própria morada. Arnoud a recebeu solenemente e, enterrado o servidor, ofereceu-lhe jantar em sua casa. Como um prelúdio às bodas. Eles falaram muito. A dama retirou-se. Arnoud "a teria retido se ela não houvesse prometido voltar bem depressa". Renaud estava vigilante. Raptou-a, quase com seu consentimento, levou-a até Lorraine, apoderou-se dela. Perversa, fingindo ser tomada à força, Ide fez saber ao herdeiro de Guînes que o desposaria se ele viesse libertá-la. Arnoud partiu, fortemente acompanhado. Renaud o mandou excomungar, prender e encarcerar em Verdun.

Ide, ao que parece, ainda era atraente. Em todo caso, muito vivaz. Acalmadas, as viúvas que não faziam votos religiosos instalavam-se tranquilamente no patrimônio dotal. O patrimônio dotal era a porção de seus bens e de seus direitos que o marido cedia à esposa quando da conclusão do pacto matrimonial. Quando a prometida valia a pena, os lances subiam, e essa parte era considerável. Arnoud de Gand, futuro conde de Guînes, deu tudo o que possuía então para obter a filha, é verdade que de sangue carolíngio, do castelão de Saint-Omer, e seu neto Arnoud, tudo o que possuía também, a senhoria de Ardres, para unir-se à herdeira do castelo de Bourbourg. Evidentemente, enquanto seu esposo vivia, a dama tinha um direito apenas virtual sobre esse bem. Viúva, e permanecendo assim, recusando um segundo casamento, ela entrava na posse do domínio e, desde então, o geria livremente, como um homem. Eis Mahaut, viúva dotada e condessa de Flandres, estabelecida em Lille, em sua própria casa. Ela quer impor uma taxa aos habitantes da terra de Bourbourg. Ela própria monta uma expedição militar. Arnoud de Guînes, seu vassalo, que está na posse de Bourbourg em nome de sua mulher, avança armado com os cavaleiros do castelo para proteger seu povo. Ele não precisa combater e se alegra com isso, "pois jamais fora rebelde nem desobediente à sua dama, mas sempre se esforçara e perseverara na fidelidade e lealdade que lhe devia". Mahaut voltou atrás. Ele a escoltou. Ela agira em pleno domínio de um poder masculino.

Falecido seu esposo, maduras, essas mulheres já não tinham sede no quarto, no leito, reinavam na sala, e as pessoas acostumavam-se, no fim do século XII, a ver os vassalos ajoelhar-se diante delas de mãos juntas, os pleiteantes escutar suas sentenças. Com efeito, aperfeiçoando-se as instituições públicas, o poder do Estado se tornava pouco a pouco, pelo menos nos grandes principados, um princípio abstrato. Que passasse para mãos femininas já não parecia tão escandaloso. Aproximava-se o tempo das regentes. E essas viúvas se mostravam tanto mais fortes quanto podiam apoiar-se em seus rapazes, na afeição muito viva e calorosa desses filhos que lhes haviam sido arrancados em sua primeira infância, na dos caçulas sobretudo,

242

que preferiam muitas vezes ao primogênito. Elas tinham acesso então plenamente ao poder consentido à feminidade. O autor da *Geste des seigneurs d'Amboise* [Gesta dos senhores de Amboise] escreveu, alguns meses depois do falecimento dela, o deferente elogio de Isabelle, a viúva do sire Hughes. Mostrou-a como *"virago"*, mulher forte, como Emma, como Gertrude. Mostrou-a "afortunada entre todas as mulheres", e os quatro termos latinos que ele escolhe para definir o que a cumulou exprimem aquilo a que se ligava no século XII o renome das mulheres. *Genere* (em primeiro lugar a raça, a qualidade do sangue). *Forma* (sim, a beleza do corpo, que, de todo modo, conta em uma mulher). *Viro* (satisfeita pelo marido que lhe foi dado, já que, de fato, é ao homem que cabe valorizar os dons da feminidade). *Liberis* (enfim e sobretudo gratificada pelo valor dos filhos que pôs no mundo). O panegirista acrescenta uma qualidade, a "audácia". Ele a qualifica imediatamente: "viril". É realmente essa virtude que constitui a singularidade de Isabelle. O valor dessa antepassada se deve a que ela se conduziu como um homem, reprimindo em si o feminino. Como homem, "virilmente", ela partiu para retomar a terra de seus ancestrais, sozinha, acompanhada de seu segundo filho, que empunhava a espada por ela. "Virilmente", depois de vinte e cinco anos de casamento, quando seu esposo, em 1128, separou-se dela para seguir o conde de Anjou, seu senhor, e foi morrer na Terra Santa, ela agarrou todo o poder que se encontrava a seu alcance.

Lutando desde então contra seu filho primogênito, Sulpice. Antes de partir, Hughes d'Amboise, na sala, diante de seus homens reunidos, apontara nesse filho seu único herdeiro. Sulpice quis então conservar tudo o que possuíra seu pai. Ele não abandonava os bens dotais da viúva. Isabelle o atacou. É curioso ver o relato mudar de tom nesse momento. Não mais admirativo, crítico. O autor da *Geste* é um homem. Como todos os homens, está chocado de ver uma mulher agarrar-se tão violentamente ao poder. Isabelle é "viril", admiram-na. Mas é mulher. Convém que permaneça em sua condição. Tomada pela cobiça, pelo voraz desejo de usufruir do poder, Isabelle, a seus olhos, aos olhos de todos, cede ao que seu corpo encerra ainda de feminino, isto é, de perversidade. "Ávida", "inflamada de furor", ela introduz a desordem, rompe a paz.

A paz foi restabelecida. Os homens de Amboise instaram o filho a retomar a vida comum com sua mãe. Aproximava-se o Advento, tempo de penitência e de perdão. Houve entendimento. A viúva dotada recuperou seus direitos. Obteve uma parte de Amboise, onde se estabeleceu em sua própria casa, perto da igreja Saint-Thomas. Quinze anos mais tarde, a matrona reaparece no relato, desta vez em postura de mãe muito útil. Sulpice, ele próprio tomado pela desmedida, erguera-se, desleal, contra um de seus senhores, perdia pé. Isabelle então, substituindo o pai ausente, lhe fez o discurso que todos os bons chefes de casa faziam quando exortavam seus rapazes turbulentos a voltar à calma. Essas palavras, ei-las, tais como as imaginou o cônego muito hábil que compôs a história. "Por que te lançaste nessa guerra sem me consultar? Por que estou decrépita, tu me acreditas caduca? Tranquiliza-te, em minha velha pele, o *animus*, a força de alma, é vivaz. Não podes encontrar melhor conselho. O que se pode comparar ao *affectus* de uma mãe?" O conselho, mas ditado pela afeição, por essa conivência íntima que liga muito mais estreitamente que a esposa ao marido o bebê de outrora à mulher que o carregou em seu seio e o amamentou.

A natureza das mulheres as torna inaptas para o exercício do poder público. No entanto, algumas conseguem apoderar-se de certas migalhas. Discretamente, contando justamente com os recursos da feminidade. Servindo-se enquanto são jovens do desejo que a visão, o toque de seu corpo atiçam no corpo dos homens, o de seu esposo, o dos cavaleiros da corte. Apoiando--se na velhice na reverência enternecida de seus rapazes.

Acrescenta-se uma força mais tenebrosa. Para os guerreiros daquele tempo, cobertos de ferro e de couro e que viviam entre si, as mulheres com quem cruzavam eram seres estranhos. Eles as supunham ligadas por laços sensíveis às potências invisíveis, capazes de atrair o mal — por isso as temiam —, mas também o bem — por isso as veneravam. Com efeito, eles atribuíam ao feminino um poder secreto, muito precioso, o poder de interceder em seu favor junto do Pai, do juiz. Um fato me retém. Nas províncias da cristandade onde realizei a investigação, os escritos evocam algumas feiticeiras, mas poucas. Em compensação, eles revelam que as figuras de mulheres ocupavam um vasto território no campo da devoção, e isso bem antes do fim do século XII, antes do momento em que se veem despontar e difundir-se rapidamente novas formas de espiritualidade especificamente femininas. Figura da Mãe de Deus. Desde os inícios do século XI, a maior parte dos novos locais de prece lhe é consagrada, o oratório do castelo de Guînes, por exemplo, ou então aquele mosteiro masculino, a Capelle-Sainte-Marie, fundado em 1091 por Ide de Boulogne (não a viúva inflamada, volúvel, entrevista há pouco, mas sua trisavó, a mãe de Godefroi de Bouillon), que depositou nessa abadia, engastados em ouro e pedras preciosas, onze cabelos da Virgem, adquiridos, dizia-se, de um rei da Espanha. E entre as relíquias com que Arnoud I guarneceu a igreja de Ardres, reverenciava-se, encerrada em uma pequena cruz, uma "ínfima porção" desses mesmos cabelos e das vestes de Maria. Figuras de santas também. Quando, nos anos 80 do século XI, um monte de ossos foi descoberto e levado ao conde Baudouin I de Guînes, reconheceram-se neles não as relíquias de um bem-aventurado, mas as de uma bem-aventurada, Rotrude, que se tornou protetora de todo o campo ao redor. Em Saint-Léonard, convento feminino, um livro composto antes de 1193 continha três vidas de santos, a do padroeiro, Léonard, e as de duas mulheres, Maria Madalena e Catarina. Em honra dessa mesma Catarina, a esposa do conde Baudouin II convenceu-o a mandar construir uma capela e conseguiu, para as colocar ali, algumas gotas de um óleo emanado do corpo da virgem e mártir.

No século XII, o Ocidente cristão fabricou bem poucos santos e ainda muito menos santas. Ora, nos limites da terra de

Guînes, a autoridade eclesiástica, cedendo à pressão dos fiéis, acabava de erguer sobre os altares duas damas da região, Ide de Boulogne e Godelive de Ghistelle. A primeira porque, mãe excelente, gerara e nutrira com seu leite o herói que libertou o Santo Sepulcro, porque, excelente viúva, "desaparecido seu esposo mortal, ela passava por se ter unido ao esposo imortal sem adotar o véu, por uma vida de castidade e de celibato", enfim porque, generosa, alimentara os monges como alimentara seus filhos e esforçara-se por manter nos caminhos da virtude o rebanho de meninas que abrigava em seu regaço. Quanto a Godelive, ia-se ao lugar de seus infortúnios reclamar seus sufrágios e recolher pedras brancas que curavam febres porque, mártir da conjugalidade, ela sacrificara seu pudor a um mau esposo, suportara pacientemente suas humilhações e porque morrera estrangulada, por ordem dele, por seus servidores. Dessas duas mulheres, cujos traços de costumes e de caráter, acentuados pelas "legendas", simbolizavam duas das faces, uma florescente, a outra lastimável, da condição das esposas, a santidade era oficialmente reconhecida, mas veneravam-se privadamente, nas famílias, outras damas defuntas.

Descobri três delas. Em primeiro lugar aquela inglesa que o visconde de Marck, bisavô de Arnoud de Guînes, desposara, e cujos restos, enterrados ao pé da torre da igreja, operavam milagres. Das duas outras, é esboçado um retrato, a partir sem dúvida de seu epitáfio, nesse riquíssimo elogio dos condes de Flandres concluído em Saint-Bertin em 1163, que um impressor do século XVII intitulou *Flandria generosa*. Nessa obra, se os homens são celebrados por sua valentia e, com a chegada da idade, por sua prudência e sabedoria, a piedade é questão das mulheres, mais especialmente das mulheres que envelhecem e que "voluntariamente esquivaram-se das máculas da carne e lavaram seus pecados pela penitência", restringindo-se à dura disciplina da "ordem das viúvas", na qual o falecimento de seu esposo as agrupou. A primeira, Adèle, é essa filha da França que o rei Roberto dera ao conde Baudouin V. "Privada de seu marido mas não de riquezas, ela não viveu, porém, em meio às delícias dessas riquezas. Estas estavam mortas para ela. Adèle passava suas noites e seus dias em oração." Ela foi até Roma a fim de que o papa a introduzisse solenemente em seu *ordo*, a abençoasse e a vestisse com o hábito das viúvas: "Durante a viagem, ela permanecera encerrada como em um quarto, enclausurada, reclusa, em uma liteira carregada por dois cavalos, para se proteger dos ventos e das chuvas, mas sobretudo para não ser distraída da santa meditação [...]. Retornou para morrer na paz de Cristo", no mosteiro de Messines que ela fundara.

Da terceira dessas veneráveis, Richilde, esposa de Baudouin VI, toda a região conservava a lembrança. Ambígua. Contar sua história foi a oportunidade para o monge de Saint-Bertin exprimir o que pensava das mulheres. Delas pensava muito pouco bem. Ele começa por mostrar em Richilde o exemplo dessa malignidade fundamental. Ao longo de toda sua existência ela foi, diz ele, agente de discórdia, deixando, mãe má, que os filhos de um primeiro casamento fossem despojados, persistindo no incesto, esquecendo, traidora, o compromisso assumido diante de seu tio, o papa, fornicando apesar da proibição, usurpando o poder, tiranizando o povo em nome de seu filho menor, cúpida, oprimindo Flandres com taxas, cruel, intratável, dissimulada, corrompendo o rei Filipe, e, meio mágica, espalhando sobre seus inimigos pós encantados, malefícios. Ora, esse veneno, essa maldade, tantas más ações acumuladas foram inteiramente remidos pela "maravilhosa penitência" que a condessa infligiu a si mesma no declínio de sua vida. Como Madalena, não cessou mais de orar. Como Juette, pôs-se todos os dias "a serviço dos pobres e dos leprosos". O biógrafo vê como se mortificam em seu tempo as mulheres chamadas de beguinas; ele transfere para Richilde, morta meio século antes, essas formas extremas e novas da devoção feminina: "Toda untada da sânie dos leprosos, ela os banhava, usava em seguida a mesma água; doente como eles, pretendia assim voltar a ser, interiormente, a filha do Rei". Castigava sua carne pecadora, crucificava-se, destruía-se. Acabou assim por "entregar seu corpo à terra e sua alma à misericórdia de Jesus Cristo". Da violência, da avidez, do embuste, da lubricidade que o monge de Saint-Bertin qualifica de *muliebres* porque, segundo ele, infectam naturalmente o corpo das mulheres, Richilde achava-se enfim purificada. "Merecendo sua alma revestir-se da perfeição imortal e gozar das doçuras paradisíacas", ela tomara lugar, protetora, mediadora, junto de Lupa, de Ide, de Denise, entre essas altas figuras tutelares que velam no fundo da lembrança pelo destino das linhagens.

No século XII, padres e guerreiros esperavam da dama que, depois de ter sido filha dócil, esposa clemente, mãe fecunda, ela fornecesse em sua velhice, pelo fervor de sua piedade e pelo rigor de suas renúncias, algum bafio de santidade a casa que a acolhera. Era o dom último que ela oferecia a esse homem que a deflorara bem jovem, que se abrandara em seus braços, cuja piedade se reavivara com a sua e que depositara numerosas vezes em seu seio o germe dos rapazes que mais tarde, na viuvez, a apoiariam e que ela ajudaria com seus conselhos a conduzirem-se melhor. Dominada, por certo. Entretanto, dotada de um singular poder por esses homens que a temiam, que se tranquilizavam clamando bem alto sua superioridade nativa, que a julgavam contudo capaz de curar os corpos, de salvar as almas, e que se entregavam nas mãos das mulheres para que seus despojos carnais depois de seu último suspiro fossem convenientemente preparados e sua memória fielmente conservada pelos séculos dos séculos.

GENEALOGIAS

Estes croquis, muito simplificados, ajudam a se localizar entre tantos homônimos e a situar as damas de que se fala neste livro.

△ Homem ◯ Mulher = Casamento ◯◯ Concubinato

DUQUES DA NORMANDIA

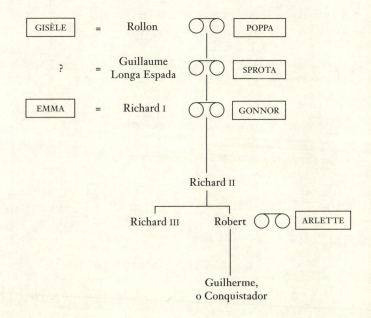

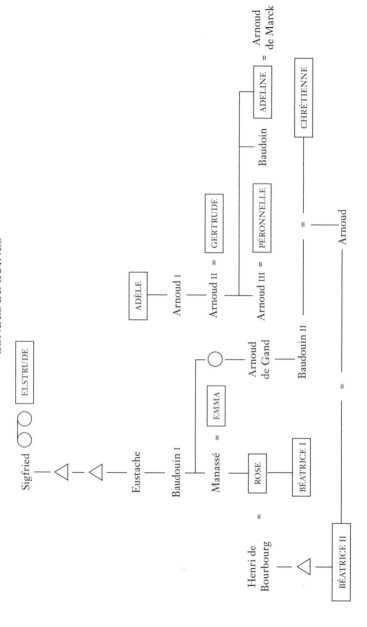

CONDES DE FLANDRES

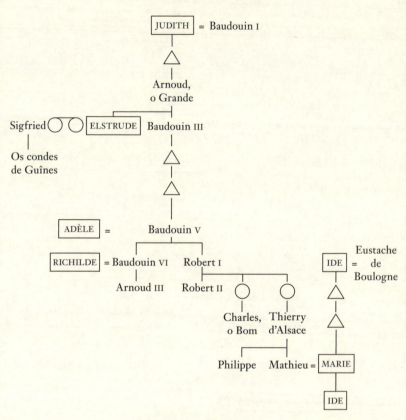

SIRES DE AMBOISE

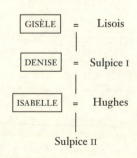

EVA E OS PADRES

Tradução
Maria Lúcia Machado

INTRODUÇÃO

AO LONGO DO SÉCULO **XII,** a Igreja do Ocidente começou a levar seriamente em conta a expectativa das mulheres. Sentiam-se abandonadas e pediam que melhor as ajudassem a caminhar rumo à salvação. Sem dúvida, os grandes prelados que no século precedente haviam conduzido a reforma moral da sociedade cristã perceberam que era preciso cuidar também das mulheres, desviá-las do mal, e os mais generosos dos homens religiosos, os mais atentos ao ensinamento do Evangelho já reuniam as mais inquietas, as mais desamparadas dentre elas ao redor de si. Contudo, a autoridade eclesiástica desconfiava desses apóstolos temerários. Decepcionadas, muitas mulheres escutavam os heresiarcas que lhes estendiam os braços. Logo se impôs preveni-las contra as seduções das seitas, reconduzir ao aprisco as ovelhas desgarradas. Então, os padres começaram a falar delas com mais frequência, alguns chegaram mesmo a falar com elas e por vezes as escutaram. Permanecem vestígios de suas palavras. Eles lançam alguma luz sobre aquilo que busco e que tão mal se vê: como as mulheres eram tratadas naquele tempo.

Não tenho muita ilusão. O que escreveram sobre o cotidiano da existência feminina tampouco revela a verdade franca. Com efeito, são homens que se exprimem afogados em seus preconceitos de homem, forçados, além disso, pela disciplina de sua ordem a manter-se afastados das mulheres, a temê-las. Assim, ainda desta vez, não hei de captar senão uma imagem das damas do século XII. Um reflexo, vacilante, deformado. No entanto, na falta de coisa melhor, lanço mão desses testemunhos. Contribuição última e substancial à investigação que empreendi.

OS PECADOS DAS MULHERES

1

Étienne de Fougères fora capelão de Henrique Plantageneta, um dos padres que oficiavam as liturgias na casa principesca. Servira tão bem a seu poderoso senhor que em 1168 se tornou bispo de Rennes. Foi um bispo bom, consciencioso. Para guiar os homens para o bem, mais especialmente os homens de Igreja a quem se lhes impunha a castidade e que era preciso encorajar na luta contra os próprios desejos, ele escreveu em latim vidas de santos, em particular a de Guillaume Firmat, um exemplo de renúncia às alegrias do corpo. Firmat vivera na mesma região no século precedente: ele também padre, como Abelardo, enriquecera ensinando. Depois, tocado pela graça, escolhera terminar sua vida como eremita na pobreza e nas abstinências. O demônio armou-lhe uma cilada. Para escapar a discípulos devotados demais que o importunavam, o asceta havia se retirado para as profundezas dos bosques. Foi lá que jovens maldosos conceberam lançar-lhe uma moça nos braços. Ela veio uma noite bater à porta de seu retiro: "Abri", disse ela, "estou com medo, os animais vão me devorar". Guillaume a acolheu, avivou as brasas, ofereceu pão. Em troca, ela exibiu seus encantos. O "atleta" aceitou o desafio. Satã o atacava pelo fogo do desejo, ele contra-atacou pelo fogo natural. Com um tição, queimou profundamente sua carne, maravilhando a "puta", que se arrependeu. Vitória sobre si, sobre a concupiscência, vitória sobre o poder feminino, sobre o perigo que vem das mulheres. Para Étienne, a mulher é portadora de mal. O que ele repete com vigor no *Livre des manières* [Livro das maneiras], composto entre 1174 e 1178. Escreveu-o em língua românica, dirigido, portanto, aos membros da corte, aos cavaleiros e às damas.

Esse longo poema — trezentas e trinta e seis estrofes, mil trezentos e quarenta e quatro versos — é, sob forma agradável, um sermão. Ou antes, uma coleção de seis sermões, cada um deles referente a uma categoria social, sublinhando seus defeitos específicos e propondo-lhe um modelo de conduta. De fato, no último quartel do século XII, os pregadores, conscientes da complexidade da sociedade, consideravam bom falar em um tom apropriado aos diversos "estados" que a constituíam. Sem dúvida, uma imagem simples demais de uma sociedade perfeita, conforme ao desígnio do Criador. A imagem das três ordens, padres, guerreiros e trabalhadores convidados a se ajudarem mutuamente mantém-se ainda em pleno centro da obra, na junção de duas partes exatamente equilibradas. Primeiro, todavia, o autor fala dos dominadores, reis, clérigos, cavaleiros. Em seguida, passa aos dominados, camponeses, burgueses e, por fim, às mulheres. Pela primeira vez, no que hoje resta da literatura em língua profana, elas são mostradas formando um *ordo* dotado de moral própria e sujeito às próprias fraquezas. Que são denunciadas aqui com aspereza e vivacidade.

O prelado, de fato, não considera todas as mulheres. Suas funções fazem com que se atenha a velar especialmente pelo topo da sociedade, pelos dirigentes, pelas casas nobres, e é lá que ele fala, aos nobres, não ao povo. Por conseguinte, mantém sob seu olhar as mulheres que habitam as grandes moradas,

> *as damas e as donzelas,*
> *as camareiras, as criadas,*

e quando lhes descreve os pecados femininos, é as damas, apenas, que fustiga. Reinando ao lado de seus maridos na grande sala, não fiando, diz ele, não tecendo — como o fazem então as beguinas, mulheres pertencentes a ordens de irmãs leigas, como o fazia santa Godelive para escapar às tentações —, não tocando em nada, ociosas, elas estão destarte mais expostas que as outras a se perderem. Por outro lado, é prudente morigerá-las em primeiro lugar: na posição eminente que ocupam, são observadas, imitadas. Por elas, o pecado corre o risco de propagar-se. Além do mais, as desordens que seus desvios provocam têm consequências mais graves. Das damas "brotam os ódios"; elas são "sementes de guerra".

Esse homem de Igreja, que as julga, descobre na natureza feminina três vícios maiores. Em primeiro lugar, as mulheres, segundo ele, são levadas a desviar o curso das coisas, portanto, a opor-se às intenções divinas, usando práticas, no mais das vezes culinárias, das quais transmitem mutuamente os segredos. Todas sendo mais ou menos feiticeiras, as damas preparam entre si misturas suspeitas, a começar pelas maquiagens, os unguentos, as pastas depilatórias de que se servem, falseando suas aparências corporais para apresentar-se, enganadoras, diante dos homens.

Putas se fazem donzelas
e feias e enrugadas, belas.

É banal, na época, entre os membros da Igreja, condenar os cosméticos. Estes desagradam a Deus, que, como bem se sabe, proíbe deformar o corpo humano, moldado com suas próprias mãos: pintada "de branco ou de vermelho", ele não reconhece sua criatura. Até aí, porém, a falta é venial. Torna-se muito mais grave quando as damas preparam e distribuem mezinhas para evitar conceber, ou para abortar,

matar o filho dentro de suas filhas
imprudentemente semeadas.

Horrível, enfim, é o pecado das que chegam até a enfeitiçar os homens, que tentam domá-los com encantamentos, sortilégios, com bonecas que aprenderam a modelar na cera ou na argila, para fazê-los definhar "envenenando-os com ervas más", para matá-los. Sendo o primeiro alvo, evidentemente, o marido, seu "senhor".

258

Pois — e essa é a segunda falha — as damas, indóceis, agressivas, são naturalmente hostis a esse macho a quem seu pai, ou irmão, ou filho primogênito as entregou. Não lhe suportam a necessária tutela. Assim, no seio do par conjugal trava-se uma luta, surda, tenaz, cruel. Diante do esposo, que se irrita de a encontrar tão distante quando se dispõe ao amor, a esposa se faz cada vez mais "pesada", mais "renitente", "taciturna" — Étienne, como conhecedor, escolhe com cuidado suas palavras —, "muda". As damas são rebeldes, pérfidas, vingativas e sua primeira vingança é tomar um amante.

Com efeito, o terceiro vício por que sua natureza é afetada — e toca-se neste ponto o fundo de sua malignidade — tem nesse tempo, nessa linguagem, um nome: *lécherie*. É a luxúria. Queima-as um desejo que, fracas demais, custam a dominar. Ele as conduz diretamente ao adultério. Diante do marido que as solicita, fecham-se, reprimindo seu ardor. Em compensação, insatisfeitas, correm atrás dos amantes. Por toda parte. Nas igrejas mergulhadas em sombras, durante esses ofícios noturnos propícios aos encontros furtivos — o conde Jean de Soissons, Guibert de Nogent acusa-o disso, "ali se comprazia em fitar as mulheres bonitas" —, vemo-las à espreita, farejando em busca de prazer. De mãos vazias, na falta de um parceiro de bom sangue, contentam-se com os lacaios, os "moços", fazem-se cobrir por eles como cadelas. Enfim, o fogo que as devora arrasta-as ao "feio pecado", ao pecado "contra a natureza", o mais execrável de todos. A esse respeito, o bispo diverte-se à larga. A diatribe encerra-se, assim, com um buquê de gracejos licenciosos. Em vinte versos, em uma quinzena de metáforas extraídas da linguagem do torneio, da esgrima, da pesca ou da moagem das farinhas, são sugeridos fases e rodeios desse "jogo que as damas descobriram". Despejam-se então todas as palavras de duplo sentido com que se deleitavam os cavaleiros quando imaginavam, entre eles, o que supunham que as mulheres gostavam de fazer entre elas. Tem-se a impressão de ouvi-los rir às gargalhadas no auditório.

Étienne de Fougères é hábil. Para melhor ensinar suas ovelhas, aplica-se em diverti-las. Na verdade, ele é muito sério. Sob a frivolidade e os sarcasmos jaz a advertência, firme, e tudo repousa sobre uma ideia indiscutível, indiscutida: a ideia que os dirigentes da Igreja faziam das mulheres na França do século XII. Eles constatavam. A natureza, julgavam, cavou um fosso profundo entre duas espécies distintas, a masculina e a feminina. Ao longo dessa fratura, instala-se a frente de um implacável combate. São as mulheres que vão ao ataque, dissimuladas, brandindo as armas dos fracos. Contudo, os padres, eles próprios penando para conter seus apetites, situavam na raiz do mal, na fonte de todos os desregramentos das damas, a impetuosa sensualidade por que as supunham naturalmente inflamadas.

2

Étienne não inventou nada além de multiplicar os termos licenciosos de que seu virulento discurso tira sua força. De fato, mergulhou em uma vasta, uma antiquíssima corrente de palavras misóginas. Lembrou-se dos autores latinos que os mestres de gramática e de retórica comentavam em seu tempo nas escolas do Val de Loire. Lembrou-se de Ovídio, da Sexta Sátira de Juvenal, de são Jerônimo. No entanto, o que ele exprime com tanta verve não é uma simples enumeração de lugares-comuns extraídos dos clássicos da Antiguidade romana. Frequentador dos meios corteses, fala certamente por experiência. Assim, para compor as trinta e oito estrofes vituperando as mulheres, adaptando, transpondo para a linguagem dos divertimentos da corte o conteúdo das bibliotecas eclesiásticas, como o faziam na época tantos letrados em resposta à expectativa dos cortesãos — da mesma maneira que o autor do *Roman de Troie* [Romance de Troia], os autores dos *Bestiaires* [Bestiários], os dos *Lapidaires* [Lapidários], os "doutores" que o conde Baudouin de Guînes albergava —, ele abeberou-se diretamente em duas obras que encontrava ao alcance da mão no armário dos livros da residência episcopal. Em primeiro lugar no *Livre des dix chapitres* [Livro dos dez capítulos], escrito meio século antes por um de seus predecessores na sé de Rennes, Marbode. Este, tratando "Da prostituta", desenhara em noventa versos, vigorosamente forjados, um pavoroso perfil da mulher. Ela já era mostrada como inimiga do "gênero masculino", estendendo suas redes por todo lado, suscitando escândalos, rixas, sedições. Traidora — era Eva: "Quem convenceu a provar do que era proibido?" —, briguenta, avara, leviana, ciumenta e, por fim, encimando esse elenco de ruindades, ventre voraz. Marbode retomava aqui a imagem da quimera antiga: uma cabeça, a do leão, meduseia, carniceira; uma cauda, a do dragão, viscosa, semeando a morte, a danação. Mas, entre as duas, ele não colocava um corpo de cabra, colocava uma fornalha, nada mais. O fogo. Incandescência, combustão, devoração. Que ninguém ouse afrontar esse monstro, seus golpes são indefensáveis, é preciso fugir dele a toda pressa.

O *Livre des dix chapitres*, assim como o *Livre des manières*, era um exercício de estilo. Nessas regiões, no século XII, os prelados faziam de bom grado exibição de sua perícia literária em poemas desse gênero, preciosamente elaborados. Inteiramente diversa é a outra obra de que provém, e de maneira muito mais direta, a lição de moral passada por Étienne de Fougères. É também a obra de um bispo, Burchard de Worms. Mas se trata de um estudo bastante austero, de um manual prático de administração, de uma "coleção canônica", como dizem os eruditos. Intitula-se *Decretum* [Doutrina]. Com efeito, aponta para onde está o direito, reunindo, classificando os "cânones", as decisões tomadas ao longo da história nos concílios, nas assembleias de bispos, e as prescrições contidas nesses livros ditos "penitenciais" porque indicavam para cada falta a pena que se presumia resgatá-la. Empenhavam-se havia décadas em compor tais inventários. Estes ajudavam os chefes da Igreja a cumprir uma de suas funções maiores: julgar, definir as infrações a fim de as reprimir, baseando-se na autoridade de seus antecessores, e deste modo assentar solidamente, pouco a pouco, as regras de uma moral. Entre 1007 e 1012, o bispo de Worms dedica-se a esse trabalho. Por esse tempo, na região da grande Lorraine, entre Metz e Colônia, poupada pelas últimas incursões dos pagãos, onde se implantava o culto de Maria Madalena, a penitente, e onde a alta cultura florescia na linha ininterrupta das tradições carolíngias, acelerava-se a depuração do corpo episcopal. Os prelados, judiciosamente recrutados, empreendiam corrigir também os costumes de suas ovelhas. Burchard acumulou as fichas, classificou-as convenientemente, construiu seu *Decretum* para uso próprio e para o de seus amigos. Ele fora monge em Lobbes. Um de seus ex-professores, tornado abade de Gembloux, assim como o bispo de Espira, ambos deram-lhe um apoio incondicional. Em vista dos instrumentos extremamente toscos de que dispunham então os letrados, inclusive para fixar as palavras pela escrita, a amplitude da obra realizada assombra. Seu rigor, sua clareza maravilharam. Ela se impôs. Foi transcrita por toda parte nas dioceses do Império e da metade norte da França. Nessa parte da cristandade, todos os bispos serviram-se dela, durante o século XI e até o fim do século XII, para fazer vir à luz o pecado e dosar equitativamente as punições redentoras.

O *Decretum* apresenta-se como a indispensável ferramenta de uma purificação geral. Dos vinte livros que o compõem, os cinco primeiros tratam do clero e dos sacramentos que ele distribui, isto é, dos agentes desse saneamento necessário. Vem em seguida um catálogo explicativo dos pecados que é preciso extirpar, punindo-os segundo sua gravidade. Eles são classificados em uma ordem lógica que vai das faltas públicas até as mais particulares, partindo (livro VI) do homicídio, terminando (livro XVII) na fornicação. O livro XX, *Liber speculationum* [Livro das indagações], é uma meditação sobre os fins últimos do homem, sobre a morte e sobre o que a ela se segue. O precedente, inteiramente consagrado à penitência, é "chamado *Corrector* [Censor] ou *Medicus* [Médico] porque contém as correções do corpo e as medicinas da alma e ensina aos padres, mesmo aos mais simples, como aliviar cada um, pobre ou rico, criança, jovem ou velho, decrépito, são, enfermo, de todas as idades e dos dois sexos". É uma recapitulação, uma espécie de resumo que, mais manejável, foi muito mais amplamente difundido que o conjunto do tratado. Ali se encontrava para cada pecado a tarifa precisa da penitência pública que convinha ao bispo e a seus delegados infligir. Portanto, o *Corrector* é um penitencial, e o último, o melhor, o coroamento do gênero. Todavia, é mais do que isso, pois não pretende apenas corrigir, mas também cuidar. "Médico da alma", ataca o mal em seus germes, menos útil, por isso, aos juízes que pronunciam a sentença do que ao inquiridor cuja tarefa é perseguir o culpado. De fato, a lista das sanções aparece como o simples complemento de um interrogatório. No século XI, com efeito, as modalidades de administração do sacramento de penitência elaboraram-se lentamente. Os padres deviam ajudar os pecadores a purgar-se inteiramente, devendo, para tanto, submetê-los à tortura, forçá-los à confissão. Desde que o penitente começasse a reconhecer suas faltas, era bom atiçar nele a vergonha, impeli-lo a ir mais longe, a examinar lucidamente o âmago de sua alma. "Talvez, caríssimo, tudo que cometeste não volte à tua memória, vou interrogar-te e tu, presta bem atenção para não ocultar nada por instigação do diabo. E então assim ele interrogará, na ordem." Penitencial à moda antiga, o *Corrector* prefigura na realidade esses manuais que começaram a ser compostos no fim do século XII para os confessores.

O próprio Burchard também havia se inspirado em um modelo. Cem anos antes, na mesma região, Reginon, primeiro abade de Prüm, depois abade de Saint-Martin de Trêves, escrevera, a pedido do bispo Ratbod, que solicitava ser orientado em suas visitas pastorais pela diocese e nas sessões da corte de justiça episcopal, dois livros, *Des causes générales* [Das causas gerais] e *De la discipline ecclésiastique* [Da disciplina eclesiástica]. No segundo, figura um questionário, um interrogatório sobre o pecado. Burchard o considerou tão precioso que o transcreveu integralmente no início do *Decretum*, na parte consagrada aos poderes do bispo. Aqui, no entanto, as perguntas são feitas de maneira completamente diferente. Não pelo padre ao pecador contrito, mas pelo bispo a sete homens escolhidos em cada paróquia, sete jurados, "maduros, de bons costumes e verazes". Eles estão em pé diante do prelado. Este os adverte: "Não ides prestar juramento diante de um homem, mas diante de Deus, vosso criador [...]. Permanecei atentos de forma a não ocultar nada, de modo a não vir a ser condenados pelo pecado dos outros". O pecado dos outros, com efeito, não o deles. Não se espera deles que escrutem a própria consciência e confessem suas fraquezas. Devem revelar tudo o que sabem, o que viram e escutaram das faltas cometidas à sua volta, na comunidade popular. O bispo agora os interroga: "Há nesta paróquia um homicida? um parricida? [...] Não há alguém que tenha ousado cantar em volta da igreja essas canções más que fazem rir?". Sucedem-se assim noventa e nove questões que vão, elas também, dos crimes mais patentes, os crimes de sangue, pelos quais a população inteira é maculada, aos delitos sexuais muito íntimos e pequenos gestos de desrespeito em relação ao sagrado. Trata-se de um procedimento de *inquisitio* tal como o poder público empreendia periodicamente para restabelecer, para manter a paz.

Um tal documento revela os primeiros progressos de um movimento que foi de grande consequência na história de nossa cultura. Vê-se no começo do século X a ala mais atuante da Igreja regular seus procedimentos de controle e de dominação. Vemo-la infiltrando-se, insinuando-se no seio do povo fiel por intermédio de emissários juramentados, encarregados, sem levar em conta "nem amor, nem temor, reconhecimento, ou afeição familiar", de detectar, de olho aberto, ouvido atento, os menores indícios do que ela define como pecado. Vemo-la assim tornar mais estrita, e de forma abrangente, a sua influência sobre a conduta dos leigos. É um primeiro passo. Um século mais tarde, no tempo de Burchard, a ferramenta aperfeiçoou-se consideravelmente. O padre já dialoga, frente a frente, em particular, com o paroquiano. O bispo delegou-lhe seu poder de vigiar e de punir, recomendando-lhe "ter grande discrição, distinguir entre o que pecou publicamente e fez penitência pública e o que pecou secretamente e por si próprio confessa". A Igreja está em condição, doravante, de reger o íntimo. Mergulhando seu olhar bem além do que os inquiridores do século X eram capazes de descobrir, põe sob seu jugo gestos e pensamentos que até então ninguém considerava culpados, e que, ao nomeá-los e descrevê-los, ela metamorfoseia em delitos, ampliando assim indefinidamente o campo da ansiedade, desse medo do inferno que leva a curvar-se diante dela. Inovação capital, acompanhada de uma segunda, não menos prenhe de consequência: Burchard de Worms convida o padre a interrogar diretamente as mulheres. Depois de ter enunciado cento e quarenta e oito questões, o *Medicus* adverte: "Se as perguntas acima são comuns às mulheres e aos homens, as seguintes referem-se especialmente às mulheres".

A primeira vem na continuação do interrogatório comum. É uma questão relativa à "incredulidade": "Fizeste o que têm costume de fazer algumas mulheres em certas estações? Preparaste em tua casa a mesa, os alimentos, a bebida e puseste três facas sobre a mesa para que as três irmãs, que os antigos chamavam Parcas, possam eventualmente se restaurar? Assim tiraste poder da bondade de Deus e de seu nome para o transferir ao diabo? Creste que as três irmãs, como dizes, poderiam te ser úteis agora ou mais tarde?". Então o interrogatório passa imediatamente ao essencial, ao pecado feminino por excelência, a luxúria, a busca do prazer. Seguem-se antes de tudo cinco perguntas sobre esse prazer que as mulheres têm longe dos homens, no segredo do "quarto das damas". O *Decretum* não é, como o *Livre des manières*, um sermão divertido. Essa obra fria não se embaraça com perífrases. Emprega as palavras próprias e toca o ponto sensível. "Fizeste o que certas mulheres têm costume de fazer, fabricaste uma certa máquina [*machinamentum*: a palavra, em latim clássico, designava os engenhos de ataque empregados pelo exército romano, aríetes, balistas ou catapultas] do tamanho que te convém, uniste-a ao lugar de teu sexo ou ao de uma companheira e fornicaste com outras más mulheres ou outras contigo, com esse instrumento ou um outro?" Ou então, tu te serviste dele para "fornicar contigo mesma"? Ou ainda, fizeste como essas mulheres que, "para extinguir o desejo que as atormenta, juntam-se como se pudessem unir-se"? "Fornicaste com teu menino, quero dizer, puseste-o sobre teu sexo e imitaste assim a fornicação?" "Tu te ofereceste a um animal, provocaste-o, por algum artifício, ao coito?" Um pouco mais adiante, o confessor interessa-se novamente pelo prazer, por aquele, mais lícito, que os esposos se concedem mutuamente. As damas, com efeito, jamais saciadas, não se esmeram em ampliá-lo malignamente, atiçando por diversos procedimentos os ardores do marido? "Provaste da semente de teu homem para que ele arda mais de amor por ti?" Com o mesmo objetivo, misturaste ao que ele bebe, ao que come, diabólicos e repugnantes afrodisíacos, pequenos peixes que fizeste marinar em teu regaço, esse pão cuja massa foi amassada sobre tuas nádegas nuas, ou então um pouco do sangue de teus mênstruos, ou ainda uma pitada das cinzas de um testículo torrado? Enfim, não é da natureza das mulheres favorecer a devassidão e tirar do uso do sexo não apenas prazer, mas também proveito? "Exerceste o proxenetismo, teu ou de outras? Quero dizer, vendeste, como as putas, teu corpo a amantes para que dele desfrutassem? Ou, o que é mais perverso e condenável, o corpo de uma outra, quero dizer, tua filha ou tua neta, uma outra cristã? Ou o alugaste? Bancaste a alcoviteira?"

As mulheres desfrutam de seu corpo. Estão acostumadas também a brincar com a morte, e em primeiro lugar com a de seu filho. Desde a sétima pergunta, o confessor preocupa-se com isso: "Fizeste o que certas mulheres têm o hábito de fazer, quando fornicaram e querem matar sua ninhada? Elas agem para expulsar o feto da matriz, seja por malefícios, seja por ervas. Assim, matam e expulsam o feto, ou, se ainda não conceberam, fazem o que é preciso para não conceber". No entanto, o "médico da alma", mais sábio que Reginon de Prüm, convida a distinguir bem: "É por pobreza, por dificuldade em alimentar o filho, ou por fornicação e para ocultar o pecado?". Da mesma maneira, considera a falta menos grave se o embrião é destruído antes de ter "sido vivificado", antes que tenha "recebido o espírito", que se o tenha sentido mexer. Mais culpada, em compensação, é a que ensina a uma amiga como se sair disso. Depois do nascimento, o filho não está fora de perigo. "Mataste voluntariamente teu filho ou tua filha?" Ou então, "negligente, tu o deixaste morrer?". Deixaste-o muito perto de um caldeirão de água fervente? "Sufocaste teu filho sem querer com o peso de tuas roupas [...]? Encontraste-o sufocado perto de ti na cama onde te deitas com teu homem? Não se pode dizer se ele foi sufocado pelo pai ou por ti, ou se morreu de morte natural, mas não deves ficar tranquila nem sem penitência." Pois a mulher é frequentemente desmiolada e cabe-lhe "vigiar o filho até sete anos".

Com efeito, até essa idade, seu rebento lhe pertence plenamente, e não aos homens. É coisa sua. Portanto, é preciso vigiá-la de perto. A mulher tende a entregar-se a manobras inquietantes em relação a ele. Assim, quando ele grita muito alto, ela o faz passar por um buraco, parecendo disposta, por meio desse rito de passagem, a trocá-lo, oferecê-lo às forças más em troca de um outro, menos insuportável. Contudo, é à maneira pela qual os filhos muito pequenos são sepultados que o padre deve prestar uma atenção particular. Natimortos, ou mortos sem batismo, "trespassou-se com uma estaca seu pequeno corpo" (pois senão, dizem as mulheres, "eles ressuscitariam e poderiam prejudicar a muitos")? Mortos batizados, colocou-se "em sua mão direita uma patena de cera com hóstias, na esquerda, um cálice de vinho"?

Desse poder que se lhes reconhece sobre os mortos, sobre a morte, não abusam as mulheres, comprometidas que estão com uma guerra ininterrupta contra o outro sexo? Daí a décima segunda pergunta: "Preparaste um veneno mortífero e mataste um homem com esse veneno? Ou então apenas quiseste fazê-lo?". Matar ou, quando menos, enfraquecer por encantamento, aniquilar a virilidade, as faculdades geradoras. "Fizeste o que fazem certas mulheres adúlteras: assim que descobrem que seu amante vai tomar uma mulher legítima, extinguem o desejo do homem por arte maléfica para que ele seja impotente diante de sua esposa e não possa se unir a ela?" "Besuntaste teu corpo nu de mel, puseste trigo sobre um pano no chão, rolaste de todos os lados, recolheste com cuidado todos os grãos colados a teu corpo, moeste-os, girando a mó no sentido inverso ao do sol, fizeste um pão da farinha para teu marido com o intuito de que ele enfraquecesse?" Ou, ainda, essa fantasmagoria em que se exprime de modo selvagem a agressividade das mulheres, sua hostilidade fundamental para com a espécie masculina: "Enquanto repousas em tua cama, teu marido deitado contra teu seio, no silêncio da noite, portas fechadas, crês poder sair corporalmente, percorrer os espaços terrestres com outras mulheres, vítimas do mesmo erro, e matar sem armas visíveis os homens batizados e resgatados pelo sangue do Cristo, depois comer juntas sua carne cozida, colocar no lugar de seu coração palha, madeira ou outra coisa, e, depois de os ter assim comido, fazê-los novamente vivos, concedendo-lhes como que uma trégua?".

O confessor lança-se aqui a esse último aspecto da perversidade feminina, a feitiçaria, e multiplicam-se as perguntas quanto às cavalgadas, aos torneios noturnos, ao uso desses talismãs que fazem desviar o julgamento de Deus, aos sortilégios pelos quais as mulheres dizem estender seu poder sobre os animais domésticos, sobre o leite, o mel da vizinha, ou então agir por feitiço sobre a sorte de outrem. E o questionário termina pela evocação de um cortejo de meninas. Uma donzela, inteiramente nua, as leva para o riacho; conduzida pelas matronas da aldeia, ela antes foi colher com o mindinho da mão direita um raminho de meimendro, atou-o ao dedinho do pé direito; suas companheiras a aspergem com água, depois recuam "à maneira dos caranguejos". "Assim, por seus sortilégios, as mulheres esperam ter a chuva." Antes foram passadas em revista diversas faltas para com a disciplina eclesiástica, das quais as mulheres, levianas, tagarelas, negligentes, mostram-se comumente culpadas.

Tenho dificuldade em imaginar o bispo Burchard transpondo a parede opaca que cerca o universo feminino e informando-se ele próprio com as comadres sobre o modo de usar um consolo de viúva ou sobre as múltiplas receitas capazes de despertar o ardor dos machos. De fato, ele tirou suas informações de textos anteriores e, muito precisamente, de Reginon de Prüm. Três quartos das quarenta e uma perguntas já apareciam, diferentemente formuladas, na obra do abade.

Quando este imaginava seu bispo interrogando os sete jurados encarregados de vigiar os costumes na paróquia, todas as perguntas que ele punha em sua boca eram no masculino: "Há algum (*aliquis*) que...?". De fato, ele bem sabia que os inquiridores dificilmente penetravam no interior dos recintos domésticos onde se mantinham enclausuradas as mulheres, que deveriam tirar a maior parte de suas informações de seus vizinhos mais acessíveis, os que agem em público, às claras, os homens. No entanto, o interrogatório refere-se aos dois sexos ("Há algum ou alguma [*aliqua*]?") a propósito de quatro categorias de faltas: o recurso aos sortilégios ("Fez-se ou ensinou-se a fazer com que o marido não possa gerar nem a mulher conceber?"); o adultério; a fornicação; a negligência em relação aos filhos: "Sufocou-se sem querer o próprio filho? Doente, deixou-se que morresse sem batismo?". Enfim, por oito vezes, só as mulheres são presumivelmente culpadas do delito. Trata-se, basicamente, de quatro espécies de assassínios: o aborto, evidentemente; o infanticídio (supõe-se então que o cadáver do filho, *a priori* considerado como fruto de cópulas ilegítimas, esteja oculto na terra ou na água); o assassínio do marido "por ervas venenosas ou bebidas mortíferas" (o da mulher, observemos, também é punido, mas o é apenas se o esposo não pôde provar *qu'elle avait la cuisse légère**); assassínio, enfim, da criada (é o chefe da casa que normalmente mata os escravos masculinos, e a dona da casa, as moças de serviço, não agindo, desta vez, por veneno, insidiosamente, como para suprimir os homens, mais fortes do que ela, mas servindo-se aqui de suas próprias mãos, como para os filhos recém-nascidos). Como se pode ver claramente, a mulher inquieta os homens, em primeiro lugar, por ser portadora de morte. Um filho morre, nascido ou por nascer, só pode ser a mãe; descobre-se de manhã um marido morto em sua cama, só pode ser a esposa, por drogas misteriosas cujas receitas ela conhece. Vem em seguida a sexualidade. Mas aqui apenas duas das vinte e uma perguntas referem-se especialmente às maquinações das mulheres (Conhece-se quem tenha abandonado o marido para ligar-se a um outro homem? Quem tenha vendido seu corpo ou o de outras mulheres?) e duas, enfim, entre as dezesseis na quarta seção, "dos feiticeiros e dos que lançam mau-olhado". Uma é muito geral: "Há alguma mulher que se gabe de poder, por malefício ou encantamento, mudar o espírito dos homens, fazendo-o mover-se do ódio ao amor ou de amor a ódio, ou então, causar dano, subtrair o que pertence aos homens? E se se encontra alguma que diz cavalgar certas noites em companhia de uma multidão de demônios de aparência feminina [...] é preciso varrê-la por todos os meios para fora da paróquia" (todos os meios: imaginemos!). A outra falta seria antes de natureza profissional: enquanto tecem lãs ou tecidos, não as ouviram murmurar fórmulas mágicas? Tal repartição das perguntas formuladas por Reginon entre os dois sexos mostra, bem enraizada desde o começo do século X, cem anos antes

---

* A expressão *avoir la cuisse légère* significa que uma mulher é dada a aventuras extraconjugais, literalmente, "tem a coxa ligeira". A mesma palavra *cuisse*, coxa, mais precisamente uma derivação, comparece na expressão *droit de cuissage*, figura do direito consuetudinário feudal francês (em latim, *jus primae noctis*) que reserva ao senhor feudal o direito à primeira noite com as mulheres sob sua jurisdição. (N. E.)

da empresa de Burchard de Worms, a ideia de que a natureza das mulheres leva-as a pecar de uma certa maneira. Essa ideia, aliás, vinha de mais longe: os clérigos e os monges carolíngios que compuseram penitenciais, Théodore, Raban Maur, Théodulf, bispo de Orléans, compartilhavam-na. Mas, de fato, Burchard foi o primeiro a selecionar, distinguir e separar esses pecados, chegando inclusive a definir pecados novos.

Compôs dois grupos a partir das questões que encontrara em Reginon. No primeiro incluiu aquelas, diz ele, "comuns aos dois sexos". Não nos enganemos: elas são de fato dirigidas aos homens. Nota-se que dobrou o número das perguntas referentes à sexualidade e ao comércio com as forças demoníacas — o que se explica, pois o inquiridor não é aqui um dos paroquianos, é o padre que, não se limitando ao que é exibido ostensivamente, deve, na intimidade de um diálogo com o penitente, levar a investigação muito mais longe, até o íntimo, ao mais tenebroso recesso dessas almas das quais é importante cuidar e que é preciso submeter. O surpreendente é que ele não prescreve ao padre dirigir-se diretamente às mulheres, quando ninguém duvidava de que elas reinavam sobre esses dois campos da culpabilidade, o sexual e o mágico. Seus predecessores sabiam que as crenças e as práticas más que se esforçavam por extirpar colocavam-se sob a invocação de potências femininas, fossem elas Diana, a feiticeira Holda, ou "as que os imbecis chamam Parcas"; eles escutavam as encantações das mulheres por ocasião dos funerais ou durante os trabalhos domésticos, e eram mãos de mulheres, eles bem o sabiam, que atavam o cinto dos mortos de uma certa maneira com o intuito de prejudicar a outrem, que batiam os pentes de cardar lã no caixão, lançavam baldes de água sob a maca antes da partida para o cemitério. Burchard o sabia também, mas isso não o impede de interrogar em separado o macho. Sem dúvida, não lhe pergunta: "Fizeste tal coisa?". O homem não é o protagonista. Mas ele o incita: "Estavas presente? Permitiste?". Ouviste, na oficina do gineceu, as tecelãs murmurar fórmulas mágicas? Creste que as mulheres são capazes de transmutar em amor o ódio daquele que desejam ardentemente, de participar à noite das cavalgadas demoníacas? Protestaste quando elas realizavam em torno dos catafalcos os gestos que a Igreja proíbe? Crês que existam "essas mulheres selvagens chamadas silvanas sobre as quais se conta que se mostram quando querem seus amantes, dão-se ao prazer com eles, depois se ocultam e desaparecem? Crês que, quando nasce uma criança, essas fadas possam fazer dela o que querem?". Da mesma maneira, tudo que se refere ao repúdio, ao adultério, à fornicação, à sodomia, às carícias impudicas, tudo está no masculino, e, quanto às posturas sexuais proibidas, quanto aos momentos em que é proibido "dormir juntos", é sobre o marido, apenas sobre este que pesa a suspeita de "abusar assim de sua esposa". A convicção de que a mulher, muito ardente, pervertida, incita ao pecado da carne é entretanto tão poderosa que apenas uma vez, mas uma só, uma mulher é mostrada tomando a iniciativa: trata-se da irmã da esposa que se insinuou furtivamente no leito conjugal. Ainda assim, apenas com o intuito de inocentar o esposo: mostrar que cometeu incesto involuntariamente.

Por que atribuir assim ao homem a responsabilidade? Por duas razões. Em primeiro lugar porque, por natureza, as mulheres são passivas, especialmente nos gestos do amor. São objetos que os machos, jovens ou velhos, espreitam, dobram à sua vontade, com os quais brincam. "Espiaste mulheres no banho, nuas? Acariciaste o seio das mulheres? Manipulaste sua vergonha?" A ele as perguntas são feitas. Pecadora, a mulher o é apenas quando sai de seu papel, conseguindo ela própria seu prazer. Quando se faz de homem. Ou então quando ousa, ela que Deus quis terna, *inermis*, desarmada, posta sob a proteção masculina, forjar suas próprias armas, as poções, os encantamentos, os sortilégios. Quando desafia o poder masculino, *irrationabiliter*, fora do razoável, do campo das relações sociais ordenadas, claras, quando age longe do olhar do esposo nessa área que lhe é deixada no recanto mais escuro da morada, onde, entre si, damas e aias cuidam das crianças pequenas, preparam os mortos para a entrada no além, sonham com desforra, tro-

272

cam seus segredos e suas carícias. Por outro lado, e essa é a principal razão, o homem é o chefe da mulher. É responsável pelos atos e pensamentos daquela que desposou. Seu dever é proibir o que a vê fazer abertamente, o que a escuta dizer abertamente e que desagrada a Deus. E se outras mulheres na casa, suas filhas, suas irmãs e até as criadas da cozinha, repetem em coro os refrões que a Igreja reprova, ele, de porrete na mão, deve fechar-lhes a boca. Portanto, todas as perguntas referentes a sortilégios, adivinhação, conivência com os demônios, bem como as relativas às práticas sexuais que os padres proíbem ao casal, lhe são feitas. Não a elas. Irresponsáveis.

Pois ele é seu "amo e senhor". Elas lhe são submissas e, ao longo de todo o *Decretum*, muitas referências aos textos conciliares vêm apoiar esse postulado. Valho-me de dois deles. No livro XI, Burchard transcreveu os termos do juramento que o marido e sua cônjuge eram chamados a prestar quando o bispo os havia reconciliado. O homem diz simplesmente: "Eu a conservarei de agora em diante, como um marido segundo o direito deve conservar sua mulher, prezando-a, e [eu destaco] *na disciplina requerida*; não mais me separarei dela e não tomarei uma outra enquanto ela viver". A mulher fala mais demoradamente, porque se compromete mais. "De agora em diante, eu o conservarei e o enlaçarei [essa é a postura que convém à boa esposa, carinhosa, consoladora, alegre, dócil Tétis aos pés de um Júpiter de bronze, imperioso] e lhe serei *submissa*, *obediente*, *serviçal* [devo traduzir por servil?], em amor e *em temor*, como, de acordo com o direito, a esposa deve estar submetida ao marido. Não me separarei mais dele e, enquanto viver, não me ligarei a um outro homem por casamento ou adultério." Do lado feminino, a sujeição, o tremor, a vergonha; desse lado, e apenas desse lado, o adultério e as terríveis sanções que o castigam. O outro texto (livro VIII) lembra que as mulheres não devem aparecer nas assembleias públicas para as quais não são convocadas, que certamente têm o direito de falar, de debater, mas entre si, sobre seus próprios assuntos de mulheres, e nessa parte da casa de onde saem raramente, e sempre acompanhadas. Ora, justamente, é lá, nesses esconsos, que as mulheres agem, e nem sempre agem bem. O chefe da casa não poderia ser considerado responsável pelas faltas delas. Ele pouco penetra nesse espaço tenebroso, e, quando o faz, se defronta apenas com o silêncio, não vê nada. Deus, sim, vê tudo. Os padres — e os "mais simples" —, que ocupam o lugar de Deus, devem ver tudo. Substituem o marido, o pai, o irmão. Eis por que quarenta e uma perguntas particulares foram acrescentadas às quarenta e oito primeiras. Elas mostram ao confessor onde o pecado se esconde. Ensinam-lhe as palavras capazes de o fazer surgir. Por fim, pois o *Corrector* é também um penitencial, ele fixa para cada falta o montante do castigo suscetível de satisfazer ao Deus juiz.

Na época, o pecado era resgatado por uma punição corporal que evidenciava a falta exteriormente por uma maneira de comportar-se e de vestir-se. Essa punição durava mais ou menos tempo segundo a gravidade da falta. A escala das sanções parece construída sobre a pena infligida ao homicídio: sete anos. De fato, Reginon e Burchard julgaram bom, um e outro, recopiar a decisão de um concílio realizado em Tribur em 895 que descreve minuciosamente as renúncias que a Igreja impunha ao culpado. "Em primeiro lugar, que ele não tenha o direito de entrar em uma igreja durante os quarenta dias seguintes. Que seja obrigado a caminhar descalço, sem se servir de veículo. Que esteja vestido de lã e sem calções [trata-se de homicídio público, portanto de um crime masculino, e é do traje masculino que se fala aqui], sem armas. Durante esses quarenta dias não consumirá nada a não ser pão, sal e água pura. Nunca beberá e comerá em companhia de outros cristãos, nem de outros penitentes, enquanto os quarenta dias não tiverem se escoado; ninguém, em suma, partilhará de seu alimento. Em consideração à sua qualidade e ao estado de sua saúde poderá ser-lhe permitido, por misericórdia, ingerir frutas, ervas e legumes, em particular se cometeu o homicídio não de moto próprio, mas forçado. De todo modo, a autoridade canônica proíbe-lhe unir-se a qualquer mulher nesse período, aproximar-se de sua esposa ou dormir com um homem. Que se veja obrigado, por sua falta, a manter-se perto de uma igreja, dia e noite, à sua porta, sem perambular por ali e acolá, mas permanecendo em um único lugar. Se for ameaçado de morte, a penitência será adiada enquanto o bispo não houver restabelecido a paz entre ele e seus inimigos. Se o atacar uma doença que o impeça de fazer convenientemente a penitência, esta será adiada até sua cura. Em caso de doença longa, o bispo decidirá como curar o pecador e o doente. Passado este prazo, banhado em muita água [como se lava o corpo do recém-nascido no começo de uma vida nova, como se lava o corpo do defunto, como se lavará, no século XII, o do futuro cavaleiro], ele retomará suas roupas e seus calções e cortará os cabelos. Durante todo o primeiro ano, depois dessa quaresma, abster-se-á de vinho, de hidromel, de cerveja, de carne, de queijo e de peixe gordo, salvo nos dias de festa e nos casos de fazer uma viagem longa, de juntar-se ao exército ou à corte, ou de cair doente. Nessas situações, poderá resgatar a abstinência da quarta-feira, da sexta e do sábado, dando todo dia uma moeda, ou alimentando três pobres até que volte para sua casa, ou venha a ficar curado. Ao fim desse ano, ele entrará na igreja e lhe será dado o beijo de paz." Mesmas obrigações durante o segundo e o terceiro ano. Durante os quatro anos seguintes, o pecador jejuará apenas durante três quaresmas: antes da Páscoa, em torno do dia de são João e antes do Natal. "Ao fim, ele receberá a santa comunhão."

Amplia-se desmesuradamente o leque das penas prometidas às pecadoras, entre três dias de privações e dez anos. Alguns dias apenas a pão e água por ter trabalhado no domingo, tagarelado na igreja, negligenciado os doentes. Um pouco mais, uma quarentena, uma "quaresma", para as que atam as agulhetas do amante infiel ou que exaurem a excessiva potência do esposo por meio de misturas. De um ano (o onanismo) a cinco ou seis (servir-se da "máquina" fálica, vender-se ou vender outras mulheres), escalonam-se as punições muito mais severas que castigam a negligência em relação aos filhos pequenos, as diversas maneiras de encantar e de ter prazer entre si. Seis pecados são reprimidos tão severamente quanto o homicídio: envenenar, opor-se ao julgamento de Deus por talismãs, ensinar as práticas abortivas, entregar-se ao mais abjeto dos desvios sexuais, a bestialidade, beber o esperma do marido, incluindo ainda aquele sonho, o de ir-se à noite para aquelas paragens estranhas onde se assa o coração dos homens. Enfim, para além da barreira dos sete anos, abortar e matar um homem. Essa tabela refletiria fielmente o julgamento que os padres faziam nesse tempo sobre os graus sucessivos da culpabilidade feminina? Seria imprudente crer nisso. Não foi Burchard que a edificou de próprio punho. Respeitador das autoridades, recopiou, para cada pecado, a tarifa imposta por prescrições anteriores que estavam dispersas, de todas as idades e de todas as proveniências, chegando algumas vezes a ajustá-las, mas raramente. Dois fatos, no entanto, se destacam. A vontade, primordial, de impedir as mulheres de atentar contra a vida (mas também, observemos, de apropriar-se dos germes dessa vida, da semente, da força viril em sua fonte); comparados à transgressão de se atentar contra a vida, abusar do próprio corpo ou praticar a magia eram delitos considerados menos graves. Mais notável ainda é, no que se refere às "superstições" e à sexualidade, a disparidade flagrante entre as duas partes do questionário. Do lado das mulheres, rigor. Moderação, surpreendente indulgência do lado dos homens. Não mais que alguns dias de penitência para aquele que crê nas fadas, nos presságios, que se deita com uma mulher com quem não mantém nenhum vínculo, usa uma "máquina" para masturbar-se, acaricia um outro homem. Ao passo que de três a cinco anos de lamentações públicas, de jejum, de penosíssimas abstinências são necessários para resgatar a falta das lésbicas ou dessas desmioladas que se veem cavalgando à noite em companhia de diabas.

Isso faz pensar que o código, construído por homens, o foi como uma arma defensiva. Quando condena, muito severamente, e não apenas como uma intolerável afirmação de independência, mas como uma inversão ainda mais execrável da ordem natural que reserva aos homens a posição ativa e dominante no amor, as brincadeiras homossexuais femininas ou en-

276

tão essas relações que as mulheres mantêm com Diana, com as Parcas, com as outras mulheres que as ajudam a armar suas ciladas, ou, então, ainda, com as feiticeiras que, como o senhor a seus cavaleiros, arrastam seus vassalos em cavalgadas fantasmagóricas, não estaria o código repressivo incriminando tudo o que reforça a coesão do campo adversário, as bases de sua resistência à dominação dos machos? Além do mais, ele visa inutilizar nas mãos das mulheres os instrumentos de suas agressões.

Nesse tempo, os homens temiam esse arsenal misterioso, debilitante, mortífero. Os padres os proibiam de crer na virtude das beberagens e dos malefícios. Os próprios padres acreditavam nela, assim como todos os homens. Se sentissem sua força decrescer, era, tinham certeza disso, o efeito dos filtros, das tisanas, desses excitantes que levam a fazer o amor de forma selvagem. Será que eram tão raros assim os que, no momento de adormecer, estremeciam à ideia de que a dama, aparentemente inofensiva, repousando ao lado deles, bem poderia durante o sono tomar-lhes o coração em suas garras e pôr no lugar dele um punhado de feno? Em vista disso, os maridos não se opunham a que a esposa comparecesse sozinha diante de um juiz que não eles próprios. Talvez ela lhe dissesse mais, confessasse torpezas obstinadamente dissimuladas. A mulher assim interrogada encontrava-se, com efeito, triplamente vulnerável. Pelo fato de o juiz ser um homem, portanto, seu superior natural; por não ser seu esposo, ela se via impedida de enlaçá-lo, enternecê-lo, aplacá-lo, enganá-lo com adocicadas promessas; por ser um padre, era, em princípio, nessa qualidade, insensível aos poderes femininos de sedução.

Convidar as mulheres, pelo menos as mais nobres, a confiar--se a um homem de Igreja era tratá-las como pessoas, capazes de corrigir a si mesmas. Mas era também capturá-las. A Igreja as apanhava em suas redes. No limiar do segundo milênio, na época em que Burchard de Worms trabalhava, um acontecimento de importância considerável produziu-se na Europa. Modificando as relações entre masculino e feminino, marcou profundamente o conjunto da cultura europeia, e suas repercussões não estão hoje inteiramente amortecidas. De longe a instituição mais poderosa de todas, tanto mais forte quanto mais expurgava seu pessoal e livrava-se de toda influência, a Igreja decidiu colocar a sexualidade sob seu estrito controle. Estava, então, dominada pelo espírito monástico. A maior parte de seus dirigentes, e os mais empreendedores, eram ex-monges. Os monges acreditavam-se anjos. Como estes, pretendiam não ter sexo e vangloriavam-se de sua virgindade, professando o horror à mácula sexual. Por conseguinte, a Igreja dividiu os homens em dois grupos. Aos servidores de Deus, proíbe servir-se de seu sexo; permite-o aos outros nas condições draconianas que decretou.

Restavam as mulheres, o perigo, já que tudo girava em torno delas. A Igreja decidiu subjugá-las. Com esse fim, definiu claramente os pecados de que as mulheres, por sua constituição, tornavam-se culpadas. No momento em que Burchard compunha a lista dessas faltas específicas, a autoridade eclesiástica acentuava seu esforço para reger a instituição matrimonial. Impor uma moral do casamento, dirigir a consciência das mulheres: mesmo projeto, mesmo combate. Ele foi longo. Acabou por transferir aos padres o poder dos pais de entregar a mão de sua filha a um genro, e por interpor um confessor entre o marido e sua esposa.

A Igreja já teria compreendido que o meio mais seguro de conter os homens é apropriar-se da ascendência que exercem sobre o outro sexo? Teria avaliado o risco de despertar no espírito dos machos a desconfiança, o ciúme, a hostilidade em relação ao intruso, de atiçar esse anticlericalismo profundo cujas manifestações mais precoces revelam-se nos documentos um século e meio mais tarde?

3

Cento e setenta anos mais tarde, a palavra caberá ao bispo de Rennes. Ele se mantém claramente no campo dos maridos. Esses homens poderosos, reputados sensatos, que dão o exemplo e vigiam a educação dos meninos mais novos, são os primeiros destinatários do *Livre des manières*, e é por isso que as mulheres, cujas fraquezas o sermão denuncia, são mulheres casadas, damas. Étienne de Fougères está certo de conseguir a adesão dos chefes de família se rir com eles dos secretos prazeres femininos, se insistir nos perigos que se corre ao fiar-se cegamente na própria esposa. Para agradá-los, releu, então, Burchard. Pouco se afasta dele. Adapta-o, porém. Em seu tempo, os maridos sempre receavam ser enfeitiçados, desvirilizados pela esposa. Mas temiam igualmente sua indocilidade, seus humores. Sobretudo, tinham medo de que ela os enganasse. O que constitui uma primeira diferença entre o *Livre des manières* e o *Decretum*. Este evocava a fornicação, o adultério, apenas no questionário comum. O esposo era considerado o único responsável por eles. No fim do século XII — não é esse um dos aspectos, e dos mais claros, da "promoção" de que as mulheres nesse tempo teriam sido objeto? — já não se considera que nessas questões a mulher seja passiva. Ela age. *Amor* a move, o apetite de gozar. Entrementes, com efeito, a alta sociedade acostumou-se aos jogos do amor que se diz cortês. O sucesso desse divertimento é evidente durante os anos em que Étienne de Fougères compôs sua diatribe. No verso 1059, a palavra *jovente*, o *joven* dos trovadores, vem naturalmente à sua pena imediatamente depois da palavra *amor*. Nesse jogo, está convencionado que o amante inflama-se à visão da bela. O que leva a dama a cuidar de sua aparência. Responsável pela falta, ela já o é desde o momento em que se atavia para provocar, atrair o olhar dos machos, servindo-se de todos os enfeites de que o mundo das cortes, tornado muito menos tosco, passou a fazer uso, tecidos preciosos, perfumes. Também as misturas pouco estimulantes de que o *Medicus* acusava as esposas de servir-se para atiçar os ardores de seu cônjuge dão lugar às pinturas, às pomadas, a todos os artifícios empregados pelas mulheres para valorizar o corpo, para mascarar-lhe os defeitos, o desgaste. Por outro lado, o homem que se trata de excitar não é mais o marido, é o amante. Ativa, portanto, culpada, a dama não o é apenas quando brinca "contra a natureza" com suas amigas ou com seu filho pequeno, mas também quando se põe a dar escapadas. No *Livre des manières*, a verdade do amor à maneira cortês revela-se. A dama eleita não é um simples joguete do desejo. Deseja também. Longe de repelir as mãos que se insinuam sob seu manto, toma a iniciativa, entra na caça.

Outra diferença: depois do negro, Étienne de Fougères mostra o branco. Segue aqui Marbode que, no *Livre des dix chapitres*, justapusera ao capítulo III, "Da prostituta", o quarto, "Da matrona". A apologia sucede, assim, à acusação. Muito mais insípida, evidentemente, como o são as descrições do Paraíso em face das do Inferno. Mais uma vez, a mulher aqui descrita é uma dama. É pelo casamento, com efeito, que a mulher desse tempo tem acesso à existência social. Antes, ela não é nada: "mesquinha", esse termo que nos ficou designava a moça no século XII. É também o casamento que, pela vileza da esposa, *amor*, fermento da desordem, vem a se desagregar. É, enfim, no quadro do casamento que a moral ensina a servir-se convenientemente de um corpo feminino. A célula conjugal é de fato o campo fechado em que os dois sexos guerreiam. Mas é também o jardim em que se cultivam as virtudes próprias à "ordem das mulheres", essa espécie de congregação, semelhante à ordem dos cavaleiros, à dos padres, à dos trabalhadores, que a Igreja, em sua concepção de uma sociedade equilibrada, pretende colocar sob seu controle.

No ritual do casamento, em seus gestos, em suas fórmulas, exprimiam-se claramente as obrigações da mulher. Étienne de Fougères, celebrando a esposa exemplar, relembra-as: ela deve amar, servir e aconselhar o homem a quem foi entregue, lealmente, sem mentir. São exatamente esses os deveres do vassalo em relação a seu senhor. Em troca, como o vassalo, a mulher espera proteção, assistência. O casamento, garantia da ordem social, subordina a mulher ao robusto poder masculino. Completamente submissa, prosternada, dócil, a esposa torna-se o "ornamento" de seu amo.

Ela constitui também seu prazer. Três vezes a palavra *alegria* vem repetida no poema. Alegria, na linguagem do romance, corresponde a *gaudium*, o termo latino que os clérigos jamais deixavam de usar quando deviam descrever uma cerimônia nupcial, pois essa palavra despertava a ideia do contentamento que sentem dois seres humanos ao se unirem sexualmente. Essa mesma palavra, *alegria*, os membros da corte de Henrique Plantageneta, poliglotas em sua maioria, identificavam espontaneamente à palavra *joi*, que também evocava gozo, dos cantos de amor em língua d'oc. Sem dúvida, é de fato nos prazeres do corpo que o bispo de Rennes pensa. Um prazer partilhado? De início, seria possível acreditar que sim. No verso 1173, o poema diz: "alegria se dão", mutuamente. Mas, seis versos mais adiante, a verdade desmascara-se, brutal. Alegria é o que "faz o esposo na esposa". Apenas ele, ativo, senhor do jogo. Um pouco antes, o prelado não condenara rudemente a mulher que ousa "cantar de galo"? No entanto, o ponto forte é que, segundo ele, o casamento tem como virtude primeira justificar o prazer masculino, dissociar o gozo da "loucura", instalá-lo às claras, isentá-lo de culpa. O casamento como remédio à fornicação. Por certo, sempre há pecado, mas venial, "sem penitência muito pesada". Étienne de Fougères é hábil. Dirigindo-se aos leigos, reserva lugar aos deleites do sexo.

Contudo, as mulheres não poderiam atingir a perfeição antes de tornar-se moderadas, antes que os fogos se tivessem apagado e que, passada a idade de sete anos, os meninos que elas se inclinavam muito a beijocar, a afagar, tivessem saído de sob suas saias. Esse é o caso da condessa de Hereford que, bajulador, o bispo toma como exemplo. Ela ainda não entrou no "estado" tranquilizador de viúva: está em seu terceiro marido, mas, como ele, aparentemente, muito esmorecida. Os jovens já não lhe falam mais de *amor*. Respeitosos, não sensibilizados, "prestam-lhe grande honra". Cécile é o modelo da grande dama em declínio que dali em diante porá todo seu *déport*, sua diversão, apenas em Deus, que servirá aos "pobres de Deus", entendamos os homens de prece, empregando a seu serviço essa bela perícia das mãos femininas que Dudon de Saint-Quentin gabava nas companhèiras dos duques da Normandia, servindo-se dela, todavia, para tarefas honestíssimas, aplicada aos trabalhos de bordado que as damas, enquanto são jovens, negligenciam em seu desvairo. O sermão termina, assim, por um elogio à velhice. É ela que, enfim, liberta a mulher de seus demônios.

Os maridos, que escutavam Étienne de Fougères, sonham todos com a dama perfeita. Por certo, a teriam desejado em seu leito, não demasiadamente serena. Mas conformavam-se, convencidos de que a mulher é insuportável, nociva, que, pérfida, escorrega entre os dedos, até o momento em que a idade, despojando-a de sua feminilidade, faz dela uma espécie de homem, um pouco menos enrugado. A desgraça é que ao mesmo tempo ela deixa de se mostrar agradável. Tu a preferes fogosa? Ou antes descansada? Escolha difícil. Restava o temor, a ansiedade, imemorial. O *Livre des manières*, sim, mas antes dele o *Decretum* de Burchard de Worms, e antes dele o questionário de Reginon de Prüm, e tantos outros escritos mais antigos. Ao longo dos séculos, este refrão: elas pactuam com o demônio; são todas rabugentas, impossíveis; seu corpo, como o da quimera, é um braseiro inextinguível. A maldição vem de longe, da criação do mundo. Quem, de fato, entre os cavaleiros, não reconhecera uma vez ou outra, na esposa deitada a seu lado, os traços dessa mulher cuja imagem era mostrada por toda parte, associada à morte, à perdição, a esse pecado, para ele o pior, talvez o único, o único em todo caso de que as reações de seu corpo o persuadiam, o pecado da carne? Qual deles não tinha, um dia, reconhecido Eva?

A QUEDA

1

Eva é a heroína de uma história contada na época em toda parte por meio de palavras e imagens. Essa história figura na Bíblia, no começo do livro do Gênese. Relata a origem do gênero humano, a fundação da ordem moral, da ordem social e fornece, em algumas frases, uma explicação global da condição humana. Essa explicação, muito simples, retomada indefinidamente, impunha-se a todos os espíritos. Ela respondia a três perguntas: por que a humanidade é sexuada? Por que é culpada? Por que é infeliz?

De fato, nas primeiras páginas do Gênese, dois relatos se sucedem. No primeiro, "Deus diz: 'Façamos o homem à nossa imagem e semelhança...'. Macho e fêmea ele os fez. Deus os abençoa e lhes diz: 'Crescei e multiplicai-vos, enchei a terra e dominai-a'". O segundo relato precisa: Deus formou o homem do limo da terra e insuflou-lhe nas narinas um alento de vida. Estabeleceu-o, para o cultivar e guardar, no jardim que plantara, autorizando-o a comer de todas as árvores do jardim, salvo, sob pena de morte, da árvore do conhecimento do bem e do mal. Depois, "Deus diz: 'Não é bom que o homem esteja só. Eu lhe farei um auxiliar semelhante a ele'". Então formou todos os animais da terra e todas as aves do céu e os conduziu ao homem para que os nomeasse. Mas "Adão não encontrou o auxiliar semelhante a ele". Então Deus mergulhou Adão no sono. "Ele tomou uma de suas costelas e fechou novamente a carne no lugar, e o senhor Deus construiu uma mulher com a costela que tirara de Adão e a conduziu a Adão. Então Adão diz: 'É o osso de meus ossos e a carne de minha carne. Ela será chamada mulher porque é tirada do homem'. É por isso que o homem abandonará seu pai e sua mãe, e se unirá à sua esposa, e serão dois em uma só carne." Os dois estavam nus e não tinham vergonha. Ora, nós enrubescemos. Por quê? A continuação do relato responde a essa segunda pergunta.

Uma serpente dirige-se à mulher. Instaura-se o diálogo: "Por que não comeis de todas as árvores do jardim?" "Deus não quer que comamos do fruto da árvore que está no meio do jardim, senão morreremos." "Não morrereis. Deus sabe que no dia em que comerdes dele, vossos olhos se abrirão e sereis como deuses, conhecendo o bem e o mal." A mulher viu que a árvore era boa para comer, bela ao olhar, deleitável. "Tomou desse fruto, comeu-o e deu-o a seu marido, que o comeu, e seus olhos se abriram. Eles conheceram que estavam nus", fizeram tangas com folhas de figueira, ouviram Deus que se aproximava, esconderam-se. Deus diz ao homem: "Quem te ensinou que estavas nu? Então, comeste".

Segue-se a resposta à terceira pergunta. Deus interroga. Primeiro Adão, que responde: "Foi a mulher que associaste a mim. Ela me deu da árvore e comi dela". Depois a mulher: "A serpente me seduziu e comi". Deus julga e condena, a serpente em primeiro lugar, depois, a mulher: "Multiplicarei o sofrimento de tuas gestações; darás à luz teus filhos na dor; tu te voltarás para teu marido, estarás sob seu poder e ele terá domínio sobre ti". Em seguida, Adão é condenado. É então que ele nomeia sua mulher — como nomeou antes os animais. Dá-lhe seu nome, Eva, "porque ela foi a mãe de todos os vivos". Deus, apercebendo-se de que "o homem havia se tornado como um de nós", temendo que comesse também do fruto da árvore da vida "e vivesse para sempre", expulsou-o do jardim do Éden. Foi então, apenas então, que "Adão conheceu sua esposa, concebeu e gerou Caim".

No século XII, nos mosteiros, perto das catedrais, homens de Igreja procuravam compreender melhor esse texto. Perscrutavam o sentido de cada uma de suas palavras para esclarecimento dos que estavam encarregados de difundir-lhe a mensagem entre o povo. Reporto-me a cinco desses comentários, obras

284

de Robert (ou Rupert) de Liège (ou de Deutz), de Abelardo, depois de Pierre le Mangeur, de Hugues e de André de Saint--Victor, sendo que os três últimos vieram a trabalhar em Paris um pouco mais tarde. De fato, esses eruditos não avançavam desprevenidos. Apoiavam-se em antecessores cujas obras exploravam e às quais davam prosseguimento. Considerarei, portanto, também as "autoridades" às quais se referiam, Beda, o Venerável (início do século VIII), Alcuíno (fim do século VIII), Raban Maur (século IX), e, por fim, o mestre de todos, santo Agostinho. Eis como, ao longo dos três atos do drama, a criação, a tentação, a punição, a personagem de Eva encontra-se iluminada pela reflexão desses doutores.

2

O mais profundo dos comentários do Gênese foi escrito por santo Agostinho para responder aos maniqueus. É como um encaixe de metáforas, que repousam sobre duas frases do relato: *masculum et feminam fecit eos* (macho e fêmea ele os fez) — o que significa, para Agostinho, que em cada ser humano há o masculino e o feminino; *facimus ei adjutorium similis ejus* (nós lhe faremos um auxiliar semelhante a ele): a mulher é à semelhança do homem; entretanto, é sua ajudante, o que a supõe submissa como o operário o é ao chefe de oficina; com efeito, todo o mundo criado é construído segundo uma hierarquia; um dirige, aqui é o homem, o outro "obtempera", e é a mulher. Esses dois axiomas do mito fundador revelam qual é a natureza do homem e sustentam a moral que deve reger o gênero humano. O homem é formado de uma parte carnal, o corpo, e de uma parte espiritual, a alma: a primeira subordinada à segunda. No interior da alma, e na mesma relação hierárquica, coexistem a *pars animalis*, pela qual o corpo é comandado, e a *ratio*, à qual a "parte animal" está subordinada. A *ratio* é dita *virilis*: a razão não é senão o princípio masculino; quanto ao feminino, identifica-se ao *appetitus*, ao desejo. A mulher, como o homem, é dotada de razão; no entanto, a parte animal, desejosa, predomina nela; ao passo que nele, o racional, portanto o espiritual, prevalece. Em consequência, o homem domina, intermediário entre Deus, fonte da sabedoria, a quem deve obedecer, e a mulher, que ele deve comandar. É o que Adão descobre quando sai do torpor em que Deus o mergulhou: a mulher é oriunda dele, portanto, lhe é substancialmente semelhante; mas, sendo apenas uma pequena parte dele, naturalmente lhe é sujeita.

Encontram-se poucos traços dessa interpretação magistral nas glosas do século XII, a não ser em Robert, que retoma: "Salvo pelo sexo, a *substantia* da mulher não difere da do homem — ainda que pela dignidade da condição ela prevaleça menos que o homem sobre os animais —, mas ela não é menos racional e não aspira menos a assemelhar-se ao Criador". Os outros mestres que meditaram sobre essa passagem da Escritura referiram-se ao segundo comentário de santo Agostinho, este *ad litteram*, dando do texto sua significação primeira, imediata, literal, palavra por palavra, como eles próprios o faziam quando liam diante de seus discípulos. O essencial de suas observações liga-se a cinco dos termos latinos da Vulgata: *adjutorium* (ajuda); *sopor* (sono); *edificavit* (ele construiu, com a costela); *relinquet* (ele abandonará) e *nudi* (eles estavam nus).

A propósito do termo *adjutorium*, eles nada acrescentaram às proposições de santo Agostinho. Em que, dizia este, Adão tinha necessidade de um auxiliar? Para que a mulher podia servir-lhe, senão para fazer filhos "como a terra é uma ajuda à semente", vindo-lhe imediatamente ao espírito a imagem da mulher aberta como um campo lavrado em que o homem, único ativo, enterra o germe? Para que mais? Para explorar o jardim do Éden? Um segundo homem, vigoroso, teria sido mais útil. Para consolar Adão de sua solidão? Nem mesmo isso, pois para o bispo de Hipona não havia dúvida de que — e os homens do século XII tampouco duvidavam disso —, se se trata de conversar, de viver junto, é melhor dois amigos que um marido e uma mulher, cujas vontades são contraditórias, já que o primeiro deve comandar e a outra comumente resmunga para obedecer. Então, se Deus não tirou um macho da costela, é porque queria que a humanidade crescesse e se multiplicasse. A única razão pela qual a mulher foi "criada como auxiliar" é, portanto, a procriação. Mas então, prossegue santo Agostinho, por que não houve no Paraíso "uniões honrosas em um leito imaculado"? Nada impedia que filhos fossem gerados da semente de Adão e Eva "sem o perturbador ardor do desejo, sem as dores do parto". Eles simplesmente não tiveram tempo de se unir. "Apenas criados, adveio a transgressão, como uma decorrência da mulher."

Quanto a *sopor*, Agostinho o vê como um momento de êxtase durante o qual Adão, transportado, reuniu-se à "corte dos anjos e do qual retornou anunciando como um profeta o grande sinal". *Magnum sacramentum*. O "mistério da graça", diz Beda. Adão prefigurando o Cristo, em torpor, em sua agonia na Cruz, enquanto de seu flanco correm a água e o sangue de que se formou a Igreja. Raban Maur insiste, por sua vez, na contemplação a que não se chega plenamente senão por meio de um retiro no segredo do silêncio e que — aqui se ouve o eco discreto do *Contra manicheos* — permite discernir em si próprio "quem deve reger, como o homem, de quem deve ser regido, como a mulher".

Santo Agostinho passou rapidamente por *edificavit*. Com a costela, diz ele, Deus moldou Eva "como uma casa". Ora, é a propósito dessa construção que o comentário se desenvolve no século XII, e bastante naturalmente, quando estavam sendo elaboradas uma teologia e uma moral do casamento. Por que, pergunta-se Robert, Deus não formou a mulher do limo da terra, para que se serviu de uma porção do corpo do homem senão para mostrar que a *caritas*, o laço da união monogâmica, deve ser indissolúvel? "Se o homem separa-se de sua mulher por uma causa qualquer que não seja fornicação, mutilado de uma costela, já não é completo." Para a mulher, é bem pior: "Se abandona seu homem, ela não existirá mais para Deus, pois não é, de início, um corpo completo nem uma carne completa, mas apenas uma parte oriunda do homem". Ao passo que para Hugues de Saint-Victor, se a mulher foi formada de uma costela, não da cabeça ou dos pés, é porque ela não deve ser nem dominante nem subjugada, mas associada.

Além disso, Hugues e seu confrade André insistiram, em relação à "profecia" de Adão — o homem abandonará pai e mãe —, na palavra *relinquet*, que quase não chamara a atenção de seus predecessores. Essa palavra, diz Hugues, significa que o homem não deve unir-se carnalmente a alguém de sua parentela, mas também que se emancipa, ao casar-se, da tutela paterna para gerir sua própria família, transferindo para a dama a *dilectio*, a afeição privilegiada que o filho deve a seus genitores. André vai mais longe. Não fala de afeição, mas de amor, esclarecendo, porém: amor "espiritual, e mais veemente que os amores carnais, pelo qual os cônjuges estimam-se mutuamente". Como se vê, manifesta-se nas últimas décadas do século a ideia de que o amor normalmente tem lugar no seio da união conjugal. Amor puro, evidentemente, transcendendo os apetites da carne, sublimando-os e tendendo a justificá-los. Então o verbo *amare* não basta, é preciso *adamare* [amar apaixonadamente], que reforça o sentido em questão para dar conta de uma "veemência" pela qual as duas carnes não são mais que uma. Nesse ponto, André retoma o que seu mestre propusera, ou seja, que "a afeição entre o homem e a mulher deve ser tão viva que o espírito de cada um não faça diferença entre a carne que ele vivifica e a carne, estimada, do cônjuge, e sonhe habitar uma e outra, se tal coisa fosse possível". Ela não o é. Mas ao menos os dois "espíritos" confundem-se na geração de uma só carne.

Para que a reflexão se fixe, então, no pecado, ao mesmo tempo que no contrato matrimonial, para que se consume a edificação do sacramento da penitência, ao mesmo tempo que a do sacramento do casamento, o comentário da palavra *nudi* adquire amplitude no século XII. Sem dúvida, Agostinho detivera-se nesse termo, dele deduzindo que o "corpo animal" não tinha no Paraíso o "desejo da volúpia carnal". Citando a Epístola aos Romanos de são Paulo ("Eu observo que há uma outra lei em meus membros, a qual luta contra a lei de meu espírito e me acorrenta à lei do pecado, que está em meus membros"): "Por que", dizia ele, "não creríamos que o homem antes do pecado tenha podido, para procriar filhos, comandar seus membros genitais como os outros que sua alma move para esta ou aquela obra, sem desagrado e sem desejo de volúpia?". O homem desobedeceu. Mereceu, portanto, que se instalasse em seu corpo o movimento dessa lei que contradiz a lei do espírito, um movimento que "o casamento ordena e que a continência refreia". Robert, André de Saint-Victor e Pierre le Mangeur retomam esse ponto. André considera muito bem denominadas as "partes vergonhosas" por causa de seu "movimento ilícito e bestial que provém do pecado". Esse movimento, para Robert, revela ao mesmo tempo a fraqueza da carne e sua rebelião natural contra o espírito. Ele é "desordenado" e "vergonhoso", diz Pierre, "porque não se faz sem pecado". Mesmo no casamento. Há "desculpa" para a falta, mas o "rubor" permanece, daí essa preocupação dos esposos de não ser surpreendidos, de não fazer amor em público.

Dessa maneira, no século XII, os eruditos encontraram na "profecia" de Adão a justificativa do esforço desenvolvido pela Igreja para governar a sexualidade, reconduzir à ordem a *inordinatio* da carne, e isto no quadro conjugal. Para eles, a mulher da Escritura é, por conseguinte, a esposa, a dama antes de tudo. Na escola de Saint-Victor, a reflexão levou-os a reabilitar um pouco a condição feminina de seu aviltamento. A mulher, com efeito, tendo sido tirada do flanco do homem, é construída com o mesmo arcabouço que ele; é, portanto, um ser racional; e essa identidade de estrutura torna o amor espiritual capaz de realizar plenamente a união das duas carnes. Além disso, a "associada", a companheira, a esposa, detém um direito sobre o corpo do marido em virtude de uma necessária dileção mútua, a qual, quando se aproxima o fim do século, tende a assemelhar-se ao amor puro, ao fino amor cantado pela literatura cortês.

No entanto, o texto do Gênese vem também reforçar a convicção, sólida como uma rocha, de que a mulher, auxiliar, foi colocada junto do homem apenas para ser "conhecida", tornar-se dama e sobretudo mãe, um receptáculo, uma matriz preparada para a germinação da semente masculina, de que não tem nenhuma outra função que não a de ser fecundada, de que sem esse papel o mundo teria muito facilmente passado sem ela. Enfim, o relato da criação reforçou os mestres que formavam os pregadores na sua certeza: é mais pesado na mulher o peso da sensualidade, isto é, do pecado, dessa "parte animal" cujo controle cabe à razão, a qual predomina no macho, tal prevalência conferindo ao masculino o *imperium* sobre o feminino.

3

A cena da tentação com seus três personagens, a serpente, a mulher, o homem, ocupa o centro do mito, e é ela que a iconografia, o teatro, o discurso têm de preferência representado. Santo Agostinho, porém, pouco fala dela. A mulher, ele enfatiza, desobedeceu de caso pensado, com conhecimento de causa; ela não tem a desculpa de ter esquecido o mandamento de Deus: pois não faz a primeira alusão a ele no diálogo com o tentador? Por que foi levada a transgredir a proibição? Antes de tudo pela cobiça, o *amor proprie potestatis*, o amor — isto é, o desejo — de um poder autônomo, e depois pela "orgulhosa presunção de si": o pecado, retoma o mestre, foi determinado pelo orgulho. No comentário dirigido aos maniqueus, o drama é transposto para o interior da alma. Quando pecamos, a serpente desempenha o papel da "sugestão", essa proposta que, vinda do pensamento, ou então da percepção sensorial, da visão, do tato, de todos os sentidos, incita a pecar; a mulher é a cupidez, essa pulsão em nós de agarrar o que nos tenta; o homem, enfim, é a razão. Se esta resiste "virilmente", somos salvos. "Se ela consente, se decide fazer aquilo a que o desejo a compele, somos expulsos do Paraíso." Orgulho, cobiça, desejo, sim. Mas, observemos muito atentamente, o bispo de Hipona, no começo do século V, não coloca em discussão a concupiscência carnal explicitamente.

Trezentos anos mais tarde, em um mosteiro, esboça-se o deslocamento. A serpente, diz Beda, o Venerável, enganou a mulher e não o homem, "pois nossa razão não pode ser reduzida se não há prazer e *prazer carnal*". *Cupiditas* tornou-se *delectatio carnalis*, gozo, denunciado como feminino e culpado ao mesmo tempo. O pecado opera em três tempos: "A serpente aconselha o prazer, a sensualidade do corpo animal [o feminino que existe em nós] obedece, e a razão consente". E é a mulher que colhe a maçã, que a oferece ao homem, "porque, depois do prazer da concupiscência *carnal*, a razão é levada a pecar". Raban Maur faz o mesmo, cita Gregório, o Grande ("Eva, como a carne, submeteu-se ao prazer. Adão, como o espírito, consentiu, vencido pela sugestão e pelo prazer"). Ele insiste na visão: Eva não teria tocado na árvore se não a houvesse primeiro imprudentemente contemplado; "ela foi em direção à morte levada pelos olhos"; desconfiemos, impeçamo-nos de olhar para as coisas proibidas. Para as mulheres? Com efeito, Raban, monge como Beda, realça decididamente o sexual. Eva foi certamente tentada pela glória vã, pela avareza, que não é somente o gosto por acumular dinheiro, mas também o de agarrar qualquer ocasião de elevar-se. Ela sucumbiu sobretudo ao apetite de gozar. Ainda uma vez, é na escolha das palavras que a nova interpretação se exprime. A que o espírito de Adão sucumbiu? Às seduções. *Illecebrae*. Há seduções de todo tipo, sem dúvida, mas indiscutivelmente esse termo latino evocava ao espírito, antes de mais nada, os apelos do sexo. O que nos incita a pecar? "Os pensamentos lúbricos." Guardemo-nos das "volúpias lascivas". No século IX, no mundo monástico, a coisa é assim entendida: o pecado é a mulher, e o sexo, o fruto proibido.

Dos glosadores do século XII, Hugues de Saint-Victor é o único a retomar Raban Maur. Os outros, em suas meditações sobre a responsabilidade do pecador, unem-se a santo Agostinho. Assim, para Robert, Deus criara o homem reto, *rectus*. O que é a retidão? É quando o espírito, superior, dirige a carne, quando o espírito, racional, interpõe-se entre Deus e a carne, obedecendo a Deus, comandando a carne. O erro é, portanto, uma subversão da ordem natural, rebaixando-se o espiritual até se sujeitar ao carnal. E Robert interroga-se sobre o papel da mulher aqui. Sensual? Não principalmente, mas *vaga*, instável, inconstante, "divagando com o corpo e com os olhos", errando pelo belo jardim, olhando à sua volta, curiosa. Ela ouviu uma serpente que falava. Como acreditar que uma serpente pudesse falar? De fato, Eva acreditou que por meio dela falava um espírito, que tomou por divino. Mistificada como o são tantas mulheres que se deixam apanhar por discursos falaciosos. As mulheres de fato são frívolas. São enganadoras também. Quando respondeu à serpente, Eva deformou o mandamento de Deus, não evocando a árvore do conhecimento, mas "a que está no meio do jardim". Enfim, "dando o fruto a seu homem", não o seduziu propriamente falando, não procurou fazê-lo crer no que ela própria crera. Nem uma palavra pronunciada. Com um gesto, ela impôs, *imperendo*. Imperiosa, como o são todas elas. Obrigou o homem a obedecer antes à sua voz que à de Deus. Aqui se encontra o abuso, *imperium abusivum*, *importunitas* do feminino, o intolerável. Essa vontade de comandar constitui o segundo pecado de Eva. Pois ela pecou duplamente, contra Deus e contra o homem. Também foi duplamente punida, não apenas como Adão, pela dor física, mas pela sujeição ao poder masculino. É por isso que, depois da queda, a mulher não deve ocultar apenas seu sexo como o faz o homem, mas também sua cabeça, apregoando duplamente a vergonha dos ardores de seu ventre e de sua "temeridade imperiosa". Nesse comentário, a leitura dos versículos do Gênese desemboca em uma peça de acusação contra os defeitos da natureza feminina, esses vícios cujas vítimas são os homens. A denúncia reaparece em André de Saint-Victor, atenuada: a serpente dirigiu-se à mulher porque a considerava mais "simples", menos astuta, a ponto de crer que uma serpente pudesse falar. Mas ela retorna, igualmente violenta, em Pierre le Mangeur.

Quanto ao discurso de Abelardo, dominava sobre todos os outros. O homem é a imagem de Deus, a mulher não é mais do que o simulacro. Assim, mais próximo de Deus, o homem é mais perfeito; detém o poder sobre a mulher assim como sobre todas as outras criaturas; sua sabedoria confere-lhe mais dignidade; é também mais terno, pelo amor que tem por aquela que ele tem a missão de dirigir. Em consequência: 1) não foi ele que a serpente tentou seduzir; 2) se pegou a maçã que sua mulher lhe estendia, foi por amor a ela, para não a "contristar" (isso vem de santo Agostinho: "Adão não quis contristá-la, acreditando que ela se abateria sem sua ternura, se se sentisse afastada do espírito dele") e porque contava demais com a misericórdia divina; a ofensa lhe parecia leve, ainda mais tendo sido cometida menos por malícia que por afeição; 3) "Que Deus tenha sido mais plenamente amado por ele que pela mulher, quem não estaria de acordo sobre esse ponto?"; ela não amava Deus, já que pôde crer que ele lhe falava pela serpente e a enganava.

No século XII, o cristianismo não é mais tanto questão de rito, de observância, quanto de conduta, de moral. A expansão das práticas da penitência íntima torna mais urgente a pergunta: o que é o pecado? onde ele está? Na mulher mais que no homem, respondem os eruditos: lede a Bíblia. Adão não foi seduzido, não perdeu a razão. Foi excessivamente terno com sua companheira, absteve-se de feri-la. Quanto a Eva, não é mais acusada de orgulho. Pesa sobre ela a segunda das tendências más denunciadas por santo Agostinho, a vontade de prevalecer sobre o homem, contra as disposições do Criador e, sobretudo, a leviandade, a debilidade, enfim, a sensualidade. Que Eva, antes de tudo, tenha sido formada de cobiça libidinosa, o fato é tão comumente admitido que, salvo Hugues, os comentadores desse tempo não consideram necessário voltar a esse ponto. A queda, não duvidam disso, foi provocada pelo apetite do prazer.

Eles invertiam, assim, a relação entre a sexualidade e a falta tal como a estabelecia santo Agostinho. Este mostrava na primeira não a origem, mas o efeito da segunda. Decaído, "o corpo do homem revestiu-se dessa qualidade mórbida e mortífera que aparece na carne das bestas, e foi tomado por esse movimento que impele as bestas a se acasalarem a fim de que aos óbitos sucedam-se os nascimentos". A alma racional começa assim a envergonhar-se desses movimentos pelos quais os membros da carne são agitados. Ela descobre o pudor. Os mestres do século XII lembravam-se das palavras do bispo de Hipona. Mas, como Robert, o faziam para deplorar que tão poucos dos humanos contenham esses "movimentos involuntários" que fazem se entesar os órgãos genitais para a expressão da "cólera de Deus", para a punição da libido. Que tão poucos decidam "deitar-se juntos com a intenção de procriar". "Apenas um motivo guia quase todos, é o ardor de saciar um desejo que eclipsa não apenas o respeito devido a Deus, mas também a consciência de gerar." Hugues de Saint-Victor considera igualmente que arder de desejo é um castigo, assim como Pierre le Mangeur, que descreve da seguinte maneira a erupção da sexualidade depois da falta: "Os movimentos da concupiscência eram naturais, mas reprimidos, ocultos, como o são nas crianças antes da puberdade, e eles abriram-se, como regatos, começaram a agitar-se, a correr...".

4

Eva foi punida por Deus. Santo Agostinho, no *Contra manicheos*, propunha ler a sentença "espiritualmente, não carnalmente". "Darás à luz na dor": os filhos, explicava ele, são as boas obras, e a dor, o esforço para abster-se daquilo a que a "vontade da carne" inclina. Seus sucessores preferiram segui-lo em seu comentário literal no qual, sublinhando o orgulho de Adão que, ao ser interrogado por Deus, esquivou-se, não teve a "humildade" de confessar sua falta, Agostinho considerava o masculino e o feminino igualmente culpados, "desiguais pelo sexo mas iguais no orgulho", estando por isso reunidos na condenação. No entanto, para Eva, a pena é dupla: sua punição é, de um lado, dar à luz, prolongar dolorosamente a vida, pois foi por sua falta que a morte entrou nos corpos; de outro lado, estar sujeita ao homem. "Não se deve", dizia Agostinho, "crer que a mulher antes do pecado não tenha sido feita para ser dominada pelo homem, para 'voltar-se para ele', para servi-lo. Mas o 'serviço' era de uma outra espécie, não o do escravo, mas aquele que, segundo são Paulo, os cristãos prestam-se uns aos outros 'por amor'." Antes do pecado, a submissão era por "afeição"; depois, é por "condição", de estado. A mulher é submetida a essa dominação que são Paulo a proíbe de pretender exercer sobre seu marido. Por seu veredicto, o Criador ofendido rebaixou Eva e todas as suas filhas. "Não foi a natureza, mas a falta que valeu à mulher ter em seu marido um senhor, e se este não é servido, a natureza corrompe-se mais e a falta agrava-se."

Lê-se, à diferença de algumas palavras, a mesma coisa em Beda, em Alcuíno, em Raban Maur: a mulher, propõe este, "sob o poder do esposo, serve a Deus no temor; rejubila-se nele não na tranquilidade, mas no tremor; se não pecasse, ela se uniria a ele pelos santos laços da afeição; mas ele deve dominá-la, controlar seus impulsos carnais e conduzi-la, arrastá-la [como Abelardo arrastava Heloísa] para a redenção da vida celeste". Não houvesse se afastado da disciplina, reinaria com ele, como "associada", na "liberdade".

No século XII, a glosa sobre o terceiro episódio do relato é rara. Salvo em Robert de Liège, que comenta como jurista. Diante de seu juiz, Adão pleiteou inocência e sua defesa não foi apenas *excusatio*, mas acusação. Escudado, ele ataca, incrimina Deus impudentemente, relançando a falta sobre ele, censurando-o por lhe ter posto nos braços Eva, opressiva. Quanto à mulher, com a mesma presunção esquiva-se, responde uma coisa por outra. Para ela o castigo é triplo, "três chicotadas no sexo feminino", "porque a quantidade do pecado é três vezes superior na mulher que no homem": ela se deixou seduzir; buscou o prazer; fez Adão partilhá-lo. Então, se a morte é o castigo comum, Deus tira da mulher "especial vingança". Como Deus é o deus dos vivos, ela mereceu ser a mãe dos mortos por ter acreditado poder se tornar "como os deuses"; tudo que ela concebe no pecado, se não for vivificado pelo Cristo, está destinado a sucumbir, alma e corpo. A dor, carnal, é a punição do prazer, carnal. "Em seu ventre." Nenhuma hesitação quanto à natureza dos gozos condenados pelos padres nesse tempo. Enfim, para essa "inconveniência" das mulheres que se encarniçam sobre seu marido, a pena é a servidão. Robert explica assim as palavras "ele terá domínio sobre ti". O termo *dominação* é mais forte que o termo *poder*. A influência do esposo sobre a esposa é mais abrangente, por conseguinte, do que a do pai sobre sua filha. A mulher, portanto, vê sua condição piorar pelo casamento. Mas, ele acrescenta, a pena é nula ou muito leve para as mulheres "castas e fiéis". Falar assim é expressar mais uma vez o deslocamento em direção ao sexual: o que no feminino deve ser controlado, e duramente, é a inclinação ao impudor e a propensão ao adultério.

Quando Deus diz: "Multiplicarei as penas de tuas gestações", a *multiplicatio* não é uma bênção como no primeiro relato da criação, "crescei e multiplicai-vos". É castigo. "A mulher, de fato, sofre tanto mais quanto é mais fecunda. Depois de cada concepção vem o parto, portanto, a dor. Seu próprio sangue a atormenta. Em plena saúde, é afligida por suas regras, é o único animal que as tem." A ira de Deus provoca "o nascimento de todos esses homens que mais valeria não viessem ao mundo". Que são gerados por acaso, involuntariamente, nos impulsos cegos da libido. "Do orgulho do espírito provém a incontinência da carne, e da incontinência da carne, a multiplicação das concepções." Todas as mulheres, mesmo as mais santas, com exceção da Mãe de Deus, conceberam e concebem "nas iniquidades", na imundície. No pecado. Não apenas o pecado original, mas aquele suscitado por seu próprio desejo de gozo, que não é mais que a consequência do primeiro. Pois

Adão e Eva multiplicaram suas "cópulas" não com a preocupação de gerar descendentes, mas para extinguir aquela exaltação que os devorava.

A intervenção de Hugues de Saint-Victor limita-se a algumas anotações, de resto significativas. Para ele, como para Pierre le Mangeur, o castigo não poderia residir na multiplicação das concepções. Não se lê no Êxodo: "A maldita é a estéril"? A mulher é punida pelos sofrimentos do parto ao fim de fecundações que a frequência dos abortos, as crueldades da mortalidade infantil, tornam "inúteis", e por essa morte da alma que, em todos nós, segue-se ao prazer. André mostra-se plenamente de acordo. Afirma que engravidar uma mulher é uma "felicidade". Sofre-se ao conceber? "Antes se goza, e muito."

5

Vê-se, então, os padres mais eruditos do século XII postos diante de Eva e suas desditas. Incontestavelmente, ela é inferior a Adão. Assim Deus decidiu. Criou o homem à sua imagem, a mulher, de uma parte mínima do corpo do homem, como uma impressão sua ou, antes, um reflexo. A mulher nunca é mais que um reflexo de uma imagem de Deus. Um reflexo, como bem se sabe, não age por si mesmo. Apenas o homem está em situação de agir. A mulher, passiva, tem os movimentos comandados pelos de seu companheiro. Essa é a ordem, primordial. Eva abalou-a ao curvar Adão à sua vontade. Mas Deus interveio, recolocou-a em seu lugar e agravou sua submissão ao homem como punição de sua falta.

Outras certezas edificam-se sobre esta, apoiadas na leitura do texto bíblico. Elas dão sustentação à ação dos padres para afastar do mal a sociedade leiga. Como são os homens que dominam e agem, os reformadores preocupam-se antes de mais nada em ajudá-los, considerando-os, de agora em diante, como estando claramente divididos em duas categorias, a dos homens religiosos, assexuados, e a dos sexuados. A primeira, de que fazem parte os comentadores do Gênese, apenas com esforço consegue respeitar a regra de continência que lhe é imposta. Não nos surpreendamos, portanto, ao ver Pierre le Mangeur, Robert, Hugues de Saint-Victor se inquietarem com esses "movimentos desordenados" que têm dificuldade em controlar em alguns de seus membros. Não nos surpreendamos tampouco por, à exceção de Robert, que seguia Raban Maur e Gregório, o Grande, não terem retomado a interpretação agostiniana do primeiro relato da criação, a maneira de Agostinho de transcender o mito da sexualização, de o ver como "figura" da divisão conflituosa no seio de cada ser humano entre o racional e o *animalis*, entre "espírito" e "concupiscência", e de afirmar que, vinda do diabo, a tentação triunfa com a assistência "dessa parte que, no homem único, é à imagem e segundo o modelo (*exemplum*) da mulher". Para eles, na origem de toda transgressão da lei divina encontra-se o sexo. O pecado capital é o da carne. Inexoravelmente, veem a irrupção do desejo que os atormenta no drama que se encenou sob as árvores do jardim do Éden. Identificam-se com Adão a quem Eva estende a maçã. O que era o fruto proibido? O corpo dessa mulher, suave e delicado ao olhar, deleitável. Sabem o que é ser tentado e estão cheios de indulgência para com Adão. Sua tendência é de minorar a culpabilidade do homem e, assim, sua própria culpabilidade. Como resistir, cercados por tantas mulheres oferecidas? Uma curiosa história contada pelo cronista inglês Raoul de Coggeshall revela como, para os padres desse tempo, a mulher não passa de um objeto entregue sem resistência aos apetites masculinos, uma maçã que se apanha de passagem. Por volta de 1180, diz Raoul, o cônego Gervais de Tilbury, então comensal do arcebispo de Reims, passeava entre as vinhas na região de Champagne. Ele se encontra com uma moça, acha-a atraente, fala-lhe "cortesmente de amor lascivo", prepara-se para ir mais longe. Ela o trata com rudeza, recusa-se: "Se perder minha virgindade, serei condenada". Gervais cai das nuvens. Como se pode resistir a ele? Sem dúvida, essa mulher não é normal. É uma herética, uma dessas cátaras que se obstinam em considerar toda cópula diabólica. Ele tenta trazê-la à razão, não consegue. Denuncia-a. Ela é presa. Julgada. A prova é incontestável. Ela é queimada.

Os homens mais expostos, julgam os eruditos que interrogo, são os celibatários. Os clérigos, seus camaradas, e os cavaleiros sem mulher. Em três lugares estão postadas mulheres preparadas para os corromper. Três lugares perigosos onde o herói deve mostrar seu valor. Em primeiro lugar a cidade, os quarteirões animados, frequentados pelas profissionais — Hugues, André, Pierre le Mangeur pensam, como seu confrade Pierre, *chantre* de Notre-Dame de Paris, que elas têm um ofício, uma "profissão", assumem o desempenho de uma função necessária, ou mesmo salutar, pois convém que assim seja para todos esses machos que ardem. Comprar seus serviços para acalmar-se é, eles decretam, pecado menor. Para dizer a verdade, elas não ameaçam muito os homens da boa sociedade que afetam desprezá-las. É nos campos que estes são provocados, quando, cavalgando ao acaso, como Gervais de Tilbury, ali encontram pastoras. Apanham-nas, as "inclinam" para eles, como dizem essas canções chamadas de canções de pastora. Aquiescentes, arrebatadas, nos dois sentidos dessa palavra:

> *Diverti-me com ela,*
> *não me resistiu nada,*
> *mas o quis prazerosamente.*

Com mais frequência, no entanto, o fruto tentador é apresentado no interior da casa, da vasta casa nobre, povoada de mulheres "vagas", disponíveis, sendo, portanto, pouco repreensível apoderar-se delas: daí não resulta o adultério. Tomá-las ou masturbar-se, ambos os atos têm a mesma tarifa nos penitenciais. Para os rapazes, o perigo vem das criadas. Para os mais velhos, dessas donzelas que as leis da hospitalidade, a crer nos romances, obrigavam a pôr à disposição dos cavaleiros errantes, de passagem. Ou então, e desta vez é grave, da dona da casa. Comumente, nas vidas de santos, o herói é mostrado, durante sua adolescência, constrangido a resistir aos ataques de matronas fogosas. Uma das biografias de são Bernardo o apresenta, no tempo em que estudava com os cônegos de Châtillon-sur-Seine, atacado uma primeira vez à noite, em sua cama, por uma moça nua; ela insinua-se, permanece um momento à espera, depois age, "apalpa, excita", evidentemente sem sucesso. Um pouco mais tarde, em um castelo onde pernoitava, é solicitado pela senhora da casa. Ele se defendeu, novo José, mas, para conseguir se livrar, precisou gritar, despertar a casa. Tais são as Evas com que esbarramos por toda parte.

Para proteger-se delas, o mais seguro é tomar uma, estabelecê-la duradouramente em seu leito. O casamento é a melhor defesa. No século XII, as autoridades da Igreja terminam de ajustar-lhe as defesas, de colocá-lo como sendo o sétimo entre os sacramentos. Empresa delicada, pois a união conjugal é carnal, portanto, por pouco que seja, pecaminosa. Como poderia ela transmitir a graça? Os eruditos descobrem a justificativa no Gênese. O casamento foi instituído no Paraíso pelo próprio Deus Pai, e é o único dos sacramentos que foi assim favorecido. Eles encontram ainda no texto sagrado o que funda o princípio da indissolubilidade, o que justifica a proibição do incesto, e a afirmação de que apenas a procriação desculpa os prazeres da união sexual. A Escritura ensina, enfim, que no interior do casal a mulher é fermento de discórdia. Se leva a melhor, tudo fica às avessas e desmorona. Em consequência, a própria Escritura prescreve que a dama deve servir a seu senhor, manter-se diante dele em postura de humilhação; assegura que não basta "dirigi-la", ela deve ser subjugada, e Pierre le Mangeur vê nas brutalidades da defloração o selo, a marca, cruelmente impressa na carne, dessa indispensável sujeição. Por certo, André fala também de amor. Mas a imagem que se impõe é, contudo, a de uma *dominatio*, de um "senhorio" implacável, de um "império" do esposo.

No final das contas, os padres valiam-se das palavras de Eva, de seus gestos, da sentença que a condenou, para transferir o peso do pecado ao feminino a fim de retirar a sua carga aos homens. O que os levava naturalmente a denunciar com vigor os defeitos das mulheres. Bastava-lhes lançar os olhos sobre a sociedade de corte para reconhecer no comportamento das esposas as três faltas cometidas pela "associada" de Adão sob as ramagens da macieira, e que provocaram a Queda. Como Eva, elas estão de conluio com o demônio. Como Eva, atormenta-as o desejo de sujeitar o homem. Como Eva, são arrebatadas por seu gosto pelo prazer sexual. Feitiçaria, agressividade, luxúria, esses são os três vícios, relembremos, fustigados por Étienne de Fougères.

Desde o fim do século XI, um número cada vez maior de homens religiosos esforçava-se por desenraizar esses vícios da alma feminina com a intenção primordial de atenuar-lhe a nocividade, de desarmá-la, de melhor proteger os homens. Em 1100, na época em que os traços da pecadora arrependida vinham encobrir os da seguidora generosa e amiga de Jesus na personagem de Maria Madalena, em que circulavam a história de Maria Egipcíaca e as de outras cortesãs penitentes prostradas pelas mortificações salvadoras, homens como Robert d'Arbrissel, Abelardo e Guillaume Firmat reuniam damas decepcionadas pelo casamento, mulheres que o recusavam, e por isso eram tratadas de putas, consolavam-nas e instalavam-nas em mosteiros para impedi-las de causar dano. Mais tarde, a Igreja empenhou-se em fazer com que as esposas dos nobres comparecessem diante do tribunal da penitência, começando pelas mais respeitáveis, as "santas mulheres" evocadas por Robert de Liège que, permanecendo no mundo, levavam uma vida de piedade edificante. Seriam elas capazes, dialogando com o confessor, de explorar lucidamente sua consciência, de distinguir o bem do mal? Sim, respondia a Bíblia. Pois não existe entre os dois sexos diferença de "substância", já que a mulher também é um ser racional. O relato da criação continha, portanto, os germes de uma promoção espiritual da mulher. O glosador mais recente dos que interrogo, André de Saint-Victor, não chega até mesmo a falar de igualdade entre o feminino e o masculino, como de um futuro possível, quando o pecado for totalmente expulso?

Se o começo do Gênese foi, então, examinado com tanta assiduidade, o foi também para auxiliar todos aqueles apóstolos que se esforçavam em ajudar as virgens a permanecer puras, as viúvas a permanecer castas, as damas a cumprir bem sua função de esposa. Eles as ajudavam por suas palavras.

FALAR ÀS MULHERES

1

No século XIV, no século XV, a Igreja dirigia-se às multidões. Falava-lhes em alto e bom som na praça principal das cidades, nos campos que se lhes estendiam porta afora, ou então naquelas igrejas novas cuja arquitetura, simples e luminosa, era especialmente concebida para que o público visse o pregador e ouvisse claramente sua palavra. Estrelas de grande renome percorriam então a Europa, e o anúncio de sua vinda era o acontecimento da cidade. Impacientemente esperados, seus sermões sacudiam o povo, desencadeando bruscos acessos de penitência coletiva; queimavam-se os adornos, supérfluos, pessoas chicoteavam-se; permanecia, tenaz, a lembrança das imprecações proferidas contra o diabo, contra os pecadores, das instruções morais promulgadas, e foi por esse meio que, no Ocidente, pouco a pouco, as massas tornaram-se cristãs. Não é aventurar-se demais comparar a comoção das consciências determinada pelo progresso da pregação à incidência da mídia de hoje. Na verdade, esse progresso tivera seu início muito mais cedo, na virada dos séculos XI e XII, quando os melhores padres haviam decidido viver como os primeiros discípulos de Jesus haviam vivido, ou seja, propagando, como estes haviam feito, a boa-nova através do mundo. Eles não se limitaram mais a realizar os ritos das liturgias diante dos fiéis. Puseram-se a lhes falar em uma linguagem que podiam compreender, exortando-os a melhor se conduzir, a seguir o ensinamento do Evangelho. Passou-se mais de um século, porém, antes que tal maneira de ensinar fosse sistematicamente organizada nas dioceses. Foi preciso esse tempo para formar equipes sólidas, experimentar os meios de prender a atenção dos humildes, e para que se consolidasse um quadro propício à difusão da mensagem, o meio urbano. É já bem perto do final do século XII que, na França do Norte, a cidade toma decididamente a dianteira sobre o campo, e é exatamente nesse momento que aparecem os mais antigos escritos a transmitir modelos de sermões.

Posso, entretanto, ler algumas das palavras que, muito tempo antes, os homens de Igreja dirigiam às mulheres. Encontram-se nas cartas que escreviam a elas, cartas que foram conservadas, pois eram pequenos monumentos literários. Seu autor escolhera minuciosamente as palavras latinas e as dispusera segundo as regras estritas da retórica, arranjadas de tal maneira que sua cadência impunha ao texto os ritmos pomposos da grande eloquência. Pois tais epístolas não eram escritas para revelar confidências, para que seu único destinatário as lesse na intimidade e no silêncio. Eram-no para ser declamadas diante da casa reunida, para que se lhes fizesse a leitura em outras moradas e seu eco repercutisse pouco a pouco. Essas palavras eram públicas. Recopiavam-se essas cartas. Reunidas em coletâneas, tomavam lugar ao lado dos clássicos nas prateleiras das bibliotecas. Porque foram editadas dessa maneira, podemos, por nossa vez, conhecê-las. Essas missivas eram também sermões. "Pequenos sermões", como esclarece um dos correspondentes, Adam, abade de Perseigne. Ele se inquieta: escreve em latim; será bem compreendido? "Eu te teria escrito na língua dos leigos", diz ele à condessa de Chartres, "se te soubesse incapaz de compreender o latim." Segue-se este conselho: "Se houver aqui alguma coisa de penoso, de difícil compreensão, tens a teu lado esse bom capelão que saberá aplainar as dificuldades para ti". De resto, em uma outra carta, Adam, a pedido de uma de suas correspondentes, transcreve um sermão que efetivamente pronunciou diante de uma "comunidade de religiosas" para "sua edificação".

O dossiê é denso. É preciso selecionar. Na maior parte das cartas, trata-se apenas de política, de instituições, de intrigas. Separo as edificantes, as cartas de orientação espiritual, tratando de extrair delas a imagem que os padres faziam das damas no século XII, essas pecadoras que eles se sentiam obrigados a arrancar às garras do maligno. Sem esquecer que seu pensamento profundo chega a mim deformado. Ele é falseado pelas regras da expressão literária, pelas da polidez, pelo cuidado em não ser brusco, em lisonjear a destinatária da mensagem, que é sempre uma mulher de alta linhagem. Com efeito, mais uma vez aqui, o historiador pode divisar apenas o mais alto grau da hierarquia social e cultural: as exortações a agir bem vêm todas de altíssimos personagens, bispos ou abades, e as mulheres que os escutam são todas, ou quase, princesas, "de uma nobreza de sangue elevada", "geradas segundo a carne por um sangue e uma semente real", as "paroquianas" privilegiadas dos dirigentes da Igreja.

Os que lhes falam admitem que "o sexo feminino não é desprovido da inteligência das coisas profundas", que não é feito apenas de sensualidade, que nele se encontra por vezes "vivacidade intelectual ao mesmo tempo que elegância e apuro de costumes". É o que diz Hugues de Fleury a Adèle, condessa de Blois, a filha de Guilherme, o Conquistador, grande dama das regiões do Loire para a qual, no começo do século XII, voltavam-se todos os belos espíritos dessas paragens. Feita essa concessão, em parte sincera, todos esses homens estão convencidos de que a mulher lhes é inferior. Aos olhos deles, a natureza feminina distingue-se por duas características, a *infirmitas* em primeiro lugar, a fraqueza, e depois o peso do carnal que as atrai para baixo. Se descobrem em uma mulher a força, ou uma das três outras virtudes cardeais, prudência, justiça, temperança — e isso por vezes acontece —, essa vantagem excepcional lhes parece provir de um benefício da providência, da complacência de Deus que colocou nela algumas sementes de virilidade. O bispo Yves de Chartres quer agradar a Mathilde, rainha da Inglaterra. "Deus", assegura-lhe ele, "introduziu a força viril em teu peito de mulher." São Bernardo repete que é raro, por certo, encontrar a *virtus*, a força de caráter nos homens, em religiosas, mas que é incomparavelmente mais raro na mulher, "frágil". E tanto mais frágil, acrescenta ele, quanto mais ela é jovem. Envelhecer atenua a debilidade nativa e, além do mais, desbota felizmente esse atributo feminino, suspeito, a beleza.

Os padres deduzem daí que a mulher deve permanecer constantemente sob tutela masculina. Não é conveniente que ela própria exerça o poder público. Se, por acidente, ela é obrigada a tomar nas mãos as rédeas do poder, seja porque seu homem está longe em campanha, seja porque deixou este mundo — e esse é o caso da rainha de Jerusalém, Mélisande, viúva; na carta de consolo que lhe envia, são Bernardo a faz dizer: "Sou mulher, portanto, de corpo fraco e de coração instável", as funções que preciso cumprir "excedem as forças de meu saber" —, a dama deve dominar sua natureza, transformar-se, dolorosamente, tornar-se um homem. Uma conversão: mudar de sexo. É assim que os prelados a exortam: "Na mulher, deves mostrar o homem, realizar a tarefa em um espírito de conselho e de força", conselho e força dos quais, estão convencidos, o sexo feminino é normalmente desprovido.

Em suas cartas a Adèle de Blois, Hildebert, bispo do Mans, afirma a convicção de que a dama é obrigada a repelir sua feminilidade, a masculinizar-se para resistir aos ataques do demônio. Quando compõe a primeira, o marido de Adèle está vivo, mas além-mar, e por longo tempo em cruzada. A condessa comporta-se bem. Administra o principado, não sem dificuldade, mas de modo conveniente. É um milagre. Tamanho valor em uma mulher "vem da graça, não da natureza". Sem a ajuda particular do Todo-Poderoso, não terias podido constituir "a glória de teu sexo", e de duas maneiras, "na medida em que, embora bela, permaneces casta [...] e em que, investida do poder próprio ao título de conde, usas de clemência ao exercê-lo". Dupla vitória sobre a feminilidade. Sobre esse dom que têm as mulheres de seduzir e que as leva à "impudicícia" e sobre o apetite de poder que as devora e, desde que tenham a oportunidade de comandar, as torna "cruéis" (*crudelitas*: por essa mesma palavra o cura Lambert de Ardres qualificava a maldade de

Gertrude, a dama do castelo de quem ele não gostava). Adèle venceu, portanto, porque as forças do mal que a agrediam encontravam nela um homem. Quando recebe de Hildebert uma terceira carta, destinada, como todos os escritos dessa espécie, a ser lida, muito amplamente comentada, publicada para a instrução, não dessa única dama, mas de todas as mulheres de seu estado, Adèle estava viúva. Vivia retirada em um convento. O prelado celebra assim a felicidade de que goza a partir de então, desde que deixou o leito de um cavaleiro, de um vassalo, de um homem de serviço, pelos "abraços" do rei. Antes esposa de um homem, tornou-se então a esposa de Deus. Que não tema ser desprezada, repudiada por esse novo marido em razão de não ser mais virgem, e de ter preferido o homem a Deus quando o era, o cavaleiro ao soberano. Cristo, com efeito, aceita unir-se a tantas mulheres que foram dadas em casamento e, por conseguinte, maculadas. Toma-as assim mesmo, fecunda-as por sua vez; passados os cinquenta, as companheiras dos homens já não põem filhos no mundo, mas, como esposas do Cristo, continuam a gerar essas boas obras de que fala santo Agostinho. Nesse ponto, o bispo indica o que constitui a inferioridade de Eva e de todas as mulheres, de um lado essa carência que torna o sexo feminino mais vulnerável, de outro lado a complacência em relação à carne. "A carne mais a mulher, dupla enfermidade", proclama Hildebert de Lavardin, "uma conjunção que impede de renunciar ao prazer", desvia do bom propósito de vida "enquanto a velhice não extinguiu esse fogo que provém de uma e da outra", e essa viúva, aproximando-se da idade em que os encantos da feminilidade implacavelmente murcham, ouve dizer-lhe: "Se sentires a mulher reaquecer-se em ti e querer voar novamente para essas loucuras", defende-te. Arma-te de constância. Com efeito, essa virtude masculina reforça-se na mulher na medida em que ela o é cada vez menos. Triunfar sobre si, eis o que os homens de Igreja esperavam em primeiro lugar das damas.

2

Durante o século XII, a maioria das mulheres a quem os homens da Igreja escreveram eram religiosas, embora fossem também esposas, mas de Cristo, e quando o autor da carta também é um religioso, um abade, o chefe de uma comunidade monástica, frequentemente a carta é uma carta de amor. *Dilectio*, impulso da alma, muito puro evidentemente, "comunhão na caridade". É um elogio da *caritas*, esse laço doce e poderoso que, segundo as intenções divinas, deveria assegurar a coesão do gênero humano, ligá-lo às coortes angélicas e reunir em um perfeito sistema todos os elementos do cosmo. Então o homem, em sua epístola, simula inclinar-se diante da mulher, sua "dama", como ele diz, e que o é efetivamente já que, religiosa, está casada com seu senhor. Assim, a postura adotada, os sentimentos alardeados, as palavras empregadas diferem pouco das do amante nos jogos do amor cortês. Em parte alguma a analogia é mais admirável que nas duas cartas dirigidas por são Bernardo, por volta de 1135, a Ermengarde, viúva do conde da Bretanha, agora religiosa, ambas transbordantes de efusão, exaltando a aliança dos corações, celebrando esse amor mútuo, indizível, que "o espírito de Deus", diz o abade de Clairvaux, "imprimiu em minhas profundezas íntimas". Sim, o amor.

Mas quando são bispos que falam a religiosas enclausuradas, mostram-se menos líricos e timbram em fazer com que ninguém se esqueça de que eles dominam, paternalmente por certo mas com firmeza, as que não chamam suas damas, mas suas irmãs e, com mais frequência, suas filhas. De fato, eles estão na posição de um pai que se comprometeu a entregar em casamento uma de suas filhas quando ela for núbil. Essas mulheres lhes são confiadas, e são "prometidas". O esposo as espera lá no alto, na cidade celeste, irão ao encontro dele quando estiverem maduras. Mas ainda não estão. Então é preciso tratá-las como aquelas meninas que nessa época eram prometidas em casamento bem antes que estivessem em condição de ser tomadas por seus maridos. O bispo as controla. Dirige-as. A estrada é abrupta, penosa. Perseverança, não perder a coragem, sobretudo não tropeçar, não escorregar. Permanecer sempre alerta, atenta ao mais secreto de si. Não esqueçais, diz-lhes, por exemplo, santo Anselmo, "cada uma de vós tem seu anjo, que vê todo pensamento, toda ação, que anota e relata tudo a Deus. Que cada uma de vós, filhas queridas, vele pelos movimentos de seu coração e de seu corpo como se um anjo da guarda a visse com seus olhos corporais". Inquisição permanente. O olhar de um outro, investigando o âmago da pessoa. O anjo vela, espia, sem dizer uma palavra. Os bispos, por sua vez, advertem por palavras: é sua função.

Contra a indocilidade. Antes de mais nada contra esse calor que invade o corpo, que sobe da carne, do sexo. O sexo é a primeira preocupação dos prelados. Como retornar ao Paraíso do qual nossos primeiros pais foram expulsos? Pela castidade, responde Yves de Chartres, para quem, com toda a evidência, o pecado de Eva é o pecado da carne. "Calcar aos pés o sexo [em primeiro lugar] e as vaidades do mundo, fazer do corpo uma hóstia viva", esse é para Hildebert do Mans o mandamento primordial. As moças devem oferecer sua carne em sacrifício, consumi-la. A injunção torna-se lancinante. No rebanho, as ovelhas são de duas espécies. Algumas conheceram o macho. São as viúvas, retiradas ao convento, como Adèle de Blois e Ermengarde. Algumas foram felizes nos braços de um marido, lembram-se disso, não conseguem expulsar essa lembrança. É bem aí que mora o perigo, "escutar as sereias", abandonar-se a esses ímpetos, a essas recrudescências de sensualidade que atormentavam Heloísa, e devanear, impudica, afastar-se, por conseguinte, do esposo celeste. Indulgente, este aceita também tomar a elas como companheiras, defloradas. Mas, como todos os maridos da terra, Cristo as prefere intactas, evidentemente. A virgindade constitui a honra das famílias, constitui o valor das "prometidas". Por isso os bispos preferem as religiosas virgens. Para elas vai toda a sua solicitude. Que não percam seu "tesouro".

Muitas, porém, eles sabem disso e o deploram, sonham apenas em livrar-se dele o mais depressa possível. Pois a maior parte está no mosteiro como que em trânsito, à espera das bodas, muitas já concedidas ao homem que virá buscá-las quando tiverem passado os doze anos, enfim prontas para a união sexual. Os conventos femininos servem para isso, para defender as noivas muito novas contra uma defloração acidental. Uma após outra, essas moças saem do claustro, e se vão, alegres, em cortejo, para o quarto do esposo. Contudo, as que os pais não conseguiram casar permanecem e roem-se por dentro. Os prelados preocupam-se com elas, esforçam-se em reconfortá-las por essas cartas que são relidas diante delas, e que circulam de abadia em abadia. Para devolver-lhes o ânimo, Yves de Chartres tenta convencê-las de que as viúvas e as esposas são muito mais infelizes: choram sobre "a irremediável corrupção de sua carne, fonte de dor", ao passo que na paz do corpo as virgens descansam sem temor, em uma beatitude serena, igual à dos anjos. Com os anjos de Deus, repete-lhes Hildebert, elas cantam "o cântico de felicidade que ninguém pode cantar, senão aqueles que jamais tiveram comércio carnal".

Suspeita-se que o elogio da virgindade, constantemente repetido, não bastava para extirpar os germes de pecado do coração e do corpo das preteridas, a tristeza, a amargura, os acessos de desejo suscitados por maus exemplos. Com efeito, entre essas virgens definitivas que o bispo consagrara, estabelecidas pela eternidade em sua *ordo*, no mais alto grau da hierarquia dos méritos, algumas delas, assim que podiam, rejeitavam o véu, virando as costas ao esposo imortal para se lançarem, ardentes, nos braços de um outro, tangível, e do qual podiam provar imediatamente o calor. Em uma dessas cartas, que eu diria circulares, escritas para desviar as religiosas de cometer uma tal "apostasia", santo Anselmo parece ter a intenção de tomar uma dessas trânsfugas como exemplo. Ela teria decidido tornar-se dama, ter-se-ia comprometido, já se teria dado. Mas como! Essa união carnal, toda mundana, por que não a romper? Isso é possível, ainda é tempo. Que essa moça arrependa-se, que calque aos pés seus atavios profanos, vista-se novamente como o fazem as noivas do Cristo. Cristo a chama. Ele a aceitará de novo, se não virgem, pelo menos casta. Evidentemente, decaída. Mas talvez ela consiga estabelecer-se mais alto que muitas donzelas "se renunciar ao mundo, se desprezar esse homem que a fez cair e que ou já a despreza ou, sem nenhuma dúvida, logo a desprezará e abandonará". Estranho conselho.

Contudo, é preferível não tentar a aventura, permanecer tranquilamente no aprisco, vigilante, impondo-se um regime de vida capaz de destruir os atrativos corporais por meio de pequenos golpes. Sobretudo, nada de banho. Um rosto emaciado, cavado pelas lágrimas, a pele ralada pelo cilício. E a clausura, como uma muralha contra a tentação. "Os muros do mosteiro são construídos para isso, para que os que amam o mundo não sejam acolhidos no campo entrincheirado dos que fugiram dele, para que não vos mostreis em público, para que não exponhais vosso corpo à infecção. Se deixásseis introduzir-se aí o reflexo vergonhoso do que teríeis visto no mundo, poríeis em perigo vossa virgindade." Evitai a conversação dos homens. Desconfiai dos leigos, desconfiai também dos clérigos. "Se a pena capital pune a dama considerada adúltera porque se voltou para um outro homem, que pena sofrerá aquela que, desprezando as castas bodas do esposo imortal, dirigiu carnalmente seu amor a alguém?"

De resto, os bispos tomam a dianteira e esforçam-se em inspirar nas religiosas aversão pelo casamento. A vida conjugal? Que decepção, diz Hildebert de Lavardin em carta a uma reclusa. Esse encontro dos corpos que os cortejadores afirmam ser deleitável, "essa peleja de que o leito nupcial é o campo, gera a vergonha e a aversão". Os filhos? Chafurda-se na lama imunda no instante em que são concebidos, arrisca-se a vida ao pô-los no mundo, em seguida são preocupações de toda espécie, corveias. E, de resto, o marido. Saberão essas moças o que a fraqueza feminina pode suportar de sua arbitrariedade? Fecunda, a mulher vive na ansiedade; estéril, morre de desgosto. Sempre suspeita enquanto é bela, desde que deixa de sê-lo, o esposo afasta-se dela. Para agradar a esse homem, prendê-lo, é necessário recorrer aos sortilégios, a essas práticas secretas que as "velhinhas" conhecem. "Não denigro as bodas", pretende o bispo do Mans, "mas prefiro o repouso ao labor e a liberdade à servidão." Essas são exatamente as palavras escolhidas por Heloísa para exaltar o amor ardente, o dom de si, desinteressado. Mas aqui a intenção é muito diferente. A liberdade é a virgindade. Recusando o casamento, a mulher permanece dona de seu corpo, não é obrigada a saldar uma "dívida". Nenhuma mácula. O silêncio da carne, a paz e, em breve, a beatitude, as verdadeiras bodas, as únicas perfeitas, a união com Jesus Cristo. Aos olhos das donzelas reunidas sob sua autoridade, os bispos rivalizam em acenar com esta miragem: felizes as noivas que avançam, todo orgulhosas, todo puras, para o esposo que do alto dos céus lhes oferece seu amor (*amor* aqui, não *dilectio*). Ele as espera em seu "leito régio". Vai tomá-las nos braços.

Da coletânea das cartas de Arnulf, bispo de Lisieux, constituída entre 1163 e 1181, extraio uma, de consolo, dirigida a uma jovem religiosa. Essa epístola também fala de união, no caso, terrestre, união de um homem e de uma mulher, mas que a graça de Deus acaba de transferir do carnal para o espiritual, de transportar ao Paraíso redescoberto, na inocência. À idade de sete anos, por acordo entre as parentelas, a menina fora prometida ao próprio irmão de Arnulf. Aproximava-se o momento em que os dois prometidos iam se unir no leito nupcial. O rapaz morre. Afortunado, diz o bispo. Ele entrou primeiro no leito celeste. Ali prepara o lugar de sua noiva. "Convidada para as bodas do Cordeiro, ela logo irá se unir ali à vista Deste, e gozar no júbilo." Surpreendente trio. E essas palavras de forte ardor, a imagem que evocam, brutal, quase obscena. Arnulf prossegue: tu também és afortunada. Estás intacta e por isso o amor que vos une é de natureza incomparavelmente superior. Segue-se uma meditação sobre o amor, um paralelo entre as duas espécies de amor, o "corruptível" e o que não o é. "O amor gerado pelas paixões da carne corrompida está sempre exposto a corromper-se. Irreprimível no começo, é também rápido em evaporar-se, e tão completamente que muitas vezes transforma-se em ódio, seus prazeres tornam-se amargura [...]. Por muitos indícios, está claro que não provém da caridade." Ao passo que o outro amor torna-se mais forte, ao prolongar-se. "Na *caritas*, aquela que se tornou a esposa do Cristo não comete adultério quando continua a estimar o noivo do qual lhe são poupados os abraços carnais. Continua a envolvê-lo em amor puro, procura-o, não pelos olhos do corpo, mas pelos do coração. Deus não tem ciúme desse amor." Tal é a lição que o bispo de Évreux acreditou dever distribuir entre as religiosas apaixonadas, sob o pretexto de ajudar uma pobre moça, viúva, e no entanto ainda donzela, seu "tesouro" miraculosamente preservado pelos favores do céu, a engolir seu desgosto.

Até por volta de 1180, os bispos quase não escreveram às mulheres encerradas nos claustros, a não ser para exortá-las a esperar, para proibir, para as preservar do amor. Em seguida, ao contrário, é o amor que lhes é proposto, um amor cujos ardores, quando a noiva aparecer diante do amado celeste, também ele "cândido e rubicundo", tingirão de púrpura a face da amante, até ali empalidecida pelos langores da espera. Ao mesmo tempo, Jesus lhes é apresentado agora como um homem verdadeiro. O companheiro de toda a vida delas. Desde sua infância, era seu irmão de leite. De agora em diante, ele as conduz. Que o sigam passo a passo, até a Cruz, abismando-se de dor na contemplação de suas chagas. Jesus é mostrado antes de tudo como a "fonte de amor", "o único consolo das que são atormentadas pelo amor", e o vocabulário, as metáforas, das quais muitas são tiradas do Cântico dos Cânticos, evocam menos a calma afeição dos esposos que os ímpetos apaixonados dos amantes. Assim se pinta esse amor por intermédio da pena de Adam de Perseigne, cujas epístolas incluem-se entre as mais vibrantes.

No início, como padre, Adam talvez tenha servido a Marie de Champagne, a filha de Alienor da Aquitânia, e, portanto, tido contato com Chrétien de Troyes, André, futuro capelão de Filipe Augusto. Fez-se monge em Marmoutier, depois entrou na ordem de Cîteaux, mais austera, e, enfim, em 1188, tornou--se abade de Perseigne, na diocese do Mans. Sua vasta cultura e a força de seu verbo fizeram sua reputação na mais alta sociedade. Ricardo Coração de Leão tomou-o como confessor. Ele foi encarregado pelo papa de trabalhar pela paz entre os reis da França e da Inglaterra. Em 1195, está em Roma, debatendo com Joachim de Flore. Muito ligado ao grupo dos pregadores parisienses animado por Foulques de Neuilly e Pierre le Chantre, toma parte na quarta cruzada em 1204, deixa-a com os mais íntegros, com Simon de Montfort, quando a expedição desencaminha-se. Até sua morte, em 1221, não cessou de agir pela palavra. Palavra soberba e muito amplamente escutada, pois suas cartas foram copiadas por toda parte, lidas, relidas nos mosteiros e nas cortes. Eis uma delas, escrita para a virgem Agnes. É de fato a edição de um sermão que Adam pronunciou em uma abadia feminina. Imaginemos, então, esse homem, no centro de um círculo de virgens, seguro de sua ascendência, escolhendo as palavras, as imagens, na vontade deliberada de inflamar o ardor dessas mulheres até atordoá-las e levá-las, exaltadas, às efusões místicas.

Esse sermão é construído, como era de uso, sobre dois versículos da Bíblia. Um, extraído do Evangelho de Mateus, relata as palavras de Pedro a Jesus, por ocasião da Transfiguração: "Senhor, é uma ventura que estejamos aqui". Três dos discípulos estão presentes, Pedro, João e Tiago. João representa a castidade, Tiago, a humildade e Pedro, que detém a preeminência, pois Jesus o colocou acima dos outros para os conduzir, representa o amor. Adam o diz "enamorado pelo amor", e é ele, "amigo do prometido, guardião da prometida", quem deve servir de mediador, atar a união do casal. O outro versículo, "Minha alma se liquefaz quando fala aquele que estimo", vem do Cântico dos Cânticos. Esse é o verdadeiro tema da homilia. Liquefação, langor: o amor penetra todo o corpo como uma febre, uma inflamação cujo germe é o desejo. Desejo do outro sexo evidentemente, o desejo pelo desejo, cultivado por si mesmo, nascido da ausência, exaltando-se na espera. Sede inextinguível, pela qual a alma é torturada e que a deixa em ponto de fusão, a alma, mas, também, o pensamento que, ele próprio, fun-

314

de-se "no desejo de puro amor". A sede, e depois a embriaguez. "A força do amor, ou te torna lânguido ou então te inebria", imerge-te na alegria perfeita. "Senhor, é uma ventura que estejamos aqui."

Para alcançar o êxtase, a amante — todas as virgens que estão ali atentas, bebendo as palavras do diretor de consciência — é convidada a seguir o mesmo caminho que as heroínas dos romances contemporâneos. Aqui também, o fogo inflama-se por uma troca de olhares, pela visão das belezas do outro, depois vêm as palavras, as mensagens trocadas, os braços que se estendem, que se fecham, os lábios que se unem, a fusão no beijo. Enfim, mais francamente, eu diria mais descaradamente, evocados que nos poemas de amor profano, seguem-se esses prazeres que se tem na cama. Em uma outra carta, Adam convidava uma religiosa a "não temer unir-se a seu esposo, provar das alegrias do leito nupcial". Aqui, ele vai mais longe, faz as que o escutam penetrar no segredo do quarto fechado, guia-as para o "pequeno leito florido" todo impregnado do perfume do amado, deixando-as sonhar ali com os "mistérios do leito conjugal", com o jogo amoroso, com esse "a mais" sobre o qual, pudicos, os trovadores passavam sem insistir, com uma única palavra. Adam, porém, volta aos "ternos abraços, cada vez mais apertados, à doçura dos beijos", ao jogo dos corpos, e, declinando o verbo *oblectare* [deleitar-se], ao prazer. Prazer de "cópula". Nua com nua. E esta passagem surpreendente: "Admitida no interior, a noiva aproxima-se do segredo do divino conselho, vem tanto mais pura quanto está nua, despojada das vestimentas carnais e das aparências corporais, para no leito unir-se à verdade incorrupta". Por certo, a "cópula" de que se trata, fortemente capitosa, é entretanto toda espiritual. "A alma, toda alegria, serve aquele a quem estima tanto mais estreitamente quanto não subtrai sua nudez à nudez de sua inocência", e a *commixtio* [promiscuidade] que se segue à exibição do corpo desvelado é, evidentemente, considerada "sem mácula", "inefável". Mas assim mesmo: até onde tais palavras podiam repercutir no espírito, na carne dessas mulheres sem homem? Nesse ponto produz-se a liquefação. Do coração, sim, pela "magnitude do amor", "no fogo do santo amor", e cujas "lágrimas da devoção" são a manifestação visível.

Está tudo aí, posto a nu de uma só vez, por volta do ano de 1200, o que serão doravante e por séculos, no dormitório dos conventos, nas celas das reclusas, nas casas das beguinas, as efusões das "santas mulheres", predispostas por sua constituição feminina aos transbordamentos místicos. No entanto, noto ainda uma inflexão, a meus olhos muito esclarecedora. Conduzindo mais longe a metáfora, Adam de Perseigne leva em conta suas próprias relações com as moças que dirige. Quando, conduzidas por seu discurso, elas chegaram à soleira do quarto nupcial, ele deixa de apresentar-se como o *prelatus*, como aquele que caminha na frente e guia. Sua posição inverte-se, ele passou a ser o servidor da dama. Como o amante cortês. Ele se põe a serviço daquela que enfim vai unir-se ao Cristo. Penetrando no quarto para as bodas, dali em diante plenamente esposa do Senhor, de seu senhor, ela domina de fato Adam com todo o poder que acaba de adquirir. Assim, doravante, é ele quem solicita Agnès. Defende a causa do servidor diante do esposo "quando o prenderes no mais terno dos abraços". À noite, no mais íntimo da morada, como a condessa Emma de Guînes quando obtinha de seu marido, pelas carícias, o perdão das mulheres ultrajadas. Falar dessa maneira era reconhecer na prece das religiosas um valor que Abelardo, algumas décadas antes, era quase o único a atribuir-lhe. As mulheres, as mulheres devotas são, desde então, consideradas capazes de ajudar os homens a passar "da antecâmara ao leito de amor" onde elas próprias, antes deles, instalaram-se. Sinal evidente de uma promoção da condição feminina. Procuramos, Michelle Perrot, as colaboradoras de *L'Histoire des femmes* [A História das mulheres] e eu, datas significativas que permitissem escandir convenientemente essa história. O fim do século XII, incontestavelmente, é uma delas.

3

Nos primeiros tempos, os dirigentes da Igreja também escreveram muito às princesas, mas não principalmente, para aconselhá-las, preveni-las contra suas cobiças, dirigir sua consciência. O apelo à temperança, a não usar inconsideradamente seu sexo, nunca é formalmente expresso. Permanece implícito no seio de uma admoestação geral, banal, maquinal, a desprezar os prazeres do mundo, e a exortação moral limita-se mais ou menos a aconselhar a cumprir convenientemente os deveres de Estado. As grandes damas são convidadas a bem gerir o poder que detêm, em particular sobre seu marido. Nos momentos apropriados, que empreguem seus atrativos em amolecer o homem cuja cabeça repousa em seu peito, para enternecê-lo, abrandar sua brutalidade, conduzi-lo para o bem, agir sobre sua alma, incliná-lo a amar, a temer a Deus, desviar seu coração do "mau conselho", voltando constantemente à carga, oportunas, importunas — e isso é já demonstrar confiança na feminilidade, não julgar as mulheres tão más. É considerar as damas como aliadas, úteis, cujas virtudes podem ajudar a corrigir os costumes dos homens. Para falar a verdade, esses bispos, esses abades, como os romancistas e os poetas, quando dedicavam suas obras a princesas, contavam com suas correspondentes sobretudo para obter os favores de seu marido, para que ele fizesse justiça, lhes outorgasse tal privilégio, tal vantagem. De fato, a maior parte das cartas dirigidas às esposas dos poderosos é constituída de petições.

Deve-se por isso considerar os prelados indiferentes à salvação dessas mulheres? Certamente não. Desde o começo do século, diante das perturbações provocadas pelos progressos rápidos da reforma eclesiástica, pela aplicação das regras de continência impostas a todos os servidores de Deus, diante de um caso social, o de todas as companheiras de padres, jogadas na rua, que reclamavam socorro, e enquanto trabalhavam em fazer os homens e mulheres da alta nobreza aceitar uma nova moral conjugal, muitos deles, se não todos, interrogavam-se, como

Hildebert de Lavardin, como mais tarde Étienne de Fougères, sobre o lugar que Deus entende destinar às mulheres na ordem espiritual. Procuravam adaptar sua ação pastoral de maneira a conduzir eficazmente as damas ao caminho reto. Mas a reforma acompanhava-se de uma brusca expansão do monacato feminino. Acreditavam-se então obrigados a morigerar primeiro as religiosas enclausuradas, virgens ou viúvas, e, quando, como o bispo Yves de Chartres, interessavam-se pelas "cônjuges", era para o mais urgente, para que interviessem para submeter seu marido ao respeito pelas regras novas que instauravam. Uma reserva os impedia de dizer mais, especialmente a propósito desse pecado que a condição de esposa impõe cometer toda vez que o homem a quem ela pertence vem a seu encontro no quarto. Já no século IX o arcebispo de Reims, Hincmar, julgava que os homens de Igreja não devem imiscuir-se nessa espécie de assunto. No momento em que o quadro conjugal tornava-se cada vez mais firme, parecia natural aos bispos deixar ao marido, enquanto estava presente; enquanto não era afastado pela guerra, a peregrinação ou a morte, a responsabilidade pela salvação de sua mulher e por seus atos. Já muito perto do final do século XII, essa reserva caiu. Descobrimo-lo na coletânea das cartas de Adam de Perseigne, nas três epístolas compostas por intenção de altíssimas damas, todas três de sangue real, a condessa do Perche, a condessa de Champagne, a condessa de Chartres.

Adam é amigo delas, de uma amizade que ele diz "nova". Não entendamos recente, mas contrastante por seu verdor, sua franqueza, com as relações de conveniência que até então se estabeleciam entre o homem religioso e a mulher casada. O abade vale-se desse laço afetivo para difundir seu ensinamento fora dos claustros, nas cortes. Ele próprio vai até elas. Fala ali. Assim o faz, nesse "colóquio" que animou durante dois dias, a pedido da condessa de Chartres, não a sós com a dama, mas cercado de todas as mulheres da casa e de convidadas vindas de outras moradas para escutar a boa palavra. Mas dirige também as consciências pela escrita. Por essa coletânea de pequenos sermões que enviou a Blanche de Champagne. Por essas três cartas que diz ter escrito por encomenda: "Tu mas pediste para incitar-te a desejar as coisas eternas". Essas missivas, cujos textos as princesas transmitiam a suas amigas e a esposas menos nobres, são de fato respostas à expectativa espiritual das mulheres.

Respostas adaptadas evidentemente ao caso presente. Todas essas devotas são ricas. Vivem nas "delícias" enquanto à sua porta sofrem os pobres. São ricas legitimamente, obrigadas a sê-lo, a fim de viver segundo um padrão digno de sua posição e de exercer o poder "de acordo com o que exige a altura de seu sangue". O discurso, por conseguinte, retoma as palavras tradicionais: como usar piedosamente esse poder, comprazer a Deus no meio de uma corte suntuosa, cercada por uma multidão devedora de favores, de bajuladores. Repete-se o apelo à humildade, ao desprezo pelos prazeres do mundo. O sermão, contudo, adquiriu elevação. Essas princesas ainda estão em poder de um marido, mas já não são solicitadas a agir sobre esse homem, a interceder junto dele no travesseiro, sussurrando, nos enlaces do amor. Adam não pede nada para si próprio, nem para seus protegidos. Fala da salvação da alma a uma pessoa responsável por si, até mesmo em seus atos mais íntimos. Ele convida a possuir não possuindo. Não a se despojar inteiramente, o que seria indecente, mas a recusar o luxo, a viver na frugalidade. Para ele, o símbolo das superfluidades de que convém desprender-se é o vestido de cauda. Ele "efemina" as mulheres de hoje, as transforma em raposinhas envergonhadas, denuncia o que há de turvo no corpo feminino, imagem desse peso do carnal que pende para a imundície, imagem da vaidade, imagem também de todas as espoliações de que o poder senhorial é o agente. Uma tal profusão de tecidos inúteis deveria servir para cobrir a nudez dos pobres em vez de varrer, descuidada e emporcalhada, a lama das praças públicas. Convém meditar, no seio das riquezas, sobre a desigualdade social. Comprazer-se na superabundância é por si só um pecado grave. Ele basta para condenar os ricos se eles não consagram nada às obras de misericórdia, e esse pecado torna-se mais pesado quando as riquezas foram mal adquiridas, por um mau uso do poder, especialmente se advêm da faculdade de cobrar impostos: na mesma época, o sistema fiscal, novidade dos tempos modernos, começava a sobrecarregar o povo. Poupar, como devem fazê-lo os reis, a viúva e o órfão, não os esmagar com taxas. Não pilhar o bem dos miseráveis para a satisfação dos que se divertem, para alimentar inumeráveis equipagens para cavalgadas, para cobrir de adornos "esse vaso de excrementos que é o corpo". Moralizar a exploração senhorial pelo espírito de renúncia, esse é o tema primeiro. Ele refere-se às atitudes ostensivas. Adam prossegue, em profundidade.

Às princesas viúvas prescreve uma regra de vida próxima da disciplina monástica. Ler, assistida por um clérigo doméstico competente, o texto sacro. Descobrir ali o que é preciso fazer. Refletir sobre a maneira de fazê-lo. Orar, pedir ao céu a ajuda para fazê-lo. Enfim, tratar de se manter na vida secular tão pura quanto em um convento. O que é preciso para conseguir isso? Uma fé reta. Desconfiar dos falsos profetas, desses pregadores suspeitos que propõem formas de devoção extravagantes. A "inocência dos costumes", "uma guerra declarada aos maus desejos", pois é aí que está o pecado, no corpo, nessa carne que é importante castigar. Perseverança. Antes de tudo, "o temor a Deus". Tudo depende dele, pois leva a julgar-se a si próprio, a punir-se imediatamente, de modo a não deixar ao Todo-Poderoso a tarefa de castigar no além. Temer a Deus conduz o espírito a vomitar na confissão o mal de que se alimentou. É de fato muito necessário a essas pecadoras perseguidas pelas tentações, muito mais necessário que às donzelas protegidas pelos muros do mosteiro, ajoelhar-se com frequência diante de um padre, examinar-se e impor-se a penitência, chicotear-se, pois "o prazer do corpo lúbrico deve ser mortificado". Se essas viúvas souberem dar as costas à cintilação falaciosa do luxo mundano, vencer em si mesmas esse gosto de gozar que lhes legou Eva, escolher a "mediocridade", renunciarem particular às joias, aos vestidos multicoloridos que não convêm a seu estado, receberão recompensa. Para elas, a colheita será duas vezes mais abundante que para essas mulheres cuja presença de um marido obriga a copular. Inferior em um terço, porém, ao que colherão as virgens, pois que foram defloradas, irremediavelmente maculadas. A menos que Deus leve em conta que foram arruinadas involuntariamente. Adam tranquiliza Blanche de Champagne: "Fiel na vida conjugal" (o que quer dizer obediente, superando suas repugnâncias, saldando escrupulosamente a dívida), ei-la agora liberta. Libertação: responder aos ardores de um esposo é novamente vivido aqui, em todo o caso apresentado, como uma servidão. Adam não pode ir mais longe. Talvez ela receba mais. Ele o espera, pois conhece "o fervorosíssimo amor que ela consagrava à virgindade antes dos laços do casamento". Deus julga as vontades, não os atos. Ele reterá esse propósito inicial. Tu não o mantiveste, por certo. Mas é que tua parentela te forçou.

As damas, essas mulheres que, também elas, sacrificaram sua donzelice, involuntariamente ou não, que ainda não têm a sorte de estar desembaraçadas de seu marido, que, muito comprometidas com as frivolidades do mundo, leem menos assiduamente a Escritura, que, por mais rigorosos, mais generosos que sejam seus pensamentos, são, no entanto, maculadas pelo simples fato de partilhar a cama de um homem, de entregar o corpo às suas carícias, Adam não as incita a restringir as despesas, a aliviar o fardo dos impostos: isso não depende delas, não têm acesso ao poder. Mas as convida a se desviarem das diversões das cortes. Que recusem os jogos de azar e mesmo a "sutileza" do jogo de xadrez, mais ainda as maneiras demasiadamente polidas da cortesia. Que se mantenham preparadas, pensem constantemente na morte, sua presença as impedirá de ceder às vaidades. Elas vivem, que não o esqueçam, como em um sonho, no meio de um nevoeiro, e tanto mais espesso quanto estão estabelecidas no topo do poder, e esses "fantasmas" estão "quase sempre a serviço da carne voluptuosa". É importante dissipar essas brumas, ver claro. Mais uma vez pela fé, pela esperança, pela caridade estimulada pelo temor a Deus, mas também pela razão. Adam de Perseigne é um moderno. Conhece a força da dialética e serve-se dela para convencer, com a ajuda de grande quantidade de argumentos. Considera as mulheres sensíveis ao raciocínio, capazes elas próprias de usá-lo para defender sua causa diante do Deus-juiz, recorrendo ao direito, à lei. Capazes, pela "ponta de sua inteligência arremessada na direção da luz", de descobrir a verdade. O que verão elas? Em primeiro lugar a Virgem, que, sem defloração, produziu a flor cujo perfume faz parecer insípidas, ou mesmo amargas, as doçuras da vida profana. Contempla-a, toma-a em teus braços. Quem escolhe Maria como protetora não tem mais nada a temer. Mas, sobretudo, se resistes ao desejo condenável, tornaste digna da "visão muito desejável do amável Jesus". "Se por amor a ele desembaraças os olhos de teu coração das poeiras que os ofuscam, verás claramente o que, com mais fervor, deves adorar." A essas mulheres, as menos merecedoras de todas já que são casadas, Jesus é de fato proposto, da mesma maneira que às religiosas, como objeto de um amor apaixonado. Ele é belo, tão bom quanto belo, tão paciente quanto sábio, tão humilde quanto sublime... É o amante ideal. Entrega-te a ele, expulsa de teu coração e de teu espírito o que não pertence a ele. Teu "espírito purificado será conduzido à contemplação celeste". Mesmo fora do claustro, mesmo nos turbilhões da vida mundana. Com esta ressalva, porém: Adam não convida as damas às efusões místicas, à "liquefação". Apenas às virgens as bodas são prometidas. As esposas permanecem no pecado. Jesus às mantém à distância. Mostra-lhes como se conduzirem. Misericordioso, alimenta sua esperança. Mas não as acolhe imediatamente em seu leito.

O abade de Perseigne acaba de falar assim à condessa do Perche. Partiu dos mesmos preceitos fundamentais, exortando-a a mostrar-se sempre humilde de coração, "moderada em seus comportamentos, sóbria à mesa, o rosto modesto, a palavra pudica". Ela deve ter as mãos abertas, dar largamente aquilo de que os pobres carecem e permanecer, isso é o essencial, casta de corpo. Que procure antes de tudo agradar ao filho de Deus "que te conforta pela graça do Espírito Santo". Deves-lhe tudo.

Àquele que se deu totalmente a ti, "tu te deves toda". Mas como me poderia dar toda inteira já que não sou livre, já que, presa aos grilhões do casamento, pertenço a um outro? O abade responde por uma série de deduções lógicas. Começa por referir-se à "lei do casamento", que Deus promulgou no Paraíso quando deu Eva a Adão como auxiliar e associada. Não impôs aos humanos se unirem sexualmente. Permitiu-o, por benevolência, concedeu-o como um remédio. Essa é a função do casamento, extinguir as exaltações do desejo. E esse remédio, para ser eficaz, deve basear-se no que, segundo santo Agostinho, constitui os três aspectos positivos da vida conjugal. Trata-se em primeiro lugar da "fé". Compreendamos bem: os esposos estão a serviço um do outro, devedores um em relação ao outro; não têm o direito de recusar ao cônjuge seu corpo e são obrigados a reservá-lo a ele, ao fim de um contrato muito semelhante ao que liga o vassalo e o senhor: ajudarem-se mutuamente, mesmo que seja muito penoso, e não se traírem. Vem em seguida "a esperança da descendência", a obrigação de instruir nos mistérios da fé e do conhecimento de Deus o que (*quod*) é gerado pela união. Enfim, o "sinal": formando uma só carne, o marido e sua mulher devem significar a união entre Cristo e a Igreja, a qual é indissolúvel. Por conseguinte, é-lhes proibido separar-se. Esse é o código. Acrescenta-se o dever de "subtrair aos usos da carne" os dias de festa e os tempos de jejum. Esses dias são consagrados às abstinências a fim de que todas as faltas inevitavelmente cometidas na cama sejam lavadas pela confissão, a oração, as esmolas. Durante esses curtos períodos, a esposa viverá como deveriam viver as viúvas.

Estabelecido isso, Adam aplica-se em demonstrar que uma dama pode ser de Deus ao saldar sua dívida nos braços do marido. É aqui que entra em cena o homem perfeito do qual, em outras cartas, celebrou o esplendor inebriante diante das religiosas para atiçar seu desejo e elevá-las, pelo ardor de sua feminilidade, às alegrias inefáveis: Cristo. É aqui que ele tenta persuadir aquela que o escuta, e todas as mulheres diante das quais essa missiva será lida, de que toda dama encontra-se de fato dividida, porque tem dois maridos, possuindo cada um deles um direito sobre ela. Ele parte de um postulado, a distinção primordial entre o corpo e a alma, entre as "vaidades", os sonhos, os fantasmas da terra, e a "verdade" incontestável que está no céu. Ao longo de toda a demonstração, prossegue a oposição entre *iste*, é o marido carnal, e *ille*, o outro, que não é dito *maritus*, mas *sponsus*. "O marido carnal é o esposo de tua carne, Deus, o esposo de tua alma." Sem dúvida, "é importante que agrades ao primeiro", mas não esqueças de que pertences a um e a outro: "*Ille* reclama em ti seu direito". De fato, é uma questão de direito, de justiça. "Deus criou a alma e o corpo, que são ambos de seu direito. Mas por enquanto ele concedeu ao homem o direito sobre teu corpo [isto é, o usufruto, a permissão de usar. O que é o corpo da esposa? Um objeto, uma espécie de feudo, análogo a esses bens que o senhor concede a seu vassalo sob certas condições, ou antes como uma concessão, uma terra a ser lavrada, semeada]. No entanto, *ille* reivindica a alma apenas para si e não admite que ela passe ao direito de um outro." Decorrem desse pacto as obrigações da mulher. É forçada à fidelidade, à castidade em relação a seus dois esposos. Ao pudor, em primeiro lugar. Deve ao esposo celeste a *pudicitia* de sua alma, ao esposo carnal, sua carne, ela também pudica. Essa carne, o é constrangida a submetê-la a ele. Mas não deve entregar mais do que ela. Toma cuidado: "Não vás recusar a *ille*, o celeste, seu direito, por causa de *iste*, o terrestre. Quando *iste* encontra-se unido, colado a ti, delicia-te, goza, mas goza em espírito, unida, colada a *ille celestis*". Se tens êxito nessa façanha, se consegues, nos desatinos do encontro amoroso, dissociar-te, dividir-te equitativamente, dar *ao mesmo tempo* teu corpo àquele, tua alma a este, "se dás a cada um o que lhe é devido, participas da justiça celeste. Em consequência, em tua carne entrega ao homem seu direito, mas sem espoliar Deus do seu. Não seria bom para ti transferir esse direito para o uso de um outro".

Evidentemente, o melhor dos dois é *ille*, o nobilíssimo. Generoso, ao tomá-la como noiva ele agraciou sua "prometida" com um dote que enobrece mais que toda nobreza carnal, é o esplendor dos anjos, a pureza da alma, a virgindade do espírito. Considerando o valor de tal dom, deves encaminhar-te para aquele que o oferece a ti, contemplá-lo, estimá-lo, suspirar por ele. Ainda que te encontres "acorrentada" ao homem, "obrigada por necessidade a obedecer-lhe, a servi-lo, desde que não imponha nada de contrário à lei do casamento", é a Ele que é preciso preferir. Pois é com Ele que a união dura. "O casamento, que ele instituiu em favor da carne mortal, é transitório. Ele se deu como esposo imortal à alma imortal." Portanto, deves cuidar em primeiro lugar dessa "parte de ti em razão da qual és noiva do Cristo". Tu também, como as religiosas enclausuradas. Tão estreitamente quanto estas, a dama é cativa, atada pelo mais forte dos laços, o dos esponsais. Como estas, espera as bodas, elas virão. Assim, ela deve ornar com suas virtudes o lugar das cópulas secretas, preservar com vigilância no interior de si um jardim fechado, espécie de claustro, de tabernáculo, como um pequeno quarto nupcial para ali acolher o Espírito. Um espaço "consagrado" — a palavra é essa — em seu coração e, está claro, estritamente proibido ao homem a quem foi dada por seus pais, que a tomou e que à noite, na cama, ainda a solicita e a toma.

Esse texto é notável. Notável pelo rigor do raciocínio, pelo poder do verbo. Ele o é sobretudo pelo que revela. Surge às claras o que os homens de Igreja pensavam do corpo da mulher e o que queriam que as próprias mulheres pensassem dele. Um "vaso de excrementos", repetiam eles. Em todo caso, a sede do pecado corruptor, agitada pelas pulsões incontroláveis da carne desde que nossos primeiros pais, pela falta de Eva, foram expulsos do Paraíso terrestre. Segue-se que as damas, essas moças que não conservaram a integridade, a inocência desse corpo, devem desprender-se dele, esquecê-lo tanto quanto possível. Abandoná-lo, por certo, a esse homem que recebeu solenemente essa carne perecível, que se apoderou dela e que ainda arde por tirar-lhe gozo. Que a união, a *commixtio* dos sexos, realize-se. É preciso que seja assim. É a lei do casamento, o dever dos esposos. O ideal seria que esse dever fosse penoso. Para muitas mulheres daquele tempo ele o era, fisicamente. Como quer que seja, a dama se absterá, com todas as forças, de participar. Que permaneça de mármore, crispada, de dentes cerrados, resista, recuse deixar-se extraviar pelo prazer.

Tais injunções vinham limitar singularmente o campo do amor conjugal, a respeito do qual Jean Leclercq empenha-se em provar que os monges do século XII fizeram-se seus incensadores. Sem dúvida, as palavras que acabo de citar foram compiladas em uma abadia cisterciense, isto é, em um dos cantões mais austeros da instituição eclesiástica. Mas elas eram lançadas no próprio centro dos divertimentos corteses. Como foram recebidas? Muitas esposas, como se adivinha por muitos indícios, por esses mexericos espalhados pelos cronistas, pelas disposições tomadas em favor de esposas muito jovens, maltratadas na noite de sua defloração pelos ataques excessivamente fogosos de um rapaz, ele também inexperiente, do qual nunca haviam visto o rosto, permaneciam frígidas, fechadas para sempre. Mas, e as outras? E essa divisão, entre o celeste e o terrestre, que lhes era apresentada como justa e benéfica, como foi aceita? Deus não é ciumento, asseguravam os diretores de consciência. E os maridos? Que pensavam disso? Como suportavam o anteparo que as admoestações dos padres tentavam erguer entre sua mulher e eles? Deve-se ficar surpreso de ver na mesma época, no limiar do século XIII, multiplicarem-se entre os homens da nobreza os sinais de uma repugnância manifesta com relação aos confessores?

4

As cartas de Adam de Perseigne eram, como disse, sermões, e de vasta audiência, já que o eco das palavras escritas repercutia de mil maneiras. Audiência, entretanto, sempre encerrada em um espaço fechado, privado, o convento, a casa, a morada nobre. Ora, na época em que Adam escrevia, pregar tornara-se uma das primeiras funções do clero, e formar pregadores, a primeira função da escola. Da igreja, a igreja urbana, a mensagem era lançada, pública. Aos fiéis reunidos para o ofício, e especialmente às mulheres, encarregadas de repetir às ausentes o que haviam retido da homilia, era rigorosamente prescrito escutar com atenção as palavras proferidas do púlpito. Para ajudar os homens encarregados de os pronunciar, compunham-se modelos de sermões, reunidos em coletâneas. Os mais antigos que podemos ler são contemporâneos de Adam de Perseigne. Eles multiplicaram-se no século XIII. Hoje restam milhares deles, imensa reserva, manuscrita, confusa, opaca. Há uns vinte anos, os eruditos começaram a explorá-la, a editar convenientemente esses textos. São, insisto, modelos. As coleções de sermões são manuais práticos, o que se chamava então de "artes", destinados aos pregadores profissionais. É por isso que falam latim, a língua comum dos clérigos. Os que se inspiravam nesses livros transpunham-lhes o conteúdo para o dialeto que suas ovelhas eram capazes de compreender.

Como certas cartas de Adam de Perseigne, esses sermões são construídos sobre uma ou duas passagens da Escritura. Propõem-lhes um comentário, conduzido segundo o método estabelecido cem anos antes nas escolas de Laon e de Paris, comparável ao que os mestres desenvolviam em suas "lições", ao dos exegetas que, lendo as primeiras páginas do Gênese, definiam pouco a pouco os traços de Eva, a pecadora: partir das palavras, elucidar seu significado para chegar a uma exortação concreta, como conduzir-se em tal circunstância. O modelo de sermão difere da glosa apenas por ser escrito para o "vulgo", para ser apresentado ao povo, a pessoas simples, a leigos. Adapta-se à sua forma de pensamento, recorre a todos os procedimentos capazes de prender sua atenção, de os tirar eventualmente de seu torpor. Assim, é recheado de pequenas histórias divertidas. Essa produção literária superabundante impressiona por sua mediocridade. Em primeiro lugar, por sua monotonia: os especialistas que organizavam essas coletâneas apropriavam-se sem escrúpulo das palavras de seus predecessores, contentando-se em modificar-lhes aqui e ali o arranjo. Monotonia e, sobretudo, banalidade: a estupidez dos "exemplos", curtas anedotas escolhidas pelos melhores para despertar a assistência, é estarrecedor. Decepcionante, esse material contém, no entanto, com que completar por alguns traços a imagem da mulher proporcionada pelas cartas de orientação espiritual.

Como os que Étienne de Fougères reuniu no *Livre des manières*, os sermões eram destinados, segundo a expressão da época, *ad status*, a cada um dos diferentes "estados" da sociedade. Alguns, por conseguinte, dirigiam-se às mulheres. Não me detenho nos modelos de homilia referentes às virgens e às viúvas. Reencontram-se aí todos os lugares-comuns da literatura epistolar. Às donzelas, repisam o valor inestimável de sua virgindade, a imperiosa necessidade de expulsar de seu espírito os "maus pensamentos e os deleites prolongados". Permanecer sob a proteção da boa vergonha, a que impede de escutar ou de fazer o libidinoso, o imundo. E depois os conselhos práticos, trabalhar com as mãos, não rir. Nada de maquiagens, desses "vermelhões adulterinos" com que se enfeitam as prostitutas. Nada de cama muito macia. Às viúvas, é relembrado que devem desconfiar do reavivar das lembranças, o acento recaindo fortemente, ainda desta vez, sobre o prazer sexual. Em compensação, escuto o que os pregadores diziam às damas. No começo do século XIII, eles ainda evitavam falar-lhes diretamente. O sermão dirige-se *ad conjugatos*, às pessoas casadas. Ou seja, em primeiro lugar, aos homens que estão encarregados de conduzir sua mulher. Mostra-lhes como usá-la decentemente, tratá-la de maneira a agradar a Deus e preservá-la dos pecados que a ameaçam especialmente.

A *Ars predicandi*, a coletânea "Como pregar" de Alain de Lille, que morreu em 1202, revela um dos modelos mais antigos, sem dúvida erudito demais para ter sido amplamente utilizado. De fato, é um pequeno tratado de moral conjugal, construído sobre as palavras de são Paulo, "que cada um tenha sua mulher por causa da fornicação; mais vale casar-se que arder", e que retoma as reflexões de santo Agostinho no *Contra manicheos*. Elas são aqui resumidas em algumas frases. Para que o casamento seja "espiritual", isto é, verdadeiro, convém que "a carne e o espírito estejam unidos segundo a razão", que "a carne, como a mulher, obedeça ao espírito, que o espírito, como o homem, dirija, governe a carne como deve sê-lo uma esposa". Tudo fica à deriva quando a carne rebela-se, quando a razão, seduzida, perde a cabeça; põe-se a fornicar com a carne, quando a ordem é rompida no interior do homem, digo bem, do homem, do macho, pois, com toda a evidência, os *conjugati* a que a exortação se refere são os maridos. Só eles, pois só eles são ativos. Únicos responsáveis pelo repúdio, pelo adultério e por esse excesso, tão condenável quanto o adultério, que macula o sacramento, quando o esposo mostra-se "amante demasiadamente veemente da esposa". Alain de Lille não tem nada a dizer a esta. Talvez ela esteja presente. Atenta ou não, que importa? Ela não é nada, senão esse objeto, necessariamente submisso, como a carne ao espírito, como Eva a Adão, como o mole, o frouxo, o impuro o são, segundo os desígnios de Deus, ao rígido, ao luminoso, ao forte.

Os sermões de Jacques de Vitry foram reunidos e editados em 1226. O próprio Jacques pregava, e com grande sucesso. Talvez tenha retomado, para ajudar seus confrades, as próprias palavras que lançara ao público. O discurso, em todo caso, adquiriu amplitude. Diversificou-se, desenvolvendo o que era apenas esboçado na coletânea de Alain de Lille. É bem no fim da coleção, no respeito às hierarquias, que vêm os sermões "às esposas", depois do que se refere às diversas categorias de homens. O manuscrito 544 da biblioteca de Cambrai contém três desses modelos. Aí se vê Jacques ocupar-se realmente das mulheres. Imagina-as diante daquele que prega, reunidas no lado esquerdo da nave, muito numerosas, mais numerosas talvez que os homens. Ele simula interpelá-las, tratá-las com rudeza: "Vejo algumas que resmungam porque falo da maldade feminina". No entanto, é ainda para os maridos que vão os conselhos. Que se apliquem a melhor "reger" sua mulher, e é para que a mantenham com pulso mais firme que a homilia os adverte dos defeitos femininos. Em uma intenção semelhante à de Étienne de Fougères, Jacques de Vitry aponta o mal para o extirpar, purgar a união conjugal dos fermentos de infecção que, sempre, emanam principalmente da esposa.

Como Alain de Lille, ele começou por celebrar a "dignidade do casamento". Partiu do Jardim, da criação de Eva. Convencido de que, desde a origem, o desejo carnal atormentava o homem, acreditou poder dizer que Deus criou um segundo sexo a fim de evitar que Adão caísse na "luxúria sodomítica ou na bestialidade". Deu-lhe uma mulher, uma só, "suficiente para saciar a libido". Essa é a missão destinada à mulher. Ela também deve contentar-se com um único parceiro, o que lhe é mais difícil, pois é toda oferecida, ardorosa, tão exigente que os homens tremem e perdem por vezes suas capacidades diante dela, inoportunamente. Jacques aborda então as regras de boa conduta sexual que se impõem aos cônjuges. Por ter o casamento sido instituído para amortecer os arrebatamentos da concupiscência, convém que a mulher não se recuse jamais. Mas não é preciso tampouco que "se creia obrigada a dissimular seu desejo". Quanto ao homem, "que não a constranja violentamente, crendo-a o tempo todo sujeita a seu prazer". E "se a dama pode libertar-se de outra maneira [desse excesso de febre que a consome; percebe-se aqui o padre bem informado por profissão, e porque, talvez, depois de dois séculos, as palavras do *Medicus* tenham chegado até ele, sobre os remédios que as mulheres usam às vezes entre si para se acalmar. Indulgente? Desdenhoso? Em todo caso, discreto] sem causar escândalo ao marido, não deve dizer-lho. Há muitas coisas, das quais não se pode falar do púlpito, que os maridos não devem saber, pois têm muita tendência a desprezar as mulheres". O ideal é que um acordo se estabeleça entre os esposos, cada um deles usando moderadamente de seu direito, "na santidade e na honra". Guardar a medida, conter-se tanto quanto possível. Sabendo bem que o casamento contém inelutavel-

330

mente uma impureza, o prazer que se tem um com o outro, e que é preciso resgatar pela esmola.

Como os humanos não são iguais aos animais, já que estão constantemente ardendo em desejos, a "honra" do casamento é ameaçada pela luxúria, especialmente pelo adultério, "que é o diabo". Muito mais grave quando é ato da esposa, pois, então, além do mais é um furto. À diferença dos homens, as mulheres, de fato, não têm a propriedade de seu corpo. Casadas, roubam seu esposo quando se dão a um outro, ou mesmo quando, muito simplesmente pueris, abandonam-se a distribuir os trocados de seus encantos como as damas frequentemente gostam de fazer. As damas, ei-las.

Que lhes diz Jacques de Vitry?

Nada ou quase nada de positivo. Por certo, preocupa-se em protegê-las, prescreve aos maridos "não desprezar, não maltratar sua mulher, mas considerá-la como associada no leito [que vem em primeiro lugar], à mesa, no que se refere ao dinheiro, aos víveres, às vestimentas". E não moê-la de pancadas sem motivo. Às esposas, não julga necessário prescrever outra coisa além de cuidar bem de seu senhor, manter bem a casa, educar bem suas filhas. Pois "hoje se veem muitas que lhes ensinam canções de amor, que as incitam antes a se tornarem desavergonhadas que a chorar seus pecados [...] e quando veem a pequena sentada entre dois rapazes, a mão de um em seu corpete, a do outro sob sua saia, alegram-se: 'Vede como minha filha senta-se honrosamente, como os jovens a amam e a acham bela', mas logo o ventre incha". Vem enfim a "obrigação primordial, que é de obedecer ao marido em tudo". Eles são iguais, ela e ele, quanto à carne, mas o marido é o chefe da mulher, investido do poder de "governá-la, corrigi-la se se perde, reprimi-la se corre o risco de sucumbir". Dominação muito necessária, pois o mal vem dela. "Entre Deus e Adão, no Paraíso, havia apenas uma. Ela não teve descanso até que os houvesse dividido." De resto, são sempre as damas que rompem a concórdia no seio do casal. Não apenas "frágeis", "lúbricas", "instáveis", difíceis de segurar como os potes sem asa, mas também indóceis, briguentas. Cuidado com as que batem. Cabe ao marido fazê--lo. Pois, pela vontade divina, incumbe ao homem dirigir, e, antes, controlar-se, não se agitar como elas. Eis por que é homem, e é apenas ao homem que Jacques de Vitry ensina. Preocupa-se apenas com ele. Tão atento a Marie d'Oignies, a beguina, cujo mérito a seus olhos foi ter-se esquivado às obrigações conjugais para entregar-se toda inteira a Jesus, ele negligencia essas mulheres que nem bem nem mal assumem sua condição de esposa. Têm um marido junto delas. Que ele as dome e as mantenha estreitamente vigiadas. Haverei de descobrir uma atitude mais generosa se for mais adiante no século XIII, até as coletâneas compostas por Guibert de Tournai, que ensinou teologia em Paris antes e depois de sua entrada na ordem franciscana em 1235, e por Humbert de Romans, dominicano, morto em 1277?

Com efeito, desta vez encontramos sermões destinados explicitamente a mulheres que vivem uma vida secular. Essa é a novidade. Mas, em Humbert, é quase a única. Como Étienne de Fougères, como Jacques de Vitry, ele acusa, invectiva, denuncia violentamente os defeitos das damas, sua inclinação a pecar, ataca-as a fim de suscitar a vergonha e facilitar assim a erradicação do mal. Sem dúvida, seu sermão "a todas as mulheres" começa por um elogio da feminilidade, mas em suas formas sublimadas, em seu "estado de glória". No céu, no Paraíso reencontrado, a natureza feminina tem precedência, diz ele, na pessoa da Virgem. Assim, é preciso preparar-se, aproximar-se do modelo celeste purificando-se. E é aqui que são enumerados todos os defeitos femininos. A começar por essa tendência a usar sortilégios. Além disso, são desavergonhadas, tagarelas, preguiçosas, duras de coração. Esse funesto preâmbulo é seguido de seis modelos adaptados às diversas espécies de mulheres. Às nobres, Humbert faz poucas admoestações, como se o bom sangue protegesse melhor. Às burguesas, reprova-se o gosto que têm pelo dinheiro, que põe tudo a perder. Enfim, ao se voltar para as mulheres da casa, para as adolescentes e criadas, o mestre dirige-se de fato à mãe de família, prescrevendo-lhe

332

controlar severamente essas pecadoras potenciais. Vigiar antes de tudo as donzelas, mantê-las em estado quase monástico, longe da vida mundana, sobretudo afastadas dos machos, pôr-lhes nas mãos bons livros, desses que ensinam a "transferir todo o seu coração apenas para o ardente amor de Jesus Cristo". Em suma, fazer delas pequenas beguinas. Vigiar muito mais de perto as camareiras, não tanto por se empanturrarem à noite, embebedando-se, mas porque incitam os rapazes a fornicar pelas obscenidades que lhes dizem e porque lhes mostram seu corpo. Quantos jovens, de bom nascimento, que não ousavam ir ao bordel, não foram despojados de sua inocência em seus braços? Eles estão perdidos para sempre. São elas as culpadas por lhes ter oferecido a maçã. Os dois últimos sermões da coletânea são dirigidos à escória. Do alto de sua respeitabilidade, de sua superioridade de classe, Humbert de Romans despeja sobre esse rebotalho, as camponesas e as putas, toda a ignomínia. Com certeza é preciso falar a elas: Jesus falou à Samaritana. As "pobres mulheres da aldeia" têm a maior necessidade disso, carregadas que estão de todos os pecados do mundo, fornicadoras antes de tudo, entregando-se a qualquer um, aos clérigos, a seu cura, ao religioso que passa. Mais perigosas ainda, as prostitutas podem, porém, elas também, ser tiradas da abjeção, salvas. Maria Madalena não o foi? Libertada dos sete demônios, resgatada pela penitência, e tão perfeitamente que tem lugar de honra no céu, mais gloriosa que todas as mulheres, à exceção da Virgem Maria. Um século e meio se passou e o tom não mudou. Os homens de Igreja têm medo das mulheres. Têm medo sobretudo de seu sexo. Humbert o diz expressamente na homilia às aldeãs. A mulher é Eva, portanto, o perigo. Não por ser limitada, crédula, em primeiro lugar. Mas porque, como a companheira de Adão, a mulher incita os homens a gozar oferecendo-lhes o fruto proibido.

Quando Guibert de Tournai desenvolve por sua vez o tema, ele também fustiga a perversidade das mulheres, sua coqueteria, essa atenção excessiva que dão à sua "cabeleira", e o tempo que perdem diante do espelho, perguntando-se se é preciso sorrir de tal maneira, semicerrar os olhos, que parte de seu colo mostrar escolhendo colchetes mais maleáveis. Exorta-as mais uma vez a honrar seu marido, isto é, "a não fazer nada que seja contrário ao que este prescreve ou diz". Contudo, esse franciscano, pelo que sei, é o primeiro dos pregadores para quem a conjunção sexual não parece ser em primeiro lugar objeto de repugnância total, o primeiro a celebrar diante de um auditório feminino o amor conjugal. Sem dúvida, ele convida, prudentemente, a distinguir a dileção "social" (fundamento da "associação", da "companhia" que se estabelece na união matrimonial) da "carnal". Pois o amor é tanto mais certo quanto é mais puro, tanto mais alegre quanto é casto. Então, é essa espécie de afeição que é preciso manter. Ela só pode desabrochar na "paridade de intenção", se os cônjuges estão igualmente voltados um para o outro. Assim — e a homilia dirige-se então aos pais, aos que determinam os esponsais —, não se deve, na formação do casal, pautar-se em primeiro lugar pela beleza física (se se quiser que os esposos "vivam juntos nas alegrias honestas"), nem pela riqueza ("os maridos, de fato, governam o lar mais rigorosamente se não são freados pelo peso do dote" trazido por sua mulher). Os casamentos entre iguais são os melhores. Então a "afeição de amor" ajuda a caminhar junto na direção do melhor, corrigindo-se mutuamente. Mas, de qualquer maneira, "há aparências de afeição entre os que se abandonam ao vício [que é o vício? o prazer], e se poderia pensar que nessa amizade e dileção, embora maculadas pela libido, encontra-se algum elemento positivo". Concessão. Sem convicção. Mas abertura enfim, tímida, isolada, tardia.

5

Falei por várias vezes da Igreja como se a instituição eclesiástica formasse um corpo homogêneo. Disse: a Igreja faz isso, aquilo, impõe sua concepção do casamento, alcança nesse ponto seus fins. Essa maneira de escrever pode ter feito esquecer que nem todos os bispos, abades, mestres partilhavam a mesma visão do mundo e, especialmente, do pecado. Todos haviam escutado as mesmas lições, eram todos confrontados com os mesmos problemas, estavam preocupados em ordenar a sexualidade social. No entanto, os defensores da virgindade, os obcecados pela mácula sexual, seguiam ao lado de outros menos exaltados, convencidos de que a natureza não é tão má e de que é bom dar lugar sensatamente ao sexo. Entre estes, muitos, associados ao mundo das cortes, mostravam-se preocupados em forjar uma moral que pudesse convir a seus pais, a seus amigos leigos, e alguns preparavam os mais bem-feitos instrumentos para difundir amplamente essa moral. Pregavam à sua maneira, na linguagem das assembleias mundanas, pela peça romanesca, pela canção, pelo teatro. E o caso do clérigo que, na segunda metade do século XII, ao que me parece, e talvez na corte de Henrique Plantageneta, compôs o *Jeu d'Adam* [O auto de Adão], um espetáculo que era montado no início da quaresma para o ensinamento dos fiéis. É incontestavelmente um homem de Igreja, como os que depois dele organizaram as representações: com efeito, ele retoma o latim para indicar, à margem do texto falado, os jogos de cena. Conhece perfeitamente os comentários da Escritura, os de santo Agostinho em particular. Todavia, mostra Eva em tons muito menos sombrios. Sem dúvida, no começo do drama, quando, dando a palavra a Deus, mostra-o expondo a Adão sua concepção do casamento, afirma que a mulher está sujeita ao homem, sob seu "comando", sua "disciplina", que Eva é, portanto, a súdita de um súdito do Todo-Poderoso, já que, subordinada, deve servir a Adão, o súdito imediato. Mas também faz Deus dizer que de seu esposo Eva é o "par", a igual, e que goza com ele plenamente do "domínio", desse feudo, o jardim do Éden, que ele lhes concedeu. E, sobretudo, depois da falta, quando Eva, muito sensível aos atrativos do fruto, sucumbiu, seduzida por Satã, à sua beleza, a seu prometido sabor, é para a sua personagem que o autor desse auto atrai a simpatia do público. Nenhuma alusão, de início, ao pecado sexual. Depois, diante de Adão que a cobre de insultos e de censuras, a mulher aparece muito mais digna. Deus, diz ela, é seu juiz, não o homem. Ela remete-se a ele, inclina-se profundamente, reconhece-se culpada. Acusa-se, confessa, humilha-se, em perfeita penitência. Proclama, enfim, sua esperança: "Deus me restituirá sua graça". Certa de ser salva, de já o estar, como Maria Madalena, e pelo poder do amor.

DO AMOR

1

É banal, desde Denis de Rougemont, situar no século XII, e mais precisamente na alta nobreza da França, alguns dizem a invenção, outros a descoberta, a revelação — *Entdeckung*, propõe Peter Dinzelbacher — do amor, ao menos dessa maneira de amar que distingue nossa cultura de todas as culturas do mundo. Banal, mas verdadeiro: nessa época, no próprio momento em que os aparatos de defesa da instituição matrimonial, tais como os queria a Igreja, acabavam de reforçar-se, impondo-se desde então por séculos, muitos documentos seguros fazem surgir os elementos de um ritual que codifica uma maneira nova de imaginar, fora do quadro conjugal, as relações afetivas entre os dois sexos, e talvez de as viver. Digo talvez. De fato, todas as informações referentes a esses ritos vêm de obras literárias; essas obras tinham por objetivo divertir; por conseguinte, transportavam a ação para fora do habitual, do cotidiano, do vivido. Quantos verdadeiros Lancelotes, quantos verdadeiros Gauvain entre os cavaleiros vivos, verdadeiras Guinevere entre as damas, verdadeiras Phénice entre as donzelas? Ninguém jamais poderá dizê-lo. Único fato comprovado: canções celebrando a dama eleita, relatos contando as aventuras de um amante e de sua amiga foram compostos durante o século XII na linguagem das cortes, alguns foram considerados dignos de ser fixados pela escrita, e muitos desses textos foram conservados. O historiador da sociedade medieval pode e deve partir desse fato, e apenas dele.

Ele já tem o direito de deduzir daí, e sem hesitar, que os gestos e os sentimentos atribuídos aos heróis e às heroínas dessa literatura não eram destituídos de relação com as condutas dos homens e das mulheres que os poetas se aplicavam em divertir. Pois essas canções, esses relatos agradaram; se assim não fosse suas palavras jamais teriam chegado até nós. Porque agradaram é que se pode concluir que apresentavam um reflexo do real, que os personagens que punham em cena não pareciam muito estranhos, muito distantes, inseridos numa dimensão fantástica, para que os cavaleiros e as damas que acompanhavam com paixão o desenvolvimento de seus amores tivessem podido reconhecer neles alguns de seus próprios traços, algumas de suas próprias atitudes, e tivesse lhes sido possível identificar-se com eles em sonho. Lancelote, Guinevere, pareciam-lhes próximos. Não eram inimitáveis. Ora, eles foram imitados, brincou-se de imitá-los. Como as vidas dos santos, a literatura de divertimento propunha modelos. Esses exemplos foram seguidos, mais ou menos de perto, e, por efeito de tal mimetismo, a realidade social aproximou-se mais estreitamente da ficção.

Outro fato incontestável, as regras da conduta amorosa foram elaboradas nas cortes dos maiores príncipes da França feudal. Mais cedo nas cortes do Midi que naquelas em que empreendi minha investigação? De um Midi próximo, que começa em Poitou, nos confins do Berry, do Bourbonnais? Admitimo-lo comumente. O estado de conservação dos textos faz crer nisso. Não o prova, porém, assim como não o provam os *razos*, as *vidas*, essas notícias explicativas redigidas em pura fantasia um século e meio, dois séculos mais tarde, pelos primeiros editores, na maior parte italianos, dos trovadores. Quem estabelecerá indubitavelmente, por exemplo, depois das pertinentes críticas de George Beech, que o "conde de Poitiers", a quem são atribuídas as mais antigas e mais belas canções de amor, é de fato Guilherme IX da Aquitânia, a quem os historiadores monásticos haviam acusado, em seu tempo, de lascívia descarada e risonha? Ou que a famosa condessa de Die era realmente uma mulher? Quanto a mim, tenho por evidente que na França do Norte, onde a influência da Igreja sobre a alta cultura era muito mais exclusiva, o que impediu por muito tempo de transcrever no pergaminho as palavras dos dialetos românicos e até mesmo de guardá-las na memória, também se cantava o amor no começo do século XII. Abelardo cantava o amor de Heloísa. Ele é contemporâneo de Guilherme IX. E outros clérigos, apaixonados por Ovídio, compunham, na mesma época, poemas eróticos em latim, alguns dos quais foram conservados. Ninguém põe em dúvida, em todo caso, que, passado o ano de 1160, letrados levaram à sua perfeição o modelo desse amor que Gaston Paris denominou judiciosamente cortês, junto a Henrique Plantageneta, ao conde de Champagne ou ao conde de Flandre.

O amadurecimento da simbólica amorosa foi rápido, pois os príncipes rivalizavam entre si. Sua glória e boa parte de seu poder dependiam do brilho de sua corte. Eles cuidavam de que ali se pudesse viver agradavelmente, de que o corpo e o espírito ali se revestissem dos mais brilhantes ornamentos. Com esse fim, mantinham os melhores poetas em sua casa. Os príncipes acreditavam-se também responsáveis pela educação dos homens e das mulheres que se reuniam em torno deles. Era uma velha tradição. Na época carolíngia, o palácio do rei era uma escola de boas maneiras. As obras compostas pelos escritores à sua disposição tinham, assim, uma função pedagógica. Ensinavam os usos que distinguem o homem bem-educado, o homem de corte, o "cortês", do "plebeu", do grosseiro, do rústico. Ensinavam em particular os guerreiros a tratar segundo as conveniências as mulheres das quais se aproximavam no círculo dos príncipes.

Enfim, sentiam-se responsáveis pela ordem. O Todo-Poderoso dignava-se lhes delegar seu poder. Esperava que mantivessem a paz. Uma de suas preocupações mais aflitivas era conter a turbulência desses guerreiros que, mesmo se estivessem avançados em idade, eram chamados "jovens" porque não eram casados. Muito numerosos, pois a autoridade familiar, a fim de evitar a divisão dos patrimônios, velava para que os rapazes mais novos não gerassem herdeiro legítimo e obrigava-os ao celibato. Todos esses homens sem esposa, ciumentos de um irmão mais velho que toda noite ia ao encontro da sua, alimentavam a discórdia na sociedade cortês. Lançavam-se sobre o patrão, reclamavam que lhes desse por mulher uma prima, uma sobrinha, a jovem viúva de um vassalo defunto. O patrão não podia casá-los todos. A maior parte permanecia ali, errante, instável, à espreita, prestes a apanhar alguma presa. Por certo, não tomá-la à força, raptá-la como se fazia no século IX. Ao rapto sucedera a sedução. Os "jovens" procuravam, enganando as famílias, captar os favores das moças casadouras ou então, enganando os esposos, os das damas. Muito disponíveis, a crer em Étienne de Fougères. E isso era, como diz o mesmo Étienne, "semente de guerra".

Para esses cavaleiros, a bela aventura, a façanha de que se vangloriavam tanto ou mais do que de ter conquistado o prêmio na noite de um torneio, não era a proeza sexual, essa mirabolante aptidão para o jogo amoroso, exaltada por certas canções do conde de Poitiers. Era atrair para seus braços a fada, uma dessas estranhas e fugazes sílfides que os contemporâneos de Burchard de Worms esperavam encontrar um dia na orla de um bosque, era, sobretudo, apoderar-se da mais severamente proibida de todas as mulheres, ou seja, desafiando os terríveis castigos prometidos ao adúltero e ao traidor, arrebatar a dama, a esposa do senhor. Duplo delito, por certo. Mas brilhante demonstração de audácia, o mais invejado dos títulos de glória. O admirável escritor que foi encarregado de escrever o elogio de Guillaume le Maréchal conta que os rivais de seu herói o acusaram de ter seduzido a esposa de seu senhor comum, Henrique, o jovem rei. O autor da canção não procura desculpar Guillaume, mas tampouco confirma o fato. Le Maréchal foi realmente o amante da rainha? Esse perfeito cavaleiro, então celibatário, sem dúvida deixou, ele próprio, pairar a dúvida, orgulhoso de que essa insigne proeza lhe pudesse ser atribuída. Ora, não deixava de ser perigoso para a tranquilidade da corte que a sedução, rude ou adocicada, passasse por uma ação brilhante na cavalaria. Os príncipes esforçaram-se por conjurar esse perigo. Sem desvalorizar as tentativas dos guerreiros de atrair os favores das mulheres, trataram de reduzir-lhes os efeitos, regulamentando-as, encerrando-as no sistema de conveniências cuja edificação prosseguia sob seu controle, dando-lhes um lugar, estritamente delimitado, na cultura de corte. *Curialitas*. Em língua românica, *cortezia*, cortesia. Eles esforçaram-se por conter as violências do ataque sexual no quadro de um ritual, o de um divertimento mundano, o amor novo celebrado pelos poetas. Um jogo.

Esse jogo, como se sabe, joga-se a três, a dama, o marido, o amante. A dama é sua peça principal. Os romancistas a chamam rainha. De fato, é uma esposa, a do senhor da corte. A esse título, ela detém sobre os cavaleiros um triplo poder. Educadora, já que, responsável pelo interior da morada, ensina-os a ali se comportarem bem. Mediadora, pois intercede em seu favor ao senhor. Sedutora, enfim: em seu corpo, suntuosamente adornado, concentra-se o desejo deles. O amante não é casado, corre atrás da aventura. Toda a juventude masculina reconhece-se nele. Ele encarna seus desejos, suas frustrações. Representa a audácia, a temeridade. Seu papel é o de apoderar-se da dama, forçar suas defesas, submetê-la a ele. Quanto ao sênior, ao velho, ao esposo, é ele escarnecido? Não. Na verdade, ele dirige o jogo, puxa-lhe todos os fios e usa-o para fortalecer sua autoridade sobre os "jovens".

Com efeito, como o diz Étienne de Fougères, a dama é sua honra. Ela faz sua glória. Por isso ele a cobre de ornamentos e a expõe. O lai* de *Graelent* mostra o rei Artur, todo ano, no dia de Pentecostes, festa da primavera e da cavalaria, ordenando à sua mulher, no fim do banquete, que suba na mesa e dispa-se diante dos barões reunidos: alguma vez viram corpo mais belo? Eis, segundo Christiane Marchello-Nizia, a significação desse desvelamento simbólico: "A beleza da rainha, a sedução

---

* Pequeno poema narrativo ou lírico, em versos octossílabos, que os jograis da Idade Média cantavam, com acompanhamento de harpa. (N. E.)

que pode exercer sobre os vassalos é simplesmente um dos atributos, um dos modos de exercício do poder real". A dama é passiva. Não é ela quem decide desnudar-se. O homem que a tem em seu poder a exibe, da mesma maneira que, por ocasião das grandes ostentações de seu poder, faz expor à sua volta as peças de seu tesouro, a coleção de objetos preciosos da qual, vez por outra, tira o que dar a fim de fazer-se amar por suas larguezas e ser mais bem servido. A rainha é o mais brilhante desses objetos, o mais desejável. Solenemente, ele entrega aos olhares de seus amigos os atrativos secretos de sua esposa. Por esse dom que lhes faz, ele os tem, pois todo dom exige serviço. Também sua mulher deve mostrar-se generosa. Cabe-lhe sustentar por favores meticulosamente distribuídos a esperança dos cavaleiros que a cercam e sonham possuí-la. Em compensação, eles a servem como vassalos fiéis, e é assim que se amansam, que se moderam pouco a pouco. A dama, de fato, é um engodo nas mãos de seu marido, que deixa o jogo prosseguir até se chocar contra a dupla proibição do adultério e da traição. Desse jogo, cabem-lhe todos os ganhos. Quando o cortejador esmera-se em agradar à sua esposa, não é como uma homenagem que presta à sua pessoa? Não procura ele também, e talvez antes de tudo agradá-lo, conquistar seu amor? O desejo e o serviço de amor não vão ricochetear sobre a pessoa da dama para dirigir-se à do patrão? É arriscado pensar que as mímicas amorosas cujas figuras, rigorosamente controladas, atavam a esposa do senhor e tal cavaleiro da corte, viessem, de fato, a alimentar o amor entre esses dois homens, o amor mútuo, o verdadeiro, o substancial, sobre o qual, desta vez de modo absolutamente real, fundava-se a vassalagem, a ordem feudal, ou seja, nesse tempo, o Estado? É, realmente acredito, o que se deduz dessa literatura, dos romances compostos durante o último terço do século XII, e de que nós, os historiadores, tiramos tudo o que podemos conhecer do amor cortês nessa época.

Dir-me-ão que, falando do amor cortês, afasto-me de meu propósito. Não é assim: procuro, neste livro, perceber melhor a maneira pela qual os homens de Igreja representavam-se as mulheres. Ora, nas províncias em que fiz minha investigação, na França de língua d'oil, os criadores da literatura cortês foram homens de Igreja. Na casa dos príncipes, grandes e pequenos, eles serviam a Deus, cantavam o ofício na capela, confessavam, sendo essa sua função primeira. Más, além disso, introduziam nos usos profanos os procedimentos e os saberes, os preconceitos, as maneiras de pensar, a imagem de Eva, uma imagem da dama de que se haviam impregnado na escola. Dela saíam todos, muitos traziam um título, mestre, e vangloriavam-se disso. Muito bem formados, o caso de Lambert d'Ardres, que servia em uma corte modesta, testemunha-o. Hábeis no discurso e na controvérsia, liam, escreviam, conheciam as palavras pelas quais se exprimiam as paixões da alma, traduziam os versículos da Santa Escritura do latim, os períodos de Cícero, os versos de Ovídio que lhes povoavam a cabeça. Assim desempenhavam, ao lado de um duque da Normandia ou de um conde de Guînes, o papel que os bispos do século X, Stephen Jaeger o mostrou, haviam exercido para os imperadores otonianos. Edificavam pedra por pedra a *curialitas*, a cultura de corte, a cortesia, reempregando os vestígios da alta cultura cristianizada da Roma imperial de que a Igreja continuava a ser a conservadora. Em nome da *honestas* [decoro], dessa virtude que torna o homem digno de consideração, eles ensinavam aos cavaleiros, quando estes cessavam por um momento de disputar torneios, de correr as florestas em perseguição à Grande Besta, a distinção, ensinavam-nos a proferir outras palavras que não blasfêmias, gritos de reunir as tropas ou essas brincadeiras licenciosas de que se ri entre camaradas, a comportar-se melhor à mesa, a não mais ser rudes com as damas, a tentar agradá-las. Transmitiram-lhes sua própria concepção do amor, que deviam a seus mestres, a seus condiscípulos. Com efeito, não haviam rompido com a escola, sabiam como a palavra *amicitia* e a palavra *amor* ali se carregavam pouco a pouco de novos valores. Valores de desejo, valores de prazer. Esses valores, eles os transpuseram para os poemas pelos quais os ritos do amor cortês nos são conhecidos. Se na França do Norte durante o século XII, na alta sociedade, as damas foram consideradas, abordadas de outra maneira, se as maneiras de amar que o Ocidente "inventou" difundiram-se, foi em grande parte, não se pensa nisso o bastante, porque chegou às cortes principescas por intermédio dos clérigos domésticos o que, no domínio da afetividade, os doutores descobriam em Clairvaux, em Chartres, em Paris, nos mosteiros, nas comunidades de cônegos regulares, no claustro das catedrais.

2

A Europa era então varrida por um prodigioso impulso de crescimento. Tudo mudava na maneira de ensinar o uso das palavras, das frases, a gramática, a retórica. Dava-se mais amplo espaço aos comentários dos autores profanos da latinidade. O que se chama a "renascença do século XII", a veneração cada vez mais viva dos modelos antigos, comunicava, além de uma profusão de imagens e de fórmulas, uma ideia diferente do homem, de suas relações com a natureza e com o sobrenatural. Tudo mudava no interior do cristianismo. Lia-se mais atentamente o Novo Testamento, estreitavam-se os laços com as cristandades orientais. Atravessar os campos e as cidades onde Cristo e seus discípulos haviam vivido na Palestina tornava mais presente o homem Jesus, e os teólogos, os moralistas, meditando sobre o mistério da Encarnação, elaborando uma doutrina da penitência, logo, da responsabilidade, tendiam a reconhecer que a carne conta tanto quanto o espírito no ser humano. Tudo mudava no mundo exterior, por essa fluidez nova que fazia animarem-se as estradas, desenvolverem-se todas as trocas, e o espetáculo do progresso material incitava a pensar que a marcha do tempo não leva inexoravelmente todas as coisas a se corromperem, que o homem é capaz de elevar-se de degrau em degrau para o melhor, e que no curso de sua ascensão a parte de carne que existe nele pode ser, também ela, engrandecida pela alegria. Todos esses movimentos de profundidade associavam-se para desprender cada vez mais o indivíduo do gregarismo, levavam a considerar a relação amorosa como um livre diálogo entre duas pessoas. Enfim, os melhores homens de estudo, os que nas vanguardas conduziam o impulso do pensamento, não haviam seguido o mesmo percurso que seus antecessores, os quais, instalados muito jovens nessas cidadelas fechadas sobre si mesmas que eram as abadias, não conheciam nada do mundo. Eles só o haviam abandonado no fim de sua adolescência para converter-se, mudar de existência, entrar, como Bernard de Clairvaux, em um mosteiro, ou então para afastar sua companheira, como Hildebert de Lavardin. Sabiam o que é a vida, em particular, o que são as mulheres. Todas essas mudanças e experiências levaram, em três gerações de padres e monges, na Île-de-France, na Picardie, no Val de Loire, a conceber o amor de maneira muito diferente da de seus predecessores.

Estes o imaginavam como uma avidez. Ou esse desejo projeta-se para o alto, para o espiritual, para Deus, e era denominado *caritas*. Ou então para baixo, para as coisas terrestres, e era denominado *cupiditas*. Sobre essa simples clivagem baseava-se a moral do bem e do mal e, especialmente, o julgamento sobre o comportamento dos machos com relação ao outro sexo: O amor era visto como uma pulsão egoísta, um apetite: é por mim, para saciar minha cobiça que me lanço sobre tal objeto, sobre tal ser. Como Eva quando, escutando a serpente, estendeu a mão para o fruto. No começo do século XII, nas escolas parisienses, desenha-se uma reviravolta. O amor, o bom amor, não é mais visto como uma captura, mas como um dom. Na introdução à *Teologia*, Abelardo assim o define: "É uma vontade boa em relação ao outro, e por ele, que nos faz desejar que se conduza bem, e isto nós o desejamos antes por causa dele do que por nossa causa". A referência primeira é a Cícero, para quem a amizade (*amicitia*, não *amor*) é vontade, a do bem do amigo, animado por uma vontade semelhante. Comentando a Epístola de Paulo aos Romanos, Abelardo vai mais longe: "Não se pode falar", diz ele, "de amor voltado para Deus se se ama para si, não por ele, e se pomos em nós, não nele, o fim de nossa intenção".

São Bernardo retoma, prolonga. Por volta de 1126, seu tratado *Do amor por Deus* descreve a progressiva sublimação do desejo. Em um primeiro tempo, o homem estima a si próprio. O apetite tem necessariamente sua origem no mais profundo do carnal. Somos carne. Deus se fez carne e a reabilitou. Ela constitui o fundo sobre o qual toda espiritualidade se erige. Depois, subindo um degrau, o homem chega a amar Deus. Mas, de início, de modo egoísta, "para si próprio", para apropriar-se dele. Elevando-se mais, ele chega a amar Deus por Deus, e esse é o passo decisivo, pois, como o afirma são João em sua Primeira Epístola, Deus é *caritas*, portanto, também Deus se dá. Assim se abre a última etapa: o homem, como que aspirado pelo amor de Deus, esquece-se totalmente, funde-se no objeto de seu desejo. Tem acesso, então, ao amor "verdadeiro", que já não tem causa, que, abolida toda cobiça, não espera recompensa. Seu fruto é ele próprio. "Amo porque amo, amo por amar." Amor gratuito, amor "puro", "tanto mais suave e doce quanto aquilo de que se pode tomar consciência é todo divino". Como, porém, a despeito da infinita distância que os separa, a criatura pode unir-se a seu criador, e por um amor que não é mais acompanhado de temor, por um "amor que ignora a reverência"? Porque esse amor, como a amizade ciceroniana, emana de uma "conivência das vontades". Entre amigos, na paridade, toda hierarquia apaga-se.

A demonstração adquire uma amplitude muito outra, menos de um quarto de século mais tarde, na série de sermões construídos sobre o Cântico dos Cânticos, sobre esse canto que celebra a paixão fogosa e todos os deslumbramentos do amor físico. Ele foi durante o século XII mais frequentemente comentado do que jamais o fora e do que jamais foi em seguida, o que prova o interesse de que a relação amorosa foi então objeto nos círculos intelectuais mais avançados. São Bernardo escolhe apoiar-se nas palavras ardentes do diálogo entre o amado e a *sponsa*, a prometida que vai entregar seu corpo às carícias, a *amica*, a amante, a mulher com quem se goza fora dos laços do casamento. São Bernardo não atenua em nada o ardor que inflama essas palavras. Ao contrário, seu comentário aumenta-lhes ainda mais a carga erótica. Pois seu propósito é de aguçar o desejo até que ele se evapore no júbilo das bodas. Ele segue passo a passo os progressos da febre amorosa. Olhares trocados, depois palavras que são "confirmação de amor", que confessam, convidam. Convite a retirar-se para um lugar discreto, a "trabalhar na vinha". Não temas nada, teremos todo o tempo para "isso" (*id*) que desejamos um e outro *pariter*, igualmente. Então o beijo, depois o abraço, enfim a fusão, a "confusão indissociável" da qual "irradia a alegria". A Sulamita,* "quem é ela? Nós. Se ouso dizer, somos ela" — toda alma humana, seduzida, miseravelmente inferior a "ele", isto é, a Deus que lhe estende os braços. Mas Deus também se dá. A união, portanto, é possível, e a onda de alegria, mutuamente infundida. Ardente. "Meus seios ardem de amor."

A *adhaesio*, a aglutinação, é aqui inflamada por um fogo sem medida. A efervescência, a exaltação. Embriaguez, veemência. Reconhecem-se as palavras empregadas por Adam de Perseigne, monge cisterciense, em suas cartas. Com efeito, os discípulos de são Bernardo as haviam retomado, descrevendo um incêndio que se propaga de alto a baixo, e o "ataque", o "ímpeto" de amor, como um acesso de loucura.

São Bernardo e seus irmãos tratavam de procurar compreender melhor o que é amar a Deus. Eles próprios, e outros homens religiosos, não mais como teólogos, mas como moralistas, também investigavam como convém à criatura amar uma outra criatura, não mais estimar o incognoscível, mas se estimarem entre si, na ordem, no seio da harmonia universal. Usa-

---

* O Cântico dos Cânticos celebra numa série de poemas o amor mútuo de um Amado e de uma Amada. O Amado é chamado "rei" e "Salomão"; a Amada é designada como "a Sulamita", nome que tem sido relacionado com o de Salomão ou com o da Sunamita que aparece na história de Davi e de Salomão. (N. E.)

vam os mesmos vocábulos, *amor, amicitia*, esses termos dos quais tantas meditações, raciocínios e essa inclinação apaixonada para o divino exaltavam desmedidamente o sentido. Para construir um modelo de relações afetivas entre dois homens, serviram-se deles sem hesitação. O autor da *Histoire des seigneurs d'Amboise* [História dos senhores de Amboise], para mostrar a qualidade exemplar das relações que, de geração em geração, os heróis de seu relato haviam mantido com seus senhores, os condes de Anjou, fala naturalmente de *amicitia*, e para demonstrar quanto esse vínculo foi estreito e fecundo, apoia-se, por meio de grande quantidade de citações, no que dele dizem os autores latinos, em particular Cícero. Todavia, é a palavra *amor* que se repete constantemente quando se trata de pôr em evidência o ardor de coração que une os companheiros de combate, que deveria unir os vassalos àquele diante de quem se ajoelharam e que tomou as mãos deles nas suas. Como na canção de Guillaume le Maréchal, da qual as mulheres estão mais ou menos ausentes. Quando, em um dos relatos de que Tristão é o herói, os barões da Inglaterra insistem com o rei Marc para que se case a fim de gerar um herdeiro legítimo, este responde que já tem um, seu sobrinho, o filho de sua irmã, a quem estima mais que a um filho. Para definir o laço que o une a esse rapaz, de que fala ele? De amor. Amou Tristão desde que o viu, por um único olhar a chama acendeu-se em seu ser. Dirigindo-se a ele, "por amor a ti", diz ele, "quero permanecer toda a minha vida sem mulher desposada. Se me és fiel como te serei fiel, se me amas como te amo, viveremos felizes nossa vida juntos". Aqui se exprime com força o sonho de uma sociedade militar que permaneceria inteiramente masculina, que não teria mais necessidade das mulheres. Na cavalaria do século XII — como no interior da Igreja — o amor normal, o amor que leva a se esquecer, a superar-se na façanha pela glória de um amigo, é homossexual. Não entendo que ele conduza necessariamente à relação carnal. Mas é evidentemente sobre o amor entre machos, fortalecido pelos valores de fidelidade e de serviço extraídos da moral de vassalagem, que a ordem e a paz su-

348

postamente repousam, e foi a ele que os moralistas naturalmente remeteram o fervor novo de que o pensamento dos teólogos impregnara a palavra *amor*.

Em compensação, quando os homens de Igreja se interessavam pelas relações entre o homem e a mulher — e essa era uma de suas preocupações primeiras, pois se aplicavam nesse tempo em edificar uma ética do casamento, em fortalecer os quadros da união conjugal, único lugar, segundo eles, em que podem se estabelecer relações heterossexuais lícitas —, mostravam-se de uma prudência extrema. Pois nesse caso o sexo intervém necessariamente, pois o sexo é o pecado, o tropeço. Eles topavam em imagens, a imagem de Eva, sensual demais, a imagem da quimera, o espantalho erguido pelo bispo Marbode de Rennes, e nessa obsessão comumente partilhada que impedia são Bernardo, tão sensível aos encantos da Sulamita, de imaginar que nas seitas que os reuniam para orar, homens e mulheres chegassem a passar a noite lado a lado sem se lançar uns sobre os outros para cópulas desordenadas, cegas, bestiais. Para os padres que se esforçavam por corrigir os costumes, o casamento era antes de tudo controle das pulsões carnais, ordenação. As pessoas casadas constituíam uma dessas "ordens" cuja união harmoniosa sustenta o equilíbrio da sociedade tal como Deus a instaurou. A "ordem dos cônjuges", como a das viúvas, como a dos servidores de Deus, devia ser estruturada por uma moral feita de obrigações e de constrangimentos. Era necessária essa moral particularmente severa, pois o casamento tem por função a procriação, a qual resulta de uma conjunção sexual, e tal ato não se dá sem mácula. Era também o que os cátaros, os heréticos mais perigosos, proclamavam, e muito violentamente, no fim do século XII. Por essa razão eles condenavam o casamento. Os dirigentes da Igreja, ao contrário, entendiam fazer do casamento a base da sociedade leiga. Aplicavam-se, por conseguinte, em conciliar de alguma maneira pureza e união sexual. Alain de Lille tentou-o. "Admitamo-lo", diz ele, "o casamento não pode ser consumado sem coito. No entanto, o coito nem sempre é pecado, pois o sacramento faz com que o comércio carnal não seja um pecado grave, e mesmo que não seja pecado absolutamente." Com a condição de que, nesse comércio, nem um nem outro dos parceiros perca a cabeça, deixe-se invadir pelo prazer, com a condição de que cada um deles se contenha. Continência. Todas as palavras vivas de que se servia são Bernardo para descrever a exaltação consecutiva à união da alma com Deus, palavras como *embriaguez*, como *veemência* já não tinham curso. Os moralistas não podiam falar de abandono, de efusão. Falavam de reserva. Falavam de dever, não de gratuidade. Alain de Lille o repete, depois de são Jerônimo: aquele "que ama sua mulher com muito arrebatamento é adúltero". Os esposos são obrigados a saldar a "dívida", mas tanto quanto podem fazê-lo sem disso tirar gozo: no gozo jaz a falta. É pecado, afirma Pierre Lombard, esperar de sua mulher o prazer que se tem nos braços das putas; a moderação, o esforço de temperança apagam a maior parte do mal, e o que dele resta pode ser resgatado por longas penitências. Notemo-lo bem, as interdições sempre se dirigem apenas ao marido. Cabe a ele conter-se, cabe a ele sobretudo reprimir os ímpetos muito apaixonados de sua esposa. Pois, como bem se sabe, a natureza feminina é "inflamada pelas tochas furiosas da libido". Como o eram, segundo Orderic Vital, aquelas damas da Normandia cujos homens demoravam-se na Inglaterra e que, cansadas de languescer, os ameaçavam de ir acalmar alhures sua excitação. E Jacques de Vitry, como tantos outros, louvava abundantemente a proeza desses maridos que sabem refrear tão bem sua concupiscência, que jamais tocam suas mulheres. Como o esposo de Marie d'Oignies. Como José, o esposo da Virgem Maria.

Por volta de 1140, Hugues de Saint-Victor meditava sobre a virgindade da Mãe de Deus, e isso o levou a precisar que forma deve tomar o amor conjugal. Maria e José estavam ligados por um pacto, de que deviam respeitar as cláusulas; esse pacto os obrigava a não se recusarem um ao outro; Maria pôde permanecer intacta mesmo assumindo seus deveres de esposa? Sim, responde Hugues, pois o "ofício", a função prolífica do casamento, que exige a união dos corpos, é secundária, subal-

350

terna em relação ao essencial, à "associação", essa *adhaesio* de que Adão tomou consciência quando, saindo de seu torpor, descobriu a seu lado a mulher. Tal vínculo, análogo ao que liga o filho a seus pais e que se desata quando ele toma uma esposa, não poderia ser carnal, é da ordem do sentimento, nasce de uma "disposição do coração", e a *dilectio* o estreita. *Dilectio* — é por esse termo que são Paulo, no Novo Testamento, define a união do Cristo e de sua Igreja. De tal união, espiritual, o casamento é o "sacramento", o sinal. Ele o reproduz. Porque o casamento é um sacramento, a falta dos cônjuges atenua-se um pouco "quando eles ardem de amor", admite Hugues em uma de suas *Sentences* [Sentenças]. Mas é para convidar a guardar-se de uma exaltação condenável. Nada de comum, com efeito, entre *dilectio* e *amor*, que é acesso de cobiça. *Dilectio* também não é *amicitia*, pois, se há realmente dom de si, falta aqui a paridade. O esposo ocupa o lugar do Cristo, ora o Cristo é incontestavelmente o chefe. Hugues insiste na desigualdade na conclusão de seu tratado. Pela "disposição do coração", o marido deve manter-se diante de sua mulher em uma atitude que se assemelha muito à da compaixão, se não à da condescendência. Inclina-se para esse ser fraco que lhe é confiado e o cerca de sua casta ternura. Enquanto ela, pelas "necessidades de sua condição", isto é, pela debilidade de sua natureza, apenas pode deixar-se estimar por seu senhor, passiva, no perfeito pudor de uma "dileção associativa".

3

Os monges que propunham ao clero o fruto de reflexões desenvolvidas no silêncio dos claustros cistercienses, os mestres que comentavam o texto sagrado diante dos futuros bispos, todos os homens que se preocupavam no século XII em reformar a conduta dos leigos e que, na maior parte, pensavam apenas nos machos, convidavam assim a distinguir no que chamamos amor quatro categorias radicalmente diferentes. Punham à parte uma delas, que denominavam "fornicação", simples alívio físico, emissão de semente, e que não consideravam mais grave que uma polução noturna quando a parceira não era uma religiosa nem uma mulher casada, ou quando eram solicitados os serviços de uma profissional, de uma prostituta. Não se detendo nesse ato desprezível, convidavam a reconhecer no sentimento amoroso três graus. No mais alto, o amor "puro", como dizia são Bernardo, que é incêndio devastador, transmutação, desprendendo do desejo carnal a quintessência para oferecê-la a Deus. Depois, menos violento mas muito caloroso e não desprovido de ternura, o amor-amizade ou antes a amizade amorosa que faz a coesão da sociedade masculina. Enfim, essa afeição sensata, comedida, morna, se tanto, que convém manter entre esposos, um "sentimento honesto e doce", capaz, como escreverá mais tarde a marquesa de Merteuil a Madame de Volanges, "de embelezar o laço conjugal e de suavizar de alguma maneira os deveres que impõe". Pois, no leito matrimonial, e desta vez é Montaigne que o repetirá, a volúpia deve permanecer "contida, séria e mesclada a alguma severidade". Em todas as culturas do mundo, o casamento, fundamento das ordenações sociais, não é, de fato, coisa grave demais para não ser protegida contra as borrascas do amor?

Nesse sentido eram orientados os capelães, os clérigos que, na casa dos príncipes, os ajudavam a manter tranquila a cavalaria e que, com esse fim, depois da metade do século, adaptando as histórias que liam nos autores latinos e o que lhes chegava das lendas bretãs e orientais, contaram as aventuras de Tristão, de Yvain ou de Cligès. Seus mestres esperavam que eles arranjassem entre fornicação e casamento um espaço, onde se pudesse desenvolver o jogo sutil no qual depositavam a esperança de que acostumaria os cavaleiros a reprimir um pouco seu virulento desejo de arrebatar as mulheres, as mulheres a se deixarem cortejar sem ceder, os maridos a não se mostrarem muito ciumentos. Esses poetas tomaram emprestadas ao amor puro, ao amor por Deus, sua veemência e sua gratuidade. O amor entre guerreiros e os deveres que implicava de fidelidade e de serviço lhes mostravam como, invertendo as hierarquias naturais, instalar um momento o amante em posição de humildade diante da dama eleita. Mas eles deram lugar também ao prazer, a esse prazer carnal que os moralistas pretendiam banir do casamento. Baseando-se nos velhos hábitos de concubinato herdados dos tempos bárbaros e que se revigoravam na cavalaria errante pelas viagens à Terra Santa e à Espanha, atribuíram às personagens femininas alguns dos traços da "amiga", a linda moça que se presta à alegre libertinagem. Escutaram, enfim, os trovadores e puseram, no centro do discurso pedagógico que se exigia dos romancistas, um apelo a controlar o desejo, a aguçá-lo até seu paroxismo, esse desejo dirigido para um objeto preciso, o corpo da dama, esse corpo "branco, roliço e liso" cantado por Bernard de Ventadour.

Desse corpo adivinhado *sotz la vestidura*, desse corpo que os ritos da polidez autorizavam os jovens primos, os jovens amigos do dono da casa a estreitar nos braços quando a dama os recebia, quando dela se despediam, o desejo não era apenas de tocá-lo sob o manto, de vê-lo nu, era de tirar-lhe gozo. Era um sonho totalmente irrealizável? O que se adivinha da sociedade cortês leva a pensar que não. Os *Lais* de Marie de France dão a entender que as damas desse tempo não permaneciam obstinadamente cruéis. Entre as canções em língua d'oc, são, fato significativo, as atribuídas a damas que mostram facilmente satisfeitos os ardores dos amantes. E quando Étienne de Fougères, exprimindo os temores dos maridos, censurava às esposas não apenas se deixar vencer, mas também tomar a dianteira dos vencedores, esses temores certamente não eram infundados. Contudo, as damas encontravam-se, por bem ou por mal, muito bem defendidas, cercadas de rudes muralhas. E em primeiro lugar materiais: onde encontrar na casa, no pomar, o lugar "cômodo", propício, como escapar aos olhares? A literatura amorosa nunca está tão próxima da realidade como quando descreve os desejos juvenis constantemente frustrados pelos *voyeurs*, os importunos, os ciumentos, os "bajuladores". Veem-se os heróis dos romances obrigados a se esconder em abrigos, a procurar os cantos retirados, a se apagar na sombra para abraços sempre fugazes, ameaçados. Muito mais temível era a irremediável condenação que a moral, tanto a dos guerreiros quanto a dos padres, lançava sobre o adultério, a pior das faltas femininas, e o direito reconhecido por todos aos esposos de matar, queimar sua mulher, à menor suspeita. De fato, as canções e os romances, essa literatura de homens cujos heróis são todos homens, cujas personagens femininas nunca são mais que coadjuvantes, as valorizadoras da excelência masculina, são construídos sobre uma contradição, sobre o conflito entre a lei e o desejo. Essa contradição, os poetas de língua d'oil esforçaram-se por resolvê-la. Porque eram de Igreja, porque, como o sugere Michel Zink, "suportavam menos facilmente, menos inocentemente que os trovadores a incompatibilidade entre cortesia e moral cristã".

Eles tentaram a conciliação transferindo a satisfação do desejo para o irreal das liturgias, para a sacralidade. É o que faz Chrétien de Troyes em *Le Chevalier à la charrette* [O cavaleiro da carroça]. O quarto onde Lancelote reencontra enfim a rainha toma o aspecto de um santuário, o leito, o de um altar, o amante inclina-se diante do corpo cobiçado como se diante da relíquia dos santos, "adora-o", assim como, antes de receber sua recompensa, adorara por muito tempo os cabelos dourados de Guinevere, que guardava o mais perto possível do coração, "entre a camisa e a carne". Os romancistas quiseram justificar a concupiscência exaltando o *amor purus*, o amor "fino" de são Bernardo, desencarnado ou, mais exatamente, confinado nessa parte muito íntima, ardente da pessoa, o coração, cadinho de toda energia, essa espécie de alambique em que o desejo decanta-se de toda escória carnal. Um laço dessa natureza une, nos arranjos de *Girart de Roussillon*, Girart a Élissen, essa mulher que lhe foi prometida, mas que, rompido o contrato de noivado, tornou-se a esposa de um outro, laço adúltero, por certo, mas decididamente casto. O jogo amoroso podia prosseguir sem dano se se separava o coração da dama de seu corpo, esse corpo que ela não é livre para subtrair ao direito de posse de seu esposo e do qual é traição se apoderar.

354

Tal divisão não é facilmente vivida com serenidade. Essa é uma das lições do *Tristan* de Thomas. O amor adúltero não é feliz. O amor de coração e o amor de corpo não podem conjugar-se, na ordem e na tranquilidade, fora da união conjugal. Assim, é muito naturalmente que, nas últimas décadas do século XII, enquanto a autoridade eclesiástica acabava de impor sua concepção do casamento, enquanto a expansão da economia monetária tornava os chefes das casas nobres menos reticentes em dar uma esposa a vários de seus rapazes, enquanto assim se temperavam pouco a pouco as turbulências alimentadas pela "juventude", a literatura romanesca, esse espelho estendido diante da sociedade de corte para que ali descobrisse, não seus traços reais, mas a imagem do que devia se esforçar para ser, inseriu o amor livre no quadro da vida conjugal. Como um prelúdio às bodas. É a própria rainha que, no *Cligès*, o anti-Tristão de Chrétien de Troyes, dá este conselho ao jovem Alexandre, à jovem Dorée d'Amour: "Bem vejo por vossa conduta que, dos dois corações, fizestes um só [...], não adicioneis loucura em vosso querer amoroso. Uni-vos com toda a honra e por casamento. Assim poderá, parece-me, vosso amor durar longamente". O amor, o amor puro, como preliminar, preparando os corpos, e principalmente o corpo da futura esposa, para oferecer-se, para tornar-se objeto tão "deleitável" quanto o da amiga. Na jovem literatura, a heroína muda de fisionomia. Adquire a da donzela prometida, a da recém-casada cujo marido espera que estremeça em seus braços a despeito das exortações dos rigorosíssimos diretores de consciência. Felizes um e outro. De uma tal felicidade, Chrétien de Troyes propõe uma imagem exemplar, a de Érec e Énide:

> *Juntos estendidos num leito,*
> *e um e outro abraçam e beijam,*
> *e nada existe que tanto lhes agrade.*

Mas Chrétien não era surdo ao que ensinavam os mestres no claustro de Saint-Victor, no de Notre-Dame, em Paris. Bem sabia que no casamento o amor não deve se tornar desavergonhado, que o marido deve guardar a medida. Érec esqueceu-se disso por um momento. Por demais "veemente amante" de sua mulher, perdia-se, alienava-se, desvirilizava-se. Esgotando-se em excessivas volúpias, deixava de ser "o chefe de sua esposa". Foi preciso uma série de provas, e que Énide as partilhasse, para fazê-lo voltar a si, à sua posição viril, a essa espécie de amor que convém aos cônjuges. Um amor que certamente dá lugar às alegrias da carne. Quando os dois esposos reencontram-se e

> *na noite se vão com passo rápido*
> *e lhes foi muito doce*
> *que a noite fulgisse ao clarão da lua,*

estreitam-se novamente, abraçam-se e beijam-se, mas desta vez sob o controle da "afeição do coração" celebrada por Hugues de Saint-Victor. Assim transposto o fosso que separava o amor conjugal do amor fino, a sociedade cortês entrou inteiramente no jogo. Por efeito de uma promoção da mulher? Sem dúvida. Sobretudo, por efeito de todas as mudanças que modificavam a conduta dos machos, seus interesses e seus desejos, desta vez novamente em questão apenas os homens.

4

Nos últimos anos do século, talvez em 1186, terminava-se em Paris a redação de um livro singular, um tratado *De amore*, "Do amor", ou *De honeste amandi*, "Como amar na distinção". Seu autor, André, era de Igreja. Ao que parece, começara sua carreira na corte de Champagne, junto da condessa Marie, essa filha de Alienor da Aquitânia a quem, para agradar a seu esposo, o poderosíssimo Henri le Libéral, os poetas homenageavam em suas obras; ela passava por ter fornecido a Chrétien de Troyes em 1174 o tema de seu romance, *Le Chevalier à la char-*

rette. No entanto, quando André terminou sua obra, era, segundo diz, "capelão da corte real", tendo passado ao serviço do rei na época em que seus tios de Champagne, para o manter mais firmemente sob seu controle, punham junto dele homens em quem podiam confiar. Afred Karnein estabeleceu que o Capelão servia na chancelaria. Seu tratado figura no inventário dos mais antigos registros administrativos conservados na torre do Louvre (a atenção de que foi objeto atesta que tenha sido incluído nesse tesouro de livros); ele é dedicado a Gautier, filho de Gautier le Chambellan, a quem cabia a guarda desses manuscritos, na impossibilidade talvez de poder incumbir diretamente ao rei. Em 1186, Filipe Augusto não era velho. Mas, casado e logo pai, tampouco é, no sentido preciso do termo, um "jovem". Gautier, sim, é um jovem, como Lancelote, como Tristão quando encontra Isolda. Ferido pelas flechas do amor, do amor mostrado de imediato como um agressor brutal, ele acaba de entrar na "cavalaria" dos amantes. "Novo recruta", ainda não sabendo bem como "segurar as rédeas de seu cavalo", pede ao mestre que o instrua. André compõe para ela uma arte, uma coletânea de receitas práticas em que o aprendiz aprenderá seu ofício. Mas o *De amore* é bem mais que isso. É um instrumento de formação geral. Seu autor situa o amor entre as disciplinas exigidas por uma boa educação viril. Da mesma maneira que o cavaleiro fortalece, torna seu corpo flexível e firma sua coragem nas violências da caça e do torneio, ou que na discussão, nos discursos, ganha em habilidade de linguagem e enriquece seu espírito escutando ler, assim também, entregando-se ao amor, aprende a dominar o tumulto de seus desejos.

Do amor, André le Chapelain dá várias definições. É, diz ele no começo da obra, "uma paixão [uma emoção, um abalo da pessoa] natural [sujeita às leis da natureza] que nasce da visão do outro sexo [André não trata do amor-amizade que se estabelece entre guerreiros; mais adiante, ele esclarece: "O amor só pode existir entre pessoas de sexos opostos", pois "há vergonha em tolerar o que a natureza proíbe"] e do pensamento obsedante dessa beleza [uma sensação visual está na origem de uma perturbação que invade o espírito, o qual já não pode desprender-se do objeto material, corporal, cujos atrativos descobriu]". Violência do *impetus*, do choque, do impulso que ele provoca e que nada pode reprimir, avidez, cobiça, desabrida vontade de tirar gozo de uma presa evidentemente sexual, essas características são sublinhadas em uma segunda definição: "O amor é o desejo desenfreado de ter prazer em abraços apaixonados". A pessoa é aqui mostrada capturada, alucinada pelo apetite de conquistar, e André le Chapelain insiste ainda, apoiando-se na etimologia: "Essa palavra *amor*", explica ele, referindo-se a Isidoro de Sevilha, "deriva do verbo *hamare*, que significa prender ou ser preso". Fisgado. O vocabulário é o da pesca: *hamus* é o gancho, o anzol. O homem é enganchado pelo amor, apanhado, ou então o apanha como uma doença. Paixão, mais nenhum freio, alienação. Torrente, força terrível. O amor é então um mal? De modo algum, é a fonte de todos os bens. Natural, o impulso amoroso, de fato, não deve ser banido com todas as forças, aniquilado como pretenderiam os rigoristas. Quando é controlado, dominado, seu poder leva à realização de si. Como os paladinos dos romances ao longo de sua vagueação iniciática, o jovem macho, alistado na cavalaria de amor, enfrenta uma série de provas. Se as vence, sai engrandecido da aventura. Pois, a exemplo da amizade, o amor incita à generosidade, à largueza. Assim, como o casamento, ele é remédio para a cupidez luxuriosa, divagante. Na medida em que fixa o desejo de tomar em um único objeto, uma única mulher ("aquele que é iluminado pelos raios do amor dificilmente pode pensar nos abraços de uma outra, por mais bela que seja"). E, finalmente, o amor leva a superar a si próprio a fim de ganhar os favores da amiga, essa mulher que julga, atesta a proeza e concede as recompensas. O amor é rei. André o mostra coroado de ouro. "Dele derivam, como cada um sabe, todo o bem e a cortesia neste mundo."

O essencial está nestas duas palavras: *in mundo*. André le Chapelain define por elas o espaço em que decidiu sediar seu discurso. E o das coisas "mundanas". As lições que ele dispensa referem-se apenas a um dos dois domínios separados no conjunto da criação pela divisão fundamental entre o profano e o sagrado, a carne e o espírito, a *cupiditas* e a *caritas*, a terra e o céu, o século e quem dele se desprende, despreza-o, entre a área regida pela lei divina e essa outra cujo governo Deus abandona às leis dos homens e às da natureza. O amor mundano, o amor do homem e da mulher, é fonte de bem porque é "paixão natural". Como Bernard Silvestre, André classifica-se entre os eruditos fascinados por todos os progressos que transformam o "mundo" sob seus olhos. Considera a natureza como boa, reconhece nela a auxiliar zelosa, fecunda, da vontade divina. Assim, ele pode afirmar que o homem torna-se valoroso passo a passo quando se curva ao que exigem os exercícios do amor.

Destes últimos, convém ainda circunscrever o campo. Questão de tempo em primeiro lugar, não se exercita o amor em qualquer idade. Não se deve começar muito cedo: se os rapazes são declarados núbeis aos catorze anos, devem ter paciência, esperar mais quatro anos antes de lançar-se à aventura amorosa. Tampouco se deve continuar por muito tempo. Chega o momento em que, tirado todo o proveito das provas, é bom retirar-se, renunciar ao amor. O tratado contém três livros. O primeiro expõe o que é o amor e como alcançá-lo; o segundo, como vivê-lo; no livro III, ensina os meios de libertar-se dele. Essa parte toma direção oposta à das precedentes. Alguns a consideram factícia. Não o é de modo algum, como se faz evidente. Não apenas porque se encontre o modelo na *Arte de amar* de Ovídio. Não apenas porque as regras da dialética, fielmente observadas ao longo de toda a obra, prescrevem confrontar os dois aspectos de uma mesma questão: depois do lado bom, o avesso, depois do *pro*, a exaltação da busca amorosa, o *contra*, sua depreciação. Mas também porque, nesse manual pedagógico, o trajeto é ascendente. Por degraus, o aluno é conduzido para o melhor, do baixo, do carnal, para o espiritual. Como os primeiros exercícios de equitação para o cavaleiro, como os da gramática para o homem de estudos, o jogo de amor não constitui mais que uma etapa no percurso que conduz à perfeição viril. Etapa indispensável mas temporária. A quem se julga daí em diante experiente nesse jogo, no gênero de manobras que requer, àquele que segura com mão firme as rédeas de sua montaria e a faz dar viravoltas a seu bel-prazer, a preocupação de si impõe ir mais longe. Até esse patamar em que, do alto da segunda vertente da vida, descobrem-se as vaidades do mundo.

Questão de tempo, questão de espaço também, de espaço social. Não se pratica o amor "honestamente" em todos os terrenos. Da partida, alguns, homens e mulheres, estão por, sua condição excluídos. É o caso, em primeiro lugar, dos que estão sujeitos à lei divina. Os monges, evidentemente, mas André nem sequer faz alusão a esses homens: já foram juntar-se aos anjos. As religiosas e os clérigos, sim, pois são vulneráveis. O amor, o amor profano, possui com efeito bastante impetuosidade para romper as barreiras e transbordar no campo do sagrado. André adverte, portanto, os que educa. Cuidado com as religiosas. Não tocá-las. Jamais ficar a sós com elas. "Se uma delas achasse as circunstâncias propícias a jogos divertidos, não tardaria em prestar-se a teu querer, a abandonar-se a carícias ardentes." Os clérigos inflamam-se com menos rapidez. São homens. Controlam melhor suas paixões. Por isso André le Chapelain os diz "nobilíssimos", dotados dessa eminente dignidade conferida pela pureza sexual. Que não o esqueçam e zelem por não incorrer em erro de modo algum. "Contudo, como não há ninguém que passe sua vida sem cometer o pecado da carne", e como os clérigos estão "sujeitos às tentações mais que os outros machos, pois se mantêm constantemente na ociosidade e comem bem", se tomam parte nos "torneios amorosos" deve-se de fato perdoar-lhos. Outros homens, outras mulheres, na parte inferior da hierarquia social, são afastados do jogo porque são muito vis. Trata-se das prostitutas: elas se vendem, esperam um salário. Trata-se de todos os trabalhadores manuais, desses campônios, desses citadinos que André chama de "rústicos", traduzindo assim em latim a palavra românica que tem no espírito, a palavra *vilão*. Vilania: eles não são capazes do belo amor. A *anima rationalis* é fraca demais, canhestra demais para conter como convém os tumultos da carne. Para eles, o amor não se distingue do labor, da lavra. Esses vilões o fazem como animais. Amar honestamente exige em primeiro lugar a gratuidade, o desinteresse total. De modo que, para André, a dama que aceita algo mais que bagatelas, essas fitas, esses pendurica-lhos que avivam seus atrativos e fazem presente para o amigo sua lembrança, classifica-se entre as putas; é preferível dirigir-se às verdadeiras, custam menos caro. Amar "honestamente" exige, ademais, o lazer, o *otium*, e essas graciosidades do corpo que o trabalho físico arruína e das quais possuem o privilégio os homens que não têm outra coisa a fazer além de jogar. Só eles têm o direito de entrar na arena. O que não os impede evidentemente de sair dela, de fazer alhures sua caçada. Se alguma mulher do povo lhes agrada, que lhe tirem prazer de passagem. Mas sem preparativos, sem trabalhos de aproximação. Ela não os merece. "Se, por acaso, rústicas te atraírem, evita lisonjeá--las, [...] se achas a ocasião favorável, não hesites em satisfazer teu desejo, toma-a à força [...], é preciso submetê-las e curá-las de seu pudor." Nenhuma proeza aqui, evidentemente nenhuma glória. Devem-se tolerar tais excessos nos machos, apanham tudo que se apresenta a seu alcance. É sua natureza. Os clérigos, como bem se sabe, procuram as mulheres. O homem de qualidade, o homem de lazer não desdenha o amor violento, bestial, à maneira camponesa.

Contudo, se quer elevar-se, aumentar seu valor pelo bom uso de sua virilidade, convém que permaneça em seu mundo. Esse mundo é o da corte. É aqui que o amor é rei, usa coroa e distribui os prêmios. Todo o bem de que ele é a fonte, André não o chama "cortesia"? Mas, no fim do século XII, a sociedade de corte é complexa. Os homens — e as damas, pois usam o título de seu marido e partilham seus privilégios — são distribuídos em três níveis. No grau inferior são classificados os que têm apenas os domingos e dias de festa como dias plenamente de lazer. O resto do tempo, praticam o *negotium*. São os homens de negócios, esses homens de dinheiro que, faz pouco, o príncipe admite em seu círculo. André procura um nome latino para os designar. *Plebeius* lhe parece bom. Os clássicos o empregam a propósito de homens de menor posição que, no entanto, cidadãos, dominavam do alto o populacho. Um claro limite os separa da nobreza, que o é por nascimento e implica plena liberdade de si. Aí se distinguem dois graus. Acima do *nobilis* mantém-se o *nobilior*, mais nobre. Essa hierarquia é muito mais firme do que parece, e necessária. Da sobreposição das dignidades, das regras de precedência, das suscetibilidades que geram, o príncipe tira partido, com efeito, para melhor conjurar as turbulências no interior de sua casa. Assim, entre as leis do jogo amoroso, as que obrigam a respeitar escrupulosamente as posições não são as menos estritas. A *honestas* é também isso, saber manter-se em seu lugar. O *De amore* o relembra. Um homem permitiu-se saudar em primeiro lugar uma dama. "Se ele tem por sua posição mais privilégios que ela, pode sentar-se a seu lado sem lhe pedir permissão; se é da mesma posição, pede-lha e, com seu acordo, senta-se perto dela, mas jamais sem. Quando o homem é de posição inferior [...], deve solicitar sentar-se em um plano mais baixo. No entanto, se ela o permite, pode sentar-se ao lado dela." Futilidades? Não, correção. Uma tal ordem, porém, não freia em nada o espírito de aventura. Com a condição de respeitar as formas, cada um dos membros da "cavalaria dos amantes" é livre para tentar a sorte. Como no sorteio, qualquer que seja seu título, são os melhores que vencem. Todos disputam o prêmio, as damas, todas as damas da corte. Assim, vê-se o "plebeu" olhar muito acima dele, aventurar-se a pretender mesmo a "mais nobre", ousar solicitar seus favores. Cederá ela? Por que não? André observa o jogo. O que ele ensina a Gautier, seu aluno?

5

Decidir isso exige bastante cuidado, pois, para nós, o *De amore* é de difícil acesso. Testemunha-o a torrente de comentários discordantes de que é objeto, de década em década, da parte dos eruditos. André, com toda a evidência, não o compôs "sob a inspiração de Marie de Champagne" como alguns o dizem e escrevem ainda. Tampouco é, a despeito do título que lhe deu seu editor e tradutor francês, Claude Buridant, um "tratado do amor cortês". Ele trata de moral sexual, mostrando que é possível transformar em virtude os violentos impulsos da carne. Aplica-se em prová-lo por meios que não nos são familiares. Para destrinchar as proposições que se encontram entrelaçadas nesse livro, para esclarecer-lhes a significação, seria preciso poder pensar como pensava um intelectual parisiense contemporâneo de Filipe Augusto, conhecer tudo que ele conhecia e apenas o que conhecia, organizar como ele os conceitos, conjugar, como ele o faz, deduções racionais e associações verbais. O autor apresenta-se como *magister*, exprime-se no latim das escolas, as melhores, em que foi instruído. Escreve para seus condiscípulos, para seus camaradas, os clérigos da corte. Escreve também para os "cavaleiros letrados", cada vez mais numerosos, empregados pelo rei, e que são capazes de compreender sua linguagem. Conta com eles para difundir o que diz no conjunto da sociedade cortês que pretende esclarecer, moralizar. Se afeta conter seu discurso nas austeridades da escolástica, é talvez, de fato, para que as ideias bastante subversivas que se arrisca a emitir não sejam muito rapidamente condenadas, para que seu livro, em vez de ser queimado, seja respeitosamente conservado no Tesouro dos documentos.

André é um poço de ciência. Tudo o que se aprende então do manejo das palavras, das harmonias do mundo, da medicina, do direito, dos dois direitos, direito canônico, direito romano, tal como se ensina na Paris de seu tempo, ele o sabe. Possui toda a bagagem necessária para aquele que pretende abordar o estudo do sagrado, de Deus, a teologia. Ele permanece *in mundo*, no terrestre. Mas esse domínio, ele o explorou completamente. E o leitor de hoje não ignora — aí se encontra o que o confunde — que seria preciso colocar sob cada uma de suas asserções esta ou aquela parte desse saber imenso que a sustenta

363

e esclarece. Não menos desnorteantes são os procedimentos de exposição. Veja-se a sua maneira peculiar de, ao tratar uma "questão", defender com igual firmeza um argumento e seu contrário. Da mesma forma, os sentidos múltiplos de que estão carregados os termos que emprega. Ninguém está seguro de os apreender todos. Por fim, é preciso levar em conta a ironia. Drouart la Vache, que traduziu o tratado em românico um século depois que foi escrito, mais bem situado que nós para apreender-lhe o tom verdadeiro, declara em seu prefácio que, lendo-o, ria às gargalhadas. Mas onde começa a brincadeira? Onde termina? Tão desarmado quanto qualquer um, creio discernir nesse grande livro, copioso, três projetos estreitamente imbricados.

Um muito evidente: André quer escrever um manual, uma "arte", como ele diz, da sedução. Para aumentar seu valor, o cavaleiro de amor deve conquistar mulheres. André lhe ensina como, *ingeniosus*, as *engigner*, armar a cilada que as capturará, como as *allicere*, como as atrair para ele, vencer uma a uma suas defesas, enredando-as com palavras. A eloquência, a habilidade em convencer, em refutar os discursos de um adversário, figurava entre os valores essenciais da cultura cortês. Desde que o homem de guerra deixava de querer vencer pela espada, ele falava, esforçava-se por brilhar na discussão pela agilidade, pela agudeza de suas réplicas. Quando Henrique I, rei da Inglaterra, quis pôr à prova o valor de Geoffroi Plantageneta, a quem destinava sua filha, fê-lo sentar-se a seu lado, entabulou com ele a conversação, obrigando-o a demonstrar sua eloquência. O *De amore* contém, assim, oito modelos de discurso amoroso. Situados no centro da obra, ocupam-lhe a maior parte, a mais carnuda. André dispõe dois a dois, face a face, seis personagens, três homens, três mulheres, situados respectivamente nos três níveis da sociedade cortês. Ele os faz dialogar, conduzindo assim o leitor a subir com eles os degraus da escala das dignidades, e também aquela dos valores do amor. O *plebeius* começa, dirige-se em primeiro lugar à sua igual, depois às duas damas que o dominam. Chega a vez do *nobilis*. Ele fala à dama nobre, depois à mais nobre. O *nobilior*, enfim, entra em cena. Partindo de baixo, ele entabula sucessivamente o debate com cada uma das três personagens femininas. O movimento é ascensional, o de todo progresso na arte, o de todo aprendizado.

Não faltam diálogos nos escritos do século XII. Todo avanço do pensamento escolástico provinha de uma "disputa", de um torneio linguístico, e as obras pedagógicas tomam com frequência a forma de uma conversação entre o mestre e seu discípulo; as cartas de Heloísa e de Abelardo respondem uma à outra; nos romances, como nas canções de pastora, a intriga estabelece-se por uma troca de palavras. No entanto, na literatura erudita de expressão latina, André le Chapelain é realmente o primeiro a construir sua demonstração, não por certo sobre controvérsias, mas sobre uma série de conversações, *tête-à-tête*, entre um homem e uma mulher. De força igual. A inovação é notável: revela a mudança que afetou as relações entre os dois sexos na alta sociedade da época. Masculino, feminino, dois princípios opostos, defrontam-se. O homem sempre ataca. É sua função. Como o caçador, como o cavaleiro que, no tumulto do torneio, localiza o adversário que ele quer submeter, ataca impetuosamente, impele sua ponta, arremete, lança erguida. Esse tratado do amor honesto lhe aconselha, porém, a medida e a pesar bem as palavras. É preciso desconfiar das mulheres, elas sabem desconcertar o agressor, "ridicularizá-lo com palavras picantes". Pouco a pouco, ele ganhará terreno. O princípio feminino é, ao contrário, de conservação ("A mulher é conservadora; deseja a solidez", escreve ainda Michelet em 1859). As damas, guardiãs da estabilidade, resistem, chamam à ordem necessária, convidam a não sair da posição que o coração e o corpo determinam. "És valoroso", dizem elas a um, "mas não és bem-nascido." Ao outro, "não é porque és de bom sangue que mostras bastante virtude". O pretendente argumenta, fala sensatamente; deve também atiçar a chama. É o que a *plebeia* retruca ao muito nobre que a persegue. Onde está o "dardo", a flecha, a ferida? Poderia contar com os favores do rei Amor se não prevalecessem nela "os sentimentos com que o coração se comove"? Nenhum erotismo gelado, cerebral. Sem emoção, não existe felicidade no amor. As damas retrucam, aparam os golpes. Fazem-no com grande elegância. Os discursos que André lhes atribui testemunham a estima em que as tem. Astuciosas, muito experientes na discussão, jogando também elas com a ironia, não as vemos de modo algum inferiores aos homens no emprego que fazem da linguagem. A imagem da mulher, da mulher de corte, proposta por esse homem de Igreja, impressiona por seu brilho, por sua fineza. Tal fato merece grande atenção. Contudo, quando, por sua vez, elas já aumentaram seu valor, recusando-se, embora não inteiramente para evitar a desordem, as mulheres acabam por se render. Seu papel é de ceder. Ainda que devam cair com honra.

6

Um homem e uma mulher falam um ao outro. Quando são de mesma posição, é ele, o macho, quem guia, expõe as regras do jogo. À "plebeia", o plebeu relembra que "não há maior dom para uma mulher do que se submeter totalmente à dominação de outrem". Ela se entregará, sem nenhuma dúvida. Mas que se contenha, que saiba fazer durar o prazer da espera. Nem muito fácil, nem muito recalcitrante. À sua igual o *nobilis* prescreve a mesma atitude e a justifica por uma alegoria. Ele descreve o "palácio de amor" tal como apareceu um dia aos olhos embasbacados de um jovem escudeiro de Robert de Dreux. Na "floresta real da França", ele caçava. No horizonte de um vasto terreno descoberto, avistou uma multidão de cavaleiros conduzida por um homem coroado. Ele se aproxima, reconhece à frente do cortejo uma companhia de mulheres elegantemente vestidas. Sobre cavalos fogosos, elas vão a passo moderado, em boa ordenação, cada uma delas escoltada por três cavaleiros. Outras mulheres as seguem, mas em desordem, e toda espécie de homens a pé as importuna. Vem um último pelotão. Estas, "vis e abjetas", cavalgam rocins em uma nuvem de poeira. Muito belas, mas mal-ajambradas, prostradas pelo calor sob as peles de raposa com que estão vestidas. O rapaz para uma delas, interroga-a. O que vês, responde ela, é um exército de mortas. Um dia por semana, o amor, "que governa todo o universo e sem o qual ninguém pode realizar o bem na terra", toma a frente da cavalgada. Ele julgou cada uma dessas mulheres e, segundo seu mérito, as distribuiu nessas três coortes. Conduz a primeira ao centro de um jardim fechado, sob a grande árvore da vida, no frescor da sombra e das fontes puras; leitos são preparados; músicos as cercam. Elas têm direito a essa felicidade calma, pois conduziram-se "prudentemente", concedendo seus favores aos homens dos quais souberam apreciar o valor. Impudicas, extraviadas, as do segundo esquadrão entregaram-se a toda espécie de amantes, sem discernimento, sem medida. Riachos gelados que transbordam invadem o segundo círculo onde estão confinadas, sob forte sol. No terceiro, igualmente tórrido, assentos de espinhos esperam as mais duramente punidas, as muito esquivas, as inacessíveis: estas recusaram o serviço de amor.

A lição é clara. O homem levantou a caça. Ele tem prazer na perseguição. Quanto mais a presa que deseja forçar é hábil na esquiva, mais seu prazer aumenta. Mas esse prazer culmina na captura. Nesse ponto, levanta-se a questão: o tratado ensina a seduzir, e pretende também expor como sabiamente desfrutar da seduzida? Esse manual do sedutor é também um manual de erotismo? Deve-se, como propôs Betsie Bowden, intitulá-lo "tratado da cópula cortês"? Incitariam a dar-lhe esse título as palavras com duplo e triplo sentido, os trocadilhos, as consonâncias incongruentes e esses termos latinos inocentes que evocam a quem os pronuncia palavras românicas muito jocosas, tudo aquilo de que Drouart ria às gargalhadas. Eu, antes, reteria dois fatos. No último dos oito diálogos, ao fim do percurso ascendente, o nobilíssimo e a nobilíssima, na perfeita liberdade que lhes confere seu alto nascimento, discutem o amor. Ele se inclina diante da mulher, presta homenagem a seu poder. Ironia, manobra final, fingindo o homem rebaixar-se para minar as últimas defesas? Ou a afirmação de que, em suas formas mais refinadas, o amor, como a boa amizade, abole as hierarquias? Eles estão discutindo sobre a mácula que, a se levar o jogo até o fim, arrisca-se a enlamear os mais puros, os clérigos, sobretudo as moças casadouras. Convém distinguir, diz o grande senhor, entre *amor mixtus* (como traduzir? Seguramente, não por amor físico, como faz Buridant. Eu diria amor misturado, amor imperfeito, perturbado) e *amor purus* (a tradução aqui se impõe: é o amor fino, o fino amor). "Este amor une os corações [...] com toda a força da paixão. Consiste na contemplação do espírito e nos sentimentos do coração. Chega ao beijo na boca, até os abraços, até o contato, mas pudico, com o corpo nu da amiga. No entanto, o prazer último está excluído." Reconhece-se aqui a "prova", esse sonho que alguns trovadores cantaram, mas situando-o sempre em um futuro improvável, como uma miragem, inacessível, o corpo da amiga enfim despido, plenamente oferecido e saboreado, mas respeitado. Evidentemente, aqui é o homem que fala ainda e continua sua ofensiva. Não lhe cabe prometer àquela de quem quer se apoderar que ele próprio se contentará com isso, com essa prova, com essa façanha? Acrescentando que o amor puro "não cessa de fortalecer-se", exalta-se tanto mais quanto o desejo prolonga-se, enquanto o outro amor diminui tão logo colhido o fruto. Mas a parceira contra-ataca por uma questão que expõe como conhecedora da dialética. Era uma vez, diz ela, uma dama cortejada por dois pretendentes. Fez-lhes uma proposta: "Que um escolha a parte superior de meu corpo, e o outro terá a inferior". Qual teve a melhor parte? Aqui o debate toma um novo curso. O nobilíssimo e a nobilíssima evidentemente se divertem. Ela se faz de advogado do diabo, sustenta que o mais vivo prazer se tem abaixo da cintura e, por conseguinte, é nesses lugares que o amor chega à sua plenitude. Ele adverte que, no conjunto do cosmo, o alto é sempre superior ao baixo, portanto, "a ordem lógica exige que se obtenham primeiro, depois de muitas súplicas, os belos prazeres da parte superior para em seguida, ape-

368

nas, por etapas, chegar aos outros". Pois, se o fino amor prevalece em qualidade, o amor misturado tampouco deixa de ter encantos. Por que se privar dele, já que "se pode purificar por uma simples penitência o que se faz sob o impulso da natureza"? A natureza mais uma vez invocada. Não apenas para desculpar. Para convidar a melhor degustar-lhe os sabores. À força de comedimento, controlando até o fim o desejo.

Retenho também o que afirmam Danielle Jacquart e Claude Thomasset. Examinando muito de perto os termos do texto latino, confrontando-os com os termos românicos empregados por Drouart para os traduzir, eles dizem ter trazido à luz sob o pretexto dos argumentos escolásticos grande quantidade de conselhos práticos que ensinam as técnicas do enlace pelas quais podem ser evitadas as funestas consequências do adultério e da defloração das donzelas. O essencial não é preservar a ordem social, não gerar bastardos, portanto, não fecundar a companheira de jogo? O essencial não é também o prazer? Ora, é ele menor quando se sabe permanecer plenamente senhor de seu corpo e de seu espírito?

7

Evitemos levar a sério tudo o que se lê no tratado. Ater-se aos gracejos, às sutilezas eróticas seria, porém, enganar-se igualmente. Esse livro — esse é seu terceiro propósito — dispensa aos *curiales* uma moral rigorosa. Brinquemos de amor entre nós, enquanto somos jovens, sob a proteção do muro que nos isola dos vilões. Nós nos divertiremos à larga. Mas aprenderemos também a dominar nossos desejos, preparando-nos, assim, *cupiditas* trocada por *caritas*, para nos aproximarmos do amor por Deus. No fundo, a atitude de André le Chapelain será tão diferente da de Bernard de Clairvaux? Ele parte simplesmente mais de baixo, atém-se ao plano do carnal e não prossegue fora do "mundo". Sua obra é de circunstância. Quer responder a uma das perguntas que se faziam em Paris, nas últimas décadas do século XII, diante dos efeitos do progresso geral. A dois passos, no claustro de Notre-Dame, Pierre le Chantre e seus discípulos perguntam-se o que se pode fazer com o poder, o poder invasor do rei, de seus juízes, de seus coletores de taxas, o que se pode fazer com o dinheiro que, como bem se vê, penetra tudo, perturba tudo. Em torno do jovem rei, André vê as mulheres cada vez mais presentes. Há pouco, sob o reinado precedente, cheia de monges e de padres, atulhada de liturgia, a corte da França escancara-se agora aos modos propagados da corte dos príncipes pelas canções e romances de sucesso. Que fazer com as damas? Que fazer com o amor novo?

Este, ao que se diz, só pode se manifestar fora do casamento. É o ponto de vista do "nobilíssimo". A dama nobre que ele seduz, objeta: tenho um marido, ele é cortês, virtuoso; seria criminoso macular seu leito. Tanto mais "que ele me ama de todo o coração e eu lhe sou afeiçoada com fervor". Resposta: como "empregar a palavra amor a propósito desse sentimento que marido e mulher são obrigados a sentir um pelo outro quando são unidos pelo casamento? Bem se sabe que o amor não pode existir entre eles" pois estão ligados por contrato, e esse contrato implica que se estimem e durmam juntos. O amor só pode ser livre. Além do mais, esse "desejo desenfreado de gozar com paixão de abraços furtivos e ocultos", como teria lugar no seio da união conjugal em que a comunhão é lícita? Sem perigo, nenhuma proeza. Racional, sensata, a dama responde. Por que não abraços secretos entre esposos, por que não arrebatamento, ímpeto? O homem que escolhi não pode ser a uma só vez marido e amante? Impossível. No casamento, se o prazer ultrapassa "o que nasce da vontade de procriar ou do pagamento da dívida", há falta, e grave, "pois abusar de uma coisa sagrada é profanar". E, para encerrar a controvérsia, o *nobilior* menciona uma carta de Marie de Champagne. André a inventou do começo ao fim. Data-a maliciosamente do primeiro de maio, festa do amor, e do ano de 1174, em que Chrétien de Troyes compunha *Lancelot*. "O amor", diz supostamente a condessa, "não pode ampliar seus direitos entre esposos. Os

370

amantes, com efeito, concedem-se mutuamente todas as coisas de maneira gratuita, sem que nenhuma obrigação os ligue. Ao contrário, os esposos são obrigados por dever a obedecer reciprocamente à sua vontade e não podem de modo algum recusar-se um ao outro." É uma questão de glória, comenta então o nobilíssimo: "Os esposos a têm mais se se acariciam como os amantes? Seu mérito não é aumentado por isso e não possuem aparentemente nada a mais do que possuíam antes por direito". Existiriam então duas maneiras de unir-se sexualmente e de ter prazer a dois, uma no casamento, a outra fora dele. De um lado, dever, segurança, afeição. Do outro, gratuidade, prova, perigo e o que se tem o direito de chamar amor.

Do amor à maneira cortês tal como o descreve a literatura profana que ele conhece muito bem, André zomba. Tudo, de suas referências ao jogo amoroso trovadoresco às suas argúcias, às suas afetações, é paródia, e as sentenças que forjou, atribuídas às princesas do Midi, a Alienor da Aquitânia, a Ermengarde de Narbonne, são risíveis. Sua intenção — foi o que Rüdiger Schnell viu bem — é na realidade mostrar, levando até absurdas consequências, as prescrições de cursos de amor imaginários, tratando o código de amor cortês da maneira mesma pela qual os moralistas, na escola, tratavam as leis do casamento, deixando claro que os dois sistemas, no final das contas, impõem ao casal sujeições análogas e que, em um e outro, uma condição semelhante é destinada à mulher. Ela não é menos submissa, explorada, dominada no amor livre que na vida conjugal. Por essa razão, o campo do amor "honesto" amplia-se, abre-se a toda a sociedade de corte. O nobilíssimo, no mesmo diálogo, pretende assumir todos os papéis. Sou clérigo, diz ele, depois, um pouco mais adiante, sou casado. "É preciso", responde-lhe sua interlocutora, "que sejas prisioneiro de teu desejo carnal para não te contentares com tua esposa. Ela é tão bela." "Minha esposa é bela, é verdade, e sinto por ela toda a afeição [ele emprega a palavra certa] que pode sentir um marido", mas o amor é de uma outra qualidade e não busco apenas satisfazer meu desejo. É como as moças, prossegue ele. Elas têm o direito de se alistarem na milícia do rei Amor. Antes de casar, é bom para elas amar. Referindo-se a Isolda, a Blanche-fleur, a Phénice, ele afirma: "Se a donzela não procura alçar-se em glória pelo poder do amor, não merece que se lhe dê um marido digno de estima".

Os exercícios do amor, com efeito, servem também para preparar as mulheres. Esse é o último e mais forte ensinamento do tratado. Ele estabelece um conjunto de preceitos adaptados à natureza feminina, e que devem levar as damas a se superarem, a se tornarem, também elas, "valorosas". São as sensatas, as prudentes, as que sabem reprimir seu gosto por se comportar como os machos, por se mostrar tão predadoras quanto eles. Honradas as que não concedem por dinheiro ou por presentes caros seus favores. Honradas, sobretudo, as reservadas que, livremente, "depois de madura reflexão", escolhem um parceiro, um só, em relação ao qual sentiram que se mostrará *sapiens et ingeniosus amator*, que saberá conter-se no momento certo. Atraentes, por certo, não vorazes. Constantes, apegando-se ao eleito de todo o coração. André imaginaria uma espécie de júri composto das mais valorosas, presidido pela esposa do príncipe. Elas teriam pleno poder, distribuindo com conhecimento de causa repreensões e elogios, de excluir, de repelir para a vilania as suas companheiras que não se controlam, entregam-se muito depressa ou obstinam-se em se recusar. Assim disciplinadas as damas, macias montarias, vigorosas e dóceis, domadas para o prazer dos homens.

Misógino, o tratado o é, essencialmente. A expressão mais convincente desse desprezo pela feminilidade não se encontra nas invectivas exageradas que André retoma, depois de tantos outros, na *reprobatio amoris*, pela qual se encerra sua obra. Sem dúvida, ouvimo-lo repetir que "todas as mulheres", mesmo as rainhas, não servem para nada, que nenhum homem "é bastante potente para extinguir de uma maneira ou de outra os ardores de nenhuma mulher", que "nenhuma mulher responde ao amor de um homem". A misoginia mostra-se mais crua nessa condescendência que concede às damas da corte algumas prer-

372

rogativas derrisórias, esse direito de conceder ou não ao pretendente um tempo de palavra, de coroar de flores o mais amável. Repelir o poder das mulheres para os espaços do jogo onde nada conta, a não ser o respeito pelas boas maneiras, como comportar-se, sentar-se, tornear suas frases, é estrangulá-lo, sufocá-lo, atenuar no espírito dos homens o medo das mulheres. A insignificante autoridade sobre vaidades que eles lhes entregam, tranquiliza-os. Encerradas nas sutilezas da casuística amorosa, elas causarão menos danos. Dessa maneira ainda, o jogo de amor contribui para a paz social. Pois importa em primeiro lugar que as mulheres sejam "controladas e guiadas", como é dito do bom cavalo de batalha em todas as metáforas hípicas que se espalham pelo *De amore*.

Esse livro confirmava os homens, portanto, em sua convicção de que as mulheres formam uma espécie à parte, hostil. Convencia-os, antes de tudo, de que essa disparidade está de acordo com as leis da natureza, logo, é justa. É o que acontece com a moça, preparada para o amor algum tempo antes do rapaz. "É no começo de sua puberdade que a constância se firma mais solidamente, e ela tem mais possibilidades de não variar [então não será volúvel], também a natureza lhe permitiu realizar o ato de amor mais cedo que os homens [portanto, apegar-se ao esposo muito cedo, quando, em sua carne ainda tenra, o laço pode estreitamente, duradouramente, se entranhar], e isso [apenas por efeito das condições físicas] porque as mulheres são dominadas por um temperamento frio enquanto os homens são habitados por um ardor natural." O tratado os persuadia também a jamais se curvar diante de seu inimigo, a jamais se fiar em suas aparentes doçuras, a mantê-lo em estado de objeto, sujeito ao poder masculino tanto no amor como no casamento. Os cavaleiros desejariam o impossível, que ao mesmo tempo a esposa ou a amiga dos outros não os repelisse, e que a deles lhes fosse fiel. Ambígua, a moral do *De amore* tenta responder a essa dupla expectativa. Em todo caso, ela está de acordo com a certeza deles de ser inteiramente livres para agir. É permitido a uma dama dividir-se entre dois amantes? Evidentemente que não.

373

"Isso é tolerado nos homens porque está em seu hábito e porque é um privilégio de seu sexo realizar comumente o que, neste mundo, é desonesto por natureza. Mas em uma mulher o pudor exigido pela reserva de seu sexo torna essa conduta tão culpada que, depois de se ter entregado a vários homens, ela é indigna de ser admitida na companhia das damas." Duas espécies. Tolerância para uma, a ativa. Repressão para a passiva, inexoravelmente dominada.

Da utilidade do amor. A disciplina que ele impõe supostamente torna as mulheres graciosas, desejáveis, sutis, tão discretas quanto acolhedoras, capazes de se dar sem trair seu esposo. O sonho. Quanto aos homens, ficando para trás sua juventude, sabendo daí em diante perfeitamente "refrear seu cavalo", orgulhosos de suas vitórias, já não os divertindo o jogo, chegam, maduros, calejados, a pensar na salvação de sua alma. Nesse momento, André retrai-se, cede o passo aos teólogos.

8

Sobre a natureza, a natureza das coisas, a natureza humana, André le Chapelain lança um olhar agudo. As luzes da razão o iluminam. Ele acredita conhecer as mulheres. É mais fiel a imagem que dá do que todas aquelas das quais tentei recompor os traços nestes três livros? Não é que ele tenha sido cegado, como tantos padres, pelos preconceitos de sua ordem. Ele trata de considerar as damas pelos olhos do cavaleiro novato que tomou o partido de ensinar. Mas, como Gautier, o jovem, ele se mantém na defensiva. O que turva sua visão, diante do corpo feminino, é essa inquietação, esse mal-estar que os homens tentavam superar de duas maneiras. Pela desenvoltura, pela transferência para o irreal. "As duas faces alternantes", segundo Henri Rey-Flaud, "de uma atitude fundamentalmente de esquiva." Duas defesas. Elas coexistem nas canções atribuídas a Guillaume da Aquitânia. Ou, como na quinta canção, fazer do corpo feminino uma "mesa de jogo", redobrar os golpes, martelar, machucar com todas as violências da virilidade essa carne má, adúltera, ávida, dissimulada. Ou então repelir esse corpo, como na quarta canção, afogá-lo no vago, no indeciso ("tenho uma amiga, não sei quem é"), reduzi-lo a nada, ao "completo nada". Cem anos mais tarde, encontra-se a expressão, muito clara, dessa dupla esquiva nas obras literárias que tiveram o mais brilhante sucesso.

Aqui estão os romances de Jean Renart. Apresentam as mulheres tais como são. Aventureiras — é Alice, a heroína de *L'Escoufle*, só, e muito forte. Ganhando muito bem a vida cuidando complacentemente dos homens, cabeleireira, comerciante de moda, na loja que montou em Montpellier, na fronteira entre cortesia e prostituição de alto luxo. Muito forte, sobretudo pelo laço que a une a outras mulheres, pelo amor, o verdadeiro, o único que conta aos olhos delas. Amor de Isabelle que a hospedou em Toul e a quem se une na cama, amor da castelã de Montpellier que quis atraí-la para a sua, mas ela recusou, pois, como os bons amantes corteses, fiel, não dividia seus favores. Assim se mostra o adversário. Temível, por essa solidariedade que une estreitamente as mulheres e da qual as carícias partilhadas constituem a força. Mas eis precisamente a falha que permite vencê-lo, esse ardor, a paixão que elas têm pelo prazer. Felizmente, são na maioria bissexuais. Aproveitemos. "Isso, cavaleiros, às damas!" O herói de *Guillaume de Dole*, o outro romance, um príncipe, "jovem" cercado de "jovens", lança um grito de guerra. Na campina, sob o belo sol de Pentecostes, mulheres estão à espera. Livres, oferecidas, seus maridos estão longe, caçando, ao que se diz, sem ser enganados. Elas estendem os braços para os rapazes. Subjugadas, de bom grado vencidas, eles as arrastam para debaixo das tendas, vão a uma, vão a outra. "Toda a alegria do mundo está aí."

E o pecado? Os tormentos prometidos aos lascivos? Para os medrosos, os que envelhecem ou que se curvam sob o jugo de seu confessor, o refúgio está na devoção. Dirigir o desejo para outra parte, para imagens, para outras damas cujas ternuras, concedidas do além, mostram-se inofensivas, benéficas. De todas, a mais atraente é Nossa Senhora. Em expansão desde a época carolíngia, seu culto inundou a cristandade como uma torrente desde o fim do século XI, desde que santo Anselmo viu na Mãe de Deus a nova Eva, a anti-Eva. EVA, AVE: reviravolta. Peregrinações, milagres, as mulheres atirando-se às relíquias, não os restos de seu corpo, anjos o levaram para o mais alto dos céus, mas as vestimentas que ela usou, sua camisa que Carlos, o Calvo, depositou em Chartres, seu sapato que se conserva em Soissons, algumas gotas de seu leite... E os homens, eles também, conquistados. Aspirando à união, ao amor. No começo do século XII, os cônegos de Utrecht denunciam Tanchelm, um heresiarca, ao arcebispo de Colônia. Como Robert d'Arbrissel, seu contemporâneo, arrastando atrás de si as mulheres em busca de conforto espiritual, ele celebrava publicamente, o acusam, suas bodas com a Virgem. Um dia, "ele mandou trazer para o meio da multidão uma imagem de santa Maria; tendo avançado, pôs a mão na mão da estátua e, dessa forma, desposou santa Maria. Pronunciou com sua boca sacrílega o juramento e todas as palavras solenes do casamento". Quantos monges, quantos padres, quantos cavaleiros não sonharam, no segredo de seu coração, com semelhante aliança mística? E com se protegerem assim do grande pecado, o ato sexual? "Honra e estima Maria. Venera-a, louva-a, procura agradar-lhe [...], prova dos prazeres dulcíssimos de seu suavíssimo amor." Adam de Perseigne, em uma de suas cartas, exorta por essas palavras um adolescente — isto é, todos os adolescentes — a servir a Nossa Senhora como o amante cortês serve a sua amiga. No corpo em crescimento desses jovens o ardor ferve; eles estão, mais do qualquer um, ameaçados de pecar. Que se defendam. "É fácil para aqueles que se saciam com o amor de nossa Virgem [...], tornai-a por mãe, por ama, por esposa, por amante." O abade conclui: "Ela não te faltará jamais se a amas de amor, se lhe dedicas teu corpo". O dom do corpo, como no casamento, para livrá-lo da falta.

Face a face com o romance de Jean Renart, tão amplamente difundido, escutado com tanto contentamento, coloco então os *Miracles de Notre-Dame* [Milagres de Nossa Senhora]. Gautier de Coincy, monge desde a idade de quinze anos na abadia Saint-Médard de Soissons, onde os membros de sua família tinham seu lugar reservado, compôs essa série de canções entre 1218 e 1230 na linguagem das pessoas de corte. Odiando os judeus, desprezando os vilões, é o perfeito representante da Igreja estabelecida, arrogante, dominante. Ele seria perfeitamente feliz no calmo conforto material, intelectual, em que vive, sem o aguilhão que atormenta sua carne, o mau desejo, o amor "amargo, venenoso", o amor "que fede". Felizmente, tem amigas para o proteger dos desvios. Não falo das princesas, nem das religiosas de Notre-Dame de Soissons, as guardiãs do sapato. Falo de Leocádia, virgem e mártir. Quando encarregado do priorado de Vic-sur-Aisne, ele velou seu corpo. É sua "amiga". Sobretudo, falo da Virgem Maria. Gautier a canta, e em todos os tons, com grande talento. Enquanto, durante todo o século, os teólogos obstinaram-se em pôr em evidência os traços que distinguem o corpo da Mãe de Deus de qualquer outro corpo feminino (quando ela pôs no mundo o filho de Deus, a porta de seu ventre de mulher permaneceu misteriosamente fechada. Foi algum dia, como as outras, maculada pelo sangue menstrual? Não escapou, única entre os humanos, ao pecado original? E já, desde 1140, a ideia de festejar sua imaculada concepção), Maria, nessa sequência de histórias simplórias agradavelmente postas em versos, permanece muito mulher. Sedutora, a ponto de deslumbrar o diabo, quando aparece à noite, "com camisa muito enfeitada", exibindo as suntuosidades de sua cabeleira. A Gautier, são os seios que atraem, as mamas, as maminhas, "que são tão doces quanto redondas e belas". Ele a serve, convida a servi-la, lealmente, assiduamente, com fino amor. Ela é generosa com todos aqueles que a amam. Mas ciumenta. Sua ira abate-se sobre quem ousa abandoná-la. Surge na noite das bodas, instala-se entre o recém-casado e a noiva com quem está prestes a ter prazer. "Rejeitaste-me, tu a crês mais que eu boa e bela?" Evidentemente, é Maria quem ganha. Sem rancor, concede ao apaixonado arrependido o que lhe prometeu, "alegria, consolo e companhia". No Paraíso, em seu quarto, ele logo se unirá a ela. Suas criadas têm ordem de preparar o leito. Nossa Senhora abandonará o coração a seu filho. Conservará o corpo. *Amor purus?* ou, por certo sublimado, imaculado, fortemente associado, porém, a sensualidade, *amor mixtus?*

CONCLUSÃO

HÁ QUINZE ANOS, na última frase de um livro, *Le Chevalier, la femme et le prêtre* [O cavaleiro, a mulher e o padre], fiz a pergunta: o que sabemos das mulheres? Depois tratei de descobrir, no meio de todos os vestígios deixados pelas damas do século XII. Apreciava-as. Sabia bem que não veria nada de seu rosto, de seus gestos, de sua maneira de dançar, de rir, mas esperava perceber alguns aspectos de sua conduta, o que pensavam de si próprias, do mundo e dos homens. Não entrevi mais que sombras, vacilantes, inapreensíveis. Nenhuma de suas palavras me chegou diretamente. Todos os discursos que, em seu tempo, lhes foram atribuídos, são masculinos.

Pelo menos em seu campo, sob os véus com que a autoridade masculina as envolve, nos espaços fechados em que desejaria mantê-las encerradas e atrás do anteparo que as invectivas e o desprezo dos homens erguem diante dos olhos do historiador, adivinho-as, solidamente unidas pelos segredos que transmitem entre si e por formas de amor comparáveis às que constituem, na época, a coesão das companhias militares, investidas de grandes poderes, por sua condição de esposas, sobre a domesticidade, sobre sua descendência, pela maternidade, sobre os cavaleiros que as cercam, por sua cultura, seus atrativos, e pelas relações que eles supõem que elas mantêm com os poderes invisíveis, adivinho-as fortes, bem mais fortes do que imaginava, e por que não, felizes, tão fortes que os machos aplicam-se em enfraquecê-las pelas angústias do pecado. Por outro lado, pareceu-me poder situar por volta de 1180, quando o violento impulso de crescimento que arrastava a Europa encontrava-se no auge de seu vigor, o momento em que a situação dessas mulheres foi um pouco atendida, em que os homens acostumaram-se a tratá-las como pessoas, a debater com elas, a ampliar o campo de sua liberdade, a cultivar esses dons particulares que as tornam mais próximas da sobrenatureza. Eis o que ressalta mais claramente da investigação que fiz.

Enfim, conheço mais sobre os homens, seus contemporâneos, sobre o olhar que lançavam a elas. Eva os atraía, Eva os amedrontava. Eles se afastavam prudentemente das mulheres, ou então as maltratavam, zombavam delas, entrincheirados na certeza teimosa de sua superioridade natural. Afinal, foram eles que as deixaram escapar.

GEORGES DUBY nasceu em Paris, em 1919, e morreu em 1996. Um dos maiores especialistas em história medieval no século XX, foi membro da Academia Francesa e professor do Collège de France. Coordenou a coleção "História da vida privada" e é autor, entre outras obras, de *Guilherme Marechal*; *O tempo das catedrais*; *As três ordens ou O imaginário do feudalismo* e *Idade média, idade dos homens*.

1ª edição Companhia de Bolso [2013]

Esta obra foi composta pela Verba Editorial em Janson Text
e impressa pela Prol Editora Gráfica em ofsete
sobre papel Pólen Soft da Suzano Papel e Celulose

A marca FSC® é a garantia de que a madeira utilizada na fabricação do papel deste livro provém de florestas que foram gerenciadas de maneira ambientalmente correta, socialmente justa e economicamente viável, além de outras fontes de origem controlada.